༄༅། །རྩོམ་སྒྲིག་རིག་པའི་རྣམ་བཤད།

ཕུག་རྫོང་ཚེ་རིང་གིས་བརྩམས།

མི་རིགས་དཔེ་སྐྲུན་ཁང་།

༄། །དད་བརྩོན་དཀྱིལ་འཁོར་རྫོགས་པའི་ཟླ་གཞོན་གྱིས། །
ཤེས་རིག་སྐར་ཚོམ་ཕྱོགས་སུ་འཚེར་བར་མཛད། །

རྩོམ་སྒྲིག་ལས་ཀ་ནི་རྩོམ་སྒྲིག་པ་ཡི་རང་གཤིས་དང་མོས་འདུན། ཤེས་ཡོན་དང་ཐབས་ཤེས། འཇིག་རྟེན་ལྟ་རྩལ་དང་མཛེས་དཔྱོད་རིག་པ་བཅས་ལ་རྣམ་པར་བརྟེན་ནས། མཁས་པ་དང་རྩོམ་པ་པོ་རྣམས་ཀྱི་གསུང་རྩོམ་མམ་གསར་རྩོམ་གང་མང་རྩོམ་སྒྲིག་གང་ལེགས་བགྱིས་ཏེ་དཔེ་སྐྲུན་འགྲེམ་སྤེལ་བར་མ་ཆད་པར་མཛད་དང་མཛད་བཞིན་པའི་བྱ་གཞག་རླབས་ཆེན་ཞིག་ཡིན་ཕྱིར། སྙན་ངག་པ་དང་རྩོམ་སྒྲིག་པ་ཕྱུག་རྫོར་ཚེ་རིང་ལགས་ཀྱིས་བགྲང་བྱ་ཉེར་བརྒྱད་ཀྱི་རིང་ལ《ཟླ་ཟེར་》རྩོམ་སྒྲིག་ཁང་གི་རྩོམ་རིག་ལས་ཀ་ཧུར་ཐག་གིས་བསྐྱངས་པ་དང་། རྩོམ་སྒྲིག་གི་ལས་ཀ་སྐྱོང་བའི་ཞར་དུ་ནི་སྙན་ངག་གསར་རྩོམ་དང་རྩོམ་རིག་དཔྱད་བརྗོད་ཀྱི་ལས་ལ་སྤྲོ་བ་ཆེན་པོས་ཞུགས་ནས་རྩོམ་སྒྲིག་ལས་ཀ་ལ་ལག་རྗེས་ཆེན་པོ་བཞག་ཡོད་པར་མ་ཟད། རྩོམ་རིག་གསར་རྩོམ་ལའང་གྲུབ་འབྲས་གཡུར་དུ་ཟ་བ་བླངས་འདུག འདི་ནི་ཁོ་རང་ཉིད་ཀྱི་དད་བརྩོན་དང་གསར་གཏོད་ཀྱི་མི་ཕྱེད་རྐང་སྟབས་དང་། ཕུགས་བསམ་གཏན་འདུན་གྱི་བཤུལ་ལམ་རིང་མོར་བརྟན་པོར་བསྒྱུར་བའི་མི་ཚེ་དོན་ལྡན་གྱི་མཚུངས་མེད་

ཀྱང་ཧྲེས་ཅི་ལ་མ་ཡིན་སྙམ།

《ཟླ་ཟེར་》རྩོམ་སྒྲིག་ཁང་གི་གཙོ་སྒྲིག་པ་ཕྱུག་རྡོར་ཚེ་རིང་ལགས་ནི་རྩོམ་རིག་རྩོམ་སྒྲིག་གི་ལག་ལེན་རིང་དུ་བརྒྱུད་པས་ན། ཉམས་མྱོང་ཕུན་སུམ་ཚོགས་པ་ཐོབ་པར་གྱུར་ལ། ཉམས་མྱོང་ཕུན་སུམ་ཚོགས་པ་ལས་ནི་ཉམས་རྟོགས་མི་ཉུང་བ་ཐོབ་པར་གྱུར་ཅིང་། ཉམས་རྟོགས་དེ་རྣམས་ཀྱང་རྒྱལ་ཁབ་ཕྱི་ནང་གི་རྩོམ་སྒྲིག་རིག་པའི་གཞུང་ལུགས་དང་ཟུང་འབྲེལ་འོས་འཚམ་བགྱིས་ཏེ་《རྩོམ་སྒྲིག་རིག་པའི་རྣམ་བཤད་》ཅེས་བྱ་བ་དཔེ་སྐྲུན་འགྲེམ་སྤེལ་བྱས་བྱུང་བས། དཔེ་དེབ་འདི་ཉིད་ནི་བློ་དང་ལྡན་པའི་ཀློག་མཁན་རྣམས་ཀྱི་རིག་པའི་དཔལ་དང་ལེགས་པའི་སྐྱེས་སུ་གྲུབ་པ་ཡིན་ནོ་སྙམ།

《རྩོམ་སྒྲིག་རིག་པའི་རྣམ་བཤད་》ཅེས་པ་རུ་རྩོམ་སྒྲིག་པ་ཞིག་ལ་འཛོམ་དགོས་པའི་ཤེས་ཡོན་དང་། དུས་དེབ་ཀྱི་རྩོམ་སྒྲིག་བྱ་བའི་གལ་ཆེན་རང་བཞིན། རྩོམ་རིག་རྩོམ་སྒྲིག་པའི་ལེགས་རྩོམ་འདུ་ཤེས། རྩོམ་རིག་རྩོམ་སྒྲིག་པའི་མཛེས་དཔྱོད་འདུ་ཤེས། རྩོམ་རིག་རྩོམ་སྒྲིག་པའི་རྩོམ་རིག་བྱང་ཚད་སོགས་ནི་མུ་འབྲེལ་ཞིང་གཞི་ལེགས་པོ་གྲུབ་པ་དང་། ཁ་གསལ་ལ་དོན་ཕལ་ཆེར་འདུས་པར་བསྟན་འདུག་གོ །ཁྱད་པར་དུ་རྩོམ་སྒྲིག་པ་ཞིག་ལ་འཛོམ་དགོས་པའི་ཤེས་ཡོན་ཞེས་པ་ལས། རྩོམ་སྒྲིག་པའི་བསམ་བློའི་ཤེས་ཡོན་དང་། ཆེད་ལས་ཤེས་ཡོན། རྩོམ་སྒྲིག་ཐབས་ཤེས་སོགས་ནི་ལག་ལེན་ལ་གཞུང་ལུགས་ཀྱི་མཛུབ་སྟོན་མཆིས་ཤིང་། ཉམས་མྱོང་ལ་བསམ་གཞིག་གི་འོད་སྣང་ལྡན་པར་སྤྲས་འདུག་པས། རྩོམ་སྒྲིག་པ་གཞོན་ནུ་རྣམས་ལ་ནི་མཛུབ་སྟོན་དང་

གསལ་འདེབས་བགྱིས་པ་དང་། བློ་སྦྱོབས་དང་ཤེས་རྟོགས་བསྐྱེད་པའི་ཕན་ནུས་ཐོན་པར་འགྱུར་རོ་བསམ་པ་དང་། རྣམ་བཤད་འདི་ཏུ་ད་ཏུང་སྙན་ངག་མཁན་ཧྲ་མགྲིན་མགོན་པོ་སོགས་རྩོམ་པ་པོ་བརྒྱད་ཀྱིས་མཛད་པའི་སྙན་རྩོམ་གྱི་བསམ་བློའི་ནང་དོན་དང་སྒྱུ་རྩལ་ཁྱད་ཆོས་ནི་ཚིག་སྦྱོར་བདེ་ལ་སྙིང་པོ་ཐོན་པར་བརྗོད་འདུག་ལ། གཞན་ཡང་རྒྱལ་བུ་སྤྲིན་གྱི་བཞོན་པའི་རྟོགས་བརྗོད་ཀྱི་རྩོམ་སྣང་ཁྱད་ཆོས་མདོ་ཙམ་བརྗོད་པ་དང་། བོད་ཡིག་དུས་དེབ་འགྲེམ་སྤེལ་ཐད་ཀྱི་གནད་དོན་དང་། ཀན་ལྷོ་ཁུལ་གྱི་རྩོམ་རིག་གསར་རྩོམ་གྱི་གྲུབ་འབྲས་དང་གནད་དོན་གྱི་སྐོར་ཞེས་པའི་དཔྱད་གཏམ་འགའ་ཞིག་འདུག་སྟེ། ཞིབ་ཏུ་བགླགས་ཆོ། རྩོམ་དེ་དག་གིས་ཀྱང་བློ་གསལ་གཞོན་ནུ་རྣམས་ཀྱི་རྩོམ་རིག་བློ་སྦྱོང་དང་། སྒྲུ་རྩལ་རོལ་སྦྱོང་། སྙན་ངག་དཔྱད་བརྗོད་ཀྱི་གོ་རྟོགས་ཅི་ཡང་བསྐྱེད་པར་འགྱུར་རོ་སྙམ།

མདོར་ན། ང་ཚོས་སྙན་ངག་པ་དང་རྩོམ་སྒྲིག་པ་ཕྱུག་རྗེར་ཆེ་རིང་ལགས་ཀྱི་རྣམ་དག་ཀུན་སློང་དང་རྨད་བྱུང་ཕྱུགས་འདུན་ལྷུར་ཅིས་ཀྱང་དད་བརྩོན་བསྐྱེད་དགོས། བགྲོད་ལམ་བསྐྱེག་དགོས། ང་ཚོ་རྩོམ་སྒྲིག་པ་རྣམས་རྩོམ་སྒྲིག་ཁང་ན་སོས་དལ་བག་ཡངས་སུ་སྡོད་པ་འདྲ་ཡང་། དོན་དངོས་སུ་ང་ཚོའི་སེམས་པའི་རྒྱ་མཚོ་ནི་ཞི་འཇགས་སུ་གྱུར་པའི་གནས་སྐབས་ནི་ནམ་ཡང་ཡོད་པ་མ་ཡིན། ང་ཚོ་ལ་འོས་འགན་ཡོད། ང་ཚོ་ལ་རེ་འདུན་མཆིས། ང་ཚོས་ཅིས་ཀྱང་ལྷག་བསམ་འཁོལ་བའི་ངང་ནས་ཤེས་རྟོགས་ཀྱི་འོད་སྣང་ལམ་ལམ་འཚེར་བའི་ན་གཞོན་རྩོམ་པ་པོའི་སྐར་ཆུང་སྟོང་ཕྲག་འཚོལ་ཐུབ་དགོས། འཛིན་ཐུབ་

དགོས། སྐྱོང་ཐུབ་དགོས། ང་ཚོས་རང་ཉིད་ཀྱི་རྣམ་དཔྱོད་སྨྱུ་གུ་ལ་ཉེ་བར་བརྟེན་ནས། ཤེས་རིག་འོད་སྣང་སྒྲོན་འདེབས་བྱེད་དགོས། དགེ་ལེགས་ཀྱི་འབྲས་བཟང་སྟོན་སྤྲོད་བྱེད་དགོས། ང་ཚོས་རང་ཉིད་ཀྱི་མི་འགྱུར་བརྩེ་ཞེན་ལ་རྣམ་པར་བརྟེན་ནས། ཕྱི་རབས་པར་ལམ་བསྐྲུན་དགོས། མི་རིགས་ཀྱི་དོན་བསྒྲུབ་དགོས། དུས་རབས་ཀྱི་འགན་འཁུར་དགོས།

ཞེས་འབའ་ལྷ་རྒྱལ་ཚེ་རིང་གིས་སྤྱི་ལོ༢༠༢༠ལོའི་ཟླ༧ཚེས༤ཉིན་《རྩོམ་སྒྲིག་རིག་པའི་རྣམ་བཤད་》ཅེས་པའི་འགོ་བརྗོད་དུ་བྲིས་པ་ཤིས་གྱུར་ཅིག དགེ་གྱུར་ཅིག །

དཀར་ཆག

རྩོམ་སྒྲིག་པ་ཞིག་ལ་འཛོམ་དགོས་པའི་ཤེས་ཡོན་སྐོར་མདོར་ཙམ་གླེང་བ།

དེང་གི་དུས་འདིར་སྔོན་ཐོན་ཚན་རིག་ལག་རྩལ་ལས་བྱུང་བའི་རྩིས་འཁོར་དང་ལག་འཁྱེར་ཁ་པར་ལས་ཧ་ཅང་མྱུར་བའི་དྲ་ལམ་ཉེ་བར་བརྒྱུད་དེ་འཛམ་གླིང་གི་འཕྲིན་གསར་སྣ་ཚོགས་དུས་ལྟར་མཐོང་ཐུབ་པར་མ་ཟད། གློག་པ་པོ་རང་གི་དགོས་མཁོ་ལྟར་བརྗོད་བྱ་སྲིད་འགྱུར་རིག་གསུམ་གཙོ་བོར་གྱུར་པའི་ཤེས་བྱ་གང་མང་ཞིག་སྐབས་བདེ་ངང་མཁོ་སྤྲོད་བྱ་ཐུབ་པས། དཔེ་ཆ་དང་དུས་དེབ། ཚགས་པར་སོགས་སྐྲུན་བྱེད་ལས་རིགས་ཀྱི་འགྲན་རྩོད་ཤིན་ཏུ་ཆེ་བ་དང་དེ་དག་གི་ལས་ཁུར་ཇེ་ལྕིར་འགྲོ་བཞིན་ཡོད། མ་འོངས་པ་ན་དཔེ་ཆ་དང་དུས་དེབ་སོགས་པར་སྐྲུན་ལས་རིགས་ཀྱིས་རང་གི་ཆེད་ལས་ཐད་སུ་མཐུད་དུ་གསར་གཏོད་ཀྱི་གྲུབ་འབྲས་མ་བླངས་ཚེ། དུས་རབས་ཀྱི་རྗེས་སུ་ལུས་ཏེ་མིང་གི་ལྷག་མར་འགྱུར་ཉེན་ཆེ། དེ་བས་པར་སྐྲུན་ལས་རིགས་ལ་མཚོན་ན་རྩོམ་སྒྲིག་གི་ལས་ཀ་ནི་ཆེས་གལ་ཆེ་བའི་ལས་ཀ་ཞིག་ཡིན་པ་རེད། དེ་ཡང་རྩོམ་སྒྲིག[1]གི་རྒྱ་བའི་རིགས་པ་སྟེ། ཤེས་པར་བྱ་བའི་གནས་གང་ཞིག་བྱེ་

① 张天定、郭奇主编，编辑出版学：[Z]洛阳：河南大学出版社，2003:49.

ཐྲག་གི་རིག་ཚན་དུ་བཀར་ན། དེ་ལ་ཐུན་མོང་མ་ཡིན་པའི་ཞིབ་འཇུག་གི་ཡུལ་དང་ཐུན་མོང་མ་ཡིན་པའི་ཚན་རིག་རང་བཞིན། ཐུན་མོང་མ་ཡིན་པའི་བྱེད་ནུས་རིན་ཐང་ལྡན་ཕྱིར། དེ་ལ་གོ་དོན་ཁྱད་པར་བ་དང་དེའི་ཁྱབ་ཁོངས། རྩ་བའི་རིགས་པ། རྩ་དོན་བཅས་རང་ངོས་ནས་གཞུང་ལུགས་ཀྱི་མ་ལག་ཅིག་གྲུབ་འདུག རྩོམ་སྒྲིག་རིག་པའི་རྨང་གཞིའི་གཞུང་ལུགས་ལ་རྩ་བའི་རིགས་པ་གསུམ་ཡོད་དེ། རིག་གནས་སྒྲིག་སྦྱོར་གྱི་རིགས་པ་དང་མཚོན་རྟགས་མཚུངས་སྦྱོར་གྱི་རིགས་པ། བརྡ་འཕྲིན་བརྒྱུད་སྒྲོག་གི་རིགས་པ་བཅས་སྤྱིའི་ཆ་ནས་རྩོམ་སྒྲིག་གི་ལས་ཀ་ཐམས་ཅད་ཀྱི་རྨང་གཞི་རིགས་པ་འདི་གསུམ་ལ་འབྲེལ་ནས་ཡོད་དོ། །དེར་བརྟེན་ཐབས་ལམ་སྣ་ཚོགས་བརྒྱུད་དེ་དུས་རབས་ཀྱི་འགྲན་རྩོད་ཁྲོད་ཞུགས་ན་གནད་དོན་གཙོ་བོ་དཔེ་དེབ་ཀྱི་རྒྱུ་སྤྱུས་བཟང་མིན་ལ་རག་ལས་པ་ཡིན་ཏེ། དཔེར་ན། དཔེ་དེབ་ནི་ཡོན་ཤིང་ལྟ་བུ་དང་། དཔེ་དེབ་ཀྱི་རྒྱུ་སྤྱུས་ནི་རྩ་བ་ཡིན་པ་དང་རྩ་བ་ཟབ་ན་ཡལ་འདབ་རྒྱས་པར་འགྱུར་བ་ཡིན་ཕྱིར། སྤྱིའི་ཁོར་ཡུག་ལ་གཞིགས་ན་དཔེ་དེབ་པར་སྐྲུན་གྱི་རྒྱུ་སྤྱུས་བཟང་ངན་ནི་མི་རིགས་རིག་གནས་ལས་དོན་གྱི་དར་རྒྱུད་དང་ཀུན་ནས་འབྲེལ་བས། རྩོམ་སྒྲིག་པའི་བསམ་བློའི་ཤེས་ཡོན་དང་ཆེད་ལས་ཤེས་ཡོན། རྩོམ་ཡིག་ཇི་ལྟར་སྒྲིག་པའི་ཐབས་ཤེས་བཅས་ནི་བོད་ཀྱི་རིག་གནས་འཛིན་སྐྱོང་སྤེལ་གསུམ་བགྱིད་པར་ཧ་ཅང་གལ་ཆེ་བའི་སྣ་འཛོམས་ཀྱི་རིག་པ་ཞིག་ཡིན་པ་དང་། ལྷག་པར་དུ་དུས་རབས་དང་མི་རིགས་ཀྱི་ཁྱད་ཆོས་ལྡན་ཞིང་སྣ་མང་ཕུན་སུམ་ཚོགས་པའི་ཡོན་ཏན་གྱིས་མཛེས་དགུར་སྤྲས་པའི་དཔེ་ཆ་དང་། ཚགས་པར། དུས་དེབ་

བཅས་རྩོམ་སྒྲིག་དང་འགྲེམ་སྤེལ་བྱས་ན་རྒྱ་ཆེ་བའི་རྩོམ་པ་པོ་དང་ཀློག་པ་པོའི་ཤེས་རིག་གི་རེ་འདོད་སྐོང་ཐུབ་པར་ངེས་སོ། །

དང་པོ། རྩོམ་སྒྲིག་པའི་བསམ་བློའི་ཤེས་ཡོན།

གཅིག ཡང་དག་པའི་ཆབ་སྲིད་ཁ་ཕྱོགས།

དཔེ་ཆ་དང་། ཚགས་པར། དུས་དེབ། གློག་རྡུལ་དཔེ་སྐྲུན་ལས་རིགས་ཀྱི་ཤེས་ཡོན་ནི་སྔད་དུ་བྱུང་བའི་བསམ་བློའི་ཤེས་ཡོན་ཡིན་ཏེ། མདོར་ན་ཡང་དག་པའི་པའི་ཆབ་སྲིད་ཁ་ཕྱོགས་དང་བླ་ན་མཐོ་བའི་ལས་རིགས་ཀུན་སྤྱོད་གཉིས་སུ་འདུ་ཕྱིར། རྩོམ་སྒྲིག་པས་མི་དམངས་ལ་ཞབས་འདེགས་ཞུ་བ་དང་། སྤྱི་ཚོགས་རིང་ལུགས་ལ་ཞབས་འདེགས་ཞུ་བ། ཡང་དག་པའི་གླེང་ཕྱོགས་རྒྱུན་འཁྱོངས་བགྱིད་དགོས་པ་ཧ་ཅང་གལ་ཆེ་བའོ། །

༡ ཅིས་ཀྱང་རྩ་བའི་རྩ་དོན་བཞི་དང་ཕྱི་ཕྱོགས་སྒོ་འབྱེད་ཀྱི་ལམ་ལུགས་རྒྱུན་འཁྱོངས་བྱས་ཏེ། དཔལ་འབྱོར་སྤྱི་ཚོགས་འཕེལ་རྒྱས་ལ་སྐུལ་འདེད་དང་འབྱོར་འབྲིང་སྤྱི་ཚོགས་འཛུགས་སྐྲུན་བྱེད་པའི་རྣབས་ཆེན་དམིགས་འབེན་ལེགས་འགྲུབ་འབྱུང་ཕྱིར། ཆབ་སྲིད་གཞུང་ལུགས་ཐད་ཀྱི་ཤེས་ཡོན་མཐོར་འདེགས་བྱེད་དགོས།

༢ རྩོམ་སྒྲིག་པའི་སྤྱི་ཡི་འཇིག་རྟེན་ལྟ་ཚུལ་དང་མི་ཚེའི་ལྟ་ཚུལ། རིན་ཐང་ལྟ་ཚུལ་ནི་གསར་འགྱུར་དཔེ་སྐྲུན་ལས་དོན་གྱི་འཕེལ་རྒྱས་དང་ཡོངས་སུ་འབྲེལ་བས། རྩོམ་སྒྲིག་གི་ལས་ཀ་ནི་འགྲོ་བ་མིའི་བློ་སྒོ་བཟོ་སྐྲུན་གྱི་ལས་དོན་

ཞིག་དང་། འཛིག་རྟེན་ལྷ་རྩལ་དང་མི་ཚེའི་ལྷ་རྩལ། རིན་ཐང་ལྷ་རྩལ་བཟོ་སྐྲུན་གྱི་ལས་དོན་ཡིན་ལ། འདི་ནི་རྩོམ་སྒྲིག་གི་ལས་ཀ་གཉེར་མཁན་རྣམས་ཀྱིས་རྒྱུན་འཁྱོངས་བྱ་འོས་པའི་ཆབ་སྲིད་ཀྱི་ཁ་ཕྱོགས་གལ་ཆེན་ཞིག་ཀྱང་ཡིན།

༣ རྩོམ་སྒྲིག་པའི་སྡེ་ཡིས་ཆབ་སྲིད་གཞུང་ལུགས་དང་ཆེད་ལས་གཞུང་ལུགས་ཀྱི་ཚད་མཐོ་རུ་བཏེགས་ཏེ། ཏང་གི་དུས་སྐབས་སོ་སོའི་ལམ་ཕྱོགས་དང་བྱེད་ཕྱོགས། སྲིད་ཇུས་ལ་ངེས་ཤེས་འཛིན་པ་དང་ཡང་དག་པར་ལག་བསྟར་བྱ་དགོས།

གཉིས། བླ་ན་མཐོ་བའི་ལས་རིགས་ཀུན་སྤྱོད།

རྩོམ་སྒྲིག་པའི་བླ་ན་མཐོ་བའི་ལས་རིགས་ཀུན་སྤྱོད་ལ་སྤྱིའི་ཆ་ནས་དབྱེ་ན། ལས་ལ་བརྩོན་པ་དང་། བདེན་པ་བདེན་ཐུབ། ཕྱོགས་རིས་མེད་པ་བཅས་གསུམ་མཆིས་ཏེ།

༡ ལས་ལ་བརྩོན་པ་ནི། རང་གིས་གཉེར་བའི་རྩོམ་སྒྲིག་གི་ལས་ཀར་དགའ་ཞེན་ཆེ་བ་སྟེ། བློ་རྩེ་གཅིག་སྒྲིམ་གྱིས་རྩོམ་སྒྲིག་གི་ལས་ཀ་ལེགས་པར་སྒྲུབ་པ་དང་རྟག་ཏུ་གཞན་ལ་མཐུན་སྒྲིལ་དང་གྲོས་མོལ་བྱེད་པར་མོས་ཤིང་། ཕན་ཚུན་རོགས་རམ་དང་སློབ་སྦྱོང་བྱས་ནས་རང་གི་བློ་སྒོ་འབྱེད་པ་དང་། རྒྱུན་དུ་རྩོམ་པ་པོ་དང་ཀློག་པ་པོར་འབྲེལ་འདྲིས་ཟབ་མོ་དང་བསམ་འཆར་སྤྲོད་ལེན་བྱས་ཏེ་དཔེ་དེབ་ཀྱི་རྒྱུ་སྤུས་ཇེ་བཟང་དུ་གཏོང་བ་ལ་གོའོ། །

༢ བདེན་པ་བདེན་ཐུབ་ནི། རྩོམ་ཡིག་གི་ཚན་རིག་རང་བཞིན་དང་དོན་

དངོས་རང་བཞིན་སོགས་བརྗོད་དོན་ངེས་མིན་ལ་བརྟར་ཤ་བཅད་ནས་དོན་དངོས་དང་མི་མཐུན་པ་ལ་འགོག་རྒོལ་བྱ་དགོས་ཏེ། རྩོམ་སྒྲིག་གི་ལས་ཀར་ཞུགས་ཚེ་ཅིས་ཀྱང་ལྷག་བསམ་རྣམ་དག་གིས་རྩོམ་སྒྲིག་གི་རྒྱུ་དོན་ལྟར། དཔེར་ན་བོད་ཡིག་གི་རྩོམ་སྒྲིག་ལ་མཚོན་ན། སྟོད་མངའ་རིས་དང་། བར་དབུས་གཙང་། སྨད་མདོ་ཁམས་ཀྱི་ཡུལ་གྲུ་སོ་སོ་ནས་འགྱུར་བའི་རྩོམ་པ་པོ་རྒན་དར་གཞོན་གསུམ་གྱི་རྩོམ་ཡིག་རྣམས་རེ་རེ་བཞིན་ཐོ་འགོད་བྱས་རྗེས་ནན་ཏན་གྱིས་ཀློག་པ་དང་བཟོ་བཅོས་རྒྱག་ཐུབ་པ་རྣམས་ལེགས་པར་བཅོས་ཏེ་གོ་རིམ་ལྟར་སྤེལ་བ་དང་། བཟོ་བཅོས་རྒྱག་དཀའ་བ་རྣམས་འབྲེལ་ཡོད་ཡིག་ཆ་དང་མིང་མཛོད་ཀློག་པའམ་རྩོམ་པ་པོར་གྲོས་བསྡུར་གྱིས་ལེགས་པར་བཅོས་ཏེ་འགོད་པ་བཅས་གཅིག་ནས་རྩོམ་པ་པོར་འགན་འཁུར་དགོས་པ་གཉིས་ནས་རང་ཉིད་ཀྱི་ལས་ཀར་འགན་འཁུར་དགོས་པ་ལ་ཟེར།

༣ ཕྱོགས་རིས་མེད་པ་ནི། རང་གི་ལས་ཀ་གཡོ་ཟོལ་མེད་པར་དྲང་བདེན་གྱིས་སྒྲུབ་པ་དང་སྒྲིག་ལམ་བརྩི་ཞིང་ཁྲིམས་ལུགས་སྲུང་བ། རྩོམ་སྒྲིག་བགྱིད་པའི་གོ་རིམ་ཁྲོད་རྩོམ་སྒྲིག་པ་ཁ་ཤས་ཤིག་གིས་རྩོམ་གྱི་རྒྱུ་སྐྱུས་དང་རྩོམ་ཡིག་འདེམས་པའི་ཚད་གཞིར་མི་དབྱོད་པར། རྩོམ་པ་པོའི་མཚན་སྙན་གྲགས་དང་དབང་ཆའི་ཆེ་ཆུང་ལ་དམིགས་ནས་མཚན་སྙན་དང་དབང་ཆ་ཅན་ལ་འཕྲད་ཚེ་རྩོམ་གྱི་བཟང་ངན་ལ་མི་ལྟ་བར་ཅི་གསུང་བཀའ་བཞིན་སྒྲུབ་པ་དང་། ལས་དང་པོ་བའམ་མཚན་སྙན་མེད་པའི་རྩོམ་མཁན་གྱི་རྩོམ་ཡིག་ཞིབ་ཏུ་མི་ཀློག་པར་རང་དགར་བཞག་ནས་མི་འགོད་པ་ནི་རྩོམ་སྒྲིག་ལས་རིགས་ཁྲོད་

ཀྱི་ཆེས་ཡང་བའི་སྣང་ཚུལ་ཞིག་ཡིན་ལ། རྩོམ་ཡིག་གང་ཞིག་གི་རྒྱུ་སྒྱུས་ལ་ལྟ་བ་ལས་རྩོམ་མཁན་སུ་ཡིན་ལ་ལྟ་མི་རུང་སྟེ། ཕྱོགས་སུ་ལྷུང་ཞིང་རིས་སུ་ཆད་པའི་སྤྱོད་ངན་འདི་རིགས་རྩ་བ་ནས་སྤོང་དགོས་པ་དང་། ཁྱད་པར་དུ་ལས་དང་པོ་བར་མཐོང་ཆེན་དང་། རྒྱུས་ལོན། སྙིང་སྟོབས་བཅས་བྱ་རྒྱུ་གལ་ཆེ་ཞིང་ཚུལ་དང་མཐུན་པའི་རྩོམ་སྒྲིག་པའི་སྣང་བརྙན་ལ་རང་བདག་བྱ་དགོས་པ་དེ་ཡིན་ནོ། །

གཉིས་པ། རྩོམ་སྒྲིག་པའི་ཆེད་ལས་ཤེས་ཡོན།

རྩོམ་སྒྲིག་ནི་སྤྱི་ཚོགས་རིག་གནས་ཐོན་སྐྱེད་ཁྲོད་ལེགས་སྒྲིག་དང་ལས་སྣོན། གསོག་ཉར། བརྒྱུད་སྒྲོག་བཅས་རིག་གནས་གསར་གཏོད་ཀྱི་ཕྱིར་དུ་གཉེར་བའི་ལས་ཀར་བྱའོ། །

གཅིག ཤེས་བྱའི་གྲུབ་ཆ་བབ་དང་མཐུན་པ།

ཕུལ་དུ་བྱུང་བའི་རྩོམ་སྒྲིག་གི་ལས་ཀའི་ཤེས་བྱའི་གྲུབ་ཆ་ནི། རྩོམ་སྒྲིག་པའི་ཆེད་ལས་ཤེས་བྱ་མཐའ་དག་སྦྱངས་ཤིང་རིག་ཚན་ཁག་གི་ཤེས་བྱར་བག་ཆགས་ཟབ་པ་ཞིག་ཡིན་དགོས་ཏེ། ཐོག་མར་རང་གི་ཆེད་ལས་དང་འབྲེལ་བའི་དཔེ་ཆ་མང་པོ་ཀློག་ཅིང་། རབ་ཡིན་ན་མཚན་ཉིད་རིག་པ་དང་། ཆབ་སྲིད། དཔལ་འབྱོར། ཁྲིམས་ལུགས། ལོ་རྒྱུས། རྩོམ་རིག་གི་སྐོར་མང་པོ་ཀློག་པ་དང་ཞོར་ལ་ཚན་རྩལ་ཤེས་བྱའི་སྐོར་གྱི་ཐོས་པ་རེ་འཚོལ་བ་དང་སྐད་ཡིག་གཞན་པ་ཞིག་(རྒྱ་ཡིག་གམ་ཕྱི་ཡིག་)བྱང་ཆུབ་པའམ་རྩིས་འཁོར་བཀོལ་སྤྱོད་

ལ་བྱང་ཐུབ་ན་ཡག་ཐོག་ལ་རྒྱུན་ཡིན་ཞིང་།[1] ཕྱིར་རྩོམ་སྒྲིག་པའི་རང་འཁྲིའི་ལས་འགན་སྒྲུབ་པར་བླང་བྱ་འདི་དག་ཡོད་དེ།

༡ རྩོམ་སྒྲིག་པ་ནི་བསྐྲུན་བྱའི་དཔེ་དེབ་ཀྱི་འགན་འཁུར་མཁན་གཙོ་བོ་ཡིན།

༢ རྩོམ་སྒྲིག་ནི་དཔེ་སྐྲུན་སྡེ་ཁག་གི་ལས་ཀ་འཁོར་སྐྱོད་ཀྱི་གནད་འགག་ཡིན།

༣ རྩོམ་སྒྲིག་ནི་སྤྱི་ཚོགས་དཔེ་སྐྲུན་རིག་གནས་འཕེལ་རྒྱས་ཁྲིད་གཏོང་འདེགས་ཀྱི་ཀ་བ་དང་མཚུངས།

༤ རྩོམ་སྒྲིག་ནི་སྤྱི་ཚོགས་ཀྱི་བསམ་བློའི་དཔལ་ཡོན་འཛུགས་སྐྲུན་གྱི་ཀང་འཛིན་རྟ་དཔུང་ཡིན།

༥ རྩོམ་སྒྲིག་ནི་རིག་གནས་ཐོན་སྐྱེད་དང་རིག་གནས་བརྗེ་ལེན་བར་གྱི་སྨྱན་བྱེད་དང་འདྲ།

༦ རྩོམ་སྒྲིག་ནི་མི་རིགས་སློབ་གསོའི་ལས་ཀ་པའོ། །

༧ རྩོམ་སྒྲིག་ནི་ཚན་རིག་གི་རྒྱུད་འཛིན་པ་དང་གསར་གཏོད་པའང་ཡིན། ཞེས་རྩོམ་སྒྲིག་གི་ཤེས་བྱའི་གྲུབ་ཆར་ད་དུང་ཆབ་སྲིད་གཞུང་ལུགས་ཀྱི་ཆུ་ཚད་མཐོ་ཞིང་ཆེད་ལས་གཞུང་ལུགས་ལ་ཐོགས་རྡུགས་བྲལ་བ་ཞིག་ཡིན་དགོས། དཔེར་ན་རྩོམ་འགོད་འཆར་གཞི་དང་རྩོམ་བཤེར། པར་གཞི་བཀོད་སྒྲིག མདུན་ཤོག་མཛེས་སྒྲས་སོགས་རྩོམ་སྒྲིག་གི་ལག་ལེན་ཁྲིད་གནད་དོན་འཚོལ་ཞིབ་དང་སྤྱི་བསྡོམས་བྱས་ནས་དཔེ་དེབ་ཀྱི་ཕྱིའི་རྣམ་པ་དང་ནང་གི་

---

① 方毅华、郝丽丽编著，编辑学概论：[Z]北京：中国广播影视出版社，2014:72–98.

བརྗོད་དོན་ཇེ་ལེགས་སུ་གཏོང་དགོས།

གཉིས། རིག་གནས་ཀྱི་རྨང་གཞི་བརྟན་པ།

༡ སྐད་ཡིག་གི་ཆུ་ཚད་ཧུང་མཐོ་བ།

རྩོམ་སྒྲིག་པ་ཞིག་ལ་མཚོན་ན། རྨང་གཞི་སྐད་ཆ་དང་ཡི་གེ སུམ་རྟགས། ཚིག་རྒྱན་སྡེབ་སྦྱོར། མིང་བརྡའི་ཐ་སྙད། གཏན་ཚིགས་རིག་པའི་སྐོར་གྱི་ཤེས་བྱ་ནང་བྱན་ཆུད་དགོས་པར་མ་ཟད། རྩོམ་སྒྲིག་པའི་ལས་འགན་གཙོ་བོ་ནི་རྩོམ་གྱི་མ་ཕྱི་ཞིབ་ཏུ་ཀློག་བཤེར་བྱས་ཏེ། ཆབ་སྲིད་བསམ་བློ་དང་རྩོམ་གྱི་བརྗོད་དོན་བཅས་ས་བཅད་དཀར་མཚམས་ཀྱི་སྒྲིག་གཞིར་གཟབ་ནན་བྱ་དགོས།

༢ སྐད་ཡིག་གཞན་པའི་(རྒྱ་ཡིག་གམ་ཕྱི་ཡིག) ཆུ་ཚད་ཧུང་མཐོ་བ།

བརྡ་འཕྲིན་གྱི་ཡོ་ལང་རྒྱས་པའི་དེང་གི་དུས་རབས་འདིར།[1] རྩོམ་སྒྲིག་པ་ཞིག་གིས་ཐད་ཀར་སྐད་ཡིག་གཞན་ལ་བརྟེན་ནས་ཡིག་ཚགས་དང་འཛམ་གླིང་གི་ས་ཁུལ་སོ་སོའི་བརྡ་འཕྲིན་ཀློག་ཐུབ་ཆེ། རྩོམ་སྒྲིག་གི་ལས་ཀར་གནོགས་འདེགས་ཀྱི་ནུས་པ་འདོན་ཐུབ་པ་དང་མ་འོངས་པར་དཔལ་འབྱོར་དང་ཚན་རྩལ། བརྡ་འཕྲིན། ཉོ་ཚོང་སོགས་ཕྱོགས་ཡོངས་ནས་རྒྱལ་སྤྱིའི་རང་བཞིན་ཅན་དུ་འགྱུར་བའི་དུས་རབས་ཀྱི་དགོས་མཁོ་སྐོང་ཐུབ་ཅིང་། ཕྱིའི་རྒྱལ་ཁབ་ཀྱི་ཡུལ་སྲོལ་གོམས་གཤིས་དང་ལོ་རྒྱུས། རྩོམ་རིག སྒྱུ་རྩལ། མཚན་ཉིད་

① 吴飞编著，编辑学理论研究：[Z]杭州：浙江大学出版社，2001:117.

རིག་པའི་སྐོར་གྱི་ལྷ་རྩལ་བཅས་བསམ་བློ་བརྗེ་རེས་ཅི་དགར་བྱས་ནས་རང་རྒྱུད་ཀྱི་ཡོན་ཏན་གོང་འཕེལ་དུ་འགྲོ་བར་དགེ་མཚན་བློ་ལྷག་མཆིས་སོ། །

༣ རྩོམ་འབྲི་བའི་ནུས་པའང་ལྡན་དགོས།

རྩོམ་སྒྲིག་པ་ཞིག་ཡིན་ན་རྩོམ་ཡིག་གི་ལེགས་པའི་ཆ་དང་ཞན་ཆ་ལ་ཞིབ་བཤེར་དང་བསལ་གདམ་བགྱིད་དགོས་པར་མ་ཟད། སྐབས་འགར་རྩོམ་སྒྲིག་པ་དང་རི་མོ་བ། རོལ་མོ་མཁན། རྩོམ་རིག་པའི་ལས་རིགས་སུ་ཁ་ཤས་ནི་ལས་ཀ་པ་དང་ཁ་ཤས་ནི་ལྷན་སྐྱེས་ཀྱི་ཤེས་རབ་རྣོ་ཞིང་ཆེད་ལས་ལ་བྱང་ཆ་ལྡན་པའི་མཁན་པོ་ལྷ་བུ་ཡིན། ཕྱིར་བཏང་གི་རྩོམ་སྒྲིག་པ་ཞིག་ནི་བརྡ་སྤྲོད་དང་ཚིག་རྒྱན་ཙམ་ལ་བྱང་བའི་ལག་ཤེས་པ་དང་འདྲ་སྟེ། རྩོམ་ཡིག་གི་པར་གཞིའི་རྣམ་པའམ་ཡིག་ནོར་དང་ཚིག་སྐྱོན་ཙམ་ལ་ཞུ་དག་བྱེད་པ་དང་། མཁན་པོ་ལྷ་བུའི་ཚད་གཞིར་སླེབས་པ་ཞིག་ཡིན་ཚེ་རྩོམ་པ་པོའི་རྩོམ་ཡིག་ལ་བསམ་འཆར་གཏིང་ཟབ་པ་དང་གནད་དུ་ཐེངས་པའི་བཅོས་ཐབས་ལེགས་པོ་རེ་མཆིས་ཏེ། དཔེར་ན་ལྷ་རིས་པ་ཞིག་གིས་ཐང་ཀ་བཞེངས་པར་ལྷ་རིས་དགེ་རྒན་གྱིས་དེའི་སྤྱན་ཕྱེ་བ་ལྷ་བུའི་ནུས་པ་ཐོན་ཞིང་རྩོམ་ཡིག་གི་བརྗོད་བྱ་དང་རྗོད་བྱེད་ཀྱི་ཆ་སྔར་ལས་ལྷག་པར་ཇེ་བཟང་དུ་གཏོང་ཐུབ་པ་མ་ཟད། རྩོམ་སྒྲིག་པ་རང་ཉིད་ཀྱི་འཛིན་ཐང་ཡང་མངོན་ཐུབ་བོ། །

གསུམ། མཛེས་དཔྱོད་རིག་པར་བག་ཆགས་ཟབ་པ།

པར་དུ་བསྒྲུན་བྱའི་དཔེ་དེབ་ཀྱི་ནང་གི་བརྗོད་དོན་ལེགས་དགོས་པར་མ་

ཟད། ཕྱིའི་རྣམ་པའང་མིག་ལ་མཛེས་པ་ཞིག་ཡིན་དགོས་པའི་ཕྱིར།[1] རྩོམ་སྒྲིག་པ་ཞིག་ལ་མཚོན་ན་མཛེས་དཔྱོད་རིག་པར་བག་ཆགས་ཟབ་དགོས་པ་སྟེ། དཔེ་དེབ་ཀྱི་མདུན་ཤོག་དང་པར་གཞི་བཀོད་སྒྲིག་ཁྲོད་པར་རྫས་དང་བར་སྟོང་སོགས་སུ་ཡིག་གཟུགས་དང་། བྲིས་རིས། པར་རིས་བཅས་སྒྲུ་རྩལ་སྟོན་བརྙན་མཚོན་པའི་ཐབས་ཤེས་མངའ་བ་དང་། དཔེ་དེབ་རྩོམ་སྒྲིག་པ་ལའང་མཛེས་རྩལ་རྩོམ་སྒྲིག་པའི་ཤེས་ཡོན་ལྡན་ཙེ་ཐུབ་བྱས་ནས། བྱ་དངོས་གང་ཞིག་གི་མཛེས་པའི་ཆ་ལ་རྒྱུན་དུ་བསམ་གཞིག་བྱས་ཏེ་རིམ་གྱིས་མཛེས་དཔྱོད་ཀྱི་ནུས་པ་ཆེ་རུ་བསྐྱེད་གང་ཐུབ་བྱ་དགོས།

གསུམ་པ། རྩོམ་སྒྲིག་ཐབས་ཤེས།

རྩོམ་སྒྲིག་པར་བསམ་བློའི་ཤེས་ཡོན་དང་ཆེད་ལས་སྒྲོར་གྱི་འཛིན་ཐང་ལྡན་དགོས་པར་མ་ཟད། ཁྱད་པར་དུ་ཚགས་པར་རམ་དཔེ་དེབ་ཀྱི་རྩོམ་སྒྲིག་པས་རྨང་གཞིའི་སྒྲིག་ཐབས་གསུམ་སྟེ། རྩོམ་ཡིག་གི་མ་ཕྱིའི་སྒྲིག་སྟངས་དང་ཡིག་གཟུགས་ཀྱི་ཆེ་ཆུང་། པར་ཞུའི་ལག་རྩལ་བཅས་ལ་དོ་སྣང་བྱ་དགོས།

གཅིག མ་ཕྱིའི་སྒྲིག་སྟངས་ཚད་དང་ལྡན་པ།

དཔེ་དེབ་ཀྱི་པར་གཞི་སྒྲིག་སྟངས་ལ་གོ་འཛོལ་བྱུང་ཞིང་ཡིག་ནོར་དང་ཆད་ལྷག ཚིག་སྐྱོན་བྱུང་སྟེ་ར་མགོ་ལུག་སྦྱར་བྱས་ན་དོན་གྱི་གོ་བ་ལོག

① 吴平、芦珊珊编著，编辑学原理：[Z]武汉、武汉大学出版社，2011:9–12.

པས། གློག་པ་པོ་དང་རྩོམ་མཁན་མང་པོ་ཞིག་ཁོང་ཁྲོ་སྐྱེས་ཤིང་རྩོམ་སྒྲིག་ཁང་གི་ཡིག་གཏག་པའམ་པར་ཞུ་པ་དང་རྩོམ་སྒྲིག་འགན་འཁུར་པར་བསམ་འཆར་དང་སྐྱོན་བརྗོད་བྱས་དང་བྱེད་བཞིན་པ་ནི་གནས་ཚུལ་དང་མཐུན་མོད། འོན་ཀྱང་ནོར་སྐྱོན་འདི་དག་འབྱུང་ཁུངས་རྩོམ་པ་པོ་ལ་ལའི་མ་ཕྱིའི་བྲིས་མི་ལེགས་ཤིང་གཏག་པ་མི་གསལ་བ། ཡིག་ནོར་དང་ཚིག་སྐྱོན་མང་ཞིང་གོ་རིམ་འཚོལ་བ་བཅས་ལ་འབྲེལ་བ་མེད་པ་མ་ཡིན་ཏེ། འདི་ལྟ་བུའི་གནད་དོན་མང་པོར་འཕྲད་པས་རྩོམ་སྒྲིག་ཞུ་དག་གི་ལས་ཀ་ཇེ་ལྗིད་དང་དུས་ཚོད་འགོར་འགྱངས་བྱས་པས། གློག་པ་པོ་དང་རྩོམ་པ་པོ། རྩོམ་སྒྲིག་པ་གསུམ་གར་གནོད་པ་ལས་ཕན་པ་མི་འབྱུང་ཕྱིར། རྩོམ་སྒྲིག་པས་འོས་འཚམ་གྱི་གོ་སྐབས་དང་བསྟུན་ནས་རྩོམ་པ་པོར་རྩོམ་གྱི་མ་ཕྱི་བྲིས་ལེགས་ཤིང་གཏག་གསལ་བ་བཅས་ཚད་ལྡན་ཅན་དུ་གཏོང་བར་རྒྱུན་དུ་སྐུལ་སློང་བྱ་དགོས།

གཉིས། ཡིག་གཟུགས་སྣ་ཚོགས་ཀྱི་ཆེ་ཆུང་སློར་ངེས་པ།

པར་གཞི་བཀོད་སྒྲིག་དང་པར་ཞུ་བྱེད་ཚེ་པར་སྐྲུན་ཡིག་གཟུགས་དང་དེའི་ཆེ་ཆུང་སྒྲིག་པ་པོའི་སློར་ངེས་དགོས། དཔེ་སྐྲུན་ཁང་དང་། ཚགས་པར་ཁང་། དུས་དེབ་ཁང་། དཔར་ཁང་བཅས་སྔོན་ཆད་དང་མི་འདྲ་བར་ལུགས་པར་གྱི་དུས་རབས་རྫོགས་ཤིང་། དེང་སང་རྩིས་འཁོར་དུ་ཡི་གེ་གཏག་པའམ་རྩོམ་སྒྲིག་དང་པར་སྒྲིག་བཅས་དཔེ་སྐྲུན་གྱི་ཡིག་གཟུགས་དང་ཆེ་ཆུང་ལུགས་པར་དང་བསྡུར་ན་སྣ་མང་ཕྱུན་སུམ་ཚོགས་པ་ཡིན་ཏེ། དཔེར་ན་ཧི་མ་ལ་

ཡ་དང་པཎྜིཏ། སློན་ལམ། ཐུན་ཡོན། ཛྷང་གྲེན་སོགས་ཀྱི་ཡིག་གཟུགས་སྤྱོད་བཞིན་པ་དང་དེ་དག་གི་ཁྲོད་དུ་དབུ་ཅན་ནམ་དབུ་མེད་ལ་འབྲུ་ཚ་དང་། ཚུགས་ཐུང་། རྒྱུགས་བྲིས། འཁྱུགས་བྲིས་བཅས་གང་ལ་གང་འཚམ་གྱིས་སྤྱོད་རྩུང་བས་པར་སྐྲུན་གྱི་རྒྱུ་སྒྱུས་སྟེར་ལས་གྲ་ཧེ་དག་ཏུ་སོང་ཡོད།

གསུམ། པར་ཞུའི་ལག་རྩལ་ལ་བྱུང་ཆ་ལྡན་པ།

༡ པར་ཞུའི་ལག་རྩལ། པར་སྐྲུན་གྱི་རྒྱུ་སྒྱུས་བཟང་མིན་པར་ཞུ་ལ་རག་ལས་ཤིང་། པར་ཞུའི་ལས་འགན་གཙོ་བོ་ཞུ་དག་བྱེད་བཞིན་པའི་རྩོམ་ཡིག་ཁྲོད་མ་ཕྱི་དང་མི་མཐུན་པའི་ཡི་གེ་དང་ཚིག་ཕྲད། རྩོམ་གྱི་ཁ་བྱང་། པར་རིས། པར་གཞིའི་རྣམ་པ། ཤོག་ངོས་སྣ་ཕྱིའི་གོ་རིམ། ཟུར་མཆན་སོགས་རེ་རེ་བཞིན་ཐོ་གཏུག་ཅིང་གཤིབ་བསྡུར་དང་དག་བཅོས་བྱེད་དགོས་པ་དེ་ཡིན།

༢ པར་ཞུའི་གོ་རིམ། དཔེ་ཆའམ་དུས་དེབ་ཀྱི་པར་ཞུའི་གོ་རིམ་ནི་གཙོ་བོ་བསྐྲུན་བྱའི་དཔེ་ཆའམ་རྩོམ་ཡིག་གི་བརྗོད་དོན་དང་སྲབ་མཐུག་རྒྱུ་སྒྱུས་བཅས་དགོས་མཁོ་ལྟར་སྒྲུབ་པ་དང་། ཕྱིར་ཡིན་ན་ཐོག་མར་པར་ཁང་གིས་སྐྱུ་ཞུ་དང་དེ་ནས་པར་ཞུ་ཐེངས་གསུམ་གྱི་རྗེས་སུ་ཞིབ་ཏུ་ཐེངས་གཅིག་ཀློག་པ་ནི་པར་ཞུའི་གོ་རིམ་ཡིན་ཞིང་། ཞིབ་ཏུ་དབྱེ་ན་པར་ཞུའི་རྩོམ་ཡིག་དང་མ་ཕྱི་ཕན་ཚུན་རགས་རིམ་ཙམ་བསྡུར་བའི་ཞུ་དག་ཐེངས་དང་པོར་རགས་ཞུ་དང་། སྟར་གྱི་རྨང་གཞིའི་སྟེང་ཡི་གེ་དང་མིང་ཚིག་རེ་རེ་བཞིན་ཞིབ་ཏུ་མ་ཕྱི་དང་བསྡུར་ཏེ་རགས་ཞུའི་སྐབས་ཀྱི་ནོར་འཁྲུལ་དང་། ཡིག་ནོར། གོང་འོག་སྒྲིག་རིམ། ཚིག

ཕྲེང་གི་བར་ཐག་བཅས་ཞུ་དག་ཐེངས་གཉིས་པར་གཉིས་ཞུ་དང་། ནན་ཏན་གྱིས་མདུན་ཤོག་དང་དཀར་ཆག་རྒྱབ་ཤོག་གི་པར་དབང་ སྡེ་ཁག་སོགས་ཐེངས་སྔོན་མར་སྟུམ་སྒྲུག་དམར་པོས་རྟགས་བརྒྱབ་པར་གཞིབ་བསྡུར་དང་། དོན་སྙན་ཚིག་སྙན་ཡོད་ཚད་གཅིག་ལྷུགས་སུ་དག་བཅོས་བགྱིད་པ་ནི་ཆེས་མཐའ་མཇུག་གི་ཞུ་དག་སྟེ་བསྐྱར་ཞུའོ། །

སྐྱ་ཞུ་དང་། རགས་ཞུ། གཉིས་ཞུ། བསྐྱར་ཞུ་བཅས་པར་ཞུའི་གོ་རིམ་ཡོངས་སུ་རྫོགས་རྗེས། མ་ཕྱི་དང་པར་ཞུའི་རྩོམ་ཡིག་ཚང་མ་སོ་སོར་བསྒྲིགས་ཏེ་པར་ཞུ་བ་དང་རྩོམ་སྒྲིག་པ་རྣམས་ལའང་ཚར་རེ་དཔར་ནས་མགོ་མཇུག་བར་གསུམ་ལ་ཞིབ་ཏུ་ཞུ་དག་བགྱིད་པ་དང་། མཐར་དོན་སྙན་དང་། ཚིག་སྙན། ཡིག་ནོར། པར་གཞི་སོགས་ལ་གནད་དོན་ཅི་ཡང་མེད་ཚེ། རྩོམ་སྒྲིག་ཁང་གི་འགོ་ཁྲིད་དམ་གཙོ་སྒྲིག་པས་པར་མཆན་བཀོད་དེ་པར་ཁང་ལ་སྤྲོད་དགོས།

བཞི་པ། ཞར་བྱུང་རྩོམ་རིག་དུས་དེབ་དང་འབྲེལ་བའི་བསམ་ཚུལ་འགའ།

གཅིག དུས་དེབ་ཀྱི་ཁ་ཕྱོགས་རྒྱུན་འཁྱོངས་དང་ཁྱད་ཆོས་འབུར་དུ་གཏོད་པ།

དུས་དེབ་ཀྱི་ཁ་ཕྱོགས་ནི་རྒྱུ་སྐྱུས་དང་ཉེ་བར་འབྲེལ་ཞིང་དུས་དེབ་ཅིག་མི་རིགས་རིག་གནས་ཀྱི་སྙིང་མོས་ཚལ་དུ་རྐང་ཚུགས་ཐུབ་མིན་ལའང་རག་ལས་པ་ཡིན། ཁ་ཕྱོགས་གཏན་ཁེལ་དང་རྩ་དོན་རྒྱུན་འཁྱོངས་བྱེད་པ་ཤིན་ཏུ་གལ་

ཆེ་སྐྱེ། དུས་དེབ་སྒྲུབ་པའི་ཁ་ཕྱོགས་རྒྱུན་འཁྱོངས་བྱས་ཏེ་དུས་དེབ་ཀྱི་རིག་གནས་བརྒྱུད་སྒྲོག་གི་ནུས་པ་འདོན་སྤེལ་དང་། ཀློག་པ་པོར་ཉིང་བཅུད་ལྡན་པའི་སྲོལ་རྒྱུན་དང་དེང་རབས་རིག་གནས་ཀྱི་བག་ཆགས་ཟབ་མོ་འཇོག་པར་བརྟོན་དགོས། གལ་ཏེ་དུས་དེབ་ཅིག་གི་ཁ་ཕྱོགས་ངེས་མེད་དུ་གྱུར་ན་གཞི་བརྟན་པོ་མ་ཆགས་པའམ་ནར་མ་སོན་པའི་རྟགས་མཚན་མངོན་པ་རེད། དུས་དེབ་ལེགས་ཤོག་ཤིག་གི་ཁ་ཕྱོགས་ནི་རྩོམ་སྒྲིག་པ་རབ་དང་རིམ་པའི་བློ་གྲོས་ཀྱི་མཚོན་བྱེད་དམ་འབད་བརྟོན་གྱི་འབྲས་བུར་ངེས་ཕྱིར། གལ་སྲིད་དགོས་མཁོའམ་ཁེ་ཕན་ཞིག་གི་ཆེད་དུ་དུས་ཡུན་ཐུང་ངུའི་ཁྲོད་དུས་དེབ་ཀྱི་ནང་དོན་དང་རྣམ་པ་ཕར་བསྒྱུར་ཚུར་བསྒྱུར་མང་པོ་བགྱིས་ན་དུས་དེབ་ཉམས་བྱེད་ཀྱི་རྐྱེན་དུ་འགྱུར་བ་དང་། རྩོམ་ཡིག་གདམ་གསེས་བྱེད་སྐབས་ཐོག་མར་ཀློག་པ་པོ་དང་རྩོམ་པ་པོའི་དགོས་མཁོ་དང་འཚམ་ཞིང་རང་གི་དུས་དེབ་ཀྱི་ཁ་ཕྱོགས་དང་རྩ་དོན་ལ་མི་གནོད་པ། སུ་དང་གང་གི་ཡི་གར་འོང་བ་ཞིག་ཨེ་འབྱུང་ལྟ་དགོས། དུས་དེབ་ཕལ་ཆེར་ཞིག་ལ་བརྗོད་དོན་དང་རྣམ་པའི་ཆ་ནས་གཞན་དང་མི་འདྲ་བའི་རང་གི་ཁྱད་ཆོས་རེ་ལྡན་ཏེ། ཐུན་མོང་མ་ཡིན་པའི་ཁྱད་ཆོས་ཀྱིས་དུས་དེབ་རང་རང་གི་ཚུགས་ཐུབ་ཀྱི་རྨང་གཞི་བརྟན་ཞིང་ལས་རིགས་སོ་སོའི་ཀློག་པ་པོའི་དགོས་མཁོ་སྐོང་བར་བྱེད་པས་ན། སྤྱི་ཚོགས་འཚོ་བའི་ཁྲོད་བློ་ལྡན་ཀློག་མཁན་བྱེ་བའི་བསམ་པའི་ཡོངས་སྤྱོད་ཉིད་དུ་འགྱུར། མི་རིགས་ཞིག་ཡིན་ན་འདྲ། སྤྱི་ཚོགས་ལས་རིགས་ཤིག་ཡིན་ནའང་འདྲ། ཆེད་ལས་གང་ཞིག་ལ་རང་གི་ཁ་ཕྱོགས་དང་རང་གི་ཁྱད་ཆོས་ལྡན་ཞིང་གཞན་གྱིས་ཚབ་བྱེད་

མི་ནུས་པའི་བྱེད་ནུས་ལྡན་ན་སུས་ཀྱང་དོ་སྣང་མི་འོང་བ་ཡིན། དུས་དེབ་ཞིག་ལ་མཚོན་ན་ཁྱད་ཆོས་མང་པོ་འཛོམ་རྒྱུ་དཀའ་ནའང་དུས་རབས་འཕེལ་རྒྱས་ཀྱི་འགྲོས་དང་བསྟུན་ནས་སྒྲུབ་ན་ཏ་ཙང་ཡག་པོ་འདུག་སྙམ།

རྩོམ་རིག་དུས་དེབ་ཀྱི་རྩོམ་སྒྲིག་པ་ཞིག་གི་ཆ་ནས་བཤད་ན། རང་གིས་གཉེར་བཞིན་པའི་དུས་དེབ་ཀྱི་གོ་གནས་ནི་རིགས་མཐུན་ལས་རིགས་ཁྱད་ཀྱི་ཡང་རྩེར་སོན་པའི་བློ་སྤོབས་དང་ཤེས་རིག་གི་མཚོན་བྱེད་ཡིན་ལ། བླ་ན་མཐོ་ཞིང་མཆོག་ཏུ་གྱུར་པའི་རླབས་ཆེན་འགན་འཁྲི་ཏུ་ངེས་པས། རྩོམ་རིག་གསར་རྩོམ་བྱེད་མཁན་གྱི་སྒྲུང་གཏམ་པ་དང་། སྙན་ངག་པ། དཔྱད་བརྗོད་པ། ལྷུག་རྩོམ་དང་དམངས་རྩོམ། འཕྲབ་གཞུང་བཅས་རྩོམ་པ་པོ་སྣེར་ཞིག་གི་ཚབ་མཚོན་བརྩམས་ཆོས་རྟག་ཏུ་ཆ་སྙོམས་ཀྱིས་རྒྱུན་མ་ཆད་པར་དུས་དེབ་ཏུ་འགོད་ཐུབ་ཚེ། དུས་དེབ་ཀྱི་གོ་གནས་བརྟན་ཞིང་རིན་ཐང་ཇེ་ཆེར་འགྱུར་རོ། །

གཉིས། རྩོམ་པ་པོའི་དཔུང་སྡེ་རྒྱ་ཆེར་བསྐྱེད་པ།

ཡང་དག་འགྱུར་བ་མེད་པའི་དུས་དེབ་ཀྱི་ཁ་ཕྱོགས་གཏན་ཁེལ་བྱས་ཤིང་ཐུན་མོང་མ་ཡིན་པའི་རང་གི་ཁྱད་ཆོས་ལྡན་པ་གཞིར་བཞག་གི་སྟེང་། ཞིང་ས་གཤིན་པོ་ལྡན་པ་ལ་རྒྱུ་ས་བོན་མེད་ན་ཅི་བྱ། དུས་དེབ་ཅིག་ལ་མཚོན་ན་རྒྱུ་ས་བོན་ནི་རྩོམ་པ་པོའི་སྡེ་ཡིན་ལ། རྩོམ་པ་པོ་མེད་ན་ཕྱུལ་དུ་བྱུང་བའི་རྩོམ་ཡིག་གི་ཐོན་ཁུངས་བྲལ། དེ་བས་རྩོམ་སྒྲིག་པའི་ལས་འགན་གཙོ་བོའང་ཇི་ལྟར་རྩོམ་པ་པོ་མང་པོ་ཞིག་གསོ་སྐྱོང་བྱ་དགོས་པ་དེ་ཡིན་ལ། ཡང་ན་གློག་པ་པོ་དང་རྩོམ་

པ་པོའི་རེ་འདོད་ལྟར་ལེ་ཚན་གསར་པ་བསྒྲུབ་པ་དང་བགྲོ་གླེང་ཚོགས་འདུ་འཚོགས་པ། ལེགས་རྩོམ་དཔྱད་འདེམས་བྱས་ཏེ་གཟེངས་བསྟོད་བྱ་དགའ་སྟེར་བ་སོགས་ཐབས་ཇུས་དང་རྣམ་པ་སྣ་ཚོགས་ལ་བརྟེན་ནས་རྩོམ་པ་པོ་གསར་པ་སྐྱེད་སྲིང་དང་རྩོམ་པ་པོ་གཞོན་པར་སྐྱུལ་སློང་། རྩོམ་པ་པོ་རྒྱུན་པར་འབྲེལ་འདྲིས་ཀྱིས་རང་རེ་ཐུན་མོང་གི་ལས་དོན་འགྲུབ་པར་མཐུན་རྐྱེན་གང་ལེགས་བསྒྲུབ་དགོས།

གསུམ། རྩོམ་ཡིག་འཚོལ་སྡུད་ཀྱི་ལས་ཀ་གཙིགས་སུ་འཛིན་པ།

རྩོམ་སྒྲིག་པ་མང་ཆེ་བ་ཞིག་ལ་མཚོན་ན་རྩོམ་སྒྲིག་གི་ལས་རིམ་ནི་དེ་འདྲའི་དཀའ་མོ་ཞིག་མིན་ལ། རྩོམ་མང་པོ་ཞིག་བསྒྲིགས་ཏེ་སྤེལ་དགོས་ཀྱང་དཀའ་ཁག་དེ་འདྲ་མི་འདུག གལ་སྲིད་རྒྱུ་སྐྱུས་བཟང་ཞིང་ཚད་གཞི་མཐོ་བའི་རྩོམ་ཡིག་སྙོར་ཞིག་སྤེལ་དགོས་ཚེ། རྩོམ་སྒྲིག་པའི་རིག་གནས་ཀྱི་ཡོན་ཚད་ལ་རག་ལས་པར་མ་ཟད། རྩོམ་ཡིག་རང་ངོས་ཀྱི་ཆུ་ཚད་བཟང་མིན་ལའང་རག་ལས་ཡོད། རྩོམ་ཡིག་གི་རྒྱུ་སྐྱུས་ཇེ་བཟང་དུ་གཏོང་བར་རྩོམ་སྒྲིག་པས་རྩོམ་ཡིག་འཚོལ་སྡུད་ཀྱི་ལས་ཀ་གཙིགས་སུ་འཛིན་པ་དང་། དུས་དེབ་ནི་རྩོམ་ཡིག་གཟིགས་མོར་སྤེལ་བའི་སྨད་བྱུང་གར་སྟེགས་ལྟ་བུ་ཡིན་ཞིང་། དུས་དེབ་གཅིག་ལེགས་གྲུབ་བྱུང་བའི་རྩོམ་ཡིག་ཕར་ཆེ་བ་ནི་རྩོམ་སྒྲིག་པའི་སྐུལ་སློང་དང་འཚོལ་སྡུད། རྩོམ་པ་པོས་རང་རྟོགས་ཀྱིས་བསྐུར་འོངས་པ་བཅས་སྣང་ཚུལ་རྣམ་པ་གསུམ་ཡིན་ཕྱིར། སུན་སྣང་མེད་པར་རྟག་ཏུ་རྩོམ་པ་པོ་རྒྱུན་དར་

གཞོན་གསུམ་ལ་འཕྲིན་ཡིག་གམ་ཁ་པར་བརྒྱུད་དེ་རྩོམ་ཡིག་སློང་བ་ཤིན་ཏུ་གལ་ཆེའོ། །

བཞི། དུས་དེབ་ཀྱི་ཚད་གཞི་མཐོ་རུ་འདེགས་པ།

ལར་དུས་དེབ་ལེགས་ཤོས་ཤིག་བསྒྲུབ་པར་ཚན་རིག་དང་མཐུན་པའི་གོ་རིམ་ཞིག་བརྒྱུད་དགོས་ཏེ། རང་གི་དུས་དེབ་སྒྲུབ་ལུགས་དང་ཁ་ཕྱོགས་རྒྱུན་འཁྱོངས་ཀྱིས་དུས་རབས་ཀྱི་འཕེལ་འགྲོས་དང་བསྟུན་པ་དང་། མི་རིགས་ཀྱི་ཀློ་ཁ་དང་འཚམ་པ། ལེ་ཚན་བཀོད་སྒྲིག་ཐད་ནང་དོན་གསར་པ་དང་རྣམ་པ་གསར་དུ་གཏོང་ཅིང་སྤོན་ཐོན་བསམ་བློ་སྤོག་འདོན་གྱིས་དུས་དེབ་ཀྱི་ཚད་གཞི་མཐོ་རུ་འདེགས་དགོས། མདོར་ན། རྩོམ་སྒྲིག་པ་ཚད་ལྡན་ཞིག་ཡིན་ན་རིག་གནས་ཀྱི་རྨང་གཞི་བརྟན་ཞིང་རྩོམ་སྒྲིག་གི་ལས་ཀར་ཞིབ་ཆ་ལྡན་དགོས་པ་དང་། དྲི་མེད་ལྷག་བསམ་གྱིས་རྩོམ་རིག་གི་མཚར་སྡུག་མི་ཧོག་བཞད་པར་ལྷང་མཛེས་ལོ་འདབ་ཀྱི་ཚུལ་དུ་གཞོགས་འདེགས་ཀྱི་ནུས་པ་འདོན་པ་གལ་ཆེ་བར་སྣང་། དེ་ཡང་རྩོམ་སྒྲིག་ལས་ཀའི་ནང་དོན་ལ་གོ་རིམ་མི་འདྲ་བ་དོན་ཚན་དྲུག་ཏུ་དབྱེ་ནས་གྲོས་མོལ་གྱི་ཚུལ་དུ་ཕུལ་ན་འདི་ལྟ་སྟེ།

༡ རྩོམ་སྒྲིག་པ་རང་གི་ལས་བགོས་ལྟར་རྩོམ་ཡིག་གི་རྒྱུ་སྒྱུས་བཟང་མིན་ལ་ཚིག་ཉུང་དོན་བསྡུས་ཀྱིས་དཔྱད་བརྗོད་ནན་ཏན་འབྲི་དགོས།

༢ སྤྱོད་འོས་པའི་རྩོམ་ཡིག་ལ་རང་གི་བསམ་འཆར་ནན་མོར་བྲིས་ཏེ་གཙོ་སྒྲིག་པར་བསམ་འཆར་དུས་ལྟར་ཞུ་དགོས།

༣ སྤྱོད་ཚོག་པའི་རྩོམ་ཡིག་ལ་ཞུ་དག་དང་ལས་སྟོན་གང་ལེགས་བྱས་ཏེ་རྩོམ་སྒྲིག་གི་ཚད་གཞིར་མཐུན་པའི་པར་གཞི་བཀོད་སྒྲིག་གྲ་དག་བྱ་དགོས།

༤ པར་ཞུའི་ལས་ཀ་ལེགས་པར་བསྒྲུབས་ཏེ་ཡིག་སྐྱོན་དང་། ཚིག་སྐྱོན། དོན་སྐྱོན་སོགས་རྩ་མེད་དུ་གཏོང་དགོས།

༥ རང་གི་ཆེད་ལས་དང་མཐུན་པའི་གསབ་སྦྱོང་ལ་ཞུགས་དགོས་པ་དང་། ཆེད་ལས་དང་འབྲེལ་བའི་དཔེ་ཆ་དང་དུས་དེབ་རྒྱ་ཆེར་བཀླགས་ཏེ། རང་གི་རིག་པ་དང་ཤེས་ཡོན་དུས་རབས་མདུན་སྐྱོད་ཀྱི་རྗེས་ཚོད་པར་བྱས་ནས་ཆེད་ལས་ཀྱི་སྣང་ཚུལ་དང་འཕེལ་འགྲོས་རྣམ་པར་རྟོགས་ཤིང་། རྩོམ་ཡིག་འཚོལ་སྡུད་ཀྱིས་ལེགས་རྩོམ་སྡོག་འདོན་གང་ལེགས་བྱ་དགོས།

༦ ཆེད་ལས་ཤེས་བྱར་སློབ་སྦྱོང་དང་རྩོམ་སྒྲིག་གིལས་ཀར་ཧུར་བརྩོན་བྱས་ཏེ། ཆེད་ལས་སྐོར་གྱི་དཔྱད་རྩོམ་འབྲི་བ་དང་རྩོམ་སྒྲིག་ལས་ཀའི་ཉམས་མྱོང་སྤྱི་བསྡོམས་བྱེད་པ་དང་། མུ་མཐུད་དུ་རང་གི་ཐོས་རྒྱ་ཆེར་བསྐྱེད་དང་རྩོམ་སྒྲིག་གི་ཤེས་ཡོན་མཐོར་འདེགས་བྱ་དགོས།

མདོར་ན། རྩོམ་སྒྲིག་པའི་བསམ་བློའི་ཤེས་ཡོན་དང་། ཆེད་ལས་ཤེས་ཡོན། རྩོམ་སྒྲིག་ཐབས་ཤེས་བཅས་ཏང་གི་ལམ་ཕྱོགས་དང་། བྱེད་ཕྱོགས། མི་རིགས་སྲིད་ཇུས་བཅས་ལ་རྒྱབ་རྟེན་བྱས་ཏེ། ཡང་དག་པའི་འཇིག་རྟེན་ལྟ་ཚུལ་དང་མི་ཚེའི་ལྟ་ཚུལ། རིན་ཐང་ལྟ་ཚུལ་མངའ་ཞིང་བདེན་དགེ་མཛེས་གསུམ་གྱི་བསམ་བློས་ཀུན་ནས་བརྒྱན་པའི་ལེགས་རྩོམ་བསལ་གདམ་དང་། ས་གནས་ཀྱི་ཕྱོགས་ཞེན་དང་ཁེ་ཕན་གྱི་བསླུ་བྲིད་མི་ཐེབས་པར་བདེན་པ་བདེན་ཐུབ་

གྱིས་རྩོམ་ཡིག་རེ་རེ་བཞིན་ལེགས་སྒྲིག་དང་། ལས་སྔོན། ཞུ་དག བསྒྱུར་སྒྲོག་བཅས་ཀྱི་ལས་ཀར་མི་ཕྱེད་པའི་བརྩལ་ཞུགས་ཆེན་པོས་རྟུར་བསྟོན་བྱ་རྒྱུ་ནི་ད་ཅང་གལ་ཆེ་བ་ཡིན་ནོ། །

དུས་དེབ་རྩོམ་སྒྲིག་ལས་ཀའི་གལ་ཆེན་རང་བཞིན་མདོ་ཙམ་བརྗོད་པ།

ཁྱེ་བྲག་སྤྲུངས་པའི་དོན་ཤེས་པ། །དེ་ཡང་དེ་ལ་མཁས་པ་ཟེར། །ཞེས་གསུངས་པ་བཞིན་རྩོམ་སྒྲིག་གི་ལས་ཀ་གཉེར་མཁན་ཞིག་ལ་མཚོན་ན། དུས་རྟག་ཏུ་སློབ་སྦྱོང་བྱས་ནས་རང་ཉིད་ཀྱི་ལྷ་རྒྱ་དང་ཐོས་རྒྱ་སྐྱེད་དགོས་ཏེ། རིགས་གཞུང་སྐོར་གྱི་ལེགས་བམ་རྩོམ་སྒྲིག་དང་དུས་དེབ་ཀྱི་རྩོམ་སྒྲིག་པ་གང་ཡིན་ཡང་། ཐོག་མར་གཞི་དེ་དང་འབྲེལ་བའི་ཤེས་བྱ་མང་པོ་ཞིག་ཤེས་རྟོགས་བྱེད་པ་ཤིན་ཏུ་གལ་ཆེ་བར་སྣང་ཞིང་། རྩོམ་སྒྲིག་པ་རྒན་རབས་རྣམས་ལ་བཀའ་འདྲི་དང་རྩོམ་པ་པོའི་སྡེ་ལ་སློབ་སྦྱོང་རྨང་གཞི་བྱས་ཏེ་རང་གི་ལས་འགན་འགྲུབ་པར་འབད་པ་སོགས་རྩོམ་སྒྲིག་གི་ལས་ཀ་ནི་ཚེ་གང་བོར་བསླབ་པ་དོན་གཉེར་གྱི་ཆེད་ལས་ཤིག་ཡིན་པ་མ་ཟད། ཀུན་གྱིས་རྗེས་སུ་ཡི་རང་བགྱིད་པའི་ལས་དོན་ཞིག་ཀྱང་ཡིན་ནོ། །

བདག་ལྷ་བུར་མཚོན་ན་དཔེ་གློག་ལ་མོས་ཤིང་། རྩོམ་སྒྲིག་གི་ལས་ཀ་ནི་བདག་གི་འདོད་བློ་དང་མཐུན་ཞིང་རྟག་ཏུ་དཔེ་ཆ་དང་དུས་དེབ་དང་འགྲོགས་ཕྱིར་རང་གི་མི་ཚེ་ལ་དོན་སྙིང་ལྡན་པའི་ཚོར་ཤེས་དང་སྤྲོ་བ་བསྐྱེད། འཇོན་

ཐང་ལྡན་པའི་རྩོམ་སྒྲིག་པ་ཞིག་བྱ་འདོད་ན། རྩོམ་པ་པོ་མང་པོར་འབྲེལ་འདྲིས་དང་སྐུལ་སློང་བྱས་ཏེ་རྩོམ་ཡིག་པོ་མང་པོ་ཞིག་རྩོམ་སྒྲིག་བརྒྱུད་དེ་ཀློག་པ་པོའི་རེ་འདུན་སྐོང་ཅི་ཐུབ་དང་། རྩོམ་པ་པོའི་དཔུང་སྟེ་བསྐྱེད་ཅི་ཐུབ་བྱེད་པ་འོས་འགན་ཡིན་ལ་མཛད་རྗེས་ཀྱང་ཡིན།

རྩོམ་སྒྲིག་ནི་གསར་གཏོད་ཀྱི་རང་བཞིན་ལྡན་པའི་ལས་ཀ་ཞིག་ཀྱང་ཡིན་ཏེ། སྒྲུང་གཏམ་ཞིག་གམ་སྙན་ངག་ཅིག ལྷུག་རྩོམ། འཁྲབ་གཞུང་། རྩོམ་རིག་དཔྱད་བརྗོད། མདུན་ཤོག་དང་པར་གཞི་རྟུས་འགོད་ཀྱི་ཆ་སོ་སོས་རྩོམ་སྒྲིག་གི་གསར་གཏོད་དང་མཛེས་དཔྱོད་ནུས་པར་ཚོད་བགམ་བྱེད་བཞིན་པས། གོ་རིམ་རེ་རེ་བཞིན་ཞིབ་ཆ་ཡོད་པའི་སྒོ་ནས་ནན་ཏན་གྱིས་རྩོམ་སྒྲིག་བྱ་དགོས་པ་རྒྱུ་དོན་ཡིན། གཤམ་དུ་ཇི་ལྟར་རྩོམ་སྒྲིག་པ་འཛིན་ཐང་ལྡན་པ་ཞིག་གསོ་སྐྱོང་གི་སྐོར་ལ་རང་ཉིད་ཀྱི་བསམ་འཆར་འགའ་བརྗོད་ན།

དང་པོ། དེ་ལ་ཐོག་མར་རྩོམ་སྒྲིག་པ་ཞིག་ཡིན་ན་ངེས་པར་དུ་དཔེ་ཀློག་ལ་སྤྲོ་བ་ཞིག་ཡིན་དགོས། ང་ཚོ་ནར་སོན་པའི་དུས་སྐབས་སུ་འཚོ་བའི་ཆ་རྐྱེན་གྱི་དབང་གིས་དཔེ་ཀློག་ལ་དགའ་ཡང་དཔེ་ཆ་མང་པོ་མཐོང་རྒྱུ་མི་འདུག དེང་སྐབས་དཔར་དུ་བསྐྲུན་པའི་དཔེ་ཆ་དང་དུས་དེབ་ཉིན་རེ་ལས་ཉིན་རེར་ཇེ་མང་ཡིན་ཡང་དཔེ་ཀློག་ལ་སྤྲོ་བས་འཇུག་མཁན་དེ་ཙམ་མི་མང་། དེང་སང་དྲྭ་རྒྱ་སྣ་ཚོགས་དང་སྐད་འཕྲིན། གློག་བརྙན་འཕྲིན། ཁ་པར་ནང་གི་རྩེད་རིགས་ཀྱིས་མི་རྣམས་ཀྱི་སེམས་ཁམས་སུ་ཞུར་ཟིང་སློང་ཞིང་ཁོམ་ལོང་མེད་པར་གྱུར་པས། སོ་སོའི་སེམས་ཁམས་དེ་ཞི་འཇགས་སུ་གནས་ཐབས་བྲལ། དགེ་རྒན་

དང་སློབ་མ། རྩོམ་པ་པོ། རྩོམ་སྒྲིག་པ། རིག་གཞུང་ཞིབ་འཇུག་པ། ཚན་རིག་པའི་སྡེ་སོགས་རིག་ཚན་གང་ཡིན་ཡང་རང་གི་སྦྱངས་བྱའམ་རང་འབྲིའི་ལས་འགན་འགྲུབ་ཕྱིར། རྟག་ཏུ་བསླབ་པ་སློབ་གཉེར་དང་དཔེ་ཀློག་གི་རྒྱུན་བསྲིང་དགོས་པ་དང་། ཁྱད་པར་དུ་རྩོམ་སྒྲིག་པས་ཀློག་པ་པོའི་འདོད་མོས་དང་འཚམ་པའི་རྩོམ་ཡིག་ལེགས་འདེམས་བྱ་རྒྱུ་ཤིན་ཏུ་གལ་ཆེ།

གཉིས་པ། རྩོམ་སྒྲིག་པར་ཚོར་ཤེས་རྣོ་དགོས་པའམ་རྒྱུ་རྐྱེན་གཙོ་བོ་ཞིག་ཡིན་ཏེ། གོང་ནས་བརྗོད་པ་བཞིན་རྩོམ་སྒྲིག་ནི་གསར་གཏོད་རང་བཞིན་གྱིས་ཕྱུག་པའི་ཆེད་ལས་ཤིག་ཡིན་ཕྱིར། གསར་གཏོད་ལ་ཚོར་ཤེས་མེད་དུ་མི་རུང་ཞིང་ཚོར་ཤེས་ནི་རང་ཉིད་ལས་དོན་འདིར་དུང་བའི་དགའ་ཞེན་ལས་བྱུང་བ་དང་། རྩོམ་པ་པོ་ཇི་ལྟར་སྐྱེད་སྲིང་དང་རྩོམ་ཡིག་ལེགས་པོ་འབྲི་བར་སྐུལ་སློང་བྱེད་པ། སྤྱི་ཚོགས་ལ་ཉེ་བར་མཁོ་བའི་རྩོམ་ཡིག་གང་ཡིན་གསལ་འདེབས་བྱས་ཏེ་བརྗོད་དོན་ལེགས་ཤིང་རྗོད་བྱེད་མཛེས་པའི་རྩོམ་ཡིག་རིན་ཐང་དང་ལྡན་པ་དེབ་ཏུ་སྐྲུན་ཆེ་ཀློག་པ་པོའི་འདོད་བློ་བསྐངས་ཤིང་རྩོམ་སྒྲིག་པའི་བསམ་དོན་གྲུབ་པའོ། །

གསུམ་པ། རྩོམ་སྒྲིག་པས་རྩོམ་ཡིག་ཞུ་དག་དང་ལས་སྣོན་བྱེད་སྐབས། རྩོམ་ལ་ལ་ཞིག་བཅོས་ན་ཚིག་ཅིང་མ་བཅོས་ན་ཚིག་ཆེ་བཅོས་པར་མི་བྱ་སྟེ། རྩོམ་པ་པོའི་ལྟ་ཚུལ་བརྗོད་པའི་དཔྱད་རྩོམ་ཞུ་དག་གི་སྐབས་སུ་གང་འདོད་དུ་བསྒྱུར་ཏེ་རང་གི་བསམ་ཚུལ་བཙན་སྣོན་གྱིས་གཞན་གྱི་རྩོམ་ཡིག་གི་ཁྱད་ཆོས་དང་སྒྲིག་གཞི་ལ་གནོད་པ་བྱེད་མི་རུང་བ་དང་། ཆབ་སྲིད་དང་མི་

རིགས། ཆོས་ལུགས་ཀྱི་གནད་དོན་དང་མ་ཕྲད་ཚེ་རྩོམ་པ་པོའི་ལྟ་ཚུལ་དང་བསྟུན་ཅི་ཐུབ་བྱེད་དགོས། རྩོམ་ཡིག་གི་སྒྲིག་གཞི་རྣོག་ཅིང་གོ་རིམ་འཚོལ་བ། ལུང་གི་རྒྱབ་རྟེན་དང་རིགས་པའི་སྒྲུབ་བྱེད་མི་འཛམ་པ། སྔ་གཞུག་གོ་ལོག་པའམ་བསྐྱར་ཟློས་མང་བ། གཞུང་གི་ཁུངས་ལུང་མི་གསལ་བ། ཚིག་རྒྱན་སྤེལ་སྦྱོར་ཉམས་པའི་སྐྱོར་ལ་ཏ་ཅང་གཟབ་དགོས།

བཞི་བ། རིག་གནས་ཀྱི་འཕེལ་ཕྱོགས་དང་དུས་རབས་ཀྱི་འཕེལ་ཕྱོགས། སྤྱི་ཚོགས་ཀྱི་འཕེལ་འགྲོས་དང་བསྟུན་དགོས་པ་མ་ཟད། ཁྱད་པར་དུ་ཀློག་པ་པོའི་འདོད་མོས་དང་དགོས་མཁོ་ལ་བསྟུན་ཅི་ཐུབ་བྱ་དགོས། དུས་དེབ་ཀྱི་ཕྱིའི་རྣམ་པ་དང་ནང་གི་བརྗོད་དོན་གྱི་ཆ་སྙེ་བསམ་བློའི་རང་བཞིན་དང་སྒྱུ་རྩལ་རང་བཞིན་བཀོལ་སྤྱོད་རང་བཞིན་བཅས་ཕྱོགས་ཐམས་ཅད་ཀྱིས་རྩོམ་པ་པོའི་བློར་འབབ་ཅིང་ཀློག་པ་པོའི་རེ་བ་སྐོང་ཐུབ་པ་ཞིག་ཤེ་འགྲུབ་ལྟ་དགོས་པ་རྩོམ་སྒྲིག་གི་རྩ་དོན་ཡིན།

མདོར་ན། རྩོམ་སྒྲིག་པ་ནི་ཆུ་བོའི་ཚུར་རོལ་གྱི་རྩོམ་པ་པོ་དང་ཕ་རོལ་གྱི་ཀློག་པ་པོ་བདེ་ཐླག་དང་བགྲོད་བྱེད་ཀྱི་ཟམ་པ་དེ་ཡིན།

ལྔ་བ། ཕུན་སུམ་ཚོགས་པའི་ཆེད་ལས་ཤེས་བྱ་དང་ཚུང་ཚད་མཐོ་བའི་རྩོམ་སྒྲིག་ཆུ་ཚད། ཚིག་གི་དག་ཆས་དོན་གྱི་གནད་འབྱིན་པར་བྱེད་པའི་མཚོན་ཐབས། བྱ་དངོས་གསར་པ་དང་ཐ་སྙད་གསར་པ་ཉིན་བཞིན་ཇེ་མང་དུ་འགྲོ་བའི་དེང་འདིར། ཕྱལ་དུ་བྱུང་བའི་རྩོམ་སྒྲིག་པ་ཞིག་ཡིན་ན་ཤེས་བྱ་གསར་པ་དང་སྒྲིག་ཐབས་གསར་པར་མུ་མཐུད་དུ་སློབ་སྦྱོང་བྱས་ཏེ། དུས་རབས་ཀྱི་གོམ་

འགྲོས་དང་བསྟུན་ནས་རང་རྒྱུད་ཀྱི་ཤེས་བྱ་འཐུས་སྒྲོ་རྗེ་ཚང་དུ་གཏོང་དགོས།

དྲུག་པ། སྣེ་ཁྲིད་ཀྱི་ནུས་ཤུགས་ནི་དུས་དེབ་ཀྱི་ཁྱད་ཆོས་གཙོ་བོ་ཞིག་ཡིན་ཏེ། ཆབ་སྲིད་རང་བཞིན་དང་། ཤེས་བྱའི་རང་བཞིན། སློབ་གསོའི་རང་བཞིན་བཅས་སྣེ་ཁྲིད་ཀྱི་ཆ་མང་ཡང་། ཀློག་པ་པོ་ནི་སྤྱིའི་ཚོགས་པ་ཞིག་ཡིན་ཕྱིར་དེ་དག་གི་བསམ་བློའི་གོ་རྟོགས་དང་། ཤེས་བྱའི་སྒྲིག་གཞི། མཛེས་དཔྱོད་འཛིན་སྟངས། དགའ་ཁ་ཁྱེར་ཕྱོགས་ཀྱི་ཐད་ནས་རབ་འབྲིང་ཐ་གསུམ་ཡིན་པས། ཀློག་པ་པོའི་སྤེ་ཡི་ཐུན་མོང་གི་ཚུ་ཚད་ཇི་ལྟར་མཐོ་རུ་འདེགས་པ་ནི་རྩོམ་སྒྲིག་ལས་ཀའི་མཐར་ཐུག་གི་དམིགས་ཡུལ་ཡིན།

དེ་བས་ཀློག་པ་པོར་སྣེ་ཁྲིད་ཀྱི་ལས་ཀ་ནི་དུས་དེབ་རྩོམ་སྒྲིག་པའི་ཆེས་རྩ་བའི་འོས་འགན་ཡང་ཡིན།

བདུན་པ། རྩོམ་སྒྲིག་ནི་དུས་དེབ་དཔེ་སྐྲུན་ལས་ཀའི་ཁྲིད་འཕྲུལ་ཆས་ཀྱི་འཁོར་ཧྲ་ལྟ་བུ་ཡིན་ཞིང་ད་ལྟའི་དུས་དེབ་རྩོམ་སྒྲིག་དང་དཔེ་སྐྲུན་གྱི་གནས་ཚུལ་ལ་གཞིགས་ན། དུས་དེབ་རྩོམ་སྒྲིག་པར་སྣེ་ཁྲིད་ཀྱི་ནུས་ཤུགས་དང་གསར་གཏོད་ཀྱི་འདུ་ཤེས། ཀློག་པ་པོར་རྒྱུས་ལོན། རྩོམ་པ་པོ་སྐྱེད་སྲིང་གི་ལས་ཀར་ངོ་སྣང་དང་ཧུར་བརྩོན་བྱས་ན་ད་གཟོད་དུས་དེབ་རང་གི་དར་ཆ་མཐོན་པོར་བསྒྲེངས་ཐུབ་པ་དང་། མདོར་ན་རྩོམ་སྒྲིག་པ་གང་འདྲ་ཞིག་ཡིན་ན་དུས་དེབ་ཀྱང་དེ་འདྲ་ཞིག་ཡིན་པའོ། །

བརྒྱད་པ། རྩོམ་སྒྲིག་ལས་ཀའི་གྲུབ་འབྲས་ནི་པར་དུ་སྐྲུན་པའི་དཔེ་ཆའམ་དུས་དེབ་ཡིན་ཞིང་དེ་ཡིས་དྲིལ་བསྒྲགས་ནུས་ཤུགས་ཀྱིས་ཀུན་གྱི་བསམ

བློ་ལ་སྣེ་ཁྲིད་དང་ཤན་ཤུགས་ཐེབས་པར་འགྱུར་བས། ཡང་དག་པའི་རིན་ཐང་ལྟ་ཚུལ་ནི་རྩོམ་སྒྲིག་པར་ལྡན་དགོས་པའི་ཆ་རྐྱེན་ཡིན། གཡོ་འགྱུལ་མི་བྱེད་པ་དང་བླུན་པོ་ཆུ་སྣ་གར་ཁྲིད་ཀྱི་ཅི་དགར་གཞན་རྗེས་མི་འབྲང་བ། རང་ཚུགས་བརྟན་པོས་རྟག་ཏུ་བདེན་དགེ་མཛེས་གསུམ་གཙོ་བོར་འཛིན་པ་དང་ཟ་བའི་ཟ་ཟོན་མིག་བཞིན་དུ་སྲུང་བ་རང་གི་དམ་ཆོས་ཡིན།

དགུ་པ། དུས་དེབ་བྱུང་བའི་ལོ་རྒྱུས་དཔེ་ཆ་དང་བསྡུར་ན་ཏ་ཙང་འཕྱི་ཞིང་འཛམ་གླིང་གི་ཆེས་ཐོག་མའི་དུས་དེབ་ནི། ༡༦༦༥ལོར་དབྱིན་ཇིའི་《ལོན་ཏོན་གོང་མའི་སློབ་ཚོགས་དུས་དེབ་》ཡིན་ཞིང་ད་ལྟའི་བར་ལོ་ངོ་སུམ་བརྒྱ་ལྔ་བཅུ་ལྷག་འགོར། རང་རེ་རྒྱལ་ཁབ་ལ་དུས་དེབ་བྱུང་ནས་ལོ་ངོ་བརྒྱ་ཙམ་ལས་མ་འགོར་ཡང་གྲངས་ཀ་ཤིན་ཏུ་མང་། ༡༨༠༠ལོར་འཛམ་གླིང་དུས་དེབ་ཀྱི་རིགས་སྣ་ཚོགས་བརྒྱ་ཕྲག་ཙམ་ལས་མེད་ཅིང་། ༡༨༥༠ལོར་སྟོང་ཕྲག་ཅིག་ལས་བརྒལ་བ་དང་། ༡༩༠༠ལོར་ལྔ་སྟོང་དུ་འཕེལ་ཞིང་། ༡༩༦༢ལོར་སུམ་ཁྲི་ལྔ་སྟོང་ཡོད་པར་གྱུར། ད་ལྟ་དུས་དེབ་སྣ་ཚོགས་ཁྲི་ཚོ་བཅུ་གསུམ་ལ་སླེབས་འདུག

ཡིན་ནའང་། བོད་མདོ་དབུས་ཁམས་གསུམ་དང་པེ་ཅིན་སོགས་སུ་བོད་ཡིག་གི་རིག་གཞུང་ཞིབ་འཇུག་དང་། ནང་བསྟན། གསོ་རིག རྩོམ་རིག ཚན་རྩལ། སྲིད་དོན། སློབ་གསོ། དམངས་སྲོལ་སྐོར་གྱི་དུས་དེབ་ཁྱོན་བསྡོམས་ལྔ་བཅུ་ལྷག་ལས་མེད་ཅིང་། རོལ་དབྱངས་དང་ཞབས་བྲོ། ལུས་རྩལ་དང་མཛེས་རྩལ། ཡིག་གཟུགས་དང་གློག་བརྙན་འཕྲིན། ཟློས་གར་དང་རྩོམ་རིག་དཔྱད་བརྗོད་ཀྱི་ཆེད་དེབ་བཅས་རང་རེར་རིག་གནས་གོང་དུ་སྤེལ་བར་ཤིན་ཏུ་མཁོ

གལ་ཆེ་བས། ལས་རིགས་སོ་སོས་རང་གི་ཐད་ནས་གོ་སྐབས་དམ་འཛིན་དང་ཧུར་བརྩོན་བྱ་དགོས།

དུས་རབས་གསར་པའི་རྩོམ་རིག་དུས་དེབ་ཀྱི་རྩོམ་སྒྲིག་པ་ཡིན་ན། ཕྱལ་དུ་བྱུང་བའི་ལས་རིགས་ཀུན་སྤྱོད་དང་འོས་ཤིང་འཚམ་པའི་ཤེས་བྱའི་སྒྲིག་གཞི། རྩོམ་པ་པོ་དང་ཀློག་པ་པོར་འབྲེལ་འདྲིས་ཀྱི་ནུས་པ་ལྡན་དགོས་པ་མ་ཟད། ལངས་ཕྱོགས་བརྟན་ཞིང་ཡ་ཡོ་མེད་པར་འདྲ་མཉམ་གྱི་སྒོ་ནས་རྩོམ་ཡིག་གི་འབྱུང་ཁུངས་ཁོ་ནར་མི་ལྟ་བར་རྒྱུ་སྤུས་གཙོ་བོར་བཟུང་སྟེ། དུས་དེབ་དང་རྩོམ་ཡིག་ལ་འགན་ཁུར་བ་ལས་མིའི་འབྲེལ་བར་མི་བསྟུན་པའི་རྒྱ་དཀྱིལ་ཏུ་སྒྲིང་དགོས་པ་དང་། རྩོམ་པ་པོར་བརྩེ་བཀུར་དང་རྩོམ་པ་པོར་རྒྱབ་སྐྱོར་བྱས་ཏེ། རྩོམ་པ་པོའི་དཔྱད་རྩེའི་སྟོབས་ཤུགས་ལ་བརྟེན་ནས་རྩོམ་རིག་གསར་རྩོམ་གྱི་སྒོ་འཕར་ཡངས་པོར་འབྱེད་པ་དང་། དུས་དེབ་ཀྱི་རྩོམ་ཡིག་གི་རྒྱུ་སྤུས་མཐོར་འདེགས་དང་ཇུས་བཀོད་ཀྱི་རྣམ་པ་ཇེ་ལེགས་སུ་གཏོང་དགོས།

འདིར་ཁྱད་དུ་གླེང་དགོས་པ་ཞིག་ནི། གོ་རིམ་དང་འཆར་གཞི་ཡོད་པའི་སྒོ་ནས་རྩོམ་རིག་ལ་དགའ་ཞིང་དུང་བའི་རྩོམ་པ་པོའི་དཔྱད་སྟེ་སྐྱེད་སྲིང་དང་། དེ་དག་ཨ་གསར་གྱི་རྣང་ཁར་མི་འདྲེན་པར་བབ་ཆགས་དང་བརྟན་བརླིང་དང་གསར་རྩོམ་ལ་འཇུག་པར་སྐུལ་འདེད་གཏོང་བ་མ་ཟད། རབ་བྱུང་ན་དེ་དག་ལས་ཅུང་བཟང་ཤོས་རྣམས་ལ་རྩོམ་རིག་དཔྱད་བརྗོད་པའམ་རྩོམ་སྒྲིག་པ་རང་ཉིད་ཀྱིས་དཔྱད་བརྗོད་རེ་འབྲི་ཐུབ་ན་ཤིན་ཏུ་ཨྃ་ཏ་ཨ་རེད།

རྩོམ་རིག་རྩོམ་སྒྲིག་པའི་ལེགས་རྩོམ་
འདུ་ཤེས་སྐོར་གླེང་བ།

དུས་རབས་ཉི་ཤུ་པོ་རབས་དགུ་བཅུ་བ་ནས་བཟུང་། སྤྱི་ཚོགས་རིང་ལུགས་ཀྱི་ཚོང་རའི་དཔལ་འབྱོར་གྱི་ཡོ་ལང་རྣམ་པར་རྒྱས་པ་དང་བསྟུན། སྤྱི་ཚོགས་ཀྱི་ལས་རིགས་སོ་སོར་གནམ་ས་བླ་འོག་བསྒྱུར་བ་ལྟ་བུའི་གོང་འཕེལ་བྱུང་ཞིང་། རང་རྒྱལ་གྱི་རྩོམ་རིག་སྒྱུ་རྩལ་ལས་དོན་དང་པར་སྐྲུན་གྱི་རྣམ་པར་འགྱུར་ལྡོག་ཆེན་པོ་བྱུང་ཡོད། རྩོམ་རིག་གི་དཔེ་དེབ་ཚོང་ར་དེའང་དྲག་རྩལ་གྱི་བརྗོད་བྱ་དང་འཆལ་སྤྱོད་ཀྱི་བརྗོད་བྱ། ཕོ་མོའི་བརྩེ་དུང་གི་བརྗོད་བྱ་གཙོ་བོ་ཡིན་པའི་དཔེ་དེབ་ཀྱིས་བཟུང་བ་ནས་རིམ་བཞིན་སྣ་མང་ཅན་དང་ལེགས་རྩོམ་པར་སྐྲུན་གྱི་ལམ་དུ་ཕྱོགས། མཐར་གཏུགས་ནས་བཤད་ན། བརྩམས་ཆོས་གང་འདྲ་ཞིག་གིས་རྒྱ་ཆེའི་ཀློག་པ་པོའི་རེ་འདོད་སྐོང་ཐུབ་པ་དང་ཚོང་རའི་དགོས་མཁོ་སྐོང་ཐུབ་ཟེར་ན། རིག་རྩལ་བརྩམས་ཆོས་ནི་དམིགས་བསལ་ཅན་གྱི་བསམ་བློའི་ཚོང་ཟོག་ཤིག་ཡིན་པས། ངེས་པར་དུ་ཚོང་རའི་དཔལ་འབྱོར་གྱི་ཕྱི་རོལ་ཡུལ་གྱི་ཆོས་ཉིད་དང་ཡོངས་སུ་མཐུན་དགོས། དེའི་ཕྱིར། རྩོམ་སྒྲིག་པར་ཚོང་གཉེར་གྱི་ལྟ་བ་དང་ཚོང་རའི་ཕྱོགས་ཀྱི་ལྟ་རྒྱ་མཐོང་རྒྱ་ཡོད་

དགོས། ཕྱུལ་དུ་བྱུང་ཞིང་ཚད་མཐོ་བའི་བརྩམས་ཆོས་ཀྱིས་ད་གཟོད་ཛ་དྲག་ཆེ་བའི་ཆོང་རའི་འགྲན་རྩོད་ཀྱི་ནང་ནས་རྣམ་པར་རྒྱལ་ཞིང་གཟེངས་སུ་ཐོན་ཐུབ། དཔེར་ན། མི་ཞིག་ཟ་ཁང་ཞིག་ཏུ་འགྲོ་བའི་ཚེ། དྲི་མ་ཞིམ་ཞིང་བྲོ་བ་ལྡན་པའི་ཟས་རིགས་བདམས་པ་དང་ཡོངས་སུ་འདུ། དེའི་སྐབས་ཀྱིས་ང་ཚོའི་རིག་རྩལ་རྩོམ་སྒྲིག་པར་གང་ཞིག་ལ་བརྟོན་སྐེག་བྱ་རྒྱུ་དང་། ཧུར་ཐག་གིས་རིག་རྩལ་རྩོམ་ཡིག་གི་ལེགས་རྩོམ་གྱི་ཐོན་སྐྱེད་དམ་འཛིན་བྱ་རྒྱུ་དེ་ཁ་ཚ་དགོས་གཏུགས་ཀྱི་ལས་འགན་རྩོད་མེད་ཅིག་ཡིན་པ་གསལ་བཤད་བྱས་ཡོད།

སྔོན་ཆད་མཁས་པ་ལ་ལས། པར་སྐྲུན་ལས་ཀའི་ངོ་བོ་ནི་བདམས་གསེས་ཡིན་ཞེས་གསུངས་ཡོད་དེ། རྩོམ་སྒྲིག་གི་ལས་ཀ་དེ་མདོར་བསྡུས་ནས་བཤད་ན། བདམས་གསེས་དང་ལས་སྔོན། པར་སྐྲུན་བཅས་ཕྱོགས་གསུམ་དུ་བསྡུས། འདི་གསུམ་ལས་གཙོ་གནད་ནི་བདམས་གསེས་ལ་མཁས་མིན་གྱིས་ཐག་གིས་བཅད་པ་ཡིན།

རིག་རྩལ་རྩོམ་སྒྲིག་པས་རྩོམ་ཡིག་སྣ་ཚོགས་རི་ལྟར་སྤུངས་པའི་ནང་ནས་ལེགས་རྩོམ་བདམས་གསེས་བྱ་རྒྱུ་དེ་དེ་འདྲའི་ལས་སླ་མོ་ཞིག་མིན་ཏེ། དེ་ནི་གཙོ་བོ་རྩོམ་སྒྲིག་པ་རང་ཉིད་ཀྱི་རྩོམ་རིག་གི་རྨང་གཞི་དང་བྱུང་ཚད། ཉམས་མྱོང་། བསམ་བློའི་འདུ་ཤེས་བཅས་ལ་རག་ལས་ཡོད། དཔེར་ན། དཔེ་ཆ་གཅིག་པར་དུ་སྐྲུན་པའམ་རྩོམ་ཡིག་གཅིག་དེབ་ཏུ་བཀོད་པ་དེའི་ཐད་ནས་རྩོམ་སྒྲིག་པ་ཆེ་གེ་མོ་དེའི་བསམ་བློའི་ལྟ་ཚུལ་དང་གཞུང་ལུགས་ཀྱི་ཆུ་ཚད། ལེགས་རྩོམ་གྱི་འདུ་ཤེས་བཅས་ཤེས་ཐུབ།

རིག་རྩལ་རྩོམ་སྒྲིག་པས་ལེགས་རྩོམ་ཡིན་མིན་ཐག་གཅོད་བྱེད་པའི་བརྒྱུད་རིམ་ཁྲིད། ཆེས་ཐོག་མར་འཕྲད་པ་ནི་བདམས་གསེས་བྱ་རྒྱུ་དེ་ཡིན། རྩོམ་སྒྲིག་པ་ཁ་ཤས་ཀྱིས་རྩོམ་ཡིག་གང་ཞིག་གིས་མི་སེམས་ལ་སྐུལ་འདེད་གསར་པའམ་ན་ཟུག་དྲག་པོ་སྤྲེར་ཐུབ་མིན་དེ་ལེགས་རྩོམ་གྱི་ཚད་གཞིར་འཛིན་གྱིན་ཡོད། ཡང་ལ་ལས་རྩོམ་ཡིག་ག་གེ་མོར་ཡུན་རིང་གི་བློ་སྲོག་ལྡན་མིན་དེ་ལེགས་རྩོམ་གྱི་ཚད་གཞིར་འཛིན་གྱིན་ཡོད། གྲལ་རིམ་མི་འདྲ་བའི་སྤྱི་ཚོགས་སུ་མི་རྣམས་ཀྱི་ལེགས་རྩོམ་གྱི་ཚད་གཞི་འཛིན་སྟངས་དེའང་མི་འདྲ་བ་རེད། འོན་ཀྱང་། རྒྱལ་ཁབ་གང་དང་མི་རིགས་གང་ཡིན་རུང་སྔོན་ཐོན་རིག་གནས་ཀྱི་མདུན་སྐྱོད་ཁ་ཕྱོགས་མཚོན་པར་བྱ་རྒྱུའི་དམིགས་ཡུལ་དེ་འདྲ་འདྲ་ཡིན་ལ། རྗེས་ལུས་ཀྱི་བསམ་བློ་དང་སྒྲིད་ལུག་གི་འདུ་ཤེས་འཛིན་སྟངས་དེ་སུས་ཀྱང་ཁས་མི་ལེན་ལ། དེ་ནམ་ཡང་ལེགས་རྩོམ་གྱི་གྲས་སུ་བགྲང་མི་འོས། ཀྲུང་གོའི་ཁྱད་ཆོས་ལྡན་པའི་སྤྱི་ཚོགས་རིང་ལུགས་ཀྱི་རྒྱལ་ཁབ་ཏུ། ང་ཚོའི་ལེགས་རྩོམ་གྱི་འདུ་ཤེས་འཛིན་སྟངས་དེ་ཚད་གཞི་གང་འདྲ་ཞིག་གི་ཐོག་ཏུ་བཞག་ན་འགྲིག་ཅེ་ན། རྩོམ་རིག་སྒྱུ་རྩལ་གྱིས་མི་དམངས་ལ་ཞབས་འདེགས་ཞུ་བ་དང་། སྤྱི་ཚོགས་རིང་ལུགས་ལ་ཞབས་འདེགས་ཞུ་བ་རྒྱུན་འཁྱོངས་བྱ་རྒྱུ་དང་། མེ་ཏོག་མཉམ་བཞད་དང་མཁས་བརྒྱ་འགྲན་གླེང་གི་བྱེད་ཕྱོགས་ལག་ལེན་དུ་བསྟར་ཏེ། ཚན་རིག་གི་གཞུང་ལུགས་ཀྱིས་མི་ལ་དྲག་ཆས་སྤྲས་པ་དང་། ཡང་དག་པའི་གླེང་ཕྱོགས་ཀྱིས་མི་ལ་སྣེ་ཁྲིད་བྱེད་པ། ཚད་མཐོ་བའི་སྙིང་སྟོབས་ཀྱིས་མི་ཡི་གཟུགས་བརྙན་སྐྲུན་པ། ཕུལ་བྱུང་གི་རྩོམ་ཡིག་གིས་མི་

ལ་སྐྱུལ་འདེད་བཅས་བྱས་ཏེ། ཞུགས་བསམ་ཡོད་པ་དང་། ཀུན་སྤྱོད་ལེགས་པ། རིག་གནས་ལྡན་པ། སྒྲིག་ལམ་བརྩི་བའི་སྤྱི་ཚོགས་རིང་ལུགས་ཀྱི་སྤྱི་དམངས་ཏུར་ཐག་གིས་སྐྱེད་སྲིང་བྱ་རྒྱུ་དེ་ཡིན།

འོ་ན། ཁྱོད་ཀྱི་ལེགས་རྩོམ་གྱི་ཚད་གཞི་འཛིན་སྟངས་དེ་ཅི་འདྲ་ཡིན་ཟེར་ན། ཐོག་མར་རྩོམ་སྒྲིག་པས་རྩོམ་ཡིག་བདམས་གསེས་བྱེད་པ་ནས་འགོ་རྩོམ་དགོས་ཏེ། ཆབ་སྲིད་ཀྱི་ལངས་ཕྱོགས་བརྟན་པ་དང་། ཡར་ཐོན་གྱི་བསམ་བློ་ལྡན་པ། མཐུན་སྒྲིལ་ལ་ཡར་སྐྱུལ་དང་། བདེ་འཛུགས་སྲུང་སྐྱོབ་ཀྱི་བསམ་བློའི་རྨང་གཞིའི་སྟེང་དུ། ད་གཟོད་རིམ་བཞིན་རྩོམ་ཡིག་གི་སྒྲིག་གཞི་དང་། རིང་ཐུང་། སྒྲ་རྩལ། སྐད་ཆ། ཕྱིའི་རྣམ་པ་དང་ནང་གི་ནང་དོན་བཅས་གཅིག་འགྱུར་བྱུང་ཡོད་མེད་ལ་བསམ་བློ་གཏོང་དགོས། ད་རུང་གལ་ཆེ་བ་ཞིག་ནི་ཡུལ་དུས་དང་འཚམ་མིན་དང་། རྒྱ་ཆེའི་ཀློག་པ་པོས་དང་ལེན་བྱ་མིན། ཚོང་རའི་དགོས་མཁོ་སྐོང་ཐུབ་མིན། མཇུག་འབྲས་ཇི་འདྲ་འབྱུང་བ་བཅས་ལའང་འདང་རྒྱག་དགོས། འདི་ནི་རྩོམ་རིག་རྩོམ་སྒྲིག་པའི་ལེགས་རྩོམ་གྱི་འདུ་ཤེས་འཛིན་སྟངས་ཆེས་གཙོ་བོའམ་ཚད་གཞི་འཛིན་སྟངས་ཆེས་གལ་ཆེ་བ་ཞིག་ཡིན།

ང་ཚོས་རྩོམ་པ་པོའམ་རྩོམ་ཡིག་ག་གེ་མོ་ཞིག་ལ་གདེང་འཇོག་བྱེད་ཆེ། རྩོམ་པ་པོ་གང་དེའི་བྱུང་བ་དང་དུས་རབས། རྩོམ་ཡིག་གི་རྟེན་གཞི་བཅས་ལ་བསམ་གཞིག་བྱ་རྒྱུ་ནི་ཧ་ཅང་གལ་ཆེ་སྟེ། ཞུལ་དུ་བྱུང་བའི་རྩོམ་པ་པོའམ་རྩོམ་ཡིག་གང་དེ་དུས་རབས་གཅིག་གམ་མི་རབས་གཅིག་གི་ཚབ་བྱེད་བརྩམས་ཆོས་ཤིག་ཡིན་པ་ལས། དུས་རབས་ནས་དུས་རབས་དང་བསྐལ་བ་ནས་བསྐལ་

བའི་ཚབ་བྱེད་ཐུབ་པའི་བརྩམས་ཆོས་ཤིག་ཏུ་བརྩེ་མི་ཏུང་། དཔེར་ན། རང་རྒྱལ་གྱི་ཐང་རྒྱལ་རབས་སྐབས་ཀྱི་ཏུའུ་ཧྥུའུ་དང་ལིས་པའི་ལྟ་བུ་སྟེ། ཁོ་ཚོའི་རྩོམ་ཡིག་ནི་ཐང་རྒྱལ་རབས་སྐབས་ཀྱི་ལེགས་རྩོམ་གྱི་ཚབ་བྱེད་དུ་བརྩི་འོས་པ་ལྟ་བུའོ། །

མིག་སྔར་རྒྱལ་ཡོངས་སུ་པར་སྐྲུན་ཁང་དང་། དུས་དེབ་ཁང་། ཚགས་པར་ཁང་། པར་སྐྲུན་ཚོང་གཉེར་ཁང་བཅས་བགྲང་གིས་མི་ལངས་པ་ཞིག་ཡོད་ལ། དེ་དག་ཚང་མས་རྩོམ་རིག་སྒྱུ་རྩལ་གྱི་བརྩམས་ཆོས་པར་སྐྲུན་དང་འགྲེམ་སྤེལ་བྱེད་ཀྱིན་ཡོད། ཚོང་རའི་དཔལ་འབྱོར་གྱི་ཡོ་ལང་ཁྲོད་དུ། ང་ཚོས་ལེགས་རྩོམ་གྱི་འདུ་ཤེས་རྒྱུན་འཁྱོངས་བྱ་རྒྱུ་དེ་ཧ་ཅང་གལ་འགངས་ཆེ་སྟེ། ཏང་གི་པར་སྐྲུན་བྱེད་ཕྱོགས་བརྩེ་སྲུང་བྱེད་པའི་སྟོན་འགྲོའི་ཆ་རྐྱེན་འོག་རྩོམ་རིག་རྩོམ་སྒྲིག་པས་རྩོམ་ཡིག་བདམས་གསེས་བྱེད་དུས་སུ། ཁྱད་པར་དུ་རྩོམ་པ་པོའི་རྩོམ་གཤིས་དང་རྩོམ་ཡིག་གི་ཁྱད་ཆོས་ལ་མཐོང་ཆེན་བྱེད་དགོས་ཏེ། དཔེར་ན། རྩོམ་ཡིག་དེ་ཚོང་རྫས་ཤིག་ཡིན་པའི་དབང་དུ་བཏང་ན། ཚོང་ཁང་གི་ཆ་སྙམ་དུ་ཚོང་རྫས་སྣ་ཚོགས་བཤམས་པའི་ཁྲོད་དུ་མི་རྣམས་ཀྱིས་བལྟས་མ་ཐག་གཞན་དང་མི་འདྲ་བའི་ཁྱད་ཆོས་ཤིག་ལྡན་ན། ད་གཟོད་འཛད་སྤྱོད་མཁན་གྱི་མཉམ་འཛོག་བྱས་ནས་ཉོ་བ་ལྟ་བུ་རེད། རྩོམ་ཡིག་གི་ཁྱད་ཆོས་དེ་ཆེ་ཕྱོགས་ནས་མི་རིགས་ཀྱི་ཁྱད་ཆོས་དང་། ས་གནས་ཀྱི་ཁྱད་ཆོས། སྒྱུ་རྩལ་གྱི་ཁྱད་ཆོས་བཅས་སུ་བསྡུས་ཤིང་། དེ་རྩོམ་ཡིག་གི་ལེགས་ཉེས་འབྱེད་པའི་ཚད་གཞི་གཙོ་བོ་ཡིན། གཞན་དང་ཐུན་མོང་མ་ཡིན་པའི་རྩོམ་གཤིས་སམ་ཁྱད་ཆོས་མི་ལྡན་པའི་

རྩོམ་ཡིག་དེ་ལ་རྒྱ་ཆེའི་ཀློག་པ་པོས་དེ་འདྲ་དགའ་བསུ་བྱེད་མི་སྲིད་ལ། ལེགས་རྩོམ་གྱི་གྲས་སུ་ནམ་ཡང་ཚུད་མི་ཐུབ། རྩོམ་པ་པོ་དང་སྒྱུ་རྩལ་བ་ཞིག་ཡིན་ན། ས་པཎ་ཀུན་དགའ་རྒྱལ་མཚན་དང་རྗེ་ཙོང་ཁ་པ་བློ་བཟང་གྲགས་པ། རྒྱལ་དབང་ལྔ་པ་ངག་དབང་བློ་བཟང་རྒྱ་མཚོ། བོད་མཁས་པ་མི་ཕམ་དགེ་ལེགས་རྣམ་རྒྱལ། མདོ་མཁར་བ་ཞབས་དྲུང་ཚེ་རིང་དབང་རྒྱལ། འཇུ་མི་ཕམ་འཇམ་དབྱངས་རྣམ་རྒྱལ་རྒྱ་མཚོ། རྫ་སྤྲུལ་དགེ་བཤེས་ཤེས་རབ་རྒྱ་མཚོ། དགེ་འདུན་ཆོས་འཕེལ། དཔལ་དོན་གྲུབ་རྒྱལ་སོགས་རང་མི་རིགས་ཀྱི་མིང་དུ་གྲགས་པའི་མཁས་དབང་རྣམས་ཀྱི་ལེགས་རྩོམ་གྱིས་མི་རབས་ནས་མི་རབས་སུ་རྒྱ་ཆེའི་ཀློག་པ་པོར་ཤན་ཤུགས་ཐེབས་ཤིང་། དུས་ད་ལྟའང་པར་སྐྲུན་ཁང་མང་པོས་བསྐྲུར་པར་བྱེད་པར་འགྲན་རྩོད་བྱེད་ཀྱིན་ཡོད་ལ། ད་ལྟའང་སྒྱུ་རྩལ་གྱི་རིན་ཐང་དང་གསོན་ཤུགས་ཆ་ཅང་ཆེ་བ་འདི་ལགས་སོ། །

མདོར་ན། རང་རེ་རྩོམ་སྒྲིག་པ་རྣམས་ལ་ལེགས་རྩོམ་གྱི་འདུ་ཤེས་དགོས་པ་ནི་ཤིན་ཏུ་གལ་ཆེ་ལ། དེ་དང་རིག་རྩལ་དཔྱད་བརྗོད་གཉིས་མཉམ་དུ་གོང་འཕེལ་གཏོང་དགོས། དེའི་ལས་འགན་གཙོ་བོ་རྩོམ་སྒྲིག་པ་རྣམས་ལ་རག་ལས་པས། ཞི་བདེའི་དུས་རབས་འདིའི་ནང་དུ། རང་རེ་རྩོམ་སྒྲིག་པ་རྣམས་ཀྱིས་དུས་རབས་འདི་དང་མི་རབས་འདིའི་རླབས་ཆེན་འཕོ་འགྱུར་དང་བསམ་བློའི་འདུ་ཤེས་མཚོན་པའི་ལེགས་རྩོམ་སྔར་ལས་མང་པོ་དང་སྔར་ལས་ཕུལ་དུ་བྱུང་བ་རྒྱ་ཆེའི་ཀློག་པ་པོའི་སྤྱན་སྔར་འབུལ་བར་བརྩོན་པ་བྱ་དགོས་སོ། །

རྩོམ་རིག་རྩོམ་སྒྲིག་པའི་མཛེས་དབྱོད་འདུ་ཤེས
སྐོར་གྱི་བསམ་གཞིག

རྩོམ་སྒྲིག་ལས་ཀའི་ཁྱད་ཆོས་གཙོ་བོ་ནི་རྩོམ་ཡིག་འདེམ་གསེས་དང་ལས་སྣོན། བཅྲུད་བསྒྲུགས་བྱ་རྒྱུ་དེ་ཡིན། རྩོམ་སྒྲིག་པ་ནི་རྩོམ་པ་པོ་དང་ཀློག་པ་པོའི་བར་གྱི་འབྲེལ་ཐག་གམ་ཟམ་པ་ལྟ་བུ་ཡིན་པས། རྩོམ་སྒྲིག་པའི་མཛེས་དབྱོད་བྱང་ཆད་དེ་རྩོམ་པ་པོའི་རྩོམ་ཡིག་གི་དགེ་སྐྱོན་ཐག་གཅོད་དང་། རྩོམ་ཡིག་པར་སྐྲུན་དང་བཅྲུད་བསྒྲུགས་བྱེད་ཐུབ་མིན་ལ་རག་ལས་པའོ། །

རྩོམ་རིག་རྩོམ་སྒྲིག་པ་ནི་རྩོམ་རིག་བརྩམས་ཆོས་འདེམ་གསེས་དང་ལས་སྣོན། བཅྲུད་བསྒྲུགས་བྱེད་མཁན་ཡིན་པས། དེའི་མཛེས་དབྱོད་ཀྱི་ལྟ་བའམ་བྱང་ཆད་དེས་རྩོམ་རིག་བརྩམས་ཆོས་གང་ཞིག་རྒྱ་ཆེའི་ཀློག་པ་པོའི་ཕྱུན་སྟེང་པར་སྐྲུན་དང་རྣ་བར་བཅྲུད་བསྒྲུགས་སམ་ཇི་ལྟར་ཐག་གཅོད་བྱ་རྒྱུར་རག་ལས་ཤིང་། དཔེར་ན། རྩོམ་སྒྲིག་པ་ནི་རྩོམ་ཡིག་དགེ་སྐྱོན་གྱི་རྒྱ་མར་འཛལ་མཁན་ལྟ་བུ་ཡིན་ལ། རྩོམ་རིག་རྩོམ་སྒྲིག་པ་ནི་རྩོམ་རིག་བརྩམས་ཆོས་གང་དེའི་དགེ་སྐྱོན་གྱི་ཚད་འཛལ་མཁན་ཡིན། རྩོམ་རིག་བརྩམས་ཆོས་གང་ཞིག་པར་སྐྲུན་དང་བཅྲུད་བསྒྲུགས་བྱས་ནས་སྤྱི་ཚོགས་ལ་ཤུགས་རྐྱེན་ག་འདྲ་ཐེབས་ཐུབ་

མིན་དེ། རྩོམ་པ་པོའི་མཛེས་དཔྱོད་ཀྱི་བྱང་ཚད་མཐོ་དམའ་ལ་རག་ལས་པ་མ་ཟད། རྩོམ་སྒྲིག་པའི་མཛེས་དཔྱོད་ཀྱི་བྱང་ཚད་ཇི་ལྟ་བུ་ཡིན་པར་རག་ལས་ཡོད། རྩོམ་རིག་རྩོམ་སྒྲིག་པའི་ལས་ཀ་དེ་རྩོམ་ལུས་གཞན་དག་གི་རྩོམ་སྒྲིག་པའི་ལས་ཀ་དང་བསྡུར་ན། ཁྱད་པར་དུ་སྒྱུ་རྩལ་ཐད་ཀྱི་མཛེས་དཔྱོད་བྱང་ཚད་དང་རིན་ཐང་ཐད་ཀྱི་མཛེས་དཔྱོད་བྱང་ཚད། བསམ་བློའི་མངོན་ཤེས་དང་ཤུགས་སྟོན་ཐད་ཀྱི་མཛེས་དཔྱོད་བྱང་ཚད་འཛོམ་དགོས། དེའི་རྐྱེན་གྱིས་རྩོམ་སྒྲིག་པ་ཞུལ་དུ་བྱུང་བ་ཞིག་བྱ་རྒྱུ་ནི་དཀའ་ཚེགས་ཆེ་ལ། ལྷག་པར་རྩོམ་རིག་རྩོམ་སྒྲིག་པ་ཞིག་བྱ་རྒྱུ་ནི་དེ་བས་ཀྱང་ཤིན་ཏུ་དཀའ།

རྩོམ་སྒྲིག་པའི་མཛེས་དཔྱོད་བྱང་ཚད་དེ་གནམ་ནས་བབས་པའམ་བློ་བུར་དུ་གློད་པའི་ནང་ཆགས་པ་ཞིག་མིན་ལ། དེ་ནི་དུས་ཡུན་རིང་པོའི་རྩོམ་སྒྲིག་གི་ཉམས་མྱོང་དང་། རང་ཉིད་ཀྱིས་སྟོད་བཅུད་ཀྱི་འཇིག་རྟེན་ལ་ཉམས་ཞིབ་བྱེད་པ། གཞུང་ལུགས་སློབ་སྦྱོང་དང་ལས་རིགས་གང་དེར་འབད་བརྩོན་ལྷོད་མེད་བྱས་པ་ལས་བྱུང་བ་ཞིག་ཡིན།

རྩོམ་སྒྲིག་པའི་མཛེས་དཔྱོད་བྱང་ཚད་དེ་གཙོ་བོ་སྒྱུ་རྩལ་ཐད་ཀྱི་བྱང་ཚད་ལ་བཤད་མོད། འོན་ཀྱང་། ཐོག་མར་ཆབ་སྲིད་ཐད་ནས་རྩ་དོན་ཡང་དག་པ་ཡིན་མིན་དང་། རྒྱ་ཆེའི་ཀློག་པ་པོར་ཡར་སྐྱེལ་གྱི་བསམ་བློ་ལྡན་མིན། འགྲོ་བ་མིའི་རིགས་ཀྱི་བདེན་དགེ་མཛེས་གསུམ་གྱི་མཛེས་དཔྱོད་ལྟ་བ་དང་མཐུན་མིན། ཡུལ་རིམ་གང་དང་དུས་སྐབས་གང་གི་མཛུབ་སྟོན་བསམ་བློ་མཆོན་ཐུབ་མིན་བཅས་ལ་མཐོང་ཆེན་དང་དོ་སྣང་བྱ་རྒྱུ་ནི་དེ་བས་ཀྱང་གལ་ཆེ། རྒྱུ་མཚན་

འདིའི་རྐྱེན་གྱིས། ང་ཚོས་རྩོམ་རིག་བརྩམས་ཆོས་གང་ཞིག་ལ་སྲོག་ལྡན་མིན་གྱི་དགེ་སྐྱོན་འབྱེད་ཆེ། ཐོག་མར་རྩོམ་པ་པོའམ་ཁོའི་རྩོམ་ཡིག་གང་དེའི་ཆབ་སྲིད་བསམ་བློ་ལ་འདང་རྒྱག་རྒྱུ་དང་། དེ་ནས་ད་གཟོད་སྒྱུ་རྩལ་རིན་ཐང་ལ་ཚད་འཇལ་དགོས།

རྩོམ་སྒྲིག་པ་ཕུལ་དུ་བྱུང་བ་ཞིག་ཡིན་ན་ཐོག་མར་ཆབ་སྲིད་ཀྱི་གོ་རྟོགས་མཐོ་ཞིང་བསམ་བློའི་ལངས་ཕྱོགས་བརྟན་པ་ཞིག་ཡིན་དགོས་ལ། དེ་ནས་ད་གཟོད་རྩོམ་སྒྲིག་གི་ལས་ཀར་མཁས་པ་ཞིག་ཡིན་དགོས་ཞེས་བཤད་ཀྱང་མི་ཆོག་རྒྱུ་མེད།

ཉིན་རེར་རྩོམ་སྒྲིག་ཁང་ལ་རྩོམ་ལུས་སྣ་ཚོགས་ཀྱི་རྩོམ་ཡིག་ཆད་མེད་ཆུ་བོའི་རྒྱུན་བཞིན་རྩོམ་མཁན་གྱིས་བསྐུར་དང་སྐུར་གྱིན་ཡོད་ལ། དེ་ཐོག་མར་རྩོམ་སྒྲིག་པའི་ལག་ལ་བརྒྱུད་དགོས། རྩོམ་སྒྲིག་པ་ནི་ཀློག་པ་པོ་དང་པོ་ཡིན་ཟེར་བའང་རྒྱུ་མཚན་འདི་ལ་བརྟེན་ནས་བྱུང་། ས་པཎ་གྱིས། རྟུལ་དང་འདྲེས་པའི་ལྕགས་ཕྱེ་རྣམས། །ཁབ་ལེན་རྡོ་ཡིས་ལེན་པར་ཤེས། །ཞེས་གསུངས་པ་ལྟར། རྩོམ་སྒྲིག་པས་རྩོམ་ཡིག་གང་མང་གི་ནང་ནས་རྩོམ་གྱི་དགེ་སྐྱོན་འབྱེད་རྒྱུ་དང་། འདེམ་གསེས་བྱེད་པའི་ལས་ཀ་དེ་རྡོ་ཁབ་ལེན་གྱིས་ལྕགས་ཕྱེ་ལེན་པ་ལྟ་བུ་ཡིན། གལ་ཏེ་ངོ་བོ་འགྱུར་བའམ་སྐྱོན་གྱིས་གོས་པའི་རྡོ་ཁབ་ལེན་ཞིག་གིས་ལྕགས་རྟུལ་ཡིན་མིན་འདྲེས་པའི་ཕུང་པོའི་ནང་ནས་ལྷད་མ་འདྲེས་པའི་ལྕགས་རྟུལ་ཚུར་ལེན་མི་ཐུབ་པ་ལྟར། ཆབ་སྲིད་ཀྱི་བྱང་ཚད་དང་སྒྱུ་རྩལ་གྱི་བྱང་ཚད། བསམ་བློའི་བྱང་ཚད། རིག་གནས་ཀྱི་བྱང་ཚད་དམའ་བའི་རྩོམ་

སྒྲིག་པ་ཞིག་གིས་ཕྱུང་བོར་སྤྱངས་པའི་རྩོམ་མང་པོའི་ཁྲོད་ནས་ལེགས་རྩོམ་འདེམ་གསེས་བྱེད་མི་ཐུབ་པ་ནི། གཙོ་བོ་རྩོམ་སྒྲིག་པའི་མཛེས་དཔྱོད་འདུ་ཤེས་དང་རིག་གནས་བྱང་ཚད་ལ་ཐུག་ཡོད།

རྩོམ་རིག་བརྩམས་ཆོས་ཀྱི་མཛེས་དཔྱོད་འདུ་ཤེས་ལ་གཙོ་བོ་ཆབ་སྲིད་བསམ་བློའི་འདུ་ཤེས་དང་། སྒྱུ་རྩལ་རིན་ཐང་གི་འདུ་ཤེས། དུས་རབས་ཀྱི་འདུ་ཤེས་བཅས་འདུས། ཕྱིར་མཛེས་དཔྱོད་འདུ་ཤེས་ཞེས་པ་དེ་ལག་པས་རེག་རྒྱུ་དང་མིག་གིས་མཐོང་བར་གྱུར་པ་ཞིག་མིན་ལ། དེ་ནི་རྩོམ་སྒྲིག་པ་རང་ཉིད་ཀྱི་གཞུང་ལུགས་དང་ལས་སྒོའི་བྱང་ཚད་ལས་མྱོང་ཚོར་ཐུབ་པའི་སྤྱི་མཚན་(抽象)ཞིག་ལ་གོ་ན་འགྲིག རྩོམ་རིག་བརྩམས་ཆོས་ཀྱི་མཛེས་དཔྱོད་དེ་དངོས་པོའི་མཛེས་པ་དང་མི་འདྲ་ལ། དེ་ནི་རྩོམ་པ་པོའི་བསམ་བློའི་མངོན་ཤུགས་ཀྱི་སྒྱུ་རྩལ་མཚོན་ཐབས་གཙོ་བོ་ཞིག་དང་། ཀློག་པ་པོའི་ཡིད་དབང་འཕྲོག་ཐུབ་མིན་དང་སེམས་པ་འགུལ་ཐུབ་མིན་གྱི་སྣལ་ཤུགས་ཤིག་ཏུ་ངོས་བཟུང་ཡང་ཆོག རྒྱལ་ཁབ་སོ་སོ་དང་མི་རིགས་ཁག་གི་གྲུབ་རིམ་དང་ལུགས་སྲོལ། ཆོས་ལུགས། སེམས་ཁམས། དགའ་ཞེན་གྱི་ཁྱད་པར་ལས་རྩོམ་རིག་གི་མཛེས་དཔྱོད་འདུ་ཤེས་དང་སྒྱུ་རྩལ་གྱི་རིན་ཐང་ལྟ་ཚུལ་འབྱུང་བཞིན་ཡོད། འོན་ཀྱང་ཆེ་ཕྱོགས་ནས་མི་ཚང་མ་ཉི་བདེ་དང་རང་དབང་། བདེ་སྐྱིད་ལ་དགའ་བ་ལས། འཁྲུག་རྩོད་དང་བཙན་འཛུལ། སྡུག་བསྔལ་མི་འདོད་པ་ནི་གཅིག་མཚུངས་ཡིན། རྩོམ་རིག་བརྩམས་ཆོས་ཀྱི་མཛེས་དཔྱོད་ཀྱི་ཐད་ནས་བཤད་ན། སེམས་ཅན་བདེ་བར་སྐྱེལ་བའི་བསམ་བློ་ཀློག་པ་པོས་དང་ལེན་བྱ་རྒྱུར་དགའ་ཞིང་། སེམས་ཅན་སྡུག

ལ་སྦྱོར་བའི་བསམ་བློ་དང་ལེན་མི་བྱེད་པ་རེད། དཔེར་ན། མི་ཞིག་འཆི་ཁར་ཐུག་ནའང་། ཁྱོད་ད་རུང་འཆི་རྒྱུ་མ་རེད་ཟེར་ན་དགའ་བ་ལས། ཁྱོད་ད་མྱུར་དུ་འཆི་རྒྱུ་རེད་ཟེར་ན་སེམས་སྐྱོ་བ་ལྟ་བུ་རེད། དེ་ན་ང་ཚོའི་རྩོམ་སྒྲིག་པས་རྩོམ་ཡིག་འདེམ་གསེས་བྱེད་དུས། གོང་གི་འཆི་རྒྱུ་མིན་པའི་སེམས་གསོའི་བསམ་བློ་འདི་དོན་དངོས་དང་མི་མཐུན་རུང་དེ་དང་ལེན་བྱེད་དགོས་པ་ལས། དེ་ལས་ལྡོག་སྟེ་འཆི་རྒྱུ་ཡིན་ཞེས་སེམས་ཕམ་པའི་བསམ་བློ་འདི་ངོ་མ་ཡིན་རུང་དང་ལེན་བྱེད་མི་རུང་བ་རེད། འདི་ནི་རྩོམ་པ་པོའམ་རྩོམ་སྒྲིག་པའི་མཛེས་དཔྱོད་ཀྱི་བྱང་ཆད་དང་། རིན་ཐང་ལྟ་བ། གནད་དོན་ཐག་གཅོད་བྱེད་པའི་བློ་གྲོས་ཀྱི་རྒྱལ་དང་ཐབས་བཀོད་ལ་ཐུག་ཡོད། རྩོམ་རིག་བརྩམས་ཆོས་གང་གི་མཛེས་དཔྱོད་རིན་ཐང་དེ་ཚིག་སྦྱོར་མཛེས་མིན་དང་། སྒྲིག་གཞི། དཔེ་དོན་སྦྱོར་མིན་ཙམ་མིན་པར། གཙོ་བོ་བསམ་བློའི་རིན་ཐང་གི་མཛེས་དཔྱོད་དེ་གལ་ཆེའོ། །མཛེས་དཔྱོད་ཀྱི་ཕྱོགས་ནས་བཤད་ན། ཚིག་སྦྱོར་མཛེས་མིན་དང་། དཔེ་དོན་མཐུན་མིན་དེ་བྱེ་བྲག་གི་མཛེས་པའི་ཁོངས་སུ་བསྡུ་ལ། སྤྱི་ཁོག་གི་མཛེས་པ་ནི་རྩོམ་ཡིག་གང་དེའི་སྲོག་ལ་ཐུག་ཡོད། སྤྱི་ཁོག་གི་མཛེས་པ་དེ་བྱེ་བྲག་གི་མཛེས་པ་མང་པོ་གཅིག་སྡུད་བྱས་པ་ལས་བྱུང་ཞིང་། ཆུང་བ་མང་པོས་ཆེ་བ་གྲུབ་པ་དང་། བྱེ་བྲག་མང་པོས་ཕྱུང་པོ་གྲུབ་པ་ལྟར་རོ། །

རྩོམ་རིག་རྩོམ་སྒྲིག་པའི་མཛེས་དཔྱོད་འདུ་ཤེས་དེ་ཁོ་རང་ཉིད་ཀྱི་བསམ་བློའི་ལྟ་ཚུལ་དང་། སྒྱུ་རྩལ་མཐོང་རྒྱ། ཞིབ་ཕྲའི་སྦྱོང་ཚོར་བཅས་ཀྱི་སྤྱི་ཁོག་གི་མངོན་ཚུལ་ཞིག་ཡིན། རྩོམ་རིག་བརྩམས་ཆོས་ནི་མཐོ་རིམ་བཟོ་བཀོད་ཀྱི་

ཁོངས་སུ་བསྡུས་པས། དེ་སྤྱི་ཚོགས་ཀྱི་འདུ་ཤེས་འཛིན་སྟངས་ལས་མཛེས་དཔྱོད་ཀྱི་འདུ་ཤེས་འཛིན་སྟངས་ཀྱི་ཁོངས་སུ་གཏོགས། མཛེས་དཔྱོད་ཀྱི་འདུ་ཤེས་འཛིན་སྟངས་ཤིག་ཡིན་པའི་དབང་དུ་བཏང་ན། ངེས་པར་དུ་དུས་རབས་ཤིག་གི་སྙིང་སྟོབས་དང་སྤྱི་ཚོགས་དང་རིག་གནས་ཀྱི་རྣམ་པ་མཚོན་དགོས། རྩོམ་ཡིག་གི་བརྗོད་དོན་དང་རྩོམ་ལུས་ཅི་ཞིག་ཡིན་རུང་། མཐར་ཐུག་གི་དམིགས་ཡུལ་ནི་དུས་རབས་ཤིག་གི་འདུ་ཤེས་དེ་གང་ཟག་ཞིག་གི་སྙིང་ནས་ལྡོག་འཕྲོས་(折射)བྱུང་ཞིང་། གང་ཟག་དེ་ནི་རྩོམ་པ་པོ་རང་ཉིད་ཡིན། རྩོམ་པ་པོས་རང་གི་རིག་ལམ་དང་བསམ་བློ་ལ་བརྟེན་ནས་མི་སྣ་གང་མང་གསར་བཟོ་བྱས་ནས་དུས་རབས་འདི་མཚོན་པ་དང་། འཇིག་རྟེན་ལྟ་ཚུལ་མངོན་དགོས་ཕྱིར། རྩོམ་པ་པོ་ནི་དུས་རབས་ཤིག་གི་མགྲིན་ཚབ་པ་དང་། རྩོམ་སྒྲིག་པ་ནི་དུས་རབས་ཤིག་གི་མགྲིན་ལམ་ལེགས་བཅོས་དང་ལྟ་རྟོག་བྱེད་པའི་བཟོ་འགོད་པ་ཡིན། རྩོམ་པ་པོ་དང་རྩོམ་སྒྲིག་པ་ཕན་ཚུན་གཅིག་ལ་གཅིག་བརྟེན་གྱི་ཚུལ་དུ་གནས་ཤིང་། དུས་རྒྱུན་དུ་ཕན་ཚུན་འབྲེལ་འདྲིས་བྱ་རྒྱུ་དེ་ཧ་ཅང་གལ་ཆེ། དེ་ཡང་ཁ་དོག་གི་ཐད་ནས་བཤད་ན། མི་རེ་རེའི་ཚོན་མདོག་གི་དགའ་ཕྱོགས་མི་འདྲ་ཕྱིར། ཁ་དོག་གཅིག་གི་ལྟ་བ་དེ་ཕྱོགས་ལྷུང་གི་ཆ་ཡིན་པས། རྒྱ་ཆེའི་རྩོམ་སྒྲིག་པ་རྣམས་ཀྱིས་ཚུལ་མིན་གྱི་སྣང་ཚུལ་འདི་ལ་གཟབ་གཟབ་བྱ་དགོས།

དེང་གི་དུས་སྐབས་འདི་ལ་མཚོན་ན། རྩོམ་སྒྲིག་པ་ནི་སྔོན་ཐོན་རིག་གནས་ཀྱི་མདུན་སྐྱོད་ཁ་ཕྱོགས་ལ་མཛུབ་ཁྲིད་དང་ལག་ལེན་བྱེད་མཁན་ཡིན་

པས། ངེས་པར་དུ་གཤམ་གསལ་གྱི་ཕྱོགས་འགར་བྱང་ཚད་ལྡན་དགོས་པ་སྟེ། གཅིག་ཏུ་ཆབ་སྲིད་ཀྱི་གོ་རྟོགས་མཐོ་ཞིང་ལངས་ཕྱོགས་བརྟན་པོ་ཡིན་དགོས། གཉིས་སུ་རྩོམ་སྒྲིག་ལས་ཀར་བྱང་ཆ་ལྡན་པ་དང་། རྩོམ་ཡིག་གི་དགེ་སྐྱོན་འབྱེད་པའི་བློ་གྲོས་ཀྱི་འཇུག་པ་ཡངས་དགོས། གསུམ་དུ་རིགས་པའི་གཞུང་ལུགས་དང་ལས་སྒོའི་ཤེས་བྱ་ཁོང་དུ་ཆུད་དགོས། བཞི་རུ་མཛེས་དཔྱོད་ཀྱི་འདུ་ཤེས་ཡང་དག་པ་དང་གནད་དོན་ཐག་གཅོད་བྱེད་པའི་ནུས་པ་ལྡན་དགོས། ལྔ་རུ་ལས་སྒོར་དགའ་ཞེན་དང་སྟོབས་ཤུགས་ཡོད་ཚད་ལས་ཀར་ལེགས་སྐྱེས་འབུལ་བའི་སྙིང་སྟོབས་ཡོད་དགོས། ཆ་རྐྱེན་འདི་དག་མ་ལྡན་ན། རྩོམ་སྒྲིག་གི་ལས་ཀ་གཉེར་རྒྱུར་དཀའ་ཁག་དང་ཉེན་ཁ་ཆེ་བ་མ་ཟད། རྩོམ་རིག་གི་མཛེས་དཔྱོད་འདུ་ཤེས་ནི་དེ་བས་ཀྱང་གླེང་ཐུབ་མེད།

རྩོམ་སྒྲིག་པའི་མཛེས་དཔྱོད་ནུས་པ་དང་མཛེས་དཔྱོད་བྱང་ཚད་གསོ་སྐྱོང་དང་གོང་འཕེལ་གཏོང་རྒྱུ་དེ་ཕྱོགས་གཉིས་ནས་འགོ་རྩོམ་དགོས་པ་སྟེ།

ཐོག་མར་རྩོམ་རིག་རྩོམ་སྒྲིག་པར་བདེན་དགེ་མཛེས་གསུམ་འཚོལ་སྒྲིག་བྱེད་པའི་འདུ་ཤེས་ཆགས་དགོས་པ་མ་ཟད། རང་ཉིད་ཀྱིས་འཇིག་རྟེན་གྱི་བདེན་དགེ་མཛེས་གསུམ་བརྒྱུད་བསྒྲུབས་བྱེད་པའི་འོས་འགན་དང་འགན་འཁྲི་ངེས་པར་དུ་དང་ལེན་བྱ་དགོས། དེ་ནས་རྩོམ་རིག་གི་མཛེས་དཔྱོད་ཀྱི་ཆེད་ལས་ཤེས་བྱ་ཁོང་དུ་ཆུད་པ་དང་རྨང་གཞིའི་གཞུང་ལུགས་ལ་བྱང་ཆ་ཡོད་དགོས། ཁྱད་པར་དུ་དེང་སྐབས་བརྒྱུད་བསྒྲུབས་ལས་རིགས་དབྱར་མཚོ་རྒྱས་པ་ལྟར་གོང་ནས་གོང་དུ་འཕེལ་བ་དང་བསྟུན། མི་རྣམས་ཀྱི་མཛེས་དཔྱོད་འདུ་

ཤེས་ཡའང་འགྱུར་ལྡོག་བྱུང་དང་འབྱུང་བཞིན་ཡོད་ལ། འགྱུར་ལྡོག་འདིས་རྩོམ་རིག་གི་མཛེས་དཔྱོད་འདུ་ཤེས་ལ་ཤུགས་རྐྱེན་ཐེབས་ཀྱིན་ཡོད། དཔེར་ན། རྩོམ་རིག་རྩོམ་སྒྲིག་པ་ཞིག་ལ་རྩོམ་རིག་མཛེས་དཔྱོད་ཀྱི་མཐོང་རྒྱ་ཡངས་དགོས་པ་མ་ཟད། ད་དུང་མཛེས་རྩལ་དང་། པར་ལེན། གླུ་གཞས། བྲོ་གར་སོགས་སྒྱུ་རྩལ་མཛེས་དཔྱོད་ཀྱི་རྨང་གཞིའི་བྱང་ཚད་ཀྱང་ལྡན་དགོས། དེ་ལྟར་ན་རང་ཉིད་ཀྱིས་སྒྲུབ་པའི་རྩོམ་སྒྲིག་གི་ལས་ཀ་དེ་བདེ་བླག་ངང་འགྲུབ་ཐུབ་པ་དང་། རྒྱ་ཆེའི་རྩོམ་པ་པོ་དང་ཀློག་པ་པོས་དགའ་བསུ་ཐོབ་པའི་རྩོམ་སྒྲིག་པ་ཕུལ་དུ་བྱུང་བ་ཞིག་ཏུ་འགྱུར་ངེས་སོ། །

རྩོམ་རིག་རྩོམ་སྒྲིག་པའི་རྩོམ་རིག་
བྱང་ཚད་སྐོར་གླེང་བ།

རྩོམ་རིག་རྩོམ་སྒྲིག་པ་ནི་རྩོམ་མཁན་དང་ཀློག་མཁན་གཉིས་ཀྱི་དབུས་སུ་གནས་ཡོད་ལ། རང་གི་ཐུན་མིན་གྱི་བློ་གྲོས་དང་གཤིས་རྒྱུད་ལ་བརྟེན་ནས་རྩོམ་མཁན་གྱི་རང་དབང་དང་ཚད་བཀག་མེད་པའི་རྩོམ་ཡིག་མང་པོ་ཞིག་ལ་བཀྲག་མདངས་སྐྱེད་ཀྱིན་ཡོད།

རྩོམ་རིག་རྩོམ་སྒྲིག་པའི་ལས་ཀ་ནི། རྩོམ་རིག་བརྩམས་ཆོས་ཞེས་བསམ་པའི་ལོངས་སྤྱོད་འདི་ཀློག་པ་པོར་མ་འཕྲོད་པའི་སྔ་རོལ་དུ་རྩོམ་སྒྲིག་ལས་ཀའི་བར་མཚམས་སུ་ཡོད་ལ། རྩོམ་པ་པོ་རྣམས་ཀྱི་གསར་འབྱེད་རང་བཞིན་གྱི་རིན་ཐང་ཆེ་བའི་བརྩམས་ཆོས་ཡོད་དོ་ཅོག་རྩོམ་སྒྲིག་པ་བརྒྱུད་ནས་འཇིག་རྟེན་གྱི་གཟིགས་མོར་འགྲེམ་བཞིན་ཡོད། རྩོམ་རིག་རྩོམ་སྒྲིག་པར་དུས་ཡུན་རིང་ཞིང་གཟི་བརྗིད་ལྡན་པའི་ལས་འགན་དང་མདུན་ལམ་ཡོད་པ་དང་། ཁྱད་པར་དུ་དེང་རབས་རྩོམ་རིག་གི་རྩོམ་སྒྲིག་པ་ཞིག་ཡིན་ན་ཕྱོགས་མང་པོའི་བྱང་ཚད་འཛོམ་དགོས་པ་དེ་སྨྲ་མི་དགོས་མེད། འོན་ཀྱང་བྱང་ཚད་གང་དག་འཛོམ་དགོས་ཟེར་ན། རྩོམ་སྒྲིག་པའི་(རྩོམ་རིག་རྩོམ་སྒྲིག་པ་)བྱང་ཚད་ནི་རྩོམ་སྒྲིག་པ་

རང་སྐྱེང་གི་རྨང་གཞིའི་བྱང་ཚད་ཡིན་པ་དང་། ཆེད་ལས་ལག་རྩལ་སོགས་ཀྱི་མཚོན་པའི་ཁྱད་ཆོས་མང་པོ་འཛོམ་དགོས། དེ་བས། རྩོམ་སྒྲིག་པའི་ཁ་གཏད་སའི་ཆེད་ལས་ཀྱི་ངོ་བོ་དང་ཚད་གཞི་སོགས་ཀྱི་ངོ་བོ་ནི་གཅིག་མཚུངས་ཡིན།

བདག་གིས་གོང་ནས་བཤད་པ་ནང་བཞིན། རྩོམ་སྒྲིག་ལས་ཀར་ཐུན་མོང་མ་ཡིན་པའི་རྩོམ་སྒྲིག་གི་བྱེད་སྟངས་མི་གཅིག་ཅིང་སོ་སོའི་དབྱེ་བ་འབྱེད་དགོས་ཏེ། དཔེར་ན། རང་བྱུང་ཚན་རིག་དང་སྤྱི་ཚོགས་ཚན་རིག་གི་རྩོམ་སྒྲིག་ལས་ཀ་གཉེར་མཁན་གཉིས་ཀྱི་བར་དུ་ཆེད་ལས་སྐོར་གྱི་གླེང་མོལ་བྱ་རྒྱུ་ཧ་ཅང་ཁག་པོ་ཡིན་པ་དང་། དོན་དངོས་དང་བསྟུན་ནས་བཤད་ན་འདི་ལྟ་བུའི་གླེང་གཞི་ཡོད་ཀྱང་མི་སྲིད། དཔེར་ན། རྩོམ་རིག་གི་དཔེ་དེབ་དང་དུས་དེབ་ཀྱི་རྩོམ་སྒྲིག་པ་ཞིག་དང་གཞན་གསོ་རིག་གི་དཔེ་དེབ་ཀྱི་རྩོམ་སྒྲིག་པ་ཞིག་གི་ལས་ཀའི་ངོ་བོ་ནི་ཐ་དད་དུ་གྱུར། རྩོམ་སྒྲིག་ལས་ཀའི་ཁྱད་ཆེས་གལ་འགངས་ཆེ་བ་ནི་བརྩམས་ཆོས་བདམས་སྒྲིག་བྱེད་སྐབས་ཀྱི་བློ་མིག་དང་མཐུག་སྡོམ་ཡིན། གསོ་རིག་སྐོར་གྱི་རྩོམ་ཡིག་གཅིག་གམ་ཡང་ན་དཔྱད་རྩོམ་གཅིག་ལ་བརྟར་ཞིབ་གཅོད་སྐབས། ཚད་མཐོ་བའི་གསོ་རིག་གི་རྩོམ་སྒྲིག་ཉམས་མྱོང་འཛོམས་ན་ད་གཟོད་རྩོམ་ཡིག་དེའི་ཚན་རིག་གི་བེད་སྤྱོད་རིན་ཐང་དང་ཐུན་མོང་མ་ཡིན་པའི་ཞིབ་འཇུག་བྱེད་ཐབས་དང་མྱོང་སྣང་། གཞན་གྱི་རིག་གཞུང་དང་ལག་ལེན་ལ་གཞི་བཅོལ་མིན། ཚན་རིག་ལྟར་སྣང་ཡིན་མིན་སོགས་ཐག་གཅོད་བྱེད་ཐུབ། ལྟོས་བཅས་ཀྱི་སྒོ་ནས་བཤད་ན། རྩོམ་རིག་གི་ཆུ་ཚད་མཐོ་བའི་རྩོམ་སྒྲིག་པས་ད་གཟོད་བརྩམས་ཆོས་ཀྱི་རིན་ཐང་རྟོགས་ཐུབ་པ་མ་ཟད། སྐད་ཆའི་བཤད་

སྣང་ས་གསར་པ། ཁྱད་འཕགས་ཀྱི་མཚོན་དོན་སོགས་ཡོད་མེད་ལ་འང་དཔྱད་པ་ཞིབ་མོ་གཏོང་ཤེས།

ཡང་དཔེར་ན། རྩོམ་རིག་དང་ཆབ་སྲིད་རིག་པའི་བར་ལ་གསོ་རིག་ལས་ཚུང་འབྲེལ་བ་ཞིག་ཡོད་ངེས། ཡིན་ནའང་གཉིས་ཀ་ལ་རང་རང་གི་ངོ་བོ་དང་ཁྱབ་ཁོངས་ཡོད་པས། རིག་གཞུང་གི་ཚད་གཞི་གཅིག་གི་སྟེང་ནས་མཉམ་དུ་གླེང་མི་འོས་སོ། །

རྩོམ་རིག་རྩོམ་སྒྲིག་པར་ངེས་པར་དུ་འཛོམ་དགོས་པའི་བྱང་ཚད་ནི། དཔེར་ན། རྩོམ་སྒྲིག་ལས་ཀའི་སྲོལ་ཡིག་དང་ཐབས་ཤེས། ཉམས་མྱོང་། བརྩམས་ཆོས་འདེམས་སྐབས་ཀྱི་ལས་རིམ། པར་གཞི་བཀོད་སྒྲིག དེ་མིན་ཀུན་སྤྱོད་ལེགས་པ་སོགས་མཐུན་རྐྱེན་མང་པོ་ཞིག་འཛོམ་དགོས་ལ། རྩོམ་སྒྲིག་པའི་སྡེ་ལ་དེའི་སྐོར་གྱི་བརྩམས་ཆོས་མང་པོ་ཡོད་པ་དང་། བདག་གིས་རྩོམ་ཡིག་འདིའི་ཁྲོད་ཆེད་དུ་རྩོམ་རིག་རྩོམ་སྒྲིག་པར་ཚང་དགོས་པའི་རྩོམ་རིག་བྱང་ཚད་ཀྱི་ནང་དོན་ཁག་ཅིག་གླེང་བར་བྱའོ། །

དང་པོ། བསླབ་པའི་སྐོར། འདིས་རྩོམ་རིག་གི་གཞུང་ལུགས་དང་ལོ་རྒྱུས་ལ་ཚུར་གཏིང་ཟབ་མོའི་སློ་ནས་གོ་བ་ལེན་ཐུབ་ལ། གཞུང་ལུགས་གཞན་པའི་ཁྱབ་ཁོངས་དང་གཞན་སྤྱི་ཚོགས་ཚན་རིག་གི་ཤེས་བྱ་དང་རང་བྱུང་ཚན་རིག་གི་ཤེས་ཡོན་སྐོར་ལ་ངེས་ཤེས་ཟབ་མོ་སྐྱེ་རུ་འཇུག་ངེས། གཏིང་ཟབ་པའི་ཤེས་ཡོན་དང་བྱང་ཚད་ནི་རྩོམ་པ་པོ་ཞིག་ལ་ཆ་བཞག་ན་དེ་འདྲའི་གལ་ཆེན་ཞིག་མིན་ནའང་། ཨོར་སུ་ཐུ་ལོ་ཧྥུ་སི་ཀི་སོགས་མིང་དུ་གྲགས་པའི་རྩོམ་པ་པོ་

ལྷ་བྱ་ལའང་ཤེས་ཡོན་དང་བྱང་ཚད་མཐོན་པོ་ཡོད་ཅེས་བརྗོད་དཀའ། ཁོ་ཚོས་རང་ཉིད་ཀྱི་གཞུང་དྲང་གི་གཤིས་རྒྱུད་དང་། བློ་གྲོས། ཚོར་ཤེས། བརྩེ་དུང་། ཕུགས་བསམ་དང་གསར་རྩོམ་སོགས་ཀྱི་ཁྱད་དུ་འཕགས་པའི་ཡོན་ཏན་ལ་བརྟེན་ནས་གཏན་འཁེལ་གྱི་ཁོར་ཡུག་ཁྲོད་བརྩམས་ཆོས་ལེགས་པོ་མང་པོ་མཛད་ཅིང་། རྒྱ་ནག་གི་རྩོམ་པ་པོ་ཞང་མིན་གྱིས་སྔོན་ཆད་ནས་རྩོམ་པ་པོ་དང་ཤེས་ཡོན་ཅན་གྱི་ཐད་ལ་རྩོམ་ཡིག་མང་པོ་བྲིས་ནས་ལྷ་ཚུལ་གང་མང་ཞིག་ལྷུག་པོར་བརྗོད་ཡོད་པ་དང་། ཤེས་ཡོན་ཅན་ཡིན་ན་ངེས་པར་དུ་རྩོམ་པ་པོ་ཡིན་པའི་ངེས་པ་མེད་པའི་སྐོར་ཀྱང་མང་པོ་གླེང་ཡོད་ལ། དེའི་ཁྲོད་དུ་ཕུལ་དུ་བྱུང་བའི་རྩོམ་པ་པོ་མང་པོ་བྱུང་བར་ཡིད་ཆེས་ཀྱིས་ཁེངས་འདུག རྩོམ་རིག་རྩོམ་སྒྲིག་པ་ཞིག་ཡིན་པའི་ཆ་ནས་བཤད་ན། གཏིང་ཟབ་པའི་ཤེས་ཡོན་དང་ཚུང་མཐོ་བའི་རྩོམ་རིག་གི་བྱང་ཚད་འཛོམས་ན་ད་གཟོད་ཕུལ་དུ་བྱུང་བའི་རྩོམ་སྒྲིག་པ་ཞིག་ཡིན་ལ། ཁྱད་དུ་འཕགས་པའི་རོལ་སྦྱོང་གི་ཡོན་ཏན་ཡང་ལྡན་པར་ངེས།

གསར་རྩོམ་པས་རང་ཉིད་ཀྱི་སྒེར་ཚུགས་ཀྱི་བསམ་བློ་དང་རྣམ་པ། རང་ཉིད་ཀྱི་སྤྱོད་སྣང་སོགས་ཅི་དགར་མངོན་ཆོག་ལ། རྩོམ་སྒྲིག་པ་ནི་བསམ་བློ་གཏོང་བར་དལ་བྲེལ་མེད་པ། མིག་རྒྱང་ཡངས་པ། སྤྱི་མཐུན་གྱི་ངེས་ཤེས་ཆེ་བ་སོགས་ཀྱི་མཚོན་པ་ཞིག་ཡིན། རྩོམ་རིག་རྩོམ་སྒྲིག་པ་ནི་ཕྱོགས་གཞན་ཞིག་ནས་བརྗོད་ན། སྦྱངས་སྟོབས་ཀྱི་ཡོན་ཏན་ལྡན་པ་ཞིག་ཡིན་ཞེས་བརྗོད་ན་འགལ་བ་མེད་སྙམ།

གཉིས་པ། ངེས་ཤེས་ཀྱི་སྒོར། ཤེས་ཡོན་ཁོ་ན་ལྡན་པ་ཙམ་གྱིས་མི་ཆོག་སྟེ། ཆེས་སྔ་མོའི་སྒོ་ནས་བརྩམས་ཆོས་ལ་རིགས་བགར་ནས་དབྱེ་ཞིབ་བྱས་པ་ཙམ་གྱིས་ཀྱང་མི་ཆོག མ་མཐའ་ཡང་རང་གི་རྩོམ་རིག་ཐད་ངེས་བཟུང་བའི་ལྟ་ཚུལ་དང་འདོད་ཚུལ་ཡོད་འོས་ཤིང་། བརྩམས་ཆོས་སྤྱི་ལ་རོལ་སྤྱོད་བྱེད་པའི་བློ་རིག་དང་ཡོན་ཏན་འཛོམ་དགོས། ང་ཚོས་གཏིང་ཟབ་པའི་ཤེས་ཡོན་དང་གཟབ་ནན་གྱི་སློབ་སྦྱོང་ལ་བསྔགས་པར་འོས་ཀྱང་། ཡིན་ནའང་གཏན་འཁེལ་བྱས་པའི་སྒྲིག་གཞི་ཞིག་ལ་ངོས་འཛིན་བྱེད་གཏན་ནས་མི་རུང་། ཤེས་ཡོན་གྱིས་ལྟ་ཚུལ་གྱི་ཚབ་བྱེད་མི་རུང་ལ། ཤེས་ཡོན་ནི་རང་ཉིད་ཀྱི་རིག་གནས་གྲུབ་འབྲས་དང་ལག་ལེན་གྱི་བརྒྱུད་རིམ་དེ་དག་ཡིན། ལྟ་ཚུལ་ནི་ད་གཟོད་རང་ཉིད་རྐྱང་རྐྱང་ལ་དབང་བ་ཡིན།

རྩོམ་རིག་རྩོམ་སྒྲིག་པ་ཞིག་ལ་མཚོན་ན། རྒྱུན་ལྡན་གྱི་བརྩམས་ཆོས་ཁྲོད་དུ་ནང་དོན་གསར་པ་ཡིན་ཞིང་སྒྱུ་རྩལ་གྱི་ཚད་མཐོ་བའི་རྩོམ་ཡིག་འཚོལ་རྒྱུ་ནི་ཧ་ཅང་གལ་ཆེ། ཡིན་ནའང་། རིག་གནས་བྱུང་ཚད་སོགས་སྦྱོང་རྟོགས་ཀྱི་བྱ་དངོས་གསར་པར་གཏན་ནས་ངོས་འཛིན་མི་རུང་བ་དང་རིན་ཐང་གསར་པ་འཚོལ་བའི་བཀག་རྒྱ་རུའང་འགྱུར་མི་རུང་།

རྩོམ་པ་པོ་གྲགས་ཆེན་གྱི་བརྩམས་ཆོས་ལ་གཟབ་ནན་གྱིས་བལྟ་དགོས། རྒྱུ་མཚན་ནི་རྩོམ་པ་པོ་གྲགས་ཆེན་མང་པོ་ཞིག་གི་བརྩམས་ཆོས་ཡོད་དོ་ཅོག་ལེགས་རྩོམ་ཡིན་པའི་ངེས་པ་མེད། ཛ་དྲག་དང་འགྱུར་ལྡོག་ཆེ་བའི་དུས་སྐབས་སུ་སྤྱི་ཚོགས་ཁོར་ཡུག་ཁྲོད་དུ་ཕྱོགས་གཡལ་ཆེན་ཞིག་ནི་ན་གཞོན་གསར་

རྩོམ་མཁན་མང་པོ་གསོ་སྐྱོང་བྱ་རྒྱུ་དེ་ཡིན་ལ། ཕྱོགས་གཞན་ཞིག་ནི་རྒན་རབས་རྩོམ་པ་པོ་དང་འབྲི་མཚམས་བཞག་ཟིན་པའི་རྩོམ་པ་པོ་སྙིང་པ་རྣམས་ལ་སྐུལ་སློང་བྱས་ནས་འབྲི་མཚམས་མི་ལྷོད་པ་དེ་ཡིན། རྒྱུ་མཚན་འདི་དག་ལ་གཞིགས་ནས་རྩོམ་པ་པོ་གྲགས་ཆེན་ཚོའི་གནས་ཚུལ་ལའང་ཞིབ་དཔྱད་ནན་མོ་བྱེད་དགོས། ཡིན་ཡང་རྩོམ་པ་པོ་གྲགས་ཆེན་མང་པོ་ཞིག་གིས་གྲགས་ཆེན་ཞེས་པའི་ཐ་སྙད་འདིར་གཞིགས་ཏེ་རང་ཉིད་ཀྱི་བརྩམས་ཆོས་ཀྱི་རྒྱུ་སྐྱུས་ལ་འགན་ཁུར་ངེས་ཡིན་ལ། བློ་གྲོས་དང་རྩོམ་རྩལ་ལེགས་པ་ཏ་ལས་དགོས་པའི་ཚུལ་དུ་གདའ། ཡིན་ནའང་ཁ་ཤས་ཀྱིས་བྲིས་པ་མིང་དང་མི་མཚུངས་པས། རྩོམ་སྒྲིག་པས་ཀྱང་ཐུགས་མཉམ་འཛོག་དགོས། འདིའི་ཁྲོད་དུ་རྒྱུ་རྐྱེན་མང་པོ་ཡོད་ལ། མཚན་སྙན་དང་ཐོབ་ཐང་སོགས་ཀྱི་ཆེད་དུ་རྩོམ་ཡིག་འབྲི་མཁན་ལྷ་བུ་དག་གིས་དྲིལ་བསྒྲགས་བརྒྱུད་ནས་རང་གི་ཁེ་ཕྱོགས་དང་མཐུན་པའི་རྩོམ་ཡིག་འབྲི་བས། བརྩམས་ཆོས་དེའི་རིགས་ལ་སྤྱི་རྩལ་གྱི་ཚད་གཞི་ཞིག་གཏན་ནས་མི་འདུག རྩོམ་རིག་རྩོམ་སྒྲིག་པས་གཟབ་ནན་མིན་པའི་བརྩམས་ཆོས་ཞན་ཤོས་འདིའི་རིགས་རྒྱ་ཡན་དུ་གཏོང་མི་ཉན་ནོ། །

གསུམ་པ། ཤེས་རྒྱུའི་སྐོར། དཔེ་ཀློག་གི་ཁྱབ་ཆེ་བ་སྟེ། ཐོག་མར་བརྩམས་ཆོས་གསར་པ་དང་རྩོམ་རིག་སྣང་ཚུལ་གསར་པར་རྒྱུས་ལོན་གསལ་པོ་བྱེད་དགོས་ལ། རྩོམ་མཁན་ཕལ་བ་ཞིག་ལས་གནའ་དེང་ཕྱི་ནང་གི་རྩོམ་རིག་དཔེ་དེབ་སྣ་ཚོགས་ཀློག་དགོས་པ་དང་། རྒྱལ་ཡོངས་ཀྱི་རྩོམ་རིག་དུས་དེབ་རྣམས་ལའང་ཆ་རྒྱུས་ཙུང་ཟད་ཡོད་དགོས་པ་མ་ཟད། རྩོམ་རིག་གཞུང་ལུགས་

ཀྱི་ཁ་ཕྱོགས་དང་བརྩམས་ཆོས་དཔྱད་བརྗོད་སྐོར་ལའང་རྒྱུས་ལོན་ཟབ་མོ་བྱེད་དགོས། གཞན་རྩོམ་རིག་དང་ཉེ་བར་བཅར་བའི་ཁ་ཕྱོགས་དང་རྩོམ་རིག་མིན་པའི་བྱ་དངོས་ཡོད་དོ་ཅོག་ལའང་རྒྱུས་ལོན་བྱེད་དགོས། དགའ་ཁ་འཁྱེར་སོ་མང་བ་དང་། ལྟ་རྒྱ་ཐོས་རྒྱ་ཆེ་བ་སོགས་ཚང་མ་རྩོམ་རིག་རྩོམ་སྒྲིག་པར་ཕན་པའི་རིམ་གྲོ་ཡིན།

བཞི་པ། རྨང་གཞིའི་སྐོར། གཙོ་བོ་སྐད་ཆའམ་ཡི་གེ་གཞི་རྩའི་རྨང་གཞིར་བསྟན་པ་དང་། སྐད་ཡིག་གི་རྨང་གཞི་ནི་རྩོམ་རིག་གི་ཆེས་གལ་ཆེ་བའི་རྨང་གཞི་ཡིན། དེའི་ཕྱིར་རྨང་གཞི་བཟང་ངན་དེས་རྩོམ་པ་པོ་ཞིག་གི་བརྩམས་ཆོས་བཟང་ངན་གྱི་དབྱེ་བ་ཐད་ཀར་དུ་འབྱེད་ཐུབ། མཉམ་འཇོག་བྱེད་དགོས་ས་ནི། སྐད་ཡིག་ནི་རྩོམ་རིག་མ་ཡིན་ལ། ལན་རེར་རྩོམ་རིག་གི་སྐད་ཆ་ཁ་ཤས་སྐད་ཆའི་རིག་པ་ལྟར་དག་བཅོས་བྱེད་མི་རུང་། རྒྱུ་མཚན་ནི་སྐད་ཆ་ནི་རིག་གནས་ཡོན་ཚད་ཀྱི་རྨང་གཞི་ཡིན་ཕྱིར། བརྡ་སྤྲོད་དང་ཚིག་རྒྱན་སོགས་ལུགས་མཐུན་ཡིན་མིན་དང་སྐད་ཆའི་ཕྱུགས་གནད་གསལ་པོ་ཡིན་མིན་སོགས་ལ་མཉམ་འཇོག་བྱ་དགོས། རྩོམ་རིག་གི་སྐད་ཆ་ནི་དེ་ལས་དོན་སྙིང་ཡོད་པ་དང་གསལ་པོ་ཡིན་མིན་གཉིས་ཀ་ཡིན། དཔེར་ན། རྒྱུན་དུ་བཀོལ་སྤྱོད་བྱེད་ཀྱིན་པའི་སྐད་ཆ་དེ་དག་སྐད་ཡིག་གི་ངོས་ཐད་ནས་བཤད་ན། ལུགས་དང་མི་མཐུན་ལ་རྩོམ་རིག་གི་ངོས་ཐད་ནས་བཤད་ན་ཁ་ཤས་ནི་སྐད་ཆ་སྙིང་པོ་ཅན་དང་ལེགས་ཤོས་ཀྱི་གྲས་ཡིན།

རྒྱ་ནག་གི་རྩོམ་པ་པོ་སླུ་ཞབས་ལའོ་ཧྲེའི་བརྩམས་ཆོས་ཁྲོད་དུ། རང་ཉིད་

ཀྱི་རྩོམ་ཡིག་ལ་རྩོམ་སྒྲིག་པ་རྒྱུ་ཚད་ཞན་ཐག་ཆོད་པ་ཞིག་གིས་བཟོ་བཅོས་བྱས་པ་མཐོང་ནས། དེར་མཐུན་གྱི་གནས་ལུགས་མང་པོ་བརྗོད་ཡོད། ངས་བལྟས་ན་འདི་སྐད་ཡིག་གི་རྒྱུ་ཚད་མཐོ་དམན་ཞིག་གཏན་ནས་མ་ཡིན་ཏེ། རྩོམ་རིག་ལ་ཐོས་བསམ་དང་སྤྱོད་སྟང་སོགས་ཞན་པའི་དབང་གིས་བྱུང་བ་ཡིན།

ལྔ་བ། ཡོན་ཏན་གྱི་སྐོར། རྩོམ་རིག་རྩོམ་སྒྲིག་པ་ཞིག་ལ་མཚོན་ན་རང་ཉིད་ཀྱིས་གསར་རྩོམ་བྱེད་ཤེས་དགོས་ལ། སྤྱོད་རྟོགས་རབ་དང་རིམ་པ་མང་པོ་བརྒྱུད་རྗེས། ད་གཟོད་བརྩམས་ཆོས་ཁྲོད་ཀྱི་བརྩེ་དུང་དང་ཡུལ་ཁམས་སོགས་ཀྱི་བརྗེ་སྤྱོར་ལ་གོ་བ་ལེན་ཐུབ་ཅིང་། རང་ཉིད་ཀྱི་ཚེ་སྲོག་གི་སྤྱོད་སྟང་དང་རྩོམ་རིག་གི་ཁྲིད་ཆོས་དང་རྩོམ་རིག་གསར་རྩོམ་སོགས་ཀྱི་སྤྱོད་སྟང་སྣ་ཚོགས་འཆད་ཐུབ་པ་མ་ཟད། རང་ཉིད་རྩོམ་པ་པོ་ཞིག་ཡིན་པའི་ཐོབ་ཐང་ཀྱང་ར་སྤྲོད་བྱེད་ཐུབ། རྩོམ་རིག་རྩོམ་སྒྲིག་པ་བཟང་པོ་ཞིག་ལ་ངེས་པར་དུ་རང་ཉིད་ལ་གསར་རྩོམ་བྱེད་པའི་ནུས་པ་ཡོད་དགོས། དེ་མིན་གཞན་གྱི་བརྩམས་ཆོས་ལེགས་པོ་དག་བཅོས་བྱེད་མི་ཐུབ་ཅིང་། རྩོམ་པ་པོའི་སྤྱོད་སྟང་དེའང་རྟོགས་མི་ཐུབ། འདི་ལྟ་བུའི་གསར་རྩོམ་གྱིས་རྩོམ་དེའི་རིན་ཐང་གཞལ་བ་མ་གཏོགས་གྲངས་འབོར་གྱིས་ཚད་གཞི་འཛུག་མི་ཐུབ། ཚད་ལས་བརྒལ་བའི་གསར་རྩོམ་གྱིས་རྩོམ་སྒྲིག་གི་ལས་ཀ་དང་དལ་ཅག་གེར་གནས་པའི་སེམས་ཁམས་ལ་ཕོག་ཐུག་གཏོང་བ་དང་། རྩོམ་པ་པོའི་བསམ་བློ་ལའང་གནོད་པ་ཐེབས་ངེས། ལྷག་རྩོམ་དང་འབོལ་རྩོམ་དེ་ཐད་ཀར་སྒྲུང་གཏམ་དང་སྙན་ངག དཔྱད་བརྗོད་སོགས་རྣམ་པ་མི་འདྲ་བའི་གསར་རྩོམ་སྣ་ཚོགས་ལ་འབྲེལ་བ་ཡོད་པས། རྩོམ་

རིག་རྩོམ་སྒྲིག་པ་བཟང་པོ་ཞིག་ནི་ལྷུག་རྩོམ་དང་འབོལ་རྩོམ་བཅས་གསར་རྩོམ་གནང་མཁན་ཞིག་བྱུང་ན་རབ་ཡིན་ཞིང་། རྩོམ་རིག་རྩོམ་སྒྲིག་པའི་གསར་རྩོམ་ཁྲོད་དུ་རྩོམ་ཡིག་ལ་དཔྱེ་ཞིབ་ཀྱིས་གོ་གནས་གལ་ཆེན་བཟུང་ཡོད་པ་དང་ཁོ་ཚོས་རྒྱུན་དུ་འགོ་བརྗོད་དང་མཇུག་བྱང་། རྩོམ་རིག་དཔྱད་བརྗོད་སོགས་ལག་ལེན་བྱེད་བཞིན་པའི་རྐྱེན་ཡིན། རྒྱུ་མཚན་ནི་བརྩམས་ཆོས་འདི་དག་འཚོ་བ་དང་འབྲེལ་བ་ཡོད་ཕྱིར། གསར་རྩོམ་གྱི་ཆུ་ཚད་མཐོན་ཐུབ་པ་མ་ཟད། རྩོམ་སྒྲིག་པའི་ཆུ་ཚད་ཀྱང་མཐོན་ཐུབ།

འདི་ལས་གཞན། རྩོམ་རིག་རྩོམ་སྒྲིག་པ་ཞིག་ཡིན་ན་བོད་ཁམས་ཀྱི་རྩོམ་པ་པོ་དང་རྩོམ་སྒྲིག་པ་མང་པོར་འབྲེལ་འདྲིས་གང་མང་བྱས་ནས། ཁོ་ཚོའི་ཉེ་ལམ་གྱི་གསར་རྩོམ་གནས་ཚུལ་ལ་རྒྱུས་ལོན་བྱེད་པ་དང་། ཕན་ཚུན་བར་སྐུལ་འདེད་བྱས་ནས་རྩོམ་མཁན་གྱི་འཚོ་བའི་ཁྲོད་ཞུགས་ནས་རྩོམ་མཁན་རྣལ་མ་ཞིག་བྱས་ན་རྩོམ་མཁན་གསར་པ་སྐྱེད་སྲིང་བྱེད་པར་ཕན་པ་ཧ་ཅང་ཆེའོ། །

གོང་ནས་རྒྱས་བཤད་བྱས་པ་འདི་དག་ཆ་མི་ཚང་བ་དང་གནད་དུ་མ་སློན་པ། མཐའ་ན་ཕྱོགས་ལྷུང་དང་ནོར་འཁྲུལ་གྱི་ཆ་འདང་མཆིས་སྲིད་ཀྱང་། བདག་ནི་རྩོམ་རིག་ལས་དོན་ལ་གཞོལ་བའི་རྩོམ་སྒྲིག་པ་ཞིག་ཡིན་པའི་ཆ་ནས་རང་གི་བསམ་ཚུལ་དང་མྱོང་ཚོར་འདི་མཁྱེན་རྒྱ་ཡངས་པའི་མཁས་པ་དང་གློག་མཁན་མང་པོའི་སྤྱན་སྔར་ཕུལ་བར་བཀའ་སློབ་དང་མཛུབ་སྟོན་གནང་བར་མཁྱེན།

བོད་ཡིག་དུས་དེབ་འགྲེམ་སྤེལ་ཐད་ཀྱི་གནད་དོན་སྐོར་གླེང་བ།

རང་རེའི་རྒྱལ་ཁབ་ལ་མཚོན་ན་འགྲེམ་སྤེལ་ཆོག་མཆན་ཐོབ་པའི་གཞུང་གཉེར་དུས་དེབ་སྣ་ཚོགས་བརྒྱད་སྟོང་ལྷག་ཡོད་པ་དང་། ཡུལ་གངས་ཅན་གྱི་ལྗོངས་སུ་དུས་རབས་ཉི་ཤུ་ལོ་རབས་བརྒྱད་ཅུ་བའི་དུས་མགོ་ནས་བཟུང་ད་ལྟའི་བར་དུ་དབུས་གཙང་གཙོ་བྱས་པའི་བོད་ཁུལ་ཡོངས་ལ་བརྗོད་དོན་མི་འདྲ་བ་དང་རིམ་པ་མི་འདྲ་བ་སྣེ་རིག་གཞུང་དང་། རྩོམ་རིག དམངས་ཁྲོད་རྩོམ་རིག སློབ་གསོ། གསོ་རིག ཆབ་སྲིད། ནང་བསྟན། ཚན་རྩལ་གྱི་སྐོར་སོགས་བརྗོད་དོན་དང་རྣམ་པ་ཕུན་སུམ་ཚོགས་པའི་གཞུང་གཉེར་གྱི་དུས་དེབ་མང་པོ་ཞིག་བྱུང་།

དེ་དག་ནི་བོད་ལྗོངས་ཀྱི་《བོད་ལྗོངས་ཞིབ་འཇུག་》དང་《བོད་ཀྱི་རྩོམ་རིག་སྒྱུ་རྩལ་》《བོད་ལྗོངས་སྒྱུ་རྩལ་ཞིབ་འཇུག་》《བོད་ལྗོངས་སློབ་གྲྭ་ཆེན་མོའི་རིག་གཞུང་དུས་དེབ་》《གངས་ལྗོངས་རིག་གནས་》《བོད་ལྗོངས་སློབ་གསོ་》《བོད་ལྗོངས་ནང་བསྟན་》《ཐང་རྒྱན་མེ་ཏོག་》《ལྷོ་ཁའི་རྩོམ་རིག་སྒྱུ་རྩལ་》《ལྷ་སའི་སྙིད་ཆུ་》《བདག་པོ་》《བོད་ལྗོངས་མི་རིགས་ཆོས་ལུགས་》

《པོ་ཏྭ་ལ་》《བྱང་ཐང་》《བོད་ལྗོངས་སྒྲིག་བཤེར་》སོགས་དང་།
པེ་ཅིན་གྱི་《ཀྲུང་གོའི་བོད་རིག་པ་》དང་《མི་རིགས་ཀྱི་རྩོམ་རིག་》《ཀྲུང་གོའི་བོད་ལྗོངས་》《ཤེས་བྱ་ནི་སྟོབས་ཤུགས་ཡིན་》《མི་དམངས་བརྙན་པར་》《མི་རིགས་བརྙན་པར་》《བདེན་འཚོལ་》བཅས་དང་།
མཚོ་སྔོན་གྱི་《སྦྲང་ཆར་》དང་《བོད་ཀྱི་དམངས་སྲོལ་རིག་གནས་》《བོད་ཀྱི་སློབ་གསོ་》《རྩེར་སྣེག་》《གངས་རྒྱན་མེ་ཏོག་》《ང་གི་འཚོ་བ་》《མཚོ་སྔོན་མི་རིགས་སློབ་གྲྭ་ཆེན་མོའི་རིག་གཞུང་དུས་དེབ་》《མཚོ་སྔོན་དགེ་འོས་སློབ་གྲྭ་ཆེན་མོའི་རིག་གཞུང་དུས་དེབ་》《མཚོ་སྔོན་སྤྱི་ཚོགས་ཚན་རིག་》《བོད་ཀྱི་གསོ་རིག་ཞིབ་འཇུག་》《ཁྲི་ཤོར་རྒྱལ་མོ་》《རི་བོ་ཉི་ཟླ་》《རང་གྲོལ་》དུས་དེབ་དང་།
སི་ཁྲོན་གྱི་《གངས་ལྗོངས་ཉི་གཞོན་》དང་《མི་རིགས་》《གངས་དཀར་རི་བོ་》《ཁ་བཏགས་དཀར་པོ་》《རྫ་བའི་བོད་རིག་པ་》《ཐེང་ལྗོངས་》དང་།
ཀན་སུའུ་ལ་《ཟླ་ཟེར་》དང་《མདོ་སྨད་ཞིབ་འཇུག་》《གློག་པ་པོ་》《ནུབ་བྱང་མི་རིགས་སློབ་ཆེན་གྱི་རིག་གཞུང་དུས་དེབ་》《ཀན་ལྷོའི་མི་རིགས་ཞིབ་འཇུག་》《ཀན་སུའུ་མི་རིགས་དགེ་འོས་སློབ་གླིང་གི་རིག་གཞུང་དུས་དེབ་》དང་བཅས་གཞུང་གཉེར་དུས་དེབ་བཞི་བཅུ་ལྷག་དང་ཡུན་ནན་བདེ་ཆེན་ས་ཁུལ་ལ་ད་སྔ་བོད་ཡིག་གི་དུས་དེབ་ཡོད་པ་མ་མཐོང་ཡང་། མི་འགྱངས་པར་འབྱུང་བའི་རེ་བ་ཡོད། གོང་གི་དུས་དེབ་ཁག་གིས་མི་ལོ་སུམ་ཅུ་ལྷག་གི་རིང་ལ་ལོ་རྒྱུས་ཀྱི་ལས་འགྲོ་དང་དུས་རབས་ཀྱི་ལས་འགན་བཅས་མི་རིགས་ཀྱི་རིག

གནས་འཛིན་སྐྱོང་སྤེལ་གསུམ་ལ་དགའ་བར་འོས་པའི་གྲུབ་འབྲས་དང་བསྐྱོན་
དུ་མེད་པའི་བྱུས་རྗེས་བཞག་པ་མིག་མཐོང་ལག་ཟིན་རེད། དུས་དེབ་ཅིག་
སྒྲུབ་པའི་གོ་རིམ་ཁྲིད་རྩོམ་ཡིག་གདམ་གསེས་དང་། རྩོམ་སྒྲིག་ཞུ་དག་ པར་
ཞུ་དང་རྟུས་འགོད་སོགས་དུས་དེབ་ཀྱི་རྒྱུ་སྐྱུས་མཐོ་རུ་འདེགས་པ་གལ་ཆེ་ཞིང་
དུས་དེབ་ཀྱིས་ཀློག་པ་པོའི་འདོད་བློ་སྐོང་ཐུབ་དགོས་པ་མ་ཟད། ཀློག་པ་པོའི་
བསམ་ཚུལ་ལ་དོ་སྣང་དང་མཐོང་ཆེན་བྱས་ཏེ་ཀློག་པ་པོ་གང་ཞིག་གིས་ཀློག་
པར་སྤྲོ་ཞིང་ནམ་རྒྱུན་དུས་དེབ་གསར་པ་ཐོན་པར་རེ་སྒུག་བྱེད་པར་གྱུར་ན་
གཟེད་འགྲེམ་སྤེལ་གྱི་ལས་ཀ་བདེ་བླག་ངང་འགྲུབ་ཐུབ། རྩོམ་སྒྲིག་པས་རྟག་
ཏུ་རྩོམ་ཡོང་བར་ངང་སྒུག་བྱེད་པ་ལས་དུས་རབས་ཀྱི་འཕེལ་ཕྱོགས་དང་རྩོམ་
རིག་གི་སྤྱི་ཚོགས་ཁོར་ཡུག རྩོམ་པ་པོས་འབྲི་བར་མོས་པའི་རྩོམ་གྱི་ཁ་ཕྱོགས་
ག་འདྲ་ཞིག་ཡིན་པར་རྒྱུས་ལོན་དང་། ནམ་རྒྱུན་རྩོམ་པ་པོའི་ཚོགས་པ་དང་
ཁྲིད་པར་དུ་ཀང་འཛིན་རྩོམ་པ་པོར་འབྲེལ་འདྲིས་བྱས་ཏེ་སྒྲུང་གཏམ་དང་སྙན་
ངག ལྷུག་རྩོམ། དཔྱད་རྩོམ་བཅས་དུས་དེབ་ཀྱི་དགོས་མཁོ་ལྟར་རྩོམ་ཡིག་
ལེགས་ཤོས་རྣམས་རྩོམ་པ་པོར་སྐུལ་བ་དང་། རྩོམ་ཡིག་ཞུ་དག་བྱེད་སྐབས་རང་
ལྷ་མཁྲེགས་འཛིན་མི་བྱེད་པར་རྩོམ་པ་པོའི་བསམ་འཆར་བསྡུ་ལེན་དང་གྲོས་
བསྡུར་གྱིས་རྩོམ་ཡིག་བདམས་ཏེ་བཀོད་སྒྲིག་གང་ལེགས་དང་། དུས་ཐོག་ཏུ་
རྩོམ་པ་པོར་དུས་དེབ་གསར་པ་བསྐུར་བ་སོགས་རྒྱུན་དུ་རྩོམ་པ་པོ་དང་བསམ་
ཚུལ་བརྗེ་རེས་དང་འབྲེལ་འདྲིས་བགྱིས་པ་ཡིས། རྩོམ་པ་པོས་ཀྱང་སྤྱི་ཚོགས་
སྣང་ཚུལ་དང་ཀློག་པ་པོའི་དགོས་མཁོ་དང་འཚམ་པའི་བརྗོད་དོན་ལེགས་ཤིང་

རྫོད་བྱེད་མཛེས་པའི་རྩོམ་ཡིག་མང་པོ་ཞིག་བསྒྱུར་ཡོང་བར་རྩོམ་སྒྲིག་གི་ལས་རིམ་ཁྲིད་ནས་ཕུལ་དུ་བྱུང་བའི་དུས་དེབ་བསྐྲུན་ཐུབ་པ་དང་། དེ་མཚུངས་སུ་རྩོམ་སྒྲིག་པ་ཞིག་ཡིན་ན་དུས་རྟག་ཏུ་ས་གནས་སོ་སོར་བསྐྱོད་པ་དང་ཀློག་པ་པོའི་ཁྲིད་དུ་ཞུགས་ཏེ། དོན་དངོས་དང་མཐུན་པའི་མང་ཚོགས་ཀྱི་འཚོ་བ་དང་ཀློག་པ་པོའི་སེམས་པའི་འདོད་བློ་དང་དེ་གའི་འགྲེམ་སྤེལ་གྱི་གནས་ཚུལ་རྒྱུས་ལོན་བྱས་ནས། ཀློག་པ་པོའི་ཁ་དབང་ལ་བརྩི་འཇོག་དང་རེ་བ་སྐོང་ཅི་ཐུབ་ཀྱིས་དུས་དེབ་བསྒྲུབ་པ་དང་། གཞན་ད་དུང་ལོ་རེར་བགྲོ་གླེང་དང་ཞིབ་དཔྱོད་ཚོགས་འདུ་བསྡུ་བ་དང་ལོ་གསུམ་གྱི་ཁྲིད་ལེགས་རྩོམ་དཔྱད་འདེམས་ཀྱིས་བྱ་དགའ་སྤེར་བ་སོགས་བྱ་འགུལ་སྣ་ཚོགས་སྤེལ་ཏེ་ཀློག་པ་པོ་དང་རྩོམ་པ་པོ། རྩོམ་སྒྲིག་པ་མཉམ་འབྲེལ་གྱིས་ཀློག་པ་པོ་དང་རྩོམ་པ་པོའི་དཔུང་སྡེ་རྒྱ་བསྐྱེད་དེ་དུས་དེབ་འགྲེམ་སྤེལ་གྱི་ཁྱབ་ཁོངས་རྒྱ་ཆེར་སྤེལ་བ་བཅས་ཡ་རབས་ཚུལ་ལྡན་གྱི་ཞབས་ཞུ་དང་ཕྱོགས་སུ་ཁྱབ་པའི་དྲིལ་བསྒྲགས། རྒྱུ་སྐྱུས་ལེགས་པའི་དུས་དེབ་ཀྱིས་རྒྱ་ཆེའི་ཀློག་པ་པོའི་ཡིད་ཀྱི་དང་བ་འདྲེན་པར་འགྱུར་བ་ནི་འགྲེམ་སྤེལ་གྱི་ལས་ཀའི་མཐུན་རྐྱེན་ཡིན་ལ། སྔོན་ཆད་བཞིན་སྲིད་གཞུང་གི་བཀའ་ཤོག་ལ་བརྟེན་ནས་དུས་དེབ་འགྲེམ་སྤེལ་བྱེད་པའི་དུས་རབས་ཀྱི་མཇུག་ཡོངས་སུ་རྫོགས་པས། ད་ལམ་དུས་དེབ་འགྲེམ་སྤེལ་གྱི་ལས་རིམ་ནི། གཞུང་གཉེར་གྱི་དུས་དེབ་ཕལ་ཆེ་བ་རྒྱ་ཡིག་གི་དུས་དེབ་དང་འདྲ་བར་སྒྲག་སྲིད་ཁང་ལ་བརྟེན་ཏེ་རྒྱལ་ཁབ་ཕྱི་ནང་ལ་འགྲེམ་པའི་གོ་རིམ་ལྡན་ཞིང་། རང་རེ་རྩོམ་སྒྲིག་ཁང་ལ་མཚོན་ན་ད་བར་དུ་རང་སྒྲུབ་རང་འགྲེམ་གྱི་

འགྲིམ་སྟངས་ཁོ་ན་རེད། དེ་ཅི་ཕྱིར་ཞེ་ན། དུས་དེབ་སོ་སོའི་ས་གནས་ཀྱི་གཙོ་སྐྱོབ་ལས་ཁུངས་མི་འདྲ་བ་དང་གྲོན་དངུལ་གྱི་མང་ཉུང་མི་འདྲ་བས་འགྲིམ་སྐྱེལ་གྱི་ཁྱབ་ཁོངས་ཆེ་མིན་ལ་ཁྱད་པར་ཆེན་པོ་བྱུང་། ངེད་རྩོམ་སྒྲིག་ཁང་གིས་གཙོ་བོ་བོད་ཁམས་ཀྱི་བོད་རིག་པའི་ཞིབ་འཇུག་སྡེ་ཁག་དང་སློབ་གསོའི་སྡེ་ཁག སྲིད་གཞུང་གི་འབྲེལ་ཡོད་སྡེ་ཁག དགོན་སྡེ་ཁག རྩོམ་པ་པོ་དང་ཀློག་པ་པོའི་དཔྱད་སྡེ་སོགས་དབུས་གཙང་དང་། མཚོ་སྔོན། སི་ཁྲིན། ཡུན་ནན་བདེ་ཆེན། ལན་ཀྲུ། ཀན་ལྷོའི་མངའ་ཁོངས་ཀྱི་དཔེ་ཁང་དག་ལ་རང་གི་ངོས་ཐད་ནས་འབྲེལ་བ་བྱས་ཏེ་བརྒྱུད་བསྐུར་བྱས་པ་འགྱོར་ཡུན་རིང་ཞིང་འགྲིམ་སྐྱེལ་གྱི་ཁྱབ་ཁོངས་ཧ་ཅང་ཆེན་པོ་མིན། སྣང་ཚུལ་འདིས་རང་སྐྲུན་རང་སྐྱེལ་བྱེད་བཞིན་པའི་དུས་དེབ་མང་པོ་ཞིག་ཀློག་པ་པོ་དང་བར་ཐག་ཇེ་རིང་དང་སྤྱི་ཚོགས་ཀྱི་བྱེད་ནུས་ཇེ་ཞན་དུ་གྱུར་པས་དུས་དེབ་འཕེལ་རྒྱས་སུ་གཏོང་བར་བར་ཆད་ཆེན་པོ་བཟོས། འགྲིམ་སྐྱེལ་གྱི་ལས་ཀ་ནི་དུས་དེབ་སྐྲུན་པའི་ལས་ཀ་གཙོ་བོ་ཞིག་ཡིན་ཏེ། དུས་དེབ་ཅིག་ལ་མཚོན་ན། འགྲིམ་སྐྱེལ་ནི་ཆེས་མཐའ་མཇུག་དང་ཆེས་གལ་ཆེ་བའི་ལས་ཀ་ཞིག་ཡིན་ལ། ཆེས་སྐྲུན་དཀའ་བའི་ལས་ཀ་ཞིག་ཀྱང་ཡིན། སྲོལ་རྒྱུན་གྱི་དོ་དམ་བྱེད་ཐབས་ལྟར་དུས་དེབ་ཀྱི་འགྲིམ་སྐྱེལ་ལ་དོ་སྣང་མི་བྱེད་པར། རྩོམ་སྒྲིག་ཁོ་ནར་གཅིགས་འཛིན་དང་འགྲིམ་སྐྱེལ་གྱི་ལས་ཀར་མཐུན་རྐྱེན་ཉུང་བ་སྟེ། རྩོམ་སྒྲིག་ཁང་ལ་ཆེད་དུ་དུས་དེབ་འགྲིམ་སྐྱེལ་གྱི་ཚན་ཁག་དང་འགྲིམ་སྐྱེལ་ལས་ཀ་གཉེར་བའི་ཆེད་ལས་པ་མེད་པ་དང་། འགྲིམ་སྐྱེལ་གྱི་ལས་ཀ་གཉེར་མཁན་ཡོད་ནའང་དེའི་གོ་མིང་དང་

ཐོབ་ཐང་ལ་མཐོང་ཆེན་མི་བྱེད་པར་རང་སོར་བཞག་པས། དུས་དེབ་སྒྲུབ་པའི་ལྷུ་ལག་གམ་འཁོར་རྟ་གཙོ་བོས་ཏེ་འགྲེམ་སྤེལ་གྱི་ལས་ཀའི་འཁོར་འགྲོས་དལ་བས་དུས་དེབ་གོང་འཕེལ་གྱི་ལས་ཀར་གནོད་པ་ཆེན་པོ་ཐེབས་ཤིང་དུས་དེབ་ཀྱི་ཁྱབ་ཁོངས་ཇེ་དོག་དང་སྤྱི་ཚོགས་རིན་ཐང་ཇེ་དམན་དུ་བཏང་། རྩོམ་པ་པོ་ཞིག་གི་ཆ་ནས་རང་གིས་བྲིས་པའི་རྩོམ་ཡིག་སྟེ་རང་གི་བསམ་བློ་དུས་ཐོག་ཏུ་ཀློག་པ་པོ་གང་མང་ཞིག་ལ་ལེགས་སྐྱེས་སུ་ཕུལ་ན་ཧ་ཅང་སྤྲོ་འོས་པའི་ཉམས་ཚོར་ཞིག་རེད། ཀློག་པ་པོ་ཞིག་ཡིན་ན་རང་ཉིད་མོས་པའི་རྩོམ་ཡིག་ལེགས་པོ་ཞིག་བཀླག་ཐུབ་ན་སྙོམ་པ་རྒྱུ་འདོད་དང་མཐར་རྩོམ་སྒྲིག་པ་ཞིག་གི་ཐད་ནས་ཀྱང་དུས་དེབ་ཀྱིས་ཀློག་པ་པོ་དང་རྩོམ་པ་པོའི་རེ་བ་སྐོང་ཐུབ་པར་གྱུར་ན་རང་གི་སྨོན་འདུན་འགྲུབ་སོང་བ་རེད། ད་རེ་ཀན་ལྷོའི་ས་ཁུལ་གྱི་རྫོང་ཁག་མང་ཤོས་ཀྱི་ཞིན་ཧྭ་དཔེ་ཁང་དུ་《བོད་ཀྱི་དམངས་སྲོལ་རིག་གནས་》སོགས་དུས་དེབ་རེ་གཉིས་ལས་ཕལ་ཆེར་མཐོང་རྒྱུ་མི་འདུག ཟི་ལིང་བོད་མིའི་ཁྲོམ་དང་། གཙོས། བླ་བྲང་། རེབ་གོང་གི་སྒེར་གཉེར་དཔེ་ཁང་དུ་དགོན་སྡེ་དང་ཡུལ་ཚོ། སློབ་གྲྭ་སོགས་སྒེར་གཉེར་གྱི་དཔེ་ཆ་དང་དུས་དེབ་སྣ་ཚོགས་བླུ་རྒྱུ་ཡོད། ཚུལ་འདི་ལས་གཞུང་གཉེར་དང་སྒེར་གཉེར་གྱི་དཔེ་ཆ་དང་དུས་དེབ་འགྲེམ་སྤེལ་གྱི་ལས་ཀ་དཀའ་ཁག་ཆེན་པོ་ཞིག་དང་འཕྲད། སྣང་ཚུལ་འདི་བོད་ཁམས་ཀྱི་རང་སྒྲུབ་རང་འགྲེམ་བྱེད་བཞིན་པའི་དཔེ་དེབ་མང་པོ་ཞིག་གིས་བསྒྲུབ་མ་ཐུབ་པའི་གནད་དོན་ཞིག་ཡིན། སྦྲག་སྲིད་ཁང་བརྒྱུད་དེ་བསྐུར་ན། དུས་ཚོད་ལྟར་འབྱོར་མི་ཐུབ་པ་དང་ས་ཆ་ལ་ལའི་ཞབས་ཞུ་མི་བཟང་

བ། བསྐུར་རིན་མཐོ་བ། ལོ་རྗེ་མང་པོའི་ཐབས་ལམ་མཁྲེགས་འཛིན་བྱེད་པ་སོགས་གནད་དོན་མང་། དེ་བས་དུས་དེབ་ཁག་མཉམ་འབྲེལ་གྱིས་བོད་ཁམས་ཀྱི་ས་ཆ་སོ་སོའི་དཔེ་ཁང་ལ་འགྲེམ་སྤེལ་བྱེད་ཐུབ་པའི་སྣེར་གཉེར་གྱི་"གངས་ལྗོངས་དཔེ་དེབ་སྤེབ་ཚོང་ཁང་ཆེན་པོ"ཞིག་འཛུགས་ཐུབ་ཆེ། གཞི་རིམ་དུ་ཡོད་པའི་སྣེར་གྱི་དཔེ་ཁང་དུ་འང་གཞུང་སྣེར་གཉིས་ཀྱིས་གཉེར་བའི་དཔེ་སྐྲུན་ཁང་དང་དུས་དེབ་ཁང་གིས་པར་དུ་སྐྲུན་པའི་བོད་ཁམས་ཀྱི་དཔེ་དེབ་སྣ་ཚོགས་མཐོང་ཐུབ་པར་གྱུར་ན། མི་དམངས་མང་ཚོགས་ཀྱི་བསམ་པའི་ལོངས་སྤྱོད་ཕུན་སུམ་ཚོགས་སུ་འགྲོ་བར་དགེ་མཚན་ཆེན་པོ་ལྡན་པའོ། །

གཞན་ཡང་ནང་སོག་རང་སྐྱོང་ལྗོངས་ལ་མཚོན་ན་དགུ་བཅུ་གོ་གསུམ་ལོའི་བར་དུ་(《རྒྱལ་ཡོངས་དུས་དེབ་ཀྱི་མིང་བྱང་》སྟོད་ཆར་)སོག་ཡིག་གི་དུས་དེབ་བརྗོད་དོན་མི་འདྲ་བ《ཧང་གི་སློབ་གསོ་》དང་《ཐང་ལྗོངས་ཀྱི་གླུ་སྒྲ་》《ནང་སོག་ཚན་རྩལ་》《ནང་སོག་ཐྱི་བདེ་》《སོག་པོའི་གསོ་རིག་》《ནང་སོག་ཕྱུགས་ལས་》《ནང་སོག་སློབ་གསོ་》སོགས་རང་བྱུང་ཚན་རིག་དང་སྤྱི་ཚོགས་ཚན་རིག་སྐོར་གྱི་དུས་དེབ་ཞེ་ལྔ་ཡོད་པ་དང་། ཞིན་ཅང་ཡུ་གུར་རིགས་རང་སྐྱོང་ལྗོངས་ལ་ཡུ་གུར་སྐད་ཡིག་གི་དུས་དེབ《སྐད་ཆ་དང་ལོ་རྒྱ་》《ཡུ་གུར་སློབ་གསོ་》《ཡུ་གུར་བརྙན་པར་》《ཡུ་གུར་སྒྱུ་རྩལ་》《ཡུ་གུར་ལུས་རྩལ་》《ཡུ་གུར་གསོ་རིག་》སོགས་དུས་དེབ་ཞེ་གཅིག་ཡོད་ནའང་། དེ་དག་འགྲེམ་སྤེལ་ཐད་ང་ཚོ་དང་འདྲ་བར་དཀའ་ཁག་དང་གནད་དོན་མང་པོར་འཕྲད། ད་ལོ་པའི་ཧེ་ཧྥེ་ཙུ་སོག་པོ་བ་དང་མཉམ་དུ་སློབ་སྦྱོང་བྱེད་སྐབས་དུས་དེབ་ཀྱི་གནས

རྩལ་གླིང་ཚེ། སོག་པོ་དང་ཡུ་གུར་ལ་བོད་ལྷ་བུའི་སྣེར་དེབ་མང་པོ་ཡོད་ས་མི་འདུག གཞི་རིམ་ས་ཁུལ་དུ་དུས་དེབ་དང་ཚགས་པར་གསར་པ་དུས་ཐོག་ཏུ་རག་མི་ཐུབ་པ་ཡང་བོད་ཁུལ་དང་འདྲ་ས་འདུག དེ་བས་ན་རྩོམ་པ་པོ་དང་རྩོམ་སྒྲིག་པ་པར་ཞུ་བ་བཅས་ཀོ་རིམ་མང་པོ་བརྒྱུད་པའི་དཔེ་དེབ་རྣམས་དུས་ཐོག་ཏུ་རྒྱ་ཆེའི་ཀློག་པ་པོའི་སྤྱན་སྔར་འབུལ་བའི་ཐབས་ཤེས་ལེགས་པོ་ཞིག་འཚོལ་ཞིབ་དང་གྲོས་སྡུར་གྱི་རྩལ་དུ་བྲིས་པའོ། །

༢༠༡༩.༡༠.༡༨ཉིན་ལ།

སྙན་ངག་《རྒྱལ་བུ་སྤྲིན་གྱི་བཞོན་པའི་རྟོགས་བརྗོད་》ཀྱི་རྩོམ་སྟངས་ཁྲིད་ཚོས་མདོ་ཙམ་བརྗོད་པ།

འཆད་པའི་བདུད་རྩིའི་གྲུ་ཆར་སྐལ་ལྡན་དཔྱིད་དུ་འཇོ། །
རྩོད་པའི་ལུང་རིགས་ཐོག་མདས་ཕས་རྒོལ་གླང་པོ་བསྒྱེལ། །
རྩོམ་པའི་མེ་ཏོག་ཆུན་འཕྲེང་བློ་ལྡན་རྒྱན་དུ་སྟོལ། །
བདག་གི་བཤེས་སྨྲ་གྱུར་རྣམས་གཞན་ཡང་སྤྱི་བོས་མཆོད། །

ཅེས་མཆོད་པར་བརྗོད་པའི་ཚིག་གིས་མདུན་བསུས་ཏེ། འདིར་གླེང་བར་བྱ་བ་ནི་དུས་རབས་བཅུ་གཅིག་པའི་ནང་བྱོན་པའི་རྨད་བྱུང་སྙན་ངག་མཁན་པོ། གངས་ཅན་གྱི་སྙན་ངག་སྨྲ་བ་མཐའ་དག་གིས་སྤྱི་བོའི་རྒྱན་དུ་མཆོད་པ། སྙན་ངག་སྨྲ་བ་ལ་གཞན་དྲིང་མི་འཇོག་པའི་གདེང་བརྙེས་པའི་མཁས་དབང་རྒྱ་ནག་པ་འཇམ་དབྱངས་བསྟན་པའི་ཉི་མ་མཆོག་གིས་མཛད་པའི་《དཔལ་ལྡན་རིག་པ་འཛིན་པའི་འཁོར་ལོས་སྒྱུར་བ་སྤྲིན་གྱི་བཞོན་པའི་རྟོགས་བརྗོད་མཁའ་འགྲོ་རྣམ་པར་རྩེན་པའི་རྒྱུད་མངས་ངོ་མཚར་རྣ་བའི་བཅུད་ལེན་ཞེས་བྱ་བ་》དེ་ཡིན་ལ། འདི་ནི་《རྟོགས་བརྗོད་དཔག་བསམ་འཁྲི་ཤིང་》ལས་བརྒྱ་རྩ་བརྒྱད་རྒྱལ་བུ་སྤྲིན་བཞོན་གྱི་རྟོགས་བརྗོད་དང་《ཀླུ་ཀུན་ཏུ་དགའ་བའི་

ཟློས་གར་》གྱི་བརྗོད་དོན་གཞིར་བཟུང་ནས་བརྩམས་པའི་སྙན་ངག་གི་རྟོགས་བརྗོད་ཅིག་ཡིན་ཞིང་། རྟོགས་བརྗོད་འདི་ནི་བཅོམ་ལྡན་འདས་ཀྱིས་དགེ་སློང་རྣམས་ལ་སྦྱིན་བཞོན་དུ་སྐྱེ་བ་བཞེས་པའི་སྔོན་བྱུང་བསྟུལ་བ་སྟེ། ཆོས་རྒྱལ་དགེ་བའི་དབང་པོས་མཛད་པའི་རྟོགས་བརྗོད་དཔག་བསམ་འཁྲི་ཤིང་ལ་ལེའུ་བརྒྱ་དང་རྩ་བདུན་ཡོད་པ་ལ་བཀྲ་ཤིས་གྲངས་ངེས་ཀྱི་ཕྱིར་ལེའུ་གཅིག་སྲས་ཟླ་བའི་དབང་པོ་ལ་རྩོམས་ཤིག་ཅེས་བཀས་བསྐུལ་བ་དང་དུ་བླངས་ཏེ་ཁ་སྐོངས་སུ་སྲས་ཟླ་བའི་དབང་པོས་མཛད་པ་ཡིན་ལ། རང་རེ་གངས་ཅན་གྱི་ལྗོངས་འདིར། ཡོན་ཏན་ཡུལ་དུ་བྱུང་བ་དཔག་ཏུ་མེད་པས་སྤྲས་པའི་བླ་མ་དམ་པ་ཆོས་ཀྱི་རྒྱལ་པོ་དང་དཔོན་ཆེན་ཤཱཀྱ་བཟང་པོའི་སྐུ་རིང་ལ། རྒྱ་གར་གྱི་སྙན་ངག་མཁན་པོ་ལཀྵི་ཀ་ར་དང་བོད་ཀྱི་ལོ་ཙཱ་བ་ཆེན་པོ་དགེ་སློང་ཤོང་སྟོན་རྡོ་རྗེ་རྒྱལ་མཚན་གྱིས་དཔལ་ས་སྐྱའི་གཙུག་ལག་ཁང་དུ་ལེགས་པར་བསྒྱུར་ནས་བསྟན་འགྱུར་གྱི་སྐྱེས་རབས་ཀྱི་གྲས་སུ་བཀོད་དོ། །དེ་ལ། དང་པོ། རྟོགས་བརྗོད་འདི་མཛད་པ་པོའི་ལོ་རྒྱུས་མཚམས་སྦྱོར་དང་། གཉིས་པ། 《རྒྱལ་བུ་སྦྱིན་གྱི་བཞོན་པའི་རྟོགས་བརྗོད་》ཀྱི་བརྗོད་དོན་མདོར་བསྡུས། གསུམ་པ། རྟོགས་བརྗོད་འདིའི་བསམ་བློའི་རང་བཞིན། བཞི་པ། རྩོམ་སྟངས་ཁྱད་ཆོས་བཅས་རྣམ་པ་བཞིའི་སྒོ་ནས་བཤད་པར་བྱའོ། །

དང་པོ། མཛད་པ་པོའི་ལོ་རྒྱུས་མཚམས་སྦྱོར།

རྨད་དུ་བྱུང་བའི་རྟོགས་བརྗོད་འདི་མཛད་པ་པོ་རྒྱ་ནག་པ་འཛམ་

དབྱངས་བསྟན་པའི་ཉི་མ་ནི། བོད་རབ་བྱུང་བཅུ་གཅིག་པའི་མེ་སྤག་(སྤྱི་ལོ༡༤༢༤)ལོར་རོང་འབྲོག་གཉིས་འཛོམས་ཧོར་གྱི་ཡུལ་དུ་ཨ་རུ་ཧོ་ཆེན་གྱི་རང་ག་བའི་ཁྱིམ་ཚང་ཞིག་ཏུ་སྐུ་འཁྲུངས། དགུང་ལོ་བཞི་བ་རབ་བྱུང་གཉིས་པའི་ས་མོ་སྦྲུལ་གྱི་ལོར་གྲུབ་པའི་དབང་ཕྱུག་ཆེན་པོ་སྡེ་ཁྲི་ཆེན་པོ་ཆེ་བློ་བཟང་དོན་གྲུབ་ཀྱིས་དུས་འཁོར་རྒྱ་ནག་པ་ངག་དབང་ཕུན་ཚོགས་ཀྱི་ཡང་སྲུལ་དུ་ངོས་འཛིན་མཛད་པ་དང་། དགུང་ལོ་བདུན་པར་སྡེ་ཁྲི་རིན་པོ་ཆེ་ལས་རབ་བྱུང་གི་སྡོམ་པ་མནོས་ཤིང་ཡང་སྲུལ་གྱི་གདན་སར་བཀོད། སྐབས་དེ་ཉིད་ནས་བཟུང་། བྱམས་ཆོས་སྡེ་ལྔ་དང་རྣམ་འགྲེལ་རྩ་བ། སྤྱོད་འཇུག་འགྲེལ་ཆུང་སོགས་སྐྱོར་སྦྱངས་མཛད་པ་ནི་སྦྱོར་ཀླག་གི་དབུ་ཐོག་མར་བསླངས་པའོ། །དགུང་ལོ་བཅུ་གཅིག་པར་རྒྱལ་བའི་ལུང་གིས་ཟིན་པའི་ཆོས་སྡེ་ཆེན་པོ་བླ་བྲང་བཀྲ་ཤིས་འཁྱིལ་དུ་ཕེབས་ནས། མཁས་གྲུབ་དམ་པ་དུ་མའི་ཞབས་པད་ལེགས་པར་བསྟེན་ཅིང་ཟབ་རྒྱས་ཆོས་ཀྱི་དགའ་སྟོན་ལ་དཔག་མེད་རོལ་བའི་བགོ་སྐལ་ཐོབ་པ་དང་། དགུང་ལོ་བཅུ་གཉིས་པ་ཤིང་ཁྱི་(སྤྱི་ལོ༡༤༣༥)ལོར་ཀུན་མཁྱེན་འཇམ་དབྱངས་བཞད་པའི་རྗེ་རྫེས་བརྩེ་བཞག་ཐོག་མར་གནང་སྐབས་ཆོས་གྲྭར་ཞུགས། དམ་པའི་གསུང་གི་བདུད་རྩིའི་ཆོས་ཀྱི་སྦྲང་རྩིར་ངོམས་མེད་སྤྱོད་ནས་ལོ་དེར་བླ་མ་འཇམ་པའི་དབྱངས་ལ་བྱམས་ཆོས་དབུ་མ་རིགས་ཚོགས་སོགས་ཀྱི་ཚིག་རྒྱུགས་ཕུལ་ཏེ་ལེགས་སོ་ཐོབ།

དགུང་ལོ་བཅུ་དྲུག་བཞེས་པའི་དུས་སུ་སྤྱི་དོན་རིགས་རྒྱན་དང་བློ་རྟགས་རྣམ་གཉིས་བཅས་ཚད་མ་རིག་པའི་སྐོར་གྱི་འབེལ་གཏམ་མཛད་པ

དང་། དགུང་ལོ་ཉེར་གཅིག་ནས་ཉེར་གསུམ་བར། དབུ་མ་རྒྱས་པ་སོགས་གཞུང་བཀའ་པོད་ལྔར་སྦྱངས་པ་མཐིལ་རྫོགས་པ་མཛད་ཅིང་གོ་རིགས་ཟུང་འབྲེལ་གྱི་རིགས་སྨྲ་བ་མཚུངས་ཟླ་བྲལ་བ་བྱུང་། དགུང་ལོ་ཉེར་ལྔ་བཞེས་སྐབས་ཡབ་རྗེ་ཀུན་མཁྱེན་བླ་མའི་བཀའ་བཞིན་དྲན་དབང་བྱེ་བའི་དབུས་སུ་བཀའ་པོད་ལྔའི་བརྒྱལ་ལན་མཛད་དེ་རྫོ་རམས་པའི་དམ་བཅའ་བཞག་ཅིང་མཁས་པའི་མཚན་སྙན་ཕྱོགས་ཀུན་ཏུ་ཁྱབ། དེ་ལྟར་རྗེ་འདི་ཉིད་ཀྱི་ཚེ་སྟོད་ལ་བླ་བྲང་བཀྲ་ཤིས་འཁྱིལ་གྱི་ཆོས་གྲྭར་ཞུགས་ནས་སློབ་གཉེར་མཛད་པ་དང་། ཚེ་སྨད་ལ་ཞིང་མཆོག་རི་བོ་རྩེ་ལྔའི་གནས་མཆོག་སོགས་རྒྱ་ནག་ཏུ་ལན་མང་ཐེབས། དབང་ཁུང་མན་ངག་གི་རྒྱུད་མང་དུ་ཐེལ། གཡོན་རུའི་སར་རུ་བེ་རུང་ཕང་གིས་སྦྱིན་བདག་བྱས་ཏེ་བདེ་མཆོག་གློས་བསླངས་ལྟར་གྱི་གཙུག་ལག་ཁང་ལེགས་པར་བཞེངས། སློ་བཞི་ལ་རྒྱུད་དང་། དུས་འཁོར། སྨན་པ། རིག་གནས་ཀྱི་གྲྭ་ཚང་བཞི་བཙུགས། བདེ་མོ་ཐང་དགའ་ལྡན་ཆོས་འཁོར་གླིང་དང་བླ་བྲང་དུས་འཁོར་གྲྭ་ཚང་གི་ཁྲིར་བཞུགས་ནས་མདོ་སྔགས་བསྟན་པ་རིན་པོ་ཆེའི་འཆད་ཉན་རྒྱ་ཆེར་སྤེལ། ཅོང་ཁ་བརྒྱད་ཅུའི་ལྷ་ཁང་གཡུ་ཐོག་ཅན་བདེ་ཡངས་བཅས་གསར་དུ་བསྐྲུན། དགུང་ལོ་ང་གསུམ་པ་རབ་བྱུང་བཅུ་གཉིས་པའི་ས་རྟ་(སྤྱི་ལོ་༡༧༣༨)ལོར་ཨུ་ཅི་མུ་ཆེན་གཡོན་རུའི་ཤོག་ཨེ་རེན་གྱི་སར་གཟུགས་སྐུའི་བཀོད་པ་ཆོས་དབྱིངས་སུ་བསྡུས་པའི་ཚུལ་བསྟན་པའོ། །

ཁོང་གིས《དབུས་མཐའ་རྣམ་འབྱེད་ཀྱི་འབྲེལ་བ་》དང《དགེ་འདུན་ཉི་ཤུའི་རྣམ་བཞག་》དང་《རྒྱལ་བུ་སྦྱིན་གྱི་བཞོན་པའི་རྟོགས་བརྗོད་》སོགས

དང་། ད་རྗུང་མགུར་མ་དང་། སྣན་ངག ཆབ་ཤོག་གཞུང་འགྲེལ་རྟོགས་བརྗོད་སོགས་བོད་གཉིས་ལྷག་མཛད་ནས་བསྟན་པ་དང་འགྲོ་བ་ལ་སྨན་པའི་འཕྲིན་ལས་རྒྱ་ཆེར་མཛད་པ་དང་། ཁྱད་པར་དུ་གངས་ཅན་བོད་ཀྱི་རྩོམ་རིག་ལ་ཉམས་པ་མེད་པའི་ཕྱག་རྗེས་བཞག་པའོ། །

གཉིས་པ། 《རྒྱལ་བུ་སྤྲིན་གྱི་བཞོན་པའི་རྟོགས་བརྗོད་》 ཀྱི་བརྗོད་དོན་མདོར་བསྡུས།

དེ་ཡང་སྔོན་རྒྱ་གར་འཕགས་པའི་ཡུལ་གྱི་གྲོང་ཁྱེར་གསེར་བྱ་བར་སྐྱེ་དགུའི་བསོད་ནམས་སྨིན་པའི་བགོ་སྐལ་དུ་རྒྱལ་པོ་སྤྲིན་གྱི་མེ་ཏོག་ཅེས་དཔལ་དང་ལོངས་སྤྱོད་འཆི་མེད་ཀྱི་དཔལ་ལ་སྨྲེག་པ། སློང་བ་རྣམས་ཀྱི་ཡོངས་འདུའི་ཤིང་ལྟ་བུ་ཞིག་བྱུང་། དེ་ཡིས་རིགས་མཐོ་ཞིང་མཛངས་མའི་ཡོན་ཏན་གྱི་རྒྱན་ཆས་ཡོངས་སུ་སྤྲས་པ་མཛེས་སྡུག་ཡིད་དུ་འོང་བའི་བཙུན་མོ་ཆོས་སྤྱོད་མ་ཞེས་པ་ཁབ་ཏུ་བཞེས། ནམ་ཞིག་དེ་ལ་སྲས་རང་བཞིན་གྱིས་ཞི་ཞིང་དུལ་བ་སྒྲུངས་བརྟན་ལྡན་ཞིང་ཡོན་ཏན་དུ་མས་སྤྲས་པ་དང་དཔལ་མངའ་ཐང་གིས་ཕྱུག་པ། སྤྲིན་བཞོན་ཞེས་པ་གཅིག་བྱུང་། ཕུན་སུམ་ཚོགས་པ་དེ་ལ་རྒྱལ་སྲིད་གཏད་དེ་ཡབ་སྤྲིན་གྱི་མེ་ཏོག་དང་ཡུམ་ཆོས་སྤྱོད་མ་གཉིས་ནགས་སུ་དཀའ་ཐུབ་སྤྱོད་པར་གཤེགས་སོ། །དེ་ལྟར་རྒྱལ་སྲས་དཔལ་ལྡན་འཁོར་ལོས་བསྒྱུར་བར་མངའ་བསྔོས་ཀྱང་རྒྱལ་སྲིད་ནི་རྒྱུད་པའི་སྣ་འདྲེན་དང་ཡོན་ཏན་ནི་སྲིད་པའི་མཆོག་ནོར་འཇིག་རྟེན་དགག་ན་ཕ་མ་དྲིན་ཅན་ཡིན་པར་ཤེས་ཏེ། རྒྱལ་སྲིད་བཏང་

ནས་རི་བོ་མ་ལ་ཡར་བསམ་གཏན་ལ་གནས་པའི་ཡབ་ཡུམ་གཉིས་ཀྱི་དྲུང་དུ་འཁོར་ནས་ཀྱང་ཡབ་ཡུམ་ལ་མཇལ་ཏེ་བྲལ་བའི་གདུང་བ་སིམ་ནས་དགའ་བར་གྱུར། རང་བྱུང་གི་བཀོད་པ་མཛེས་ཤིང་ནགས་ཚལ་དང་ཉལ་འགྲོས་བརྒྱན་པ་གཙན་གཟན་རི་དྭགས་སྣ་ཚོགས་བག་ཡངས་སུ་རྒྱུ་བའི་དཔེན་ས་དེ་ནི་གྲུབ་པའི་བསྟི་གནས་ལྷ་ཡི་དཔལ་དང་ལྡན་པར་རིག་འཛིན་ལྷ་སྲས་གང་དགར་རྩེན་པ་ན། རྒྱལ་པོ་ཀུན་གྱི་དབྱིག་ཅེས་པའི་སྲས་མོ་མ་ལ་ཡ་ཙན་མས་ཙན་དན་ལྗོན་པའི་ནགས་ཁྲོད་དུ་ལྷ་ཆེན་དབང་ཕྱུག་གི་བཙུན་མོ་ལྷ་མོ་ཨུ་མ་ལ་རིན་ཆེན་རྒྱུད་མངས་སྒྲེང་ཞིང་སྙན་འཇེབས་གླུ་དབྱངས་ལེན་མུར་མཆོད་བཀུར་བགྱིད་པ་དང་འཕྲད་པས། རྒྱལ་བུ་སྤྲིན་གྱི་བཞོན་པ་དང་སྲས་མོ་མ་ལ་ཡ་ཙན་མ་གཉིས་ཀྱིས་ཕན་ཚུན་མཐོང་བ་ཙམ་གྱིས་ཡིད་འཕྲོག་ཅིང་སེམས་པ་ཤོར་བར་གྱུར་ཀྱང་། ཕན་ཚུན་སེམས་པ་རབ་ཏུ་འཕྲེང་བཞིན་དུ་རེ་ཞིག་སོ་སོར་མི་འབྲལ་ཀ་མེད་དུ་གྱུར། དེ་ནས་བསོད་ནམས་ཐབས་དང་ལྡན་པའི་སྐྱེས་བུའི་ཡིད་ཀྱི་རེ་བ་སྐོང་བའི་ཕྱིར་གྲུབ་པའི་རྒྱལ་པོ་ཀུན་གྱི་དབྱིག་དང་རིག་འཛིན་སྤྲིན་གྱི་མེ་ཏོག་གཉིས་ཀྱང་ཡིད་མཐུན་བྱུང་བས། རྒྱལ་བུ་སྤྲིན་གྱི་བཞོན་པ་དང་སྲས་མོ་མ་ལ་ཡ་ཙན་མ་གཉིས་ཀྱི་སེམས་པ་བཟུང་གི་དྲན་པའི་གདུང་བ་ཞི་བར་གྱུར་ནས་སེམས་པ་བཟུང་ཕན་ཚུན་འཕྲད་ཅིང་འཁྱུད་པ་ལས་མངོན་འདོད་གསར་པའི་བདེ་སྐྱིད་ཀྱི་མེ་ཏོག་ལྷུག་པོར་བཞད་ཅིང་གཉེན་སྒྲིག་གི་དགའ་སྟོན་ཆེན་པོ་ཤིན་ཏུ་རྒྱས་པ་མཛད་པས། རྒྱལ་བུ་སྤྲིན་གྱི་བཞོན་པ་དང་བཙུན་མོ་མ་ལ་ཡ་ཙན་མ་གཉིས་ཚེམས་པ་བྲལ་བའི་བརྩེ་དུངས་ཀྱི་ཐོག་མའི་དགའ་མགུར་སྤྱོད་

བཞིན་ཁོར་ཡུག་རྣམ་པར་མཛེས་པའི་སྐྱིད་མོས་ཚལ་དུ་དགའ་སྐྱིད་ཀྱི་དཔལ་ལ་རོལ་སྐབས། མ་ལ་ཡ་ཅན་མའི་མིང་པོ་བཤེས་གཉེན་དཔྱིག་འོངས་ནས། རྒྱལ་བུ་སྤྲིན་གྱི་བཞོན་པའི་རྒྱལ་སྲིད་མ་ཧང་གི་ཞེས་པས་དབང་བསྒྱུར་བྱས་ཡོད་པས། མྱུར་དུ་དམག་དྲངས་ནས་རྒྱལ་ས་ཕྱིར་ལེན་དགོས་པའི་རེ་འདོད་ནན་གྱིས་ཞུས་པ་ན། རྒྱལ་བུ་སྤྲིན་གྱི་བཞོན་པས་དགྲ་ཡང་གཉེན་དུ་འཛིན་པའི་བྱང་ཆུབ་སེམས་དཔའི་ཐུགས་དགོངས་བསྐྱེད་ནས་བཤེས་གཉེན་དཔྱིག་ལ་ཉེས་པ་ཐམས་ཅད་འབྱུང་བའི་གཞི་ནི་ཉོན་མོངས་པའི་དབང་དུ་འགྲོ་མི་ཉན་པའི་ལེགས་བཤད་གསུངས་པའོ། །

དེ་ནས་སླར་ཡང་གླུ་གར་གྱི་དགའ་སྟོན་ལ་རོལ་ནས་ཞག་དྲུག་སོང་། བདུན་གྱི་ཉིན་རྒྱལ་བུ་སྤྲིན་བཞོན་རི་ངོགས་སུ་སྐྱོ་བསང་ལ་ཐེབས་པ་ན། ཀླུའི་རྒྱལ་པོ་ནོར་རྒྱས་ཀྱི་མཁའ་ལྡིང་གི་ཁ་ཟས་སུ་ཕུལ་བའི་དུང་གི་གཙུག་ལ་ཡུམ་འཐམས་ནས་ངུ་འབོད་བྱེད་བཞིན་པའི་ཚུལ་དེ་མཐོང་བས། བླ་ན་མེད་པའི་སྙིང་རྗེ་དྲག་པོ་སྐྱེས་ཏེ་བྱང་ཆུབ་སེམས་དཔའི་བརྟུལ་ཞུགས་བཟུང་ནས་དུང་གི་གཙུག་གི་སྲོག་སྐྱོབས་ཕྱིར་རང་ལུས་ཕུལ་བའི་དམ་བཅས་པ་ན། ངེད་ཀླུ་རྣམས་ཐོལ་ཐབས་མེད་པའི་ལས་ཡིན་རྒྱལ་བུ་བྱང་ཆུབ་སེམས་དཔའ་ཁྱེད་ཀྱིས་དེ་འདྲ་མཛད་མི་རིགས་ཟེར་ཞིང་ནན་གྱིས་གསུངས། འོ་ན་ཀླུ་རྣམས་གསོད་རེས་བབས་ཚེ་རྟགས་སུ་གོས་དམར་བཀབ་པ་ཡིན་ནོ་ཞེས་བཤད་པས། རྒྱལ་བུས་གོས་དམར་ལུས་ལ་བཀབ་ནས་ནམ་མཁའ་ལྡིང་འབབ་སའི་རྡོ་ཁྲིའི་སྟེང་དུ་བཞུགས། དེ་ནས་མཁའ་ལྡིང་ནམ་མཁར་བྱུང་སྐྱེ་གོས་དམར་མཐོང་བས་

ཀླུ་ཡིན་པར་སླམ་ནས་འཛིགས་རྟུང་སྟེར་མོས་བརྒྱབ་སྟེ་ཟ་བར་རྩོམ་པའི་ཚེ་ན། ད་གཟོད་མི་ཡིན་པ་ཤེས་ཏེ་སོམ་ཉིའི་དབང་དུ་སོང་། དེ་ནས་རྒྱལ་བུ་སྤྲིན་གྱི་བཞོན་པ་ཡིན་པ་རྟོགས་ཏེ་འགྲོད་པའི་ཚེ། ཡབ་རྒྱལ་པོ་སྤྲིན་གྱི་མེ་ཏོག་དང་ཡུམ་ཆོས་སྐྱོད་མ་དང་། བཙུན་མོ་མ་ལ་ཡ་ཙན་མ་སོགས་འཚོལ་དུ་ཕྱིན་པས་མ་རྙེད་པར་ཐེ་ཚོམ་གྱི་དང་མཁའ་ལྡིང་འབབ་སར་ཕྱིན་པ་ན། རྒྱལ་བུ་སྤྲིན་གྱི་བཞོན་པའི་གཙུག་རྒྱན་གྱི་ནོར་བུ་ཁྲག་གིས་སྦགས་ཤིང་དེ་གར་འགྱེལ་འདུག་པ་དང་། མཁའ་ལྡིང་གང་ཉིད་ཀྱི་བླ་ན་མེད་པའི་སྙིང་སྟོབས་དང་སྤྲིན་པ་ལ་ངོ་མཚར་ནས་ཏད་དེ་ལུས་འདུག་སྐབས། དུང་གི་གཙུག་གིས་ཀླུའི་རྒྱལ་པོ་ནོར་རྒྱས་ཀྱིས་མཁའ་ལྡིང་གི་ཁ་ཟས་སུ་ཕུལ་བ་ཁོ་རང་ཡིན་ཡང་ངེད་ཅག་ཟོལ་ཐབས་མེད་པའི་ལས་ལ་སྐྱོད་པར་རྒྱལ་བུས་ཐུབ་ཆོད་འདི་འདྲ་མཛད་དོ་ཞེས་བརྗོད་པས། མཁའ་ལྡིང་འགྲོད་པ་ཚད་མེད་སྐྱེས་པ་དང་། སྐབས་དེར་རྒྱལ་བུ་སྤྲིན་གྱི་བཞོན་པ་ཡར་དགྲེ་ནས་མཁའ་ལྡིང་ལ། ཕྱིན་ཆད་ཀླུ་རྣམས་ལ་གནོད་འཚེ་མི་བྱེད་པར་འགྲོད་བཤགས་བྱེད་དགོས་པའི་ཞལ་གསུང་གདམས་པ་ན། མཁའ་ལྡིང་གིས་ཀྱང་དེ་ལྟར་བགྱིད་པའི་དམ་བཅའི་རི་མོ་འགྱུར་མེད་སྙིང་ལ་བཀོད་ནས་སྟོད་པའི་ཚེ། རྒྱལ་བུ་སྤྲིན་གྱི་བཞོན་པའི་དབུགས་ཀ་ཆད་སོང་། དེ་ལ་བཙུན་མོ་མ་ལ་ཡ་ཙན་མས་གོ་རི་ལ་གསོལ་བ་བཏབ་པ་དང་ལྷ་མོ་ཨུ་མ་ཕེབས་ནས་འཆི་གསོས་རིལ་བུ་གནང་སྟེ་རྒྱལ་བུ་སྤྲིན་བཞོན་སྔར་བཞིན་གསོན་པར་གྱུར་པས་ཐམས་ཅད་དགའ་ཞིང་རྒྱལ་བུས་གསུང་བ། བདག་གཞན་སྲོག་བསྲུང་ཕྱིར་རང་ལུས་ཕངས་མེད་སྦྱིན་པ་འདི་ཡི་མཐུས་རྟག་ཏུ་

འགྲོ་བའི་སྡུག་བསྔལ་ཞིང་ཀུན་མཁྱེན་སངས་རྒྱས་གོ་འཕང་ཐོབ་པར་ཤོག་ཅེས་གསུངས། སྐབས་དེར་མཁའ་ལྡིང་གིས་ལྷ་ཡུལ་ནས་བདུད་རྩིའི་ཆར་རྒྱུན་ཕབ་ནས་སྔར་བསད་པའི་ཀླུ་རྣམས་ཀྱི་ཀེང་རུས་སླར་ཡང་གསོས་པར་མཛད་པ་དང་བཅས་བཀྲ་ཤིས་པའི་རྣམ་པ་ཀུན་ནས་ཤར་བ་དང་བློ་གྲོས་ལྡན་ཞིང་སྙིང་སྟོབས་མངའ་བའི་རྒྱལ་བུ་སྤྲིན་གྱི་བཞོན་པ་ལ་ས་གསུམ་གྱི་མི་ནོར་དབང་བའི་འཁོར་བསྒྱུར་ཆེན་པོའི་དཔལ་ཐོབ་པ་ལ། ཚངས་པ་དང་བརྒྱ་བྱིན་ལ་སོགས་པའི་ལྷ་རྣམས་ཡིད་འགུལ་ཐེབས་ཏེ་མེ་ཏོག་གི་ཆར་བསྙིལ་བ་དང་བསྔགས་བརྗོད་ཀྱི་རྒྱུད་མངས་སྒྲེང་བ་བཅས་རྫོགས་ལྡན་གསར་པའི་དགའ་སྟོན་ལ་རོལ་ཅིང་མི་འཁྲུགས་ཞིང་གི་ཁེངས་པ་བསྙིལ་བའི་དཔལ་ཕུན་སུན་ཚོགས་པ་ལ་སྤྱོད་པར་གྱུར་ཏོ། །

གསུམ་པ། རྟོགས་བརྗོད་འདིའི་བསམ་བློའི་རང་བཞིན།

གོང་ནས་མདོར་བསྡུས་པའི་བརྗོད་དོན་གྱི་སྙེང་ནས་བསམ་གཞིག་རེ་བཏང་ན། རྟོགས་བརྗོད་འདིའི་བསམ་བློའི་རང་བཞིན་ནི། རྒྱལ་བུ་སྤྲིན་གྱི་བཞོན་པ་དང་བཙུན་མོ་མ་ལ་ཡ་ཅན་མ་གཉིས་ཀྱི་མཛའ་གཅུགས་དང་གཉེན་སྒྲིག་ལ་བསྟོད་གླུ་བླངས་པ་དང་། ཁྱད་པར་དུ། དམིགས་མེད་བརྩེ་བའི་སྙིང་རྗེའམ་ལྷག་བསམ་རྣམ་པར་དག་པའི་བྱང་ཆུབ་སེམས་དཔའི་རྨད་བྱུང་སྤྱོད་ཚུལ་དང་སྙིང་སྟོབས་ལྡན་པའི་རྒྱལ་བུ་སྤྲིན་གྱི་བཞོན་པས་འགྲོ་བ་ཀླུ་རྣམས་སྐྱོབས་པའི་ཕྱིར། རང་གི་བརྩེ་དུངས་དང་རྒྱལ་སྲིད་སོགས་ལ་ཞེན་ཆགས་རིང་

ད་དོར་ནས་རང་ལུས་མཁའ་ལྡིང་གི་ཟས་སུ་ཕུལ་བའི་བདག་བས་གཞན་གཅེས་ཀྱི་མཛད་སྤྱོད་ཞབས་པོ་ཆེ་ལ་ཐམས་ཅད་ཀྱིས་མོས་གུས་དང་བསྔགས་བརྗོད་བགྱིས་པ་དེའོ། །

བཞི་པ། རྩོམ་སྣང་ཁྱད་ཆོས།

༡ རང་བྱུང་གི་མཛེས་ལྗོངས་ཞིབ་ཕྲ་མཛད་པའི་སྐོར།

དེ་ལ་རྟོགས་བརྗོད་འདི་ལས་རི་བོ་མ་ལ་ཡའི་རྩེ་མོར་ལམ་ལམ་འཚེར་བའི་གངས་ཀྱི་ཙོད་པན་སྤྲས་ཤིང་ཕྱོགས་མཚམས་ཐམས་ཅད་ནགས་ཚལ་སྟུག་པོས་བསྐྱུན་པའི་ཁོར་མོ་ཡུག་ཏུ་རི་དྭགས་དང་གཅན་གཟན་སྣ་ཚོགས་བག་ཡངས་སུ་རྒྱུ་བ་དང་། འདབ་ཆགས་བྱ་བྱིའུ་རྣམས་ཀྱིས་སྐད་སྙན་སྒྲོག་པ་དང་། སྤང་ཆེན་མཚོའུར་རོལ་བ་སོགས་རི་མོ་མཁན་གྱིས་ཁྲ་ཚོན་གྱིས་མཛེས་དགུར་བྲིས་པ་ནང་བཞིན་ཡིད་དུ་འོང་བའི་མཛེས་རིས་ཤིག་གློག་པ་པོའི་སྣང་ངོར་ངང་ངམ་ཤུགས་ཀྱིས་འཆར་ཐུབ་འགྱུར་བ་སྟེ། དེ་ལ་དཔེ་མཚོན་གྱི་སྒོ་ནས་འགའ་ཞིག་འདིར་བཀོད་ན།

རྩེ་མོར་རབ་དཀར་ཤེལ་གྱི་ཙོད་པན་བཅིངས། །ཕྱོགས་མཚམས་ནགས་ཀྱི་ཡོལ་བས་མི་མངོན་བསྒྲིབས། །ཉིན་བཞིན་ན་བུན་སྐྲེད་འཆིངས་བཅིངས་གྲོལ་བྱེད། །མ་ལ་ཡ་ཞེས་གྲགས་པ་གསལ་ལྡན་པ། །ཞེས་པ་དང་། གྲུབ་པའི་སྐྱེ་བོས་མི་འཇིགས་པ། །རྫོགས་པར་བྱེད་པའི་ནགས་དེར་ནི། །རི་སྐྱེས་གཞོན་ནུ་རྩེ་བ་དག །གཅན་གཟན་ལ་ཡང་བག་ཡངས་བརྟེན། །པད་མོའི་དྲ་བས་

ཁེབས་པ་ཡི། །ཉལ་འགྲོ་མ་ནི་དྲི་བཞོན་གྱིས། །དགའ་བས་གཏོར་བའི་མེ་ཏོག་ཚོགས། །ལྷུང་ལྷུང་ཟེར་ཞིང་འཐུ་བར་བྱེད། །ཅེས་པ་དང་། ཉི་འོད་དཔག་མེད་འཐུང་བ་ཡིས། །སྤྲོས་ལྡན་པད་མོའི་གེ་སར་རྡུལ། །དམར་པོར་སྒྲུགས་ལ་སྦྲང་རྩེ་བྱེད། །ཁྲོལ་གཏོད་བྱེད་བཞིན་དར་དིར་སྒྲོག །ཅེས་སོགས་རི་བོ་མ་ལ་ཡའི་ཕུན་སུམ་ཚོགས་པའི་སྟོད་བསྟུད་ཞིབ་བྲི་མཛད་པ་ལྟ་བུའོ། །

༢ རྒྱལ་བུ་སྤྲིན་གྱི་བཞོན་པས་བླ་མེད་བྱང་ཆུབ་ཀྱི་ཐུགས་བསྐྱེད་པའི་སྐོར།

བདག་བས་གཞན་གཅེས་ཀྱི་ལྷག་བསམ་འོ་མ་ལྟར་དཀར་བའི་བྱང་ཆུབ་སེམས་དཔའ་རྣམས་ཀྱིས་འགྲོ་བ་སེམས་ཅན་ཐམས་ཅད་ལ་ཐུགས་རྗེའི་སྤྱན་གྱིས་སྙོམས་པོར་གཟིགས་པའི་བླ་ན་འཕགས་པའི་མཛད་སྤྱོད་ནི་མ་ཡུམ་བུ་ལ་བརྩེ་བ་ལས་ཀྱང་ལྷག་པ་དང་། སྦྱིན་པའི་ཕྱོགས་ལ་ཕྱག་ཡངས་ཤིང་གཞན་གྱིས་རྣམ་པར་འཚེ་བ་ལའང་གྲོལ་ལེན་མི་མངའ་བར་བྱམས་བརྩེ་དང་སྙིང་རྗེས་ཀུན་ནས་སློང་བར་བྱེད་པ་སོགས་ཞིབ་བྲི་མཛད་པ་ནི་དཔེར་ན།

གཞན་དོན་ལྷུར་ལེན་གང་དག་གཞན་དོན་དུ། །བརྩེ་བ་དེ་ཙམ་མ་ཡང་བུ་ལ་མིན། །གཏོང་བ་ལྷུར་ལེན་གང་དག་གཏོང་བ་ལ། །སྲོ་བ་དེ་ཙམ་ཕོངས་པ་ནོར་ལ་མིན། །དེ་འཕྲད་ཀེང་རུས་རི་བོ་བརྩེགས་པའི་ངོགས། །གདེངས་ཅན་ཁྲག་གི་རྒྱ་གློང་འཁྱིལ་བ་དེར། །བརྟན་ལྡན་སྙིང་སྟོབས་གསལ་བ་མངོན་བྱས་ཏེ། །འཇིགས་མེད་དཔའ་བོའི་བློ་ཡིས་རབ་ཏུ་ཞུགས། །ཞེས་པ་དང་། ལུས་ཀྱི་གདུངས་པ་རབ་འཛིན་ཡང་། །ཡིད་ནི་དགའ་བའི་བཞིན་རས་གསལ། །སྲོག་ལ་གྲོལ་བའི་རྣམ་འཚེ་འང་། །མཛའ་བའི་མ་བཞིན་མིག་གིས་བལྟ། །རྡོ་རྗེའི་

མཚུ་ཅན་མཚུ་ཡིས་ནི། །གཞོན་ནུའི་སྙིང་ཀ་འབིགས་པ་བཞིན། །རྒྱལ་བུའི་བྱམས་པའི་རང་བཞིན་གྱིས། །མཁའ་ལྡིང་སྙིང་གི་བརྟན་པ་འབིག །ཅེས་དང་། དམ་པ་རྣམས་ནི་ཇི་ལྟར་རྒུད་ཀྱང་མཛའ་བའི་གཞུངས་པའང་མི་འགྱུར་ཏེ། །འདམ་ན་གནས་ཀྱང་པད་མོ་རྣམས་ནི་ཆུ་ཡི་རྙོག་པས་གོས་པ་མེད། །ཤ་བྲལ་རུས་པའི་འཕྱུལ་འཁོར་ལ་བརྟེན་སྲོག་གི་ལྷག་མ་ཉིད་ཐོབ་ཀྱང་། །གཞན་ཕན་བསམ་པས་ཆོས་སྦྱིན་བྱེད་དེ་འཚོ་བ་གཏོང་བས་མི་ངོམས་བཞིན། །ཞེས་ཕུན་སུམ་ཚོགས་པའི་རྒྱལ་སྲིད་དང་བླ་ན་མེད་པའི་བརྩེ་དུངས་ལའང་ཆགས་ཞེན་གྱི་གོ་སྐབས་རིང་དུ་བཏང་ནས་གཞོན་ནུའི་ལང་ཚོ་དེ་གཞན་དོན་དུ་མཁའ་ལྡིང་གི་ཟས་སུ་ཕངས་མེད་ཕུལ་བའི་སྙིང་སྟོབས་དང་། བྱང་ཆུབ་སེམས་དཔའ་རྣམས་ཀྱིས་གཞན་དོན་སྐད་ཅིག་ཙམ་ལ་ཡང་གཡེལ་བ་མེད་པར་གཅེས་སུ་འཛིན་པའི་རྨད་བྱུང་སྤྱོད་ཚུལ་ལ་མོས་གུས་དང་རྗེས་སུ་ཡི་རང་བཅས་ཚད་མཐོན་པོའི་སྒོ་ནས་གདེང་འཛོག་མཛད་དོ། །

༣ རྒྱལ་བུ་སྤྲིན་གྱི་བཞོན་པ་དང་བཙུན་མོ་མ་ལ་ཡ་ཅན་མའི་བརྩེ་དུངས་མཚོན་པའི་སྣན་ངག་གི་སྐོར།

རྒྱལ་བུ་སྤྲིན་གྱི་བཞོན་པ་དང་མཛེས་སྡུག་ཡིད་དུ་འོང་བའི་བཙུན་མོ་མ་ལ་ཡ་ཅན་མ་གཉིས་ཐོག་མར་འཕྲད་པ་ནས་གཅིག་གཅིག་ལ་འགྱུར་དུ་མེད་པའི་བག་ཆགས་གཏིང་ཟབ་བཞག་པ་དང་། མིག་ཞགས་རིང་མོའི་བརྩེ་དགའ་ཡིས་སྙིང་གི་བརྟན་པ་ཕན་ཚུན་འབིག་པར་བྱེད་པ་དང་རེ་ཞིག་ཆགས་ཞེན་གྱི་དབང་གིས་ཡིད་ཀྱི་རྒྱ་མཚོར་བསྐྱབ་མེད་ལྷང་ངེར་སྣང་བ་བཅས་འགྱུར་བ

མེད་པའི་བརྩེ་དུངས་ཀྱི་རྨང་གཞིའི་ཐོག་གཉེན་སྒྲིག་གི་ཆོ་ག་སྒྲིལ་བར་གྱུར་ཀྱང་། མཐར་རྒྱལ་བུ་སྤྲིན་བཞོན་ནི་གཞན་དོན་གྱི་སླད་དུ་མི་འདོད་བཞིན་ཆད་ཀྱི་དབང་དུ་སོང་བས་བཙུན་མོ་མ་ལ་ཡ་ཙན་མར་གདུང་བ་ཚད་མེད་སྐྱེས་ནས་ཚེ་འདིར་རང་ཉིད་གཅིག་ཕུར་ལུས་ནའང་ཚེ་རབས་ཕྱི་མར་ལྷན་འདུས་ཀྱི་སྐལ་བཟང་འཐོབ་པར་ཤོག་ཅེས་སྨོན་ལམ་བཏབ་པ་སོགས་བཙུན་མོ་མ་ལ་ཡ་ཙན་མའི་ལྷོད་མེད་ཀྱི་བརྩེ་དུངས་ཞིབ་ཕྲ་མཛད་པ་ནི་དཔེར་ན།

བདུད་རྩི་ཕྲེང་བས་རྣམ་སྒྲིག་པའི། །ཟླ་རྒྱས་འཁྲི་ཤིང་འཛུམ་པ་བཞིན། །འཇིག་རྟེན་ཀུན་གྱི་སྙིང་སྡུག་མ། །སྨིན་ལེགས་དེས་ནི་དེ་ཡིད་ཚིམས། །དེས་ཀྱང་རྒྱལ་བུའི་མཚར་སྡུག་ལ། །སྲིད་ལྡན་མིག་གི་བུང་བ་ནི། །བཞིན་གྱི་པད་མོ་རྒྱས་པའི་ངོས། །གཡོ་མེད་རི་མོ་བྲིས་བཞིན་བཀོད། །མི་བསྲུན་བསླངས་སེམས་མི་ལྡན་ཡང་། །མི་རྟོག་མདའ་ནི་རབ་ཏུ་འཕངས། །ལང་ཚོའི་དཔལ་ནི་མ་སྣང་པར། །སྙིང་གི་བརྟན་པ་ཕན་ཚུན་འཕེབ། །ཅེས་པ་དང་། ཕྱི་མིག་ལྤུགས་ཀྱུ་ཡང་ཡང་བཏབ་ན་ཡང་། །མཛེས་སྐུའི་གཉིས་འཕྲང་ཟིན་མེད་འཇའ་ཚོན་བཞིན། །མཚན་དཔེའི་ཟླ་བ་རྒྱུང་རིང་སོང་གྱུར་ཀྱང་། །མཛའ་བའི་རྒྱ་མཚོར་འབྲལ་མེད་ཤར་བས་སྐྱོ། །བརྣག་དཀའི་སྡུག་བསྔལ་མེ་ལྕེས་བསྲེགས་གྱུར་ཅིང་། །སྙིང་ཁྲུང་ཙན་དན་ཆུ་ལས་ལྷག་པར་གྲང་། །སྨྲ་ངན་རི་བོའི་ཁུར་གྱིས་ནོན་གྱུར་ཀྱང་། །རྣམ་རིག་རྒྱུ་བ་དཔྱིད་ཀྱི་རླུང་ལྟར་འགྱོ། །སེམས་མེད་ལུས་ཀྱི་ཚལ་འདི་ཡང་དང་ཡང་། །གྲོགས་མེད་གཅིག་ཕུར་རྒྱུ་བའི་ངལ་བ་བདག །ཚེ་རབས་ཕྱི་མར་ཁྱོད་ཀྱི་དྲུང་འཁོར་དུ། །སྐྱེ་བར་

ཐོག་ཅེས་སྨོན་ལམ་ནན་ཏན་མཛད། །

ཅེས་པ་ལྷ་བུས་བཙུན་མོ་མ་ལ་ཡ་ཅན་མས་རྒྱལ་བུ་སྤྲིན་བཞོན་ལ་བཅངས་པའི་འགྱུར་བ་མེད་པའི་བརྩེ་དུངས་ནི་རྒྱ་མཚོའི་འཇིངས་ལས་ཟབ་ཅིང་རི་རབ་ཀྱི་དཔངས་བཞིན་དུ་བརྟན་པ་གསལ་པོར་མངོན་ཐུབ་པ་རེད།

༤ རྟོགས་བརྗོད་འདི་ལས་ལེགས་བཤད་ཀྱི་སྐོར།

རྟོགས་བརྗོད་འདིར་འཕྲུལ་གྱི་བདེ་བ་སྐྱེ་སྲིད་པའི་ཕུན་ཚོགས་ནི་སྤྲང་མའི་རྨི་བཞིན་ཡིད་རྟོན་མི་རུང་ཞིང་། གཉེན་ལ་ཆགས་ཤིང་དགྲ་ལ་སྡང་བའི་ལས་ཀྱང་མཐར་འཕྱུང་བྱེད་ཀྱི་རྒྱུར་ངེས་པས། སྤྱོད་ངན་སྤངས་ཤིང་ཞི་དུལ་བག་ཡོད་ཀྱི་ཚུལ་ལ་འབད་པས་འཇུག་པ་དང་། སྡིག་པའི་ལས་ཀུན་མི་བྱ་བར་འགྲོ་བ་ཐམས་ཅད་ལ་ཕན་པའི་ལས་བསགས་ཏེ་བསོད་ནམས་ཀྱི་རྒྱུན་ནི་རང་ནུས་གང་ཐུབ་ཀྱིས་སྒྲུབ་པར་བསྐུལ་ཞིང་། ཆགས་སྡང་རྨོངས་གསུམ་འཇོམས་པའི་གཉེན་པོ་དགེ་བའི་བཤེས་གཉེན་ལ་ལེགས་པར་བསྟེན་པས་ངན་འགྲོར་ལྟུང་བར་མི་འགྱུར་བ་སོགས་རྟོགས་བརྗོད་འདིའི་བརྗོད་བྱའི་དོན་ལ་རམ་འདེགས་སམ་རྣམ་པར་ཐར་བ་ལ་གསལ་བྱེད་ཀྱི་ནུས་པ་འབུར་དུ་ཐོན་པའི་ལེགས་པར་བཤད་པ་གང་མང་ཞིག་འདུག་པས། འདི་ཡང་སྙན་ངག་འདིའི་རྩོམ་སྣངས་ཁྱད་ཆོས་ཤིག་ཏུ་གྲུབ་པོ། །དཔེར་ན། འཁོར་རྒྱུད་མཛའ་སྡང་གསལ་བྱེད་བྱིས་པའི་གྲོགས་པོ་དག་གིས་ཅི། །སྤྲང་མའི་རྨི་བཞིན་གཞན་གྱིས་སྤྱོད་འགྱུར་མི་བརྟན་ལོངས་སྤྱོད་ནོར་གྱིས་ཅི། །ཆགས་སྡང་མི་བཟད་རྒྱུད་པའི་སྣ་འདྲེན་རྒྱལ་སྲིད་འདི་ཡང་དགོས་མེད་ཅིང་། །ས་དབང་ཡིད་ནི་ཞི་བ

ལ་ཆགས་པད་མཚོ་མཐོང་བའི་ངང་པ་བཞིན། །ཞེས་དང་། སྡིག་པ་མེ་ཡིས་མི་བསྲེགས་ཏེ། །ཆུ་ཡིས་ཀྱང་ནི་དག་མི་ནུས། །སེམས་ཅན་ཀུན་ལ་བྱམས་པ་དང་། །བསོད་ནམས་རྒྱུན་ནི་དབང་བས་སྲུབས། །བྲོ་བའི་མེ་གཞིལ་ཆགས་པའི་རྩུ་བོ་སྐེམས། །རྨོངས་པའི་མུན་སེལ་ཁྲིམས་ཀྱི་བརྟུལ་ཞུགས་ལྡོངས། །དམ་པའི་བཤེས་བསྟེན་སྡིག་ལས་བཟློག་བྱེད་ན། །ངན་པའི་འབྲས་བུ་སྨྱོང་བར་ཡོངས་མི་འགྱུར། །

ཞེས་སོགས་སྡོན་བྱོན་སྐྱེས་ཆེན་དམ་པའི་རྣམ་ཐར་ཚུལ་བཞིན་སྐྱོང་དགོས་པ་ལེགས་བཤད་དུ་གདམས་པའོ། །

ཕྱིར་རྟོགས་བརྗོད་འདི་ལ་རྩོམ་སྟངས་ཀྱི་ཆ་ནས་རྣམ་པ་བཞིར་དབྱེ་ན་འདང་《སྙན་ངག་མེ་ལོང་》གི་རྒྱ་གར་ཤར་བའི་ལུགས་དང་ལྷོ་བའི་ལུགས་གཉིས་ལས་ལྷོ་བའི་ལུགས་ལྟར་བརྩམས་པ་ཡིན་ཏེ། སློབ་དཔོན་རིན་པོ་ཆེ་བསེ་བློ་བཟང་དཔལ་ལྡན་ཆོས་ཀྱི་རྡོ་རྗེ་མཆོག་གི་《ཚངས་སྲས་བཞད་པའི་སྒྲ་དབྱངས་》ལས་རྒྱ་གར་ཤར་བའི་ལུགས་ནི་ཁ་དམ་ཞིང་གོ་དཀའ་ལ་ཚིག་སྟུད་ཏ་ཅང་མང་བས་བརྗིད་པའི་ཉམས་གཙོ་བོར་བྱེད་པ་དང་། ཁ་ཤིན་ཏུ་གསལ་ཞིང་འཇམ་ལ་ཚིག་སྙན་པ་གཙོ་བོར་བྱེད་པ་ལྷོ་བའི་ལུགས་སུ་གསུངས་པ་ལྟར།

བློ་བའི་དབང་པོས་མཛད་པའི་རྟོགས་བརྗོད་དཔག་བསམ་འཁྲི་ཤིང་གི་ཡལ་འདབ་བརྒྱ་རྩ་བརྒྱད་པ་ནི་ཁ་གསལ་ཞིང་ཚིག་འཇམ་པ་བཅས་ཚིགས་བཅད་སྙན་ངགས་ཀྱི་རྩོམ་སྟངས་སྤྱད་པ་དང་། གཞི་དེ་ལ་བརྟེན་ནས་རྒྱ་ནག་པས་བརྩམས་པའི་《རྒྱལ་བུ་སྤྲིན་བཞོན་གྱི་རྟོགས་བརྗོད་》འདི་ལྷོ་བའི་ལུགས་

ལ་གཞོལ་ཆེ་ཞིང་ཉམས་འགྱུར་ཆེར་ཐོན་ཡོད། སློབ་དཔོན་དོར་ཞི་གདོང་དྲུག་སྙེམས་པའི་བློ་ལྡན་གྱི་《སྙན་ཚིག་རིག་པའི་ཤེས་བྱ་གནད་གསལ་》ཞེས་པ་ལས། སྙན་ཚིག་ལ་ངོ་བོའི་སྒོ་ནས་དབྱེ་ན། སེམས་ཀྱི་ཉམས་སྣང་སྟོན་པའི་སྙན་ཚིག་དང་། དོན་གྱི་བྱུང་རབས་སྟོན་པའི་སྙན་ཚིག་རིགས་གཉིས་ཡོད་ཅེས་པ་ལྟར་རྒྱལ་བ་སྦྱིན་བཞིན་གྱི་རྟོགས་བརྗོད་འདི་ནི་རིགས་ཕྱི་མ་སྟེ་མི་དང་དོན་གྱི་བྱུང་ཚུལ་སྣང་བརྙན་གྱི་རྣམ་པར་སྤེལ་བའི་སྙན་ཚིག་ཏུ་ངེས་པའོ། །དེང་དུས་འཛམ་གླིང་རྩོམ་རིག་བྱུང་འཕེལ་གྱི་ལོ་རྒྱུས་ཁྲོད་དུ་བཞུར་རྒྱུན་ཆེས་ཆེ་བ་གཉིས་ནི་དངོས་ཡོད་རིང་ལུགས་དང་རྟོག་པ་འཆར་ཡན་རིང་ལུགས་གཉིས་ཡིན་ཞིང་། དེ་གཉིས་ཀྱི་མཚན་ཉིད་ནི་རྣན་ལྷ་རྒྱལ་ཚེ་རིང་གིས་བརྩམས་པའི་《བོད་ཀྱི་རྩོམ་རིག་བྱུང་འཕེལ་གྱི་ལོ་རྒྱུས་》ཞེས་པ་ལས། ཕྱིར་དངོས་ཡོད་རིང་ལུགས་ཞེས་པ་ནི་རྩོམ་པ་པོས་དངོས་ཡོད་འཚོ་བ་ལ་ཡང་དག་པར་གཟིགས་པ་དང་གཟབ་ནན་མཛད་དེ། འཚོ་བའི་རང་བཞིན་ངོ་མ་ཉིད་གཞིར་བཟུང་ནས་འཚོ་བ་མཚོན་པར་བྱ་བ་དང་། འཚོ་བ་ངོ་མ་འབྲི་བའི་བྱེད་ཐབས་ལེགས་པར་སྤྱོད་ནས། ཡང་དག་པའི་ཞིབ་ཆ་དང་འཚོ་བ་ངོ་མའི་རོ་ཐོན་པ་གལ་ཆེར་འཛིན་པ་ཞིག་ལ་ཟེར་བ་ཡིན་ཞིང་། རྟོག་པ་འཆར་ཡན་རིང་ལུགས་ཞེས་པ་ནི་ཕྱུགས་ཀྱི་འདུན་པ་མཚོན་པར་གཟབ་ནན་སྒོས། འཚོ་བར་ཡོད་འོས་པའི་རྣམ་པ་དེ་གཞིར་བཟུང་ནས་འཚོ་བ་ཞིབ་བྲི་མཛད་པ་དང་། ཧྲག་པར་སྟོང་བསམ་དང་། ཞུད་བསྐྱོད། དཔེ་མཚོན་གྱི་རྩོམ་སྟངས་སྤྱོད་དེ། དགའ་སྡུག་སོགས་ཡིད་འགྱུར་གྱི་རོ་ཕྱུན་སུམ་ཚོགས་པར་ཐོན་པར་བརྩམས་པ་ཞིག་ལ་

ཟེར་བ་ཡིན་ཞེས་གསུངས་སོ། །དེ་ལ་སྤྱིར་བརྩམས་ཆོས་ཕལ་ཆེར་དངོས་ཡོད་ཀྱི་འཚོ་བའི་གྲུབ་ཆ་རྨང་གཞིར་བྱས་ཐོག་འཆར་ཡན་གྱི་སྒོ་ནས་རྟོག་བཏགས་དང་དཔེ་མཚོན། ཅུད་བརྗོད་བཅས་བྱས་སྟབས་ཁྱབ་ཆེ་མིན་གྱི་དབང་གིས་དངོས་ཡོད་རིང་ལུགས་དང་རྟོག་པ་འཆར་ཡན་རིང་ལུགས་གཉིས་སུ་བགྲང་བ་ཡིན་མོད། འོན་ཀྱང་། རྟོགས་བརྗོད་འདི་ནི་ཐུབ་པའི་དབང་པོ་བཅོམ་ལྡན་འདས་ཀྱི་འཁྲུངས་རབས་རྣམ་ཐར་ཡིན་པས་སྒྲོ་འདོགས་དང་ཅུད་བསྡོད་སོགས་མ་དག་པའི་ཆ་ཡོངས་སུ་སྤངས་ནས་དངོས་ཡོད་རིང་ལུགས་ཀྱི་སྨྱུག་རྩལ་ཁོ་ན་སྤྱད་ཀྱང་། རྩོམ་གྱི་མཛེས་ཉམས་ལྷུན་སུམ་ཛེ་ཚོགས་སུ་གཏོང་ཕྱིར་རྩོམ་པ་པོས་ཡུལ་ལྗོངས་སོགས་ཕྱིའི་ཁོར་ཡུག་གི་རྣམ་པ་ཞིབ་བྲི་མཛད་སྐབས་རབ་རྟོག་གི་རྒྱན་དང་ཕུལ་བྱུང་གི་རྒྱན་མང་ཙམ་སྤེལ་བས་རྟོག་པ་འཆར་ཡན་རིང་ལུགས་ཀྱི་རྩོམ་ཉམས་ཀྱང་མ་ཐོན་པ་མིན་ཏེ། བསློས་ས་ལྷོས་འཛོག་དང་ཁྱབ་ཆེ་མིན་གྱི་དབང་གིས་རྒྱལ་བུ་སྤྲིན་གྱི་བཞོན་པའི་རྟོགས་བརྗོད་འདི་ནི་དངོས་ཡོད་རིང་ལུགས་ཀྱི་ཁོངས་སུ་གཏོགས་སོ་སྙམ།

འདིར་སྨྲས་པ།

གཞུང་མང་ཐོས་པར་སྨྲ་ཧོའི་བརྟུལ་ཞུགས་འཛིན། །

བློ་གྲོས་མེ་ལོང་སྒྲིབ་གཉིས་ཡོལ་བས་གཡོགས། །

རྩོམ་རིག་ལམ་དུ་སྤྱུར་བའི་རྐང་སྟབས་འདིར། །

ནོར་འཁྲུལ་སྐྱོན་གྱི་ཆའང་མཆིས་སྲིད་མོད། །

རྒྱལ་སྲས་སྒྱུ་འཕྲུལ་བློས་པའི་རྣམ་ཐར་ལ། །
ཉེས་བཤད་དྲི་མས་སྦགས་པར་ཆེར་འཛིགས་ནས། །
ལྷག་བསམ་དར་དཀར་མཆོག་གིས་ཉེར་ཀླུབས་ཏེ། །
གཟུར་གནས་བློ་ལྡན་དགྱེས་པའི་སྐྱེས་སུ་བཏེགས། །

གླིང་སྒྲུང་ལས་སྐད་ཆའི་སྒྱུ་རྩལ་སྐོར་མདོ་ཙམ་གླེང་བ།

——རྒྱལ་སྤྱིའི་གེ་སར་རིག་གཞུང་ཞིབ་འཇུག་གྲོས་ཚོགས་སྐབས་དྲུག་པའི་ཚོགས་འདུར་གཏམ་བཤད་ཀྱི་ཚུལ་དུ།

སྤྱིར་རྩོམ་རིག་ཅེས་པ་སྤྱི་ཚོགས་ཀྱི་འདུ་ཤེས་འཛིན་སྟངས་ཤིག་གམ་བརྗོད་དོན་མཚོན་པར་བྱེད་པའི་སྐད་ཆའི་སྒྱུ་རྩལ་ལ་བྱའོ། །འཛམ་གླིང་གི་ཆེས་རིང་བའི་མ་ཧཱ་བྷཱ་ར་ཏའི་གཏམ་རྒྱུད་དང་ཧོ་མའི་ལོ་རྒྱུས་སྙན་རྩོམ་ལས་ཀྱང་རིང་དུ་བརྒལ་བའི་གླིང་གེ་སར་རྒྱལ་པོའི་སྒྲུང་ནི་རང་རེ་བོད་མི་རིགས་ཀྱིས་གཞན་ལ་ངོམ་དུ་རུང་བའི་ཤུལ་བཞག་རིག་གནས་ཤིག་ཡིན་ལ། འཛམ་གླིང་རིག་མཛོད་ཁྲོད་ཀྱི་འོད་དུ་འབར་བའི་ནོར་བུ་ཞིག་ཀྱང་ཡིན། ཤེས་རིག་སྣ་བརྒྱ་འདུ་བའི་གླིང་གེ་སར་རྒྱལ་པོའི་སྒྲུང་དུ་བོད་མི་རིགས་ཀྱི་ལོ་རྒྱུས་དང་ཆབ་སྲིད། དཔལ་འབྱོར། རྩོམ་རིག ཆོས་ལུགས། གསོ་རིག དམག་དོན། དམངས་སྲོལ། རིག་གནས་སྒྱུ་རྩལ། མི་རིགས་ཀྱི་གཤིས་རྒྱུད། བསམ་བློའི་ཀུན་སྤྱོད། ས་མིང་རིག་པ། མི་རིགས་བར་གྱི་ཕྱི་འབྲེལ་སོགས་མ་ཚང་བ་མེད་པའོ། །དེང་སྐབས་བོད་རིག་པ་ཞེས་རྒྱལ་སྤྱིའི་སྟེང་ཞིབ་འཇུག་གི་ཚ་རླབས་འཕྱུར་བཞིན་པ་དང་། དེའི་ཁྱབ་ཁོངས་སུ་འདུ་བའི་གླིང་སྒྲུང་ལ་རྒྱལ་

ཁབ་ཕྱི་ནང་གི་ཆེད་མཁས་མང་པོས་ཞིབ་འཇུག་གཏིང་ཟབ་མོ་བྱེད་བཞིན་པའི་སྐད་ཡིན། དེ་ལ་ཐོས་ཚུང་བདག་ལྟ་བུར་མཚོན་ན། གེ་སར་གྱི་སྒྲུང་ནི་དཔྱད་བྱའི་གཞི་མ་ཡིན་ཡང་། ལོ་ངོ་བཅུ་ཕྲག་ལྷག་ལ་རྩོམ་རིག་གསར་རྩོམ་དང་རྩོམ་རིག་རྩོམ་སྒྲིག་གི་ལས་ཀ་གཉེར་ཕྱིར། དམངས་ཁྲོད་རྩོམ་རིག་གི་ཁོངས་སུ་གཏོགས་པའི་གླིང་སྒྲུང་གི་རྗོད་བྱེད་ཚིག་གི་སྡེབ་སྦྱོར་དང་མཛེས་ཉམས། སྙན་འགྱུར་ལྡན་པའི་སྐད་ཆའི་སྒྲ་རྒྱལ་ལ་ཤེས་རྟོགས་དང་དཔྱད་ཞིབ་བྱེད་པ་ཤིན་ཏུ་གལ་ཆེ་བར་སྣང་སྟེ། བོད་སྤྱི་རབས་ཀྱི་མཁས་པ་སོ་སོས་མཛད་པའི་གེ་སར་རྒྱལ་པོའི་སྒྲུང་དཔེ་ནི་མདོ་དབུས་ཁམས་ཀྱི་ཀློག་པ་པོ་སུ་ཞིག་གིས་བལྟས་ཀྱང་རྗོད་བྱེད་ཚིག་གི་ཆ་ནས་ཧ་མི་གོ་བའི་གནས་མ་ཡིན་མོད། འོན་ཀྱང་དེང་སྐབས་ཀྱི་སྒྲུང་གཏམ་དང་ལྷུག་རྩོམ་ཁྱད་པར་དུ་སྙན་ངག་ལ་ལར་མཚོན་ན་ཤིན་ཏུ་གོ་དཀའ་བའི་གནས་སུ་གྱུར། དེ་ནི་ཀློག་པ་པོའི་ཆུ་ཚད་ལ་རག་ལས་པའམ་རྩོམ་པ་པོའི་ཡོན་ཚད་ལ་རག་ལས་ཞེ་ན། གཙོ་བོ་རྩོམ་པ་པོའི་ཡོན་ཚད་ལ་རག་ལས་པ་ཡིན་ཏེ། དཔེར་ན་རང་ཐོག་ལ་སྨྲར་ནས་གླེང་ན་ཆུང་དུས་ནས་སློབ་གྲྭ་ཆུང་འབྲིང་ཆེ་གསུམ་འགྲིམ་སྟེ་རིང་འབྲོག་ཕྱོགས་ཀྱི་འཚོ་བ་དང་གོམས་སྲོལ། སྐད་ཆར་བྱང་ཆ་མེད་པ་དང་སློབ་གྲྭ་ཆུང་འབྲིང་གི་བསླབ་དེབ་ཏུ་བསྒྱུར་རྩོམ་མང་བ་བཅས་འཚོ་བའི་ཁོར་ཡུག་ཏུ་བོད་ཀྱི་སྐད་དང་ཡི་གེ་སྦྱོད་པའི་ཁྲུབ་ཁོངས་ཆུང་བ་སོགས་རྐྱེན་མང་པོ་ཞིག་གིས་གསར་རྩོམ་བྱས་པའི་རྩོམ་ཡིག་གི་བརྗོད་དོན་དེ་གཅིག་ན་སྐད་ཆར་གོམས་བྱང་མེད་པ་དང་གཉིས་ནས་སྲོལ་རྒྱུན་རིག་གནས་ལ་སྦྱངས་སྟོབས་ཞན་པ་དང་། གསུམ་ཡིན་ན་ལེ་ལོ་དང་

རྣམ་གཡེང་ཆེ་བའི་དབང་གིས་གང་ཞིག་བརྗོད་པར་འདོད་པའི་བརྗོད་དོན་དེ་སྔ་ཕྱི་འབྲེལ་མི་ཆགས་ཤིང་ཚིག་དོན་འགལ་བ། སྤེལ་སྦྱོར་ཉམས་པ། བརྡ་སྤྲོད་མི་ཐུབ་པ་དང་ཧ་མི་གོ་བའི་གནས་སུ་གྱུར་པ་རེད། དེ་བས་ན་ང་ཚོས་གླིང་སྒྲུང་གཙོ་བྱས་པའི་དམངས་ཁྲོད་རྩོམ་རིག་ལ་ཤེས་རྟོགས་དང་རྒྱུས་ལོན་བཅས་སློབ་སྦྱོང་བཟང་པོ་བྱས་ན་ད་གཟོད་རྩོམ་རིག་གསར་རྩོམ་གྱི་ལས་ལ་ཞུགས་ཆེ་བརྗོད་བྱ་དོན་གྱི་ཡལ་ག་ལ་རྗོད་བྱེད་ཚིག་གི་ལོ་མས་བརྒྱན་པར་འགྱུར་བ་དང་སུ་ཞིག་གི་བཀླགས་ཀྱང་ཧ་མི་གོ་བའི་སྐྱོན་འབྱུང་མི་སྲིད་དོ། །དེ་ཡང་དཔེ་མཚོན་གྱི་སྒོ་ནས་བརྗོད་ན།

གཅིག ཡུལ་ཕྱོགས་ཤིག་གི་སྐྱེ་ཁམས་ཁོར་ཡུག་ཞིབ་འབྲི་བྱེད་པ་ལ་ཚིག་ཚོགས་མེད་པར་ལེགས་པར་མཚོན་པ། དཔེར་ན། གླིང་སྒྲུང་དུ་བརྗོད་པའི་སྟོན་གླིང་གིས་བཟུང་བའི་མགོ་ལོག་རྨ་རྒྱུ་དགོན་གྱི་ས་ཆ་ཞིག་སྟེ། རྨ་ཕ་རི་དྲྭ་ལ་ཚུ་རི་དྲྭ། །རྨ་དྲྭ་དྲྭ་ལུ་གུའི་མཁལ་ཁུག་ན། །རླུང་བསེར་བུས་རྩྭ་ཁྲལ་འཛལ་ས། །ཆབ་ཆུ་བོས་ཤིང་ཁྲལ་འཛལ་ས། །གླག་རོག་མོས་ཤ་ཁྲལ་འཛལ་ས། །འབྲུ་གྲོག་མས་གསེར་ཁྲལ་འཛལ་ས། །ཞེས་པ་ལྟ་བུ་དང་། གླིང་ཡུལ་མཐོང་བ་ཀུན་སྨོན་དེ་ཡུལ་ཕྱོགས་གང་ཞིག་ན་གནས་པ་དཔེ་མཚོན་དང་ས་དཔྱིབས་ཀྱི་ཆ་ནས་ངོས་བཟུང་བ་ལ་འཁྲུངས་སྐོར་ལས། ལྷོ་འཛམ་གླིང་ལས་ཀྱི་ས་ཆ་ཡིན། །ཤར་རྒྱ་ནག་མེ་ལོང་ཕྱིས་འདྲ་ཡོད། །ལྷོ་རྒྱ་གར་རྩིས་རྡེའུ་བཀོད་འདྲ་ཡོད། །ནུབ་སྟག་གཟིག་གླེགས་བམ་བརྩེགས་འདྲ་ཡོད། །བྱང་གེ་སར་མཆོད་པ་བཤམས་འདྲ་ཡོད། །ཡུལ་དེ་བཞི་ཆགས་པའི་དཀྱིལ་དེ་ན། །སྟོད་ལ་མངའ་རིས་

སྐོར་གསུམ་ཆགས། །བར་ན་དབུས་གཙང་རུ་བཞི་ཆགས། །སྨད་ན་མདོ་ཁམས་སྒང་དྲུག་ཆགས། །སྒང་དྲུག་བསྐོར་བས་ཆུ་བཞི་འབབ། །རྫ་ཆུ་འབྲི་ཆུའི་བར་ཁམས་སུ། །མདོ་ཁམས་ས་ཡི་ལྟེ་བ་ལ། །རྒྱབ་རི་རྒོད་པོ་ལྷ་རྩེ་ཆགས། །མདུན་རི་རི་བཞི་ཧྲ་ནག་ཡོད། །གཡས་རི་བྲག་སྔོན་གཡུ་རྩེ་ཡོད། །གཡོན་རི་རྫ་གདོང་དྲུར་བ་ཡོད། །ཅེས་གླིང་ཡུལ་ཆགས་སའི་ས་ཡི་ཆ་ནི་མདོ་ཁམས་ལྷོ་རྒྱུད་ཀྱི་རྫ་འབྲི་གཉིས་ཀྱི་བར་མཚམས་ཡིན་པ་དང་། ཤར་རྒྱ་ནག་དང་ལྷོ་རྒྱ་གར། ནུབ་སྟག་གཟིག་དང་བྱང་གེ་སར་(ཧོར་གེ་སར་)བཅས་ཀྱི་སའི་ཆགས་དབྱིབས་དཔེའི་སྒོ་ནས་བརྗོད་པ་དང་ཡུལ་དེ་དག་གི་དཀྱིལ་ན་མདོ་དབུས་ཁམས་གསུམ་ཆགས་པ་དང་ཆུ་བཞི་སྒང་དྲུག་མངའ་བའི་མདོ་ཁམས་ས་ཡི་ལྟེ་བ་རུ་ཁྲ་མོའི་གླིང་གི་ཡུལ་ཁམས་ཆགས་པ་སོགས་བཅད་ཤོ་ལོ་ཀ་བཞི་རུ་བསྡུས་པར་ཚིག་དོན་ཕུན་སུམ་ཚོགས་པ་ལྡན་ནོ། །

གཉིས། མི་ལའི་རྣམ་མགུར་དང་རྩོམ་རྩལ་ཆ་འདྲ་བ་ཡོད་དེ། དཔེར་ན་མི་ལའི་རྣམ་མགུར་ལས། སྟེང་དགའ་ལྡན་ལྷ་ཡི་ཕོ་བྲང་ན། །ཆོས་ཟབ་མོ་མི་བྲིན་ཟིང་ཟིང་བྲིན། །བར་འཛམ་བུ་གླིང་གི་མི་ཡུལ་འདིར། །ཆོས་མཁས་པ་མི་བྲིན་རྫུན་པ་བྲིན། །དབུས་གཙང་རུ་བཞིའི་རྒྱལ་ཁམས་ན། །ཆོས་སྒོམ་པ་མི་བྲིན་བཤད་པ་བྲིན། །དུས་ངན་བསྐལ་བའི་སྙིགས་མ་ལ། །མི་བཟང་པོ་མི་བྲིན་ངན་པ་བྲིན། །བུ་མོ་འཁྱོར་མོའི་མིག་ལམ་དུ། །མི་རྣལ་འབྱོར་མི་བྲིན་འཁྱོར་པོ་བྲིན། །ན་ཆུང་བུ་མོའི་རྣ་བ་རུ། །ཆོས་སིལ་མ་མི་སྙན་དབྱངས་ཆུང་སྙན། །ཞེས་པ་དང་། གླིང་སྒྲུང་གི་ཧོར་གླིང་གཡུལ་འགྱེད་སྟོད་ཆ་རུ། ཕར་འགྲོ་དམག་ལ་

བརྟན་གསུམ་ཡོད། །ཕོ་རྒོད་པོ་མི་བརྟན་འཕྱོར་པོ་བརྟན། །དེ་བདེན་ངེས་རྒྱ་ཚ་ཞལ་དཀར་རེད། །རྟ་མགྱོགས་པ་མི་བརྟན་འགྲོས་མ་བརྟན། །དེ་བདེན་ངེས་རྒྱ་བྲུ་སོག་དཀར་རེད། །ཁྲི་རྣོན་པོ་མི་བརྟན་ཤུབས་ཁྲ་བརྟན། །རྒོད་ཡང་དག་མ་བཞིའི་ཁྲོ་ཐུང་རེད། །རྟ་འགྲོས་མ་མི་བརྟན་མགྱོགས་པ་བརྟན། །མགྱོགས་ཐག་ཆོད་འཕར་བ་ཇ་ནག་རེད། །མཚོན་ཤུབས་ཁྲ་མི་བརྟན་རྣོན་པོ་བརྟན། །རྣོ་ཐག་ཆོད་སྲིད་གྲི་སོ་ངར་རེད། །ཞེས་གོང་འོག་གཉིས་ཀ་བསྡུར་ཏེ་དཔྱད་ན་ཚིག་གི་སྤེལ་སྦྱོར་དང་དོན་གྱི་མཚོན་སྟངས་ཀྱི་རྣམ་པ་ཏ་ཙང་རྩལ་མཐུན་དུ་འཁྲུམས་སོ། །

གསུམ། གླིང་སྒྲུང་གི་ཁྱད་ཆོས་གཙོ་བོ་ཅིག་ཤོས་ནི་སྐད་ཆའི་ཉིང་བསྡུད་དེ་གཏམ་དཔེ་མང་པོ་གང་འཚམ་གྱིས་སྤྱད་དེ་ཚིག་རྙོག་མེད་པར་བརྗོད་དོན་ཚིག་ཉུང་དོན་བསྡུས་ཀྱིས་གསལ་པོར་མཚོན་ཡོད་པ་སྟེ། དཔེར་ན། ཧོར་གླིང་གཡུལ་འགྱེད་སྟོད་ཆ་ལས། །ཕོ་ཤ་མོ་གྱོད་དེ་ཙམ་ཡོད། །མི་ཤ་རྟ་འཁོན་དེ་ཙམ་ཡོད། །ཕོ་གྱོད་ཕ་བོང་རྒས་རྒྱུ་མེད། །མོ་གྱོད་ཤུག་པ་རྒུལ་རྒྱུ་མེད། །དགྲ་ལན་པོ་མེད་ན་ཕ་མོ་རེད། །གཏམ་ལན་པོ་མེད་ན་ལྐུགས་པ་རེད། །ཟས་ལན་པོ་མེད་ན་ཁྲམ་པ་ཡིན། །ཞེས་པ་དང་། བང་ཆེན་ཁ་བ་འབབ་འབབ། །ཡིག་ཆུང་བྱེའུ་ཆུང་འཕུར་འཕུར། །ཞེས་པ་ལྟ་བུ་དཔེ་ཤིན་ཏུ་ལེགས་པ་དང་། ཤིང་སྡོང་པོ་གཞོན་དུས་བྲེགས་ན་དགའ། །མི་འབར་བ་ཆུང་དུས་བཤད་ན་དགའ། །སྟག་ཕྲུགས་མགོ་ནས་མཉེད་ན་ལེགས། །སྡང་དགྲ་བོ་མགོ་ནས་བཅོམ་ན་དགའ། །ཞེས་པ་དང་། རྗེ་དབུ་འཕང་མཐོ་དུས་དལ་ན་དགའ། །བྲེལ་འཚུབ་

ལངས་ན་རྒྱལ་སྲིད་འཚོར། །འབངས་བཙན་ཕྱུག་འཛོམས་དུས་གཉོམ་ན་དཀའ། །དཔུང་རྒོད་ཤེད་ཆེ་ན་སྙེད་མགུལ་འཚོར། །ཧ་ཤ་རྩ་རྒྱས་དུས་ཁྲེས་ལ་ཐོགས། །བང་འདུར་རྒྱུག་མང་ན་ཕྱི་ལ་ཤོར། །ཞེས་དང་། དཔོན་བཙན་ན་གླ་བས་ཁྲིམས་གཏམ་ཆེད། །ཁྱེ་མེད་ན་བོང་བུས་ནམ་ཚོད་འཛིན། །གཡོག་ཡར་འདུག་དཔོན་རྒྱུས་ལོན་པས་ན། །དཔོན་ལ་ཁ་བཤད་རྒྱག་རབ་ཡོད། །ཧ་ལ་ལོང་ལྟུག་རྒྱག་རབ་ཡོད། །སྨན་ཡར་འདུག་དཔོན་རྒྱུས་ལོན་པ་ཡོད། །འཕྱུ་དར་གནམ་ལ་འཕྱུར་རབ་ཡོད། །སྒྲོ་ཁྲི་ལྡོ་སྐལ་གཅོད་རབ་ཡོད། །གཡོག་པོ་བརྒྱུགས་ན་བྲོ་བརྡུངས་དྲན། །གཡོག་མོ་བརྒྱུགས་ན་གླུ་ལེན་དྲན། །བན་དེ་བརྒྱུགས་ན་ཆང་འཐུང་དྲན། །བོན་པོ་བརྒྱུགས་ན་མཐུ་གཏོང་དྲན། །མི་སྡེ་བརྒྱུགས་ན་ཧྲེ་ལ་འགྲན། །བློན་ཆུང་བརྒྱུགས་ན་ཁ་བཤད་གཏམ། །ཟེར་ལེ་གནའ་མིའི་བོད་ལ་དར། །ཞེས་གྲལ་རིམ་སོ་སོའི་རིགས་མི་འདྲ་བའི་མིའི་བསམ་སྦྱོར་དང་འཇིག་རྟེན་སྤྱིའི་ཆོས་ཉིད་མཚོན་ནོ། །སེང་དཀར་མོ་ཡིན་ཀྱང་འཁྱིང་ཡ་དགོས། །སེང་འཁྱིང་ཡ་མེད་ན་ར་དང་འདྲ། །སྟག་དམར་ཡག་ཡིན་ཀྱང་འཛུམ་ཡ་དགོས། །སྟག་འཛུམ་ཡ་མེད་ན་ཁྱི་རྒན་ཡིན། །འབྲོང་བྲེ་སེར་ཡིན་ཀྱང་རྭ་ཡ་དགོས། །འབྲོང་རྭ་ཡ་མེད་ན་གླང་རྒན་ཡིན། །ཞེས་ཇི་འདྲའི་མི་དཔའ་བོ་ཞིག་ཡིན་ཀྱང་རང་དང་འདྲ་བའི་གྲོགས་དང་དཔུང་རོགས་མེད་ན་དཔའ་བོའི་ཟིལ་ཤུགས་རྫོམ་མི་ཐུབ་པ་མཚོན་ཞིང་། ཡང་དཔེར་ན། ཁྲ་དང་ནེའུ་ལེ་འུག་པ་གསུམ། །སྒྲོ་ཏོ་གཅིག་ལ་སྡུས་བྱུས་ཀྱང་། །བློ་སེམས་མི་གཅིག་ཁ་ཁ་རེད། །ཁྲ་ཡིས་ནམ་མཁའ་ཨེ་ལངས་བསམ། །འུག་པས་ཉི་མ་ནམ་འགྲིབ་

བསམ། །ཟིའུ་ལེས་ས་ཆུ་ནམ་ཐྲོས་བསམ། །ཞེས་ལུས་ཀྱི་ཕུང་པོ་གཞི་གཅིག་ལ་བརྟེན་པ་ལས་སེམས་ཀྱི་ཆུ་བོ་གཅིག་ཏུ་མ་འདྲེས་ན་དོན་བྱ་གང་ཞིག་བསྒྲུབ་ཀྱང་འགྲུབ་པར་མི་នུས་པ་མཚོན་ནོ། །

བཞི། འཇིག་རྟེན་ཆོས་བརྒྱད་དང་འབྲེལ་བའི་གཏམ་སྐེ་གོང་བླ་མ་དང་འབངས་མི་སེར་ཕོ་མོ་རབ་འབྱིང་ཐ་གསུམ་དུ་དབྱེ་བ་གནའ་རྒྱལ་ཆེ་ལོ་དང་ཨོ་འཁྱིལ་ཆེ་ལོ་སོགས་དང་འདྲ་བར་དེང་གི་དུས་ཀྱི་གནས་ཚུལ་མི་འདྲ་བ་ཅིག་ཀྱང་མཚོན་ཐུབ་པ་སྟེ། དཔེར་ན་སྡེ་གླིང་གཡུལ་འགྱེད་ལས། ཆོས་ཉིད་བཤད་ན་དེ་ཉིད་དགོས། །འཇིག་རྟེན་བཤད་ན་མགོ་ཁྱུངས་དགོས། །དམ་པའི་ཆོས་ལ་དམ་ཚིག་དགོས། །སེར་གཟུགས་ཙམ་གྱིས་ཚོག་པ་མིན། །ཆོས་ཟབ་མོའི་མན་ངག་བསྒྲུབ་པ་ལ། །ཕ་བླ་མར་རབ་འབྱིང་ཐ་གསུམ་ཡོད། །བླ་རབ་རི་ཁྲོད་དབེན་ལ་ཞུགས། །ཆོས་བྱང་ཆུབ་སེམས་ཀྱིས་རྒྱུད་བསྒྲུལ་ནས། །ལམ་བདེ་སྟོང་ཟུང་འཇུག་ཉམས་སུ་བླངས། །ཚེ་འདི་རུ་སངས་རྒྱས་གོ་འཕང་ཐོབ། །འཁོར་སློབ་མར་མ་དང་མཁའ་འགྲོ་བསྐྱུ། །མཚན་ཐོས་ཚད་ངན་སོང་གནས་ནས་འདྲེན། །དེ་བླ་མ་རབ་ཀྱི་ལོ་རྒྱུས་རེད། །བླ་འབྱིང་དམ་པའི་ཆོས་གྲྭར་གནས། །བཀའ་བོ་ཏི་ལྦུ་ལ་ཐོས་བསམ་གནང་། །བཤད་སྒྲུབ་བསྟན་པའི་རྒྱལ་མཚན་འཛིན། །འཁོར་སློབ་མ་དགེ་སློང་དགེ་ཚུལ་མང་། །ཁོང་འབྲེལ་ཚད་ཐར་བའི་གླིང་དུ་འདྲེན། །དེ་བླ་མ་འབྱིང་གི་ལོ་རྒྱུས་རེད། །བླ་ངན་པ་ཞིང་འགྲོག་རྩ་སྡེ་ཉུལ། །སེམས་ཆགས་སྡང་གཡོ་སྒྱུའི་འཁོར་ལོ་བསྐོར། །དད་ཟས་ཤི་ཟས་གཤིན་ཟས་ལ། །སྒོམ་པའི་ཆུ་བཞིན་འཕུང་ལ་རྫམ། །ཕུངས་རྟོགས

ཡོན་ཏན་ཐམས་ཅད་ཀུན། །ཉིན་མོའི་སྐར་མ་བཞིན་དུ་གྱུར། །གྲོགས་སློབ་མ་
ན་ཆུང་བུ་མོས་བྱེད། །མིག་སྟོར་མཛེས་ཆོས་སྣ་ཚོགས་མངོན། །ཆོས་བཤད་
མི་ཤེས་ཤེས་མདོག་བྱེད། །ཆོས་ཤེས་ཀྱང་ཁ་ཁོག་མི་མཚུངས་པས། །འཁོར་
འབྲེལ་ཚད་དམྱལ་བའི་གནས་སུ་འཕེན། །དེ་བླ་མ་ངན་པའི་ལོ་རྒྱུས་
རེད། །ཡང་འཇིག་རྟེན་ཆོས་ལ་རྒྱལ་བློན་དགོས། །མིང་སྟོང་བ་ཙམ་གྱིས་
ཆོག་པ་མིན། །ནང་འཇིག་རྟེན་འཁོར་བ་བསྐྱུབ་པ་ལ། །ཕོ་ལ་རབ་འབྲིང་ཐ་
གསུམ་ཡོད། །ཕོ་རབ་གཏམ་གྱི་ཉན་ལུགས་ལ། །ཚིག་སྟ་ཕྱི་ཡིད་ནས་འདོར་
མི་སྲིད། །དོན་སྟ་ཕྱི་སུ་འགལ་མི་འགལ་ལྟ། །འགལ་བཞག་ཚེ་ཚིག་གིས་ཡང་
ཡང་གནོན། །དགྲར་འཐབ་ཚེ་གནམ་ལྕུགས་ཐོག་དང་འདྲ། །ནང་ཕུ་ནུར་ཕ་
དང་མ་འདྲ་བྱམས། །དམའ་གཞོམ་ཆུང་ཚིག་ལ་ལྷག་པར་བརྩི། །འདི་ཕོ་རབ་
གཅིག་གི་ལོ་རྒྱུས་རེད། །ཕོ་འབྲིང་གཏམ་གྱི་ཉན་ལུགས་ལ། །ཚིག་བཟང་ངན་
ཕལ་ཆེར་སེམས་ལ་འཛིན། །དོན་དམ་པའི་གནད་ཀྱི་ཕུ་ཐུག་གཅོད། །དགྲ་
འཐབ་ན་སྤྱང་གྲུང་དཔའ་གསུམ་འཛོམས། །ནང་ཕུ་ནུ་ཕན་ཚུན་བརྩི་བཀུར་
ཆེ། །འདི་ཕོ་འབྲིང་གཅིག་གི་ལོ་རྒྱུས་རེད། །ཕོ་ངན་གཏམ་གྱི་ཉན་ལུགས་
ལ། །ཚིག་གཅིག་གི་ཚིག་ཟ་མ་ཇོགས་གོང་། །དེ་མ་རེད་ཟེར་ནས་ཚིག་རྩོད་
བྱེད། །བདེན་མེད་ཀྱང་ནམ་ཡང་མནའ་རེ་ཟ། །མནའ་ཟོས་མ་ཐག་ཏུ་རྫུན་
གཞུག་ཕུད། །དགྲར་འཐབ་ཚེ་གར་སོང་ཆ་མེད་ཡིན། །དེ་མིན་ན་བརྒྱལ་ཞིང་
འགྲོ་གྲབས་བྱེད། །ཕྱིར་ཐོན་ཚེ་དཔའ་སྐད་སྣ་ཚོགས་བརྗོད། །ནང་ཕུ་ནུའི་
སྤུན་ནས་སྟང་བ་མཐོ། །དགྲ་རིག་ཚེ་ལྐོག་ནས་ངོ་དགའ་བྱེད། །གཞན་སྐྱོན་ལ་

མིག་བརྡ་མཆུ་སྟོན་བྱེད། །རང་གི་སྐྱོན་རྣམས་ངོས་མི་ཟིན། །འདི་ཕོ་ཐ་ཞིག་གི་ལོ་རྒྱུས་རེད། །ཁྱིམ་འཁོར་བ་འཛིན་ན་བུད་མེད་དགོས། །མོ་སྐྱེ་གཟུགས་ཙམ་གྱིས་ཆོག་པ་མིན། །མོ་ལ་རབ་འབྲིང་ཐ་གསུམ་ཡོད། །མོ་རབ་ཀྱིས་ཁྱིམ་གཞི་སྐྱོང་ཚུལ་དེ། །ཁྱིམ་ཕྱི་ནང་གད་དར་ཡང་ཡང་བྱེད། །དཀར་འོ་མའི་བཅུད་མདངས་ཇེ་བཟང་ཡིན། །ནང་བཟའ་ཚང་ཁྱིམ་མཚེས་ཐམས་ཅད་ལ། །ཚིག་འཇམ་ཞིང་ཀུན་ལ་བརྩེ་བཀུར་ཆེ། །བྲན་སློ་ཁྱི་ཀུན་ལ་གང་བྱམས་བྱེད། །འདི་རང་གི་ཁྱོ་བོས་ཅི་བཤད་ཉེ། །མགྲོན་ཐོན་ཆེ་ཇ་མགྲོན་ཤ་མགྲོན་བྱེད། །དེ་མིན་ཀྱང་གང་དགའ་གང་བཟང་བྱེད། །མགྲོན་བྲེལ་བ་ཆེ་རུང་འདུག་འདོད་སྐྱེ། །མགྲོན་ཕར་སོང་བཟང་སྙད་རྒྱང་ན་གྲགས། །དེ་བུད་མེད་རབ་ཀྱི་ལོ་རྒྱུས་རེད། །མོ་འབྲིང་གིས་ཁྱིམ་གཞི་སྐྱོང་ཚུལ་དེ། །བཟང་ངན་བླང་དོར་ཆེ་ཆུང་བརྩི། །ཁྱིམ་བཟའ་ཚང་ཀུན་ལ་ལྷག་པར་བྱམས། །དཀར་འོ་མའི་བཅུད་མདངས་ཇེ་རྒྱས་ཡིན། །རུ་ཁྱིམ་མཚེས་གང་ལ་ཁ་མཆུ་མེད། །མི་བཟང་ངན་ཀུན་ལ་རྩོད་གླེང་མེད། །དེ་བུད་མེད་འབྲིང་གི་ལོ་རྒྱུས་རེད། །མོ་ཐ་མས་ཁྱིམ་གཞི་སྐྱོང་ཚུལ་དེ། །ཡོད་མེད་ཐམས་ཅད་བསྲེས་ནས་འདུག །བསྲེས་ནས་བཟང་བཏང་སྤྱོད་གསུམ་བྱེད། །མཛོ་འབྲི་མང་ཡང་མར་ཆུར་དཀོན། །མར་ཆུར་མང་ཡང་ཁ་མདོག་བཙོག །ཁྱིམ་བཟའ་ཚང་གང་ལ་ཚིག་རྩུབ་སྨྲ། །ཚིག་རྩོད་འཁོན་འཛིང་རྒྱུན་མི་ཆད། །བཤད་ན་ཁ་ལོག་ཚིག་ལོག་བྱེད། །ཁྲིས་ན་ངུ་ཞོར་བཤད་ཞོར་བྱེད། །སོང་ན་ཁ་སྐོར་འཕོངས་སྐོར་བྱེད། །གཏམ་བཟང་པོ་མི་ཉན་ངན་པ་ཉན། །གཏམ་གོ་གོ་མི་གསང་གཞན་ལ་བཤད། །ཁྱིམ་མཚེས

རྟ་རོགས་ཕྲ་མས་གཏོར། །མགྲོན་སྐོར་རྩར་ཐོན་དུས་སྤྱོན་མི་བསྒུ། །མགྲོན་ཁྲིམ་ལ་ཐོན་དུས་འཛོག་འདྲི་མེད། །དགའ་ཁ་ཁྲོ་ཁ་སླུ་མོ་ཡིན། །ཁྲོས་དུས་སུ་ཟངས་རྒྱག་ཐོམ་རྒྱག་བྱེད། །ནང་ཁྲོ་བོར་ཁ་ལོག་ཚིག་ལོག་བྱེད། །ཕྱི་མགྲོན་པོར་ཁ་སྤྱུག་ངོ་སྤྱུག་སྟོན། །འཐད་མི་འཐད་བྱས་ནས་ཐལ་ཞིག་འཕོ། །འབར་རྒྱུ་མེད་པའི་མེ་ཞིག་འབུད། །འཁོལ་རྒྱུ་མེད་པའི་ཇ་ཞིག་བསྐོལ། །མགོ་ཤིག་འཕྲུག་བཞིན་སྣབས་ཤིག་འབུད། །ཁ་ཚུ་སྣ་ཚུ་དྲི་ཚུ་གསུམ། །འདྲེས་མ་བྱས་ནས་ཇ་ཞིག་ལྡུག །མགྲོན་ལྟོགས་ནས་ཡོང་ཡང་ཞེན་པ་ལོག །ཟངས་རྒྱག་ཐོམ་རྒྱག་སྐོར་ཞིག་བྱེད། །མགྲོན་གཞི་འདུག་དགོས་ཀྱང་འགྲོ་སྙིང་འདོད། །སྤྱོད་ངན་པ་ཐག་རིང་ཡུལ་ནས་གྲགས། །འདི་འདྲའི་བུད་མེད་ཡོད་པ་ལས། །བྲག་ཕུག་གཅིག་ཏུ་ཁེར་འདུག་དགའ། །འདི་བུད་མེད་ཐ་མའི་ལོ་རྒྱུས་རེད། །ཅེས་འཇིག་རྟེན་ཡ་རབས་ལུགས་ཀྱི་དགེ་མཚན་ལ་གཟེངས་བསྟོད་དང་མ་རབས་ལུགས་ཀྱི་སྐྱོན་མཚང་ཐེར་འདོན་བྱས་པ་ཤིན་ཏུ་མང་ངོ་། །

༄། བརྗོད་བྱ་འཇིག་རྟེན་མི་རྟག་པ་གཞི་བྱས་ཏེ་བརྗོད་ལུགས་བརྗོད་སྣངས་ཙུང་ཟད་བསླབ་བྱའི་རང་བཞིན་ལྡན་པ་སྟེ། དཔེར་ན་ཌྷེ་གླིང་གཡུལ་འགྱེད་ལས། ཨ་ཀྱང་མི་ཟེར་ཀུ་རེ་ཡིན། །འགྱོད་ཀྱང་མི་དགོས་པ་ཡི་བུ། །སྐྱེས་ནས་མི་འཆི་གཅིག་ཀྱང་མེད། །བསགས་ནས་མི་འཛད་གཅིག་ཀྱང་མེད། །དར་ནས་མི་རྒུད་གཅིག་ཀྱང་མེད། །དགེ་སྡིག་ཐིག་ཁྲ་རྒྱ་འཐབ་རེད། །སྐྱིད་སྡུག་ཉིན་མཚན་རེས་མོས་རེད། །འཁོར་བའི་ཆོས་ལ་ཡིད་བརྟན་མེད། །དཔྱད་ན་སྒྱུ་མའི་རྟ་གླང་འདྲ། །ད་ལྟ་མཐོང་ཡང་ད་ལྟ་མེད། །རྟག་པར་འཛིན་པ་

རྟེ་རྒྱལ་འཁྲུལ། །ཆགས་འཛོག་འདྲ་མ་འདི་འདྲ་ཡོད། །ཨ་སྟོན་བཻཌཱུའི་ལྡིང་ཁང་ནས། །མེ་ཤེལ་ཉི་མའི་དཀྱིལ་འཁོར་རྒྱུས། །འོད་ཀྱིས་གླིང་བཞི་བདེ་ལ་བཀོད། །པད་མ་དཀར་པོའི་འདབ་མ་བཞད། །སྐད་ཅིག་མི་རྟག་ནུབ་ནས་འགྲོ། །དེ་བསམ་ན་མི་རྟག་འཆི་བ་དྲན། །མཚན་ཆུ་ཤེལ་ཟླ་བའི་དཀྱིལ་འཁོར་ལ། །འོད་གསལ་བའི་རྒྱུ་སྐར་མང་པོས་བསྐོར། །འདི་ཨུཏྤལ་སྔོན་པོའི་འདབ་མ་རྒོད། །གན་སྐར་ཚོགས་ཁྲ་མོ་དེ་རྣམས་ཀྱང་། །ནམ་ལངས་དུས་གར་སོང་ཆ་མེད་རེད། །དཔེ་དེ་བཞིན་མི་རྟག་དྲན་ནས་བྱུང་། །ས་དོག་མོ་གསེར་གདན་ལྟེ་བ་ན། །མདོག་སྣ་ཚོགས་གསེར་གྱི་མེ་ཏོག་བཞད། །འབུ་སྦྲང་མས་སྐྱིད་པའི་གར་ལ་རོལ། །སྟོན་སྐྱི་བསེར་ཅག་ཧྲུང་འཐབ་པའི་ཚེ། །ད་མཛེས་ཀྱང་སྐད་ཅིག་ཡལ་ནས་འགྲོ། །འབུ་སྦྲང་མ་ཅི་བྱ་གཏོལ་མེད་གྱུར། །ཡང་གནམ་ལྷུགས་སེར་བ་བ་མོ་སོགས། །དེ་གློ་བུར་བྱུང་ན་བར་ཆད་རེད། །སྐྱིད་གནོད་འཚེ་བྱུང་བ་སྙིང་རེ་རྗེ། །དེ་བསམ་ན་མི་རྟག་འཆི་བ་དྲན། །ནགས་གཡུ་ལོ་རྟེ་ནས་ཁུ་བྱུག་གྲགས། །སྤྲིན་དམར་ནག་གསེབ་ནས་གཡུ་འབྲུག་རྒོད། །ཤིང་སྣ་ཚོགས་ཤིང་ཏོག་རི་བཅུད་ལྡན། །དགུན་ཐོན་དུས་གར་སོང་ཆ་མེད་གྱུར། །དཔེ་དེ་བཞིན་མི་རྟག་འཆི་བ་དྲན། །སྟོད་དབུས་གཙང་དག་པའི་ཞིང་ཁམས་སུ། །རྗེ་སངས་རྒྱས་བསྟན་པ་སྐྱོང་བའི་ཕྱིར། །ཟླ་གྲྭ་བ་སྟོང་ཕྲག་མང་པོ་འཚོགས། །ནང་པན་ཚུན་ཐུགས་རྗེས་ཆེ་ནའང་། །ཆོས་ཉམས་ལེན་བྱེད་སྐབས་རང་སར་འགྲིམས། །རྐྱེན་མ་བྱུང་འགྲོ་དགོས་ཆོས་ཉིད་ཡིན། །དཔེ་དེ་བཞིན་མི་རྟག་འཆི་བ་དྲན། །སྨད་རྒྱ་ནག་བཀྲ་ཤིས་ཚོང་སྒོ་ནས། །རྒྱའི་རིན་ཆེན་གསེར་

དཧྱལ་ཆེན་བྱུས་ནས། །ཕྱོགས་ཀུན་ནས་ཚོང་པ་མང་པོ་འདུས། །ནང་ཕན་ཚུན་གཅེས་སེམས་ཆེ་ནའང་། །མཐར་རང་སར་འགྲོ་བ་ཆོས་ཉིད་ཡིན། །ཁྲིམ་བཟང་ཚང་ཚོང་འདུས་མགྲོན་པོ་འདྲ། །སྐྱིད་འཛོམས་དུས་འཁོན་འཛིང་མ་བྱེད་ལགས། །ཟླ་གཞུག་མ་སུ་ཡོད་སུ་མེད་རེད། །རྒྱུ་མི་རྟག་རྫ་མགོའི་ཟིལ་པ་འདྲ། །དུས་རྒྱུན་པར་སེར་སྣ་མ་བྱེད་ལགས། །རྒྱུ་ཡོད་མེད་ཕྱུར་ལོ་ཕྱི་ལོ་རེད། །ཚེ་མི་རྟག་ནམ་མཁའི་གློག་དང་འདྲ། །རྒྱུར་བདག་འཛིན་མ་ཆེ་དམ་ཆོས་སྒྲུབས། །ཆེན་འཆི་བ་ནམ་ཡོན་ཆ་མེད་རེད། །གནའ་མི་བོད་ཀྱི་གཏམ་དཔེ་ལ། །ནངས་སྤྱི་མོར་ནམ་མཁའ་ལངས་དང་གཅིག །དགོང་ཕྱི་དྲོ་མུན་པ་རུབ་དང་གཉིས། །མཐར་ཕྱི་མར་འགྲོ་བའི་ལམ་དང་གསུམ། །འདི་མཐོ་དམན་ཀུན་ལ་ཁྱད་པར་མེད། །དབུལ་ཕྱུག་པོ་གང་ཡང་ཐར་ས་མེད། །བཙན་གནོམ་ཆུང་སུ་ཡང་དེ་བཞིན་ཡིན། །ཞེས་འཇིག་རྟེན་གྱི་དར་རྒྱུད་དང་། དགེ་སྡིག་འདུ་བྲལ། སྐྱིད་སྡུག་སོགས་སྣང་བ་དཔེ་རུ་ཤར་ཏེ་རང་བྱུང་ཁམས་དང་དུས་བཞིའི་འགྱུར་ལྡོག་ལ་སྦྱར་བ་བརྗོད་བྱ་དོན་གྱི་སྙིང་པོ་དེ་རྗོད་བྱེད་ཚིག་གི་སྒྲ་རྒྱལ་གྱིས་རྣམ་པར་མཚོན་ཞིང་བལྟས་པ་ཙམ་གྱིས་གོ་བདེ་ཞིང་ཡི་གར་འོང་བ་ཞིག་ཏུ་གྱུར་པའོ། །

དེ་ཡང་གླིང་སྒྲུང་གི་སྐད་ཆའི་སྒྲ་རྒྱལ་གྱི་ཕྱོགས་ལ་སྒྲུང་དཔེ་སོ་སོར་ཁྱད་ཆོས་ཐུན་མོང་མ་ཡིན་པ་མང་པོ་མངའ་ཕྱིར་རེ་རེ་བཞིན་བརྗོད་ཀྱིས་མི་ལངས་པ་དང་། གཉིང་མཐའ་དཔོག་པར་དཀའ་བའི་གླིང་སྒྲུང་གི་ཆུ་གཏེར་ལས་བདག་བློ་ཀུ་ཤུའི་རྩེ་མོས་ཆུ་ཐིགས་ཙམ་ཞིག་བླངས་པའི་ཚུལ་དུ་གླེང་ཁྲུལ་བྱས་

པར་ཁྱོང་མཁས་པ་རྣམ་པར་དགོངས་འགལ་མེད་པ་ཞུ་བ་དང་ལྷན་དུ། ང་ཚོས་སྔར་ལས་ལྷག་པར་རང་མི་རིགས་ཀྱི་རིག་པའི་ནོར་བུ་འདི་ལ་གཅེས་སྲུས་དང་རྒྱུན་འཛིན་ལེགས་པོ་བྱས་པ་བརྒྱུད། ངོ་མཚར་རྨད་དུ་བྱུང་བའི་གླིང་སྒྲུང་ནོར་བུའི་འོད་ཟེར་གྱིས། གངས་རིའི་ལྗོངས་ཀྱི་རྨོངས་མུན་སེལ་བར་སྨོན། །

རྒྱ་བོད་ལོ་ཟླའི་ཁྲིད་བརྡ་ཆད་གསར་པ་གཅིག་གྱུར་ཐད་ཀྱི་བསམ་འཆར་འགའ།

——《རྒྱ་བོད་དབྱིན་གསུམ་གསར་བྱུང་རྒྱུན་བཀོལ་རིས་འགྲེལ་མིང་མཛོད་》དཔེ་མཚོན་དུ་བཀོད་པ།

གླེང་གཞི།

ལོ་ཟླའི་ལས་དོན་ནི་མི་རིགས་ཤིག་གི་སྔོན་ཐོན་རིག་གནས་དེ་མི་རིགས་གཞན་ཞིག་གི་ཡི་གེ་རུ་དོན་སྒྱུར་དང་སྒྲ་སྒྱུར། ཐད་སྒྱུར་དང་སྙོར་སྒྱུར་བཅས་བྱེད་ཐབས་སྣ་ཚོགས་སྒྱུད་དེ་མཚམས་སྦྱོར་བྱེད་པ་དང་། མི་རིགས་གཞན་གྱི་སྲིད་འབྱོར་རིག་གསུམ་སྐོར་གྱི་ལེགས་ཆ་བསྡུ་ལེན་བྱས་ཏེ་མི་རིགས་རང་གི་རིག་གནས་དང་དཔལ་འབྱོར། ཆབ་སྲིད། ཁྲིམས་ལུགས། གསོ་རིག ཚན་རྩལ་དང་རྩོམ་རིག་སྒྱུ་རྩལ་སོགས་འཕྲུས་སྐྱོ་ཇེ་ཚང་དུ་གཏོང་བའི་བྱེད་ཐབས་གལ་ཆེན་ཞིག་རེད། རིག་གནས་བརྒྱུད་སྤེལ་གྱི་རྟེན་གཞི་གཙོ་བོ་ནི་ལོ་ཙཱ་ཡིན་ཞིང་། ལོ་ཙཱ་དང་རིག་གནས་ཀྱི་བར་ན་འབྲལ་དུ་མེད་པའི་འབྲེལ་བ་བརྟན་པོ་ཆགས་ཡོད། དེ་བཞིན་དུ་ལོ་ཙཱ་ཡང་རིག་གནས་ཀྱི་རྒྱུ་རྐྱེན་ལ་བརྟེན་ནས་འཕེལ་རྒྱས་སུ་འགྲོ་བ་ཡིན་ལ། དུས་ཡུན་རིང་པོར་མི་རིགས་མི་འདྲ་བ་

དང་རྒྱལ་ཁབ་ཕན་ཚུན་བར་ཆ་འཕྲིན་བརྒྱུད་དེ་རིག་གནས་དང་བསམ་བློ་བརྗེ་རེས་བྱེད་པའི་བརྒྱུད་རིམ་ཁྲོད། འགྲོ་བ་མིའི་རིགས་ཀྱི་སྤྱི་ཚོགས་གོང་དུ་སྤེལ་བར་ནུས་པ་ཆེན་པོ་འདོན་པ་སྟེ། ལོ་རྩ་ཡིས་ནུས་ཤུགས་ཀྱིས་རྒྱལ་ཁབ་དང་རྒྱལ་ཁབ་བར། མི་རིགས་དང་མི་རིགས་ཀྱི་བར་ཕན་ཚུན་བསམ་བློ་བརྗེ་རེས་དང་རིག་གནས་སྤེལ་རེས་བཅས་ཀྱི་སྒོ་ནས་ཐུན་མོང་འཕེལ་རྒྱས་ཀྱི་ལམ་དུ་ཞུགས་དང་འཇུག་བཞིན་ཡོད་དོ། །

གཅིག ལོ་རྩ་དང་རིག་གནས་ཀྱི་འབྲེལ་བ།

ལོ་རྩའི་ལས་ཀ་ལེགས་པོ་ཞིག་བསྒྲུབ་པ་ལ་ངེས་པར་དུ་རིག་གནས་ཀྱི་རྨང་གཞི་བརྟན་པོ་ཞིག་འདིང་དགོས། རིག་གནས་ཀྱིས་ལོ་རྩའི་བརྒྱུད་རིམ་ཁྲོད་གོ་གནས་གལ་ཆེན་ཟིན་ཡོད་དེ། ལོ་རྩའི་ལག་ལེན་ཁྲོད་རིག་གནས་མི་འདྲ་བའི་ཁྱད་པར་གྱིས་ལོ་རྩའི་སྒྱུར་རྩལ་མཐོར་འདེགས་དང་མི་རིགས་དང་མི་རིགས་བར་གྱི་རིག་གནས་བརྗེ་རེས་ལ་ཤུགས་བསྐྱེད་པ་ཡིན་ནོ། སྲོལ་རྒྱུན་རིག་གནས་ཀྱི་རྨང་གཞི་ལས་བྱུང་བའི་ས་ཁམས་ཁོར་ཡུག་དང་། ལོ་རྒྱུས། འཚོ་བའི་གོམས་གཤིས། ཆོས་ལུགས་དད་མོས། སྐད་དང་ཡི་གེ་སོགས་དོན་ལྡན་ཚད་ལྡན་ཞིག་འཁྱོངས་ཡོད་མེད་ལས། ལོ་རྩའི་ཚད་ལྡན་རང་བཞིན་གཏན་འཁེལ་བྱ་དགོས་པ་ཡིན་ནོ། དཔེར་ན། རྒྱ་བོད་ལོ་རྩའི་ལས་ཀ་གཉེར་མཁན་ཞིག་ཡིན་ཚེ་ངེས་པར་དུ་རྒྱ་བོད་སྐད་གཉིས་ལ་བྱང་ཆ་ལྡན་དགོས་པ་ཙམ་དུ་མ་ཟད། རྒྱ་བོད་གཉིས་ཀྱི་ལོ་རྒྱུས་ལ་སོགས་རིག་གནས་ཀྱི་ཚུ་ཚད་བཟང་ཞིང་

ངེས་པ་དོན་གྱི་རིག་གནས་པ་ཞིག་ཡིན་དགོས། དེ་ལྟ་བུའི་སྐད་གཉིས་ལོ་ཙཱ་བ་ཞིག་གི་ཚད་ལ་སླེབས་ན་གཞོན་མི་རིགས་ཕན་ཚུན་བར་རིག་གནས་དང་བསམ་བློ་བརྗེ་རེས། བདེ་འཇགས། ཞི་མཐུན། འབྱོར་ཕྱུག་བཅས་དཔལ་ཡོན་ལྡན་པའི་སྤྱི་ཚོགས་འཛུགས་སྐྲུན་བྱེད་པར་ནུས་པ་བླ་ལྷག་ཏུ་འདོན་ཐུབ་བོ། །

གཉིས། བོད་ཀྱི་ལོ་ཙཱའི་ལས་ཀའི་ད་ལྟའི་གནས་བབས།

ལོ་ཙཱ་ནི་སྙིང་གི་བཀོད་པ་ལྟ་བུའི་སྐད་ཆའི་སྒྱུ་རྩལ་ཡིན་ལ། དུས་ཡུན་རིང་པོར་ཏུར་བརྩོན་གྱིས་སློབ་སྦྱོང་དང་ལག་ལེན་ལས་བཀོལ་སྤྱོད་ཀྱི་ཐབས་ལམ་མང་པོ་རྙེད་ཡོད་ནའང་། དེང་སང་རང་རེ་བོད་ཀྱི་ལོ་ཙཱའི་ལས་ཀའི་ཁྲོད་ཐ་སྙད་ཀྱི་སྒྱུར་སྟངས་གཅིག་གྱུར་མིན་པའི་གནད་དོན་མང་པོ་འདུག དཔེར་ན་སྤྱི་ཚོགས་འཚོ་བའི་ཁྲོད་ང་ཚོས་རྒྱུན་དུ་ཁ་བརྡ་བྱེད་ཆེ་བོད་སྐད་སྨྲ་ཞིང་། རིག་གནས་སྐོར་གྱི་གསར་བྱུང་ཐ་སྙད་དང་གསར་བྱུང་ཡོ་བྱད་སོགས་ཀྱི་མིང་བརྗོད་སྐབས་ཕལ་ཆེར་རྒྱ་སྐད་དང་རྒྱའི་ཐ་སྙད་རྣམས་ཐོལ་བྱུང་དུ་སྤྱོད་པ་ཤས་ཆེ་ཞིང་། རྩམ་ཡིག་གང་ཞིག་སྒྱུར་ཅིང་རང་ལ་གོམས་ཆ་ཡོད་པའི་ཐ་སྙད་རྣམས་རྒྱ་སྐད་ཀྱི་ཚིག་འགྲོས་ལྟར་སོང་ནས། བོད་སྐད་ཀྱི་བརྗོད་སྒྲོད་ཀྱི་འགྲོས་དང་མཐུན་པའི་གྲ་དག་ཅིག་ལྷོགས་དཀའ་བར་གྱུར་ཏེ། དེ་མ་ཐག་རྒྱ་བོད་སྐད་གཉིས་ཤན་སྦྱར་གྱི་མིང་མཛོད་ཀློག་པ་ལས་འོས་མེད། དེ་བས་མིང་མཛོད་དུ་ཇི་ལྟར་བསྒྱུར་སྒྲིག་བྱས་པ་ནང་བཞིན་ཇོ་ཚག་བཙན་སྒྲིག་བྱེད་པ་ལས་རང་ཉིད་ཀྱིས་བསམ་བློ་བཏང་ནས་ཐ་སྙད་ཀྱི་སྒྱུར་སྟངས་དང་བོད་རང་

ལ་ཡིག་ཐོག་དང་ཁ་སྐད་དུ་དེ་འཚམ་གྱི་མིང་ཚིག་ཡོད་མེད་ལ་མི་དཔྱོད་པ་དང་། དེ་ལྟར་རྒྱ་ཡིག་གི་རྩོམ་རྣམས་བོད་ཡིག་ཏུ་བསྒྱུར་ན་རྒྱ་ཡིག་གི་མ་རྩོམ་ལས་རིང་ཞིང་བརྗོད་མི་བདེ་བར་འབྱུང་བའི་རྒྱ་བའང་དེ་ལ་ཐུག་ཡོད། ཡིག་སྒྱུར་ཐད་བྱུང་ཆ་ཡོད་པའི་ལོ་རྒྱུས་ཞིག་ཡིན་ན། ཐོག་མར་རྒྱ་ཡིག་གི་མ་རྩོམ་ཞིབ་ཏུ་བཀླགས་ཏེ་བརྗོད་བྱ་དོན་གྱི་བྱུང་རིམ་དང་རྗོད་བྱེད་ཚིག་གི་ཉམས་འགྱུར་བཅས། རྩོམ་ལུས་རྟེན་པོའི་རྣམ་པ་དེ་ཅི་ཞིག་ཡིན་པ་ཕྱི་རྒྱལ་དང་ནང་ཉམས་གཉིས་ཀ་རྗེན་པར་ངེས་ཚོ། ད་གཟོད་དོན་སྒྱུར་རམ་སྒྲ་སྒྱུར་ཡང་ན་ཐད་སྒྱུར་གང་འཚམ་སྒོས་བསྒྱུར་ན་ནི། བརྗོད་བྱ་རྗོད་བྱེད་གང་གི་ཐད་ནས་ཀྱང་མ་རྩོམ་གྱི་བྲོ་བ་མ་ཡལ་བར་བོད་སྐད་ཀྱིས་མཚོན་ཐུབ་པ་སྟེ། ཀློག་པ་པོ་སུ་ཞིག་གིས་མཐོང་ལམ་འཁྲིམ་ཡང་རྗོད་བྱེད་ཚིག་གི་མཛེས་པའི་ཉམས་ཀྱིས་ཀློག་བདེ་ཞིང་དོན་ཇི་བཞིན་དུ་རྟོགས་པ་མ་ཟད། ཡིད་ལ་དགའ་སྣང་སྐྱེར་བ་དང་བརྗོད་བྱ་དོན་གྱི་བྱུང་རིམ་བསྒྲིགས་ལེགས་པས། ཇི་འདྲའི་རྩོམ་བཟང་པོ་ཞིག་རེད་ཨང་ཞེས་ཀློག་པ་པོར་ཡིད་འགུལ་ཐེབས་ཏེ་རྗེས་སུ་ཡི་རང་འཚོར། དེ་ལྟ་བུའི་བསྒྱུར་རྩོམ་ལེགས་ཤོས་འབྱུང་བ་ཤིན་ཏུ་ཉུང་སྟེ། སྒྱུར་པ་པོ་གང་ཞིག་ངེས་པར་དུ་བོད་རང་གི་སྐད་ཡིག་ལ་བྱུང་ཆ་ཡོད་པ་གཞིར་བཞག་གི་སྟེང་རིག་པའི་གནས་མི་ཉུང་བ་ཞིག་གི་ཐ་སྙད་བཀོལ་སྤྱོད་ལ་དབང་འབྱོར་དགོས་པ་དང་། རབ་ཡིན་ན་འཚོ་བའི་ཉམས་མྱོང་ཕུན་སུམ་ཚོགས་པ་ཞིག་ལྡན་ན། བསྒྱུར་རྩོམ་དེ་ལ་གཞན་དང་མི་འདྲ་བའི་ཁྱད་ཆོས་མངོན་དུ་བྱུང་བ་ལྡན་པར་འགྱུར།

གསུམ། ལོ་ཙཱ་དང་ཐ་སྙད་གསར་པའི་འབྲེལ་བ།

དེང་འདིར་ལ་ལས་ལོ་ཙཱའི་ལས་ཀ་ཆེད་དུ་གཉེར་ཆེ། དེང་རབས་ཀྱི་(སྤྱི་ཚོགས་ཚན་རིག་དང་རང་བྱུང་ཚན་རིག་)འཚོ་བའི་ཁྲོད་རྒྱ་ཡིག་ལ་གློག་ཆས་དང་འཕྲོད་བསྟེན། ཞིང་ཕྱུགས་ལས། ཆབ་སྲིད། དཔལ་འབྱོར། སློབ་གསོ། ཁྲིམས་ལུགས་དང་རིག་རྩལ་སོགས་ཕྱོགས་གང་ཐད་ནས་ཐ་སྙད་ཀྱི་སྒྲིག་གཞི་བརྟན་པོ་ཆགས་ཡོད་པ་དང་། ང་ཚོས་དེ་འདྲའི་རྩོམ་ཡིག་སྣ་ཚོགས་བོད་སྐད་ལ་ཚུར་བསྒྱུར་ན་ཐ་སྙད་ལ་ལ་མིང་མཛོད་མང་པོ་ཀློག་ཀྱང་འོས་ཤིང་འཚམ་པ་ཞིག་མི་རྙེད་ཅིང་བློ་བཟོ་བྱ་མི་ཐོད་པར་བཏང་སྙོམས་སུ་བསྒྱུར་བ་ལས་འོས་མེད་དོ་ཞེས་ཡུས་འདོན་ལ། དེའི་རྒྱུ་མཚན་གང་ལ་ཐུག་ཡོད་ཅེ་ན། དེ་ནི་བོད་རང་ལ་ཐ་སྙད་ཀྱིས་དབུལ་བས་ག་ལ་ཡིན་ཏེ། གཙོ་བོ་མི་རང་ཉིད་བོད་ཀྱི་སྐད་ཡིག་ལ་སྦྱངས་པ་དམན་ཞིང་ལྷ་རྒྱ་ཐོས་རྒྱ་ཆུང་བས་ལན་པ་ཡིན་པར་སེམས། མིན་ན། སྔོན་བྱོན་ལོ་ཙཱ་བ་བཀའ་དྲིན་ཅན་རྣམས་ཀྱིས་ལུས་སྲོག་ལོངས་སྤྱོད་ལ་མ་འཛེམ་པར། རྒྱ་གར་རྒྱ་ནག་ཁྲོམ་གེ་སར་སྟག་གཟིག་སོགས་ལས་རིག་གནས་ཀྱི་མ་ལག་སྣ་ཚོགས་པ་ཞིག་ལོ་ཙཱའི་ཐབས་ཀྱིས་ནང་འདྲེན་བྱས་ཤིང་། དེ་དག་རྩ་བ་དང་བསྟུན་ཏེ་འགྲེལ་བ་འགྲེལ་བཤད་ཀྱི་ཚུལ་དུ་བོད་རང་གི་རིག་གནས་ཀྱི་ངོ་བོར་བསྒྱུམས་ཅི་ཐུབ་བྱས་ཏེ། གཞན་ལ་ངོ་གནོང་མི་དགོས་པའི་རིག་གནས་ཀྱི་མ་ལག་ཚང་ཟད་འཐུས་ཚང་བ་ཞིག་ཕྱི་རབས་པའི་བགོ་སྐལ་དུ་བཞག་ཡོད་པ་ལ། ང་ཚོས་དེ་འདྲའི་བསྟན་བཅོས་གླེགས་བམ་ག་ཙམ་གྱི་ཞལ་ཕྱེ་སྟེ་བསླབ་པ་སློབ་གཉེར་བྱས་ཡོད་པ་རང་བློ་རང་ལ་སྙོག་ཏུ་མ་གྱུར་

པས། རང་རང་གི་སེམས་ནི་གསལ་ལྷང་ངེར་ཡིན་པས་མང་པོ་ལབ་ཅི་ལ་དགོས་མི་དགོས་སོ། །གང་ལྟར་ཀྱང་ང་ཚོའི་དུས་རབས་འདིར་ལོ་རྒྱུའི་ལས་ཀ་གཉེར་མཁན་ཞིག་ཡིན་ཙེ། རྒན་དར་གཞོན་གསུམ་སུ་ཡིན་ཡང་མི་རིགས་རང་གི་རིག་གནས་ཀྱི་རྨང་གཞི་བཟང་དགོས་པར་མ་ཟད། རྒྱ་ཡིག་དང་དབྱིན་ཡིག་གི་རྨང་གཞི་བརྟན་པོ་ཞིག་འདིང་ཐུབ་ན་དེ་བས་ཕུན་སུམ་ཚོགས་པ་ཡིན།

ཡང་ལ་ལས་རང་རེའི་བོད་གངས་ཅན་ལ་གཞན་ལས་ལྷག་པའི་རིག་གནས་བཅུའི་མ་ལག་དང་རི་བོའི་གཏོས་དང་མཉམ་པའི་གླེགས་བམ་གྱི་ཕུང་པོ་ཡོད་པས། དེ་ཙམ་ལ་སྦྱངས་པ་བྱས་ནས་མི་ཚེ་མཐར་ཕྱིན་ཡང་གསུང་རབ་ཡོད་ཚད་ཀློག་མི་ཚར་ཞེས་རྙིང་ཞེན་དང་ཕྱོགས་རྟོག་བྱེད་པ་ལ། དེ་ལ་སྔོན་གྱི་བསྟན་བཅོས་སུ། མིང་དུ་བཏགས་པར་མ་མཛད་ན། །འཇིག་རྟེན་ཐམས་ཅད་རྨོངས་པར་འགྱུར། །དེ་བས་རྨོངས་པ་སེལ་བའི་ཕྱིར། །མགོན་པས་མིང་དུ་བཏགས་པར་མཛད། །ཅེས་པ་དང་། དེའི་མཚུངས་སུ་སྤྱི་ཚོགས་འཕེལ་རྒྱས་ཀྱི་ཐབ་ཀློང་ཆེན་པོའི་ཁྲོད་དངོས་པོ་གསར་པའང་བྱུང་དང་འབྱུང་བཞིན་ཡོད་པས། དེ་དག་ལ་མི་རིགས་གཞན་གྱིས་བཏགས་པའི་མིང་ལས་རང་རེས་བོད་རང་གི་སྐད་དང་མཐུན་པའི་མིང་ཞིག་འདོགས་དགོས་པ་སྟེ། ལ་ལ་མིང་མཛོད་དུ་མེད་ན་དེ་གང་དུ་འཚོལ་ལམ་ཞེ་ན། རྣམ་དཔྱོད་ཡངས་པའི་མཁས་པ་དག་ལ་བཀའ་འདྲི་དང་། ལ་ལ་དམངས་ཁྲོད་དུ་རྒྱུན་འབྱམས་སུ་སོང་བའི་ཐ་སྙད་ཀྱི་ས་བོན་བྱེད་པའམ། དམངས་ཁྲོད་ཀྱི་ཐ་སྙད་དེ་དོན་ལ་གནས་ན་དེ་བཀོལ་སྤྱོད་བྱ་ཚོག་སྟེ། འདིར་ཁམས་ཀྱི་མཁས་པ་ཚུལ་ཁྲིམས་བློ་གྲོས་ཀྱིས་གཙོ་སྒྲིག་གནང་བའི་

《རྒྱ་བོད་དབྱིན་གསུམ་གསར་སྦྱོང་རྒྱུན་བཀོལ་རིས་འགྲེལ་མིང་མཛོད་》ལ་གཞི་བྱས་ཏེ་དཔེ་རུ་བརྗོད་ན།

བཞི། མེ་ཏོག་དང་ལྗང་ཚལ་སོགས་འབྲུ་རིགས་ཀྱི་སྐོར།

༡ མེ་ཏོག་གི་རིགས།

荷花 ལ་ཆུ་པད་མ་དང་། 山茶花 མེ་ཏོག་བྲག་སྤོས། 菊花 མེ་ཏོག་ལུག་མིག 玫瑰 རྒྱ་སེ། 杜鹃花 སྟག་མའི་མེ་ཏོག 桃花 ཁམ་བུའི་མེ་ཏོག 茉莉花 མ་ལི་ཀ 藏红花 གུར་གུམ། 百合花 ལུག་མཆེའི་མེ་ཏོག 向日葵 ཉི་དགའ་མེ་ཏོག་བཅས་དང་།

༢ ལྗང་ཚལ་གྱི་རིགས།

小白菜 ཚལ་དཀར་ཆུང་ང་། 油菜 སྐྱུམ་ཚལ། 菠菜 ཚལ་སྔག 玉米 མ་རྨོས་ལོ་ཏོག 韭菜 ཀེཙ། 黄瓜 རྗེ་གུབ། 土豆 ཞོག་ཁོག་དང་།

༣ ཤིང་ཏོག་གི་རིགས།

苹果 ཀུ་ཤུ། 橘子 ཚ་ལུ་མ། 石榴 སེ་འབྲུ། 枸杞 འཕང་འབྲས། 葡萄 རྒུན་འབྲུམ། 桂圆 འབྲུག་མིག 香蕉 ངང་ལག་དང་།

༤ འབྲུ་རིགས།

香米 འབྲས་མངར། 芝麻 ཏིལ། 青稞 ནས། 小麦 གྲོ། 燕麦 ཡུག་གོ 花生 བ་དམ། 黄豆 ལ་སྲན་སེར་སོགས་ལོ་ཐོག་སྨྱུར་བ་འཚམ་ཞིང་ཧ་ཅང་ལེགས།

ལྔ། བཏུང་བ་དང་སིལ་ཟས་བྲོ་རྫས་ཀྱི་སྐོར།

1 བཏུང་བའི་རིགས།

饮料 བཏུང་བའམ་སྐོམ་ཆུ། 砖茶 ཇ་བག 沱茶 ཇ་རིལ། 珠茶 འབྲུ་ཇ། 红茶 ཇ་དམར། 绿茶 ཇ་ལྗང་། 咖啡 ཁོ་ཧྥིའམ་འཚིག་ཇ། 矿泉水 གཏེར་ཆུ། 汽水 རླངས་ཆུ། 果汁 སིལ་ཁུ། 啤酒 བྲུ་ཆང་། 葡萄酒 རྒུན་ཆང་། 烈酒 ལ་ཨ་རག་དང་།

2 སིལ་ཟས་རིགས།

水果糖 སིལ་སྦྲང་། 酥糖 ཕྱུམ་སྦྲང་། 冰糖 རྡོ་ཀ་ར། 汉堡包 ཧེམ་བག 方便面 མགྱོགས་ཐུག 生日蛋糕 སྐྱེས་སྐར་སྒྲི་གོར། 月饼 ཟླ་གོར། 蜂蜜 སྦྲང་རྩི། 罐头 དམ་ཟས། 奶酪 ཆུར་བ། 豆腐乳 སྲན་ཆུར།

3 བྲོ་རྫས་རིགས།

辣油 སྲུར་སྣུམ། 芝麻酱 ཏིལ་འདག 味精 བྲོ་རྩི། 醋 སྐྱུར། 酱油 སྲན་སྣུམ་བཅས་ཚིག་དོན་གཉིས་ཀའི་ཆ་ནས་བསྒྱུར་བ་ཤིན་ཏུ་བཟང་།

དྲུག གསོལ་ཚོད་དང་གྱོན་ཆས་རྒྱན་ཆས་ཀྱི་སྐོར།

1 གསོལ་ཚོད་ཀྱི་རིགས།

菜谱 ལ་ཟས་ཐོ་དང་། 肉包子 ཤ་མོག 水饺 ཆུ་མོག 花卷 དྲིལ་གོར། 拉面 འཐེན་ཐུག 炸酱面 འདག་ཐུག 凉面 འཁྱག་ཐུག 干

拌 ཞེར་ཐུག 烧烤 སྲེག་ཟས། 卤肉 ཚ་སྦྱངས་ཤ། 腊肉 དུད་ཤ། 排骨 རྩིབ་བསྲེར། 青椒肉丝 སུར་པན་ཤ་ལྷུག 麻辣豆腐 ཚ་པེར་སྲན་ཐུད། 蛋炒饭 སྒོང་འབྲས། 火锅 རྒྱ་ཁོག 快餐 མགྱོགས་ཟས། 盒饭 ཕོར་ཟས། 红烧牛肉 ཟོག་ཤ་དམར་བཙོས། 火腿 མེ་ཀྲུམ། 馒头 ཙུང་རྗོག 豆腐 སྲན་ཐུད། 面包 སོབ་གོར། 粽子 ལོ་ཚན། 香肠 རྒྱུ་སྣམ། 挂面 བཀལ་ཐུག 馓子 ལག་སྡོགས། 油饼 སྣུམ་ཁུར་སོགས་ཟས་རིགས་སྣ་ཚོགས་ཀྱི་མིང་བོད་ལ་ཡོད་པ་སོར་བཞག་དང་བརྡ་ཆད་གསར་པར་ཐུན་མོང་མ་ཡིན་པའི་ཁྱད་ཆོས་མང་པོ་ལྡན།

༢ གྱོན་ཆས་ཀྱི་རིགས།

领带 ལ་གོང་དཀྲིས་དང་། 蝴蝶结 གོང་མདུད། 围巾 སྐེ་དཀྲིས། 大衣 ལྭ་རིང་། 西装 ནུབ་ཆས། 运动衣 རྩལ་གོས། 羽绒服 བྱ་སྤུའི་སྟོད་རིང་། 风衣 རླུང་གོས། 连衣裙 གོས་ཤམ། 毛衣 བལ་ལྭ། 线衣 སྐུད་ལྭ། 裙子 སྨད་ཤམ། 手套 ལག་ཤུབས། 坎肩 ཕུ་མེད། 裤带 དོར་ཆབ། 礼帽 གུས་ཞྭ། 袜子 འབོབ། 球鞋 ཀྲུག་ལྷམ། 皮鞋 ཀོ་ལྷམ་སོགས་དེང་རབས་རྒྱ་ལྭའི་གྱོན་ཆས་སྐོར་གྱི་ཐ་སྙད་བསྒྱུར་བ་དོན་དང་རྣམ་པ་གཉིས་ཀའི་ཆ་ནས་ཙུང་སྦྱོར་འདུག

༣ རྒྱན་ཆས་ཀྱི་རིགས།

耳环 ལ་རྣ་ལོང་དང་། 耳坠 རྣ་རྒྱན། 戒指 མཛུབ་དཀྲིས་སམ་སོར་གདུབ། 项链 མགུལ་རྒྱན། 簪子 སྐྲ་ཐུར། 发卡 སྐྲ་འཛིན། 发夹 སྐྲ་

སྡོམ། 镯子 ལག་གདུབ། 首饰 མགོ་རྒྱན། 手链 མཁྲིག་རྒྱན་སོགས་སོ། །

བདུན། ཁྱིམ་ཆས་སོགས་སྣ་ཚོགས་ཀྱི་སྐོར།

༡ ཁྱིམ་ཆས་ཀྱི་རིགས།

写字台 ལ་འབྲི་སྟེགས་དང་། 衣橱 གོས་སྒྲོམ། 书架 དཔེ་ཁྲི། 沙发 ཉེམ་ཁྲིའུ། 电视柜 བརྙན་འཕྲིན་སྒྲོམ། 壁橱 གྱང་སྒྲོམ། 衣箱 གོས་སྒམ། 板凳 རྐུབ་སྟེགས། 书桌 ཡིག་ཅོག 床 མལ་ཁྲི། 窗帘 དྲ་ཡོལ། 台灯 ཅོག་སྒྲོན། 灯泡 སྒྲོན་ཏོག 汽灯 རླངས་སྒྲོན། 电冰箱 འཁྱག་སྒམ། 冰柜 འཁྱག་སྒྲོམ། 消毒柜 དུག་སེལ་སྒྲོམ། 空调 དྲོད་སྙོམ། 光波炉 འོད་ཐབ་བཅས་སོ། །

༢ སྣ་ཚོགས་ཀྱི་སྐོར།

充电器 ལ་གློག་གསོག་སྤྱོད་དང་། 手电筒 ལག་སྒྲོན། 吸尘器 རྡུབ་ཕྱགས། 牛奶分离器 འོ་འཕྲུལ། 手表 མཁྲིག་འཁོར། 电子表 གློག་རྡུལ་ཆུ་ཚོད་དམ་མིག་རྗེབ། 太阳镜 ཉི་ཤེལ། 雨伞 ཆར་གདུགས། 扇子 རླུང་གཡབ། 香水 སྤོས་ཆུ། 洗面奶 ངོ་ཞོ། 请柬 མགྲོན་ཤོག 身份证 ཐོབ་ཐང་ལག་འཁྱེར། 名片 མིང་བྱང་། 少年宫 ན་ཆུང་ཚོམས་ཁང་། 围棋 མིག་མང་། 风筝 ཤོག་བྱ། 钢琴 རྫོ་སྦྲིང་། 学士 བསླབ་རམས་པ། 硕士 ཤེས་རམས་པ། 博士 འབུམ་རམས་པའམ་རྩེ་རམས་པ། 博士后 རྩེ་རམས་པ་ཕྱི་ཚར། 学科 རིག་ཚན། 电脑 རྩིས་འཁོར་རམ་གློག་ཀླད། 键

盘 མཐེབ་གཞོང་། 显卡 འཆར་བྱང་། 人造卫星 བཟོས་སྐར། 光盘 འོད་སྡེར། 手机 ལག་ཁྱེར་ཁ་པར། 微信 སྐར་འཕྲིན་བཅས་རང་རེའི་དམངས་ཁྲོད་དུ། 塑料布 ལ་རྒྱ་ཤོག་དང་། 塑料桶 རྫ་ཟོ། 人造羊羔衣 ཟེ་ཚར། 塑料绳 ཟེ་ཐག 塑料袋 ཟེ་ཁུག 劳动油 མཇུབ་སྨུམ། 洗衣粉 འདག་ཕྱེ། 纤维地毯 ཟེ་གདན། 牙刷 སོ་འཁྲུད། 牙膏 སོ་སྨན། 牙签 སོ་ཐུར། 牙线 སོ་སྐུད་དང་། 透明胶纸 འབྱར་ཤོག 热水袋 ཆུ་ཚན་འཁྱིག་ཁུག 膏药 སྦྱར་སྨན་སོགས་མང་ངོ་། །

མཇུག་གི་གཏམ།

དེང་རབས་རིག་གནས་ཀྱི་བརྡ་ཆད་དང་གསར་བྱུང་བྱ་དངོས་ཀྱི་མིང་བརྡ་ཐ་སྙད་ཁྱད་པར་བ་མང་པོ་ཞིག་བསྒྱུར་དང་སྒྱུར་བཞིན་པ་ལས། ལ་ལ་བླང་བྱར་འོས་པ་རྣམས་རྩོམ་དུ་བཀོལ་ན་འཚམ་ཞིང་། གསུང་གཅིག་ཉིད་དུ་གསུང་ནའང་། རྣམ་པ་ཉིད་དུ་སོ་སོར་གོ །ཞེས་གསུངས་པ་ལྟར། རྩོམ་ཡིག་གང་ཞིག་སྒྱུར་ཀྱང་སྒྱུར་པ་པོ་རང་རང་ལ་རྩོམ་དེ་གར་གོ་བ་ལེན་སྟངས་ཐུན་མོང་མ་ཡིན་པ་རེ་ཡོད་པས། སྒྱུར་ལུགས་སྒྱུར་སྟངས་ཀྱང་མི་འདྲ་བ་རེ་འབྱུང་ངེས་ཕྱིར། མིང་མཛོད་འདིའི་རིམ་འགྲེལ་དུ་གནམ་རིག་ས་ཁམས་དང་ནུས་ཁུངས། ཁོར་ཡུག་སྲུང་སྐྱོབ། སྒྲོག་ཆགས། སྐྱེ་དངོས། ཟས་རིགས། གྱོན་གོས། ཁྱིམ་ཆས། རོལ་ཆས། འཕྲུལ་ཆས། འགྲིམ་འགྲུལ་སོགས་རྒྱུན་བཀོལ་ཐ་སྙད་དང་བརྡ་ཆད་གསར་པ་མང་པོ་ཞིག་པར་རིས་ཀྱི་ལམ་ནས་ངོ་སྤྲོད་བྱས་

པར་ཁྱད་ཆོས་མང་པོ་ལྡན་ཏེ། ཆེད་ལས་ཡིག་སྒྱུར་པ་དང་སྐར་གྲོང་། ཟ་ཁང་དང་གསོས་ཁང་། རོང་འབྲོག་མང་ཚོགས་ཀྱིས་རང་གི་དགོས་མཁོ་ལྟར་སློབ་སྦྱོང་དང་བཀོལ་སྤྱོད་ཀྱི་རིན་ཐང་ཆེ་ཞིང་། བོད་ཀྱི་རིག་གནས་ཕུན་སུམ་ཇེ་ཚོགས་དང་དར་རྒྱས་གོང་འཕེལ་དུ་གཏོང་བར་དགེ་མཚན་ཆེན་པོ་ལྡན་ནོ། །

དཔྱད་གཞིའི་ཡིག་ཆ།

༡ ཚུལ་ཁྲིམས་བློ་གྲོས་ཀྱིས་གཙོ་སྒྲིག་མཛད། 《རྒྱ་བོད་དབྱིན་གསུམ་གསར་བྱུང་རིས་འགྲེལ་མིང་མཛོད་》[M] ༢༠༠༧ལོར་སི་ཁྲོན་མི་རིགས་དཔེ་སྐྲུན་ཁང་གིས་ཐེངས་དང་པོར་པར་དུ་བསྐྲུན།

༢ དགེ་གཉེན་གྱིས་གཙོ་སྒྲིག་མཛད། 《ལོ་ཙཱ་རིག་པའི་རྟོག་ཞིབ་》[M] ༢༠༡༣ལོར་མཚོ་སྔོན་མི་རིགས་དཔེ་སྐྲུན་ཁང་གིས་པར་དུ་བསྐྲུན།

༣ ཀྲུང་གོ་མི་རིགས་སྐད་ཡིག་ཡིག་སྒྱུར་ཅུས་བོད་ཡིག་ཁང་གིས་བསྒྲིགས། 《རྒྱ་བོད་བརྡ་ཆད་གསར་པ་》[M] ༢༠༡༡ལོར་མི་རིགས་དཔེ་སྐྲུན་ཁང་གིས་པར་དུ་བསྐྲུན།

༤ ཚུལ་ཁྲིམས་བློ་གྲོས་ཀྱིས་གཙོ་སྒྲིག་མཛད། 《རྒྱ་བོད་དབྱིན་གསུམ་གསར་བྱུང་རྒྱུན་བཀོལ་མིང་མཛོད་》[M] ༢༠༠༩ལོར་སི་ཁྲོན་མི་རིགས་དཔེ་སྐྲུན་ཁང་གི་པར་དུ་བསྐྲུན།

༥ 《སྐད་གཉིས་ཤན་སྦྱར་གྱི་ཉེར་མཁོའི་བརྡ་ཆད་དང་ས་མིང་མདོར་བསྡུས་བཞུགས་སོ་》[M] ༢༠༠༩ལོར་བོད་རང་སྐྱོང་ལྗོངས་བསླབ་གཞི་རྩོམ་སྒྲིག་ཁང་གིས་བསྒྲིགས་ཤིང་དཔར།

ངག་རིག་སྨྲ་བའི་ཁྲུ་མཆོག་རྟ་མགྲིན་མགོན་པོའི་ སྙན་ངག་བཀླུགས་པའི་སྙིང་ཚོར།

གཅིག

ལོ་རབས་ལྔ་བཅུ་བ་ནས་ད་ལྟའི་བར་ཆབ་སྲིད་ཀྱི་འགྱུར་བ་སྣ་ཚོགས་དང་འཚོ་བའི་དཀའ་ངལ་བཅས་རྐྱེན་ངན་གང་ཞིག་གིས་ཀྱང་གཅོད་ཐབས་བྲལ་བའི་ཁོང་གི་སྙན་རྩོམ་གྱི་ཆབ་རྒྱུན་རིང་མོ་དེ། གངས་དཀར་པོའི་འདབས་དང་སྤང་སྔོན་མོའི་འགྲམ་ངོགས་བརྒྱུད་ནས་འཁྲིང་སེམས་ཁྲོད་བསྐྱིལ་བའི་མེ་ཏོག་རྒྱན་དུ་འཛིན་ལ། སྙོན་མཛུག་གི་ལོ་མ་རྒྱབ་ཏུ་ཁུར་ནས་ཁ་བ་རི་བའི་བདེ་སྨྱུག་གླུ་རུ་ལེན་གྱིན། ཀྱུང་ཏྭ་འཛིན་མའི་ལྷོ་བར་འཁྱིལ་བ་ལས་གྲུགས་དཀར་ལྷབས་ཀྱི་མེ་ཏོག་ཕྱོགས་སུ་འཐོར།

གཉིས།

བགྲང་བྱ་བཞི་བཅུ་ལྷག་གི་རིང་ལ་དུས་དང་རྣམ་པ་ཀུན་ཏུ་ཁོང་གིས་བོད་ཀྱི་ལོ་རྒྱུས་ཞིབ་འཇུག་དང་གནས་བབས་རྟོག་དཔྱོད། མི་ཚེའི་ལས་དབང་ལ་བསམ་གཞིག་བཅས་བསམ་བློའི་མཚོན་བྱ་གཙོ་བོར་བཟུང་ཞིང་། བོད་མི་

རིགས་ཀྱི་འཚོ་བ་ལ་ཞིབ་དཔྱད་ཡང་དག་མཛད་དེ་སྔ་གཞུག་ཏུ་《མེས་རྒྱལ་》དང་། 《ཉི་འོད་》《གཙོས་ཁྲིམ་སྲུང་》《དཔྱིད་ཀྱི་སྨོན་འདུན་》《མཛེས་རིས་》《པོ་ཏ་ལ་》བཅས་སྙན་ངག་མང་པོ་ཞིག་གི་ནང་བོད་མི་རིགས་ཀྱིས་ལེན་པར་སྤྲོ་ཞིང་བཟོད་པར་མོས་པའི་སྙིང་ཁོང་གི་གླུ་དབྱངས་དེ་ཁོང་གིས་སྐད་གསང་མཐོན་པོས་གླུ་རུ་བླངས་ཤིང་། བོད་མི་རིགས་ཀྱི་མཛེས་དཔྱོད་དང་ཀུན་ནས་མཐུན་པ་དང་། གཏན་ཚིགས་ཀྱི་རྒྱ་བ་བརྟན་ཅིང་བརྗོད་བྱའི་གཞུང་རྟ་ཕྱོགས་སུ་གྲེས་པ། རྗོད་བྱེད་ཚིག་གི་གཡུ་ལོ་མཉེན་པར་ལྡེམ་པ་བཅས་སྒྱུ་རྩལ་གྱི་མེ་ཏོག་མཛེས་དགུར་བཞད་པའི་སྙན་ཚིག་དཔག་བསམ་ལྗོན་པའི་སྨིན་འབྲས་སྐྱེ་རྒྱུའི་དཔལ་དུ་འཛུམ་པའི་དགེ་མཚན་གྱིས། རང་རེའི་བོད་ཀྱི་སྙན་ངག་གི་བསམ་བློའི་ཁ་ཕྱོགས་ལ་མཛུབ་སྟོན་དང་། སྒྱུ་རྩལ་མཚོན་ཐབས་ཀྱི་ཆ་ལ་སྔ་ན་མེད་པའི་ཐབས་ལམ་གསར་པ་དཔེ་རུ་སྤེལ་ཞིང་། རྗོད་བྱེད་སྤྱི་སྐད་ཀྱི་འགྲོས་དང་མཐུན་པའི་སྒོ་ནས་རྒྱ་ཆེ་ཞིང་གཏིང་ཟབ་པའི་བརྗོད་བྱ་དེ་དཔྱིད་ཀྱི་རྫིང་བུར་གསེར་གྱི་ཉ་མོ་འཁྱུག་པ་བཞིན་གསལ་ལེར་མངོན་པ་སོགས་བོད་ཀྱི་སྙན་ངག་གི་དྲི་བསུང་གིས་ས་གསུམ་དབྱངས་ཀྱི་འཇིག་རྟེན་དང་མཚོ་བྱུང་ལྷ་མོའི་རྒྱུད་མངས་ཀྱང་རེ་ཞིག་རམ་འདེགས་ཀྱི་གནས་སུ་གྱུར་པས་ནི། རང་རེའི་གངས་ཅན་པ་སྤྱི་དང་ཁྱད་པར་དུ་ཙེ་ནའི་ཡུལ་གྱི་ངག་རིག་མཁན་པོ་དག་ཀྱང་མོས་གུས་དང་རྗེས་སུ་ཡི་རང་གི་གནས་སུ་གྱུར།

གསུམ།

འཛམ་གླིང་ན་མིང་དུ་གྲགས་པའི་ཆུ་བོ་ཆེན་པོ་རྨ་འབྲི་གཙང་གསུམ་གྱི་ཆུ་མགོ་གངས་དང་འབྲེལ་བ་ནང་བཞིན། རླབས་ཆེན་གྱི་བསམ་བློའི་འཁྲུངས་ཡུལ་ཡང་ཕུན་སུམ་ཚོགས་པའི་འཚོ་བའི་རྒྱུ་རྐྱེན་ལ་རག་ལས་ཡོད། དེ་བས་ངག་གི་དཔལ་ལ་མངའ་བརྙེས་པའི་སྙན་ངག་མཁན་ཁོང་ཉིད་ཀྱི་སྙན་རྩོམ་ལ་ཐོག་མཐའ་བར་གསུམ་དུ་མཛལ་བ་ལས་བོད་ཀྱི་འཚོ་བའི་གོམས་སྲོལ་དང་། ལོ་རྒྱུས་ཀྱི་དར་རྒྱུད། མཛེས་དཔྱོད་ལྟ་ཚུལ། སྐད་ཆའི་སྒྱུ་རྩལ། གནས་བབས་ལས་དབང་། བསམ་པའི་ཁྱེར་སོ། སྤྱི་ཚོགས་ཁོར་ཡུག་གི་འགྱུར་བ་སྣ་ཚོགས་བཅས་མི་རིགས་སྤྱིའི་ལས་དབང་ནི་ཁོང་གི་རླབས་ཆེ་བའི་བསམ་བློའི་སྒྱུ་གྲུར་གྱུར་པ་དང་། འཇིག་རྟེན་གནས་ལུགས་དང་ཀུན་ནས་མཐུན་ཞིང་གདན་ཚོགས་རིག་པའི་གཞུང་ལུགས་དེ་ཁོང་གི་སྙན་རྩོམ་གྱི་བསམ་བློའི་ཁ་ཕྱོགས་སྒྱུར་བའི་གྲུ་གཡོར་དུ་སྒྲེང་ལ། རྨད་དུ་བྱུང་བའི་སྒྱུ་རྩལ་གྱི་དོ་ཤལ་དེ་སྙན་རྩོམ་སྙིག་མོའི་མགུལ་རྒྱན་དུ་སྤྲས་པ་སོགས་སྙན་ངག་གི་བསམ་བློའི་སྲོག་ཤིང་དུ་གྱུར་པ་ནི། ཁོང་ཉིད་ཀྱི་བརྟན་བརྩིང་འགྱུར་བ་མེད་ཅིང་མི་ཤིགས་རྡོ་རྗེ་ལྟ་བུའི་མི་གཤིས་ཀྱིས་རྣམ་པར་གྲུབ་པ་སྟེ། སྒྱུ་རྩལ་པོ་ནའི་ཕྱིར་སྒྱུ་རྩལ་ལ་དུང་བ་མིན་ལ། བསྙེན་བཀུར་ཙམ་དང་རང་དོན་པོ་ནའི་ཕྱིར་སྙན་ངག་ལ་གཞོལ་བ་མ་ཡིན་པ། སྙན་གྲགས་དང་ཟང་ཟིང་པོ་ནའི་ཕྱིར་སྙན་ངག་ལ་མི་འདོད་བཙན་གྱིས་འཁྲིལ་བའང་མ་ཡིན་པར་བློ་ན་མཐོ་བའི་མི་གཤིས་བརྟན་

པོ་ཡིས། རྟག་ཏུ་རང་གི་མི་རིགས་དང་འགྲོ་བ་མིའི་རིགས་ཀྱི་ཡི་བདེ་སྡུག་དང་ལས་དབང་། འབྱུང་འགྱུར་བཅས་ལ་བསམ་བློ་གཏོང་ཏེ། ཞོགས་པའི་ཅོང་སྒྲ་བཞིན་མ་རིག་གཉིད་ལ་ཡེར་བའི་མི་རིགས་འདིའི་རྗོགས་པ་སད་པར་དགེ་མཚན་རྨད་དུ་བྱུང་བ་ཞིག་མངོན་ནོ། །

ཁ་བའི་ལྗོངས་ལ་ཕུལ་བའི་བརྩེ་སེམས།

——དཀོན་མཆོག་སྒྲ་དབྱངས་རྒྱ་མཚོ་དང་ཁོང་གི་རྩོམ་རིག་བརྩམས་ཆོས་མཚམས་སྦྱོར་མདོར་བསྡུས།

རྩོམ་པ་པོ་དཀོན་ལོའམ་མིང་གཞན་དཀོན་མཆོག་སྒྲ་དབྱངས་རྒྱ་མཚོ་ནི། ༡༩༥༨ལོར་བསང་ཀླུང་སྔོན་མོ་དལ་གྱིས་འབབ་པའི་ཉེ་འགྲམ་གྱི་བླ་བྲང་ཡུལ་ཚོ་ཀླུ་གྲགས་སུ་བར་སྐྱེས། ན་ཆོད་ཕྲ་མོ་ཉིད་ནས་ཀྱང་རིག་པ་གསལ་ཞིང་ཡི་གེ་སྦྱངས་པར་མོས་པས། ལོ་དགུའི་སྐྱེང་ཕ་རྒན་གྱིས་རྫོང་བོད་དམངས་སློབ་ཆུང་དུ་བསྐྱལ་ཏེ་བོད་རྒྱ་ཟུང་གི་ཡི་གེ་ལ་ཐོག་མའི་བག་ཆགས་བཞག ༡༩༨༨ལོར་རིག་གསར་གྱི་རྐྱེན་པས་རེ་ཞིག་རང་ཡུལ་དུ་ལོག་སྟེ་ངལ་རྩོལ་གྱི་ལས་ལ་ཞུགས། ཁོང་གིས་རང་འབྲིའི་འོས་འགན་དེ་འབད་པ་ཆེན་པོས་བསྒྲུབ་ཕྱིར། ༡༩༧༥ལོར་ཡུལ་ཚོ་སྲིད་གཞུང་དང་གོང་རིམ་གྱིས་ནུབ་བྱང་མི་རིགས་སློབ་གླིང་དུ་བསྐྱལ། ལོ་ངོ་གསུམ་གྱི་རིང་ལ་སྦྱངས་པ་ཟབ་མོ་བྱས་པ་ལ་གྲུབ་འབྲས་མངོན་གསལ་ཐོབ་པས། བོད་ཡིག་སློབ་སྐོར་གྱིས་སློབ་གླིང་དེ་གའི་དགེ་རྒན་བྱེད་པར་ཡང་ཡང་བསྐུལ་ཀྱང་ཁོང་གིས་འབྲོག་ཁུལ་གྱི་སློབ་གསོའི་བྱ་བཞག་གཅིགས་སུ་བཟུང་སྟེ། གོང་རིམ་ལ་རྨ་ཆུའི་སྤང་ལྗོངས་སུ་འགྲོ་རྒྱུའི་རེ་

བ་བརྟན། ༡༩༧༨ ལོར་བརྩེ་ཞེན་གྱིས་ཁེངས་པའི་རེ་འདུན་དེ་མངོན་འགྱུར་བྱེད་ཆེད་རྨ་ཆུའི་མཚོ་སྔོ་མ་ཡུལ་ཚོའི་སློབ་གྲྭར་སོང་། སློབ་གྲྭ་དེའི་སློབ་གཙོའི་འགན་ཁུར་ཏེ་གསར་དུ་འབུས་པའི་སྤང་ཐང་གི་སྨྱུ་གུ་བསྐྱངས། གཉིད་དུ་ཡུར་བའི་འབྲོག་ཐང་གི་རྣམ་ཤེས་སློང་བཞིན་དཔེ་ཁྲིད་ཀྱི་ཞོར་དུ་སྒྲུང་གཏམ་དང་ལྷུག་རྩོམ་མང་དུ་བྲིས་པར་བརྟེན། རྫོང་སློབ་གསོ་སྡེ་ཁག་གིས་ཁོང་གི་མི་རིགས་ལ་བཅངས་པའི་བརྩེ་སེམས་དང་འཛོན་ཐང་ལ་དམིགས་ཏེ། ༡༩༨༠ལོར་རྨ་ཆུ་རྫོང་བོད་རིགས་སློབ་འབྲིང་བོད་ཡིག་སློབ་དཔྱོད་ཁང་གི་འགོ་འཛིན་པར་བསྐོས། ༡༩༨༥ལོར་རྫོང་སྲིད་གཞུང་གིས་ཤེས་ལྡན་མི་སྣ་མཐོང་ཆེན་དང་ས་གནས་ཀྱི་དགོས་མཁོ་ལྟར་རྫོང་ཡིག་སྒྱུར་ཁང་གི་འགོ་འཛིན་པར་བསྐོས། གོང་རིམ་གྱི་རྒྱབ་སྐྱོར་དང་མི་དམངས་ཀྱི་རེ་འདོད་ལྟར་རྨད་དུ་བྱུང་བའི་སྒྱུ་རྩལ་གྱིས་ཁོང་གིས་སྲིད་གཞུང་གི་ཡིག་ཆ་སྣ་ཚོགས་སྒྱུར་བའི་ཞོར་ལ་ཕྱལ་དུ་བྱུང་བའི་ལྷུག་རྩོམ་མང་དུ་བརྩམས། བསྲུང་དང་འོ་དྲིས་ཁྱབ་ཅིང་མར་བཅུད་སྣུམ་པའི་ཁོང་གི་རྩོམ་རིག་བརྩམས་ཆོས་ལས་རྨ་ཀླུང་ཕྱུག་མོའི་ཁྱད་ཆོས་མཐོང་ཐུབ་ལ། གསོན་ཉམས་ལྡན་ཞིང་ཡིད་ཀྱི་དང་བ་འདྲེན་པའི་རྨད་བྱུང་སྒྱུ་རྩལ་གྱིས་ང་ཚོར་རེ་བ་བསྐྱེད་ཅིང་གསལ་འདེབས་ཀྱང་མང་པོ་གནང་། ལོ་ངོ་བཅུའི་རིང་ལ་ལྷབ་འགྱུར་གྱིས་རྩོམ་རིགས་ལ་དོན་གཉེར་བྱས་པའི་འབྲས་བུ་ལས་བོད་གངས་ཅན་གྱི་རྩོམ་རིག་གི་སྙིག་མོར་འཛའ་ཚོན་རྣམ་པར་བཀྲ་བའི་རྩོམ་གྱི་ནོར་བུས་བརྒྱན་ཞིང་རྨ་ཆུའི་སྤང་ཐང་ལ་བསུབ་ཏུ་མེད་པའི་ཞབས་རྗེས་ཀྱི་རི་མོ་བཀོད།

༡༩༨༨ལོའི་དཔྱིད་ཀར་གོང་རིམ་གྱི་ལས་བགོས་ལྟར་ཁོང་ཉིད་ཀན་ལྷོ་ཁུལ་རིག་རྩལ་ལྷན་ཚོགས་སུ་འོངས་ཏེ། 《ཟླ་ཐེར་》རྩོམ་སྒྲིག་ཁང་གི་ཀྲུའུ་རེན་གྱི་འགན་ཁུར་ཞིང་རྩོམ་སྒྲིག་གི་བགྱི་བ་དང་དུ་བླངས། སྔ་གཞུག་ཏུ་སྙིང་གཏམ་དྲུག་ཅུ་རེ་བཞི་དང་། སྙན་ཚིག་ལྔ་བཅུ་ལྷག ལྷུག་རྩོམ་སུམ་ཅུ་ལྷག སྙན་ཞུའི་རྩོམ་ཡིག་བཅུ་ཕྲག་ཅིག རྒྱང་བསྒྲགས་འཁྲབ་གཞུང་གསུམ་ལྷག་བརྩམས་ཤིང་། ཟློས་གར་གྱི་འཁྲབ་གཞུང་མང་དུ་བསྒྱུར་བ་དང་། ཆེད་རྩོམ་བདུན་ལྷག་བོད་ཀྱི་དུས་དེབ་དང་ཚགས་པར་སྣ་ཚོགས་ཀྱི་སྟེང་དུ་བཀོད་དེ་ཀློག་པ་པོ་མཐའ་ཀླས་པ་ཞིག་གི་རྒྱུད་ལ་བག་ཆགས་ཟབ་མོ་བཞག་ཡོད་པ་མ་ཟད། 《རྨ་ཆུ་ཁ་ཡི་ངང་ཕྲུག་》ཅེས་པར་ལྗོངས་ཞིང་ལྔའི་བོད་ཀྱི་རྩོམ་རིག་གསར་རྩོམ་གྱི་བྱ་དགའ་ཨང་གཉིས་པ་ཐོབ་པ་དང་། རྒྱལ་ཡོངས་བོད་ཁུལ་གྱི་སློབ་གླིང་དྲུག་གི་ཁྲིད་གཞི་སྟེ་《དེང་རབས་བོད་ཀྱི་རྩོམ་ཡིག་གཅེས་བསྡུས་》སུ་བདམས། 《ཕྱང་ལྗོངས་ཀྱི་གླག་ཕྲུག་》སོགས་སྙིང་གཏམ་བཞི་པོ་ཅན་མི་རིགས་དཔེ་སྐྲུན་ཁང་གིས་བསྒྲིགས་པའི་《གསར་བཞད་མེ་ཏོག་ཚོམ་བུ་》ཞེས་པའི་དེབ་དང་པོ་དང་གཉིས་པ་གསུམ་པའི་ནང་དུ་རིམ་པར་བདམས། སྙན་ཚིག་《དེང་དུས་ཀྱི་འབྲོག་ཐང་》ཞེས་པ་མཚོ་སྔོན་མི་རིགས་དཔེ་སྐྲུན་ཁང་གིས་བསྒྲིགས་པའི་དེང་རབས་བོད་ཀྱི་དཔེ་ཚོགས་དེབ་གསུམ་པ་《སྤྲིན་གྱི་སྒྲ་དབྱངས་》ཞེས་པར་བདམས། 《མཛུ་གུ་ལྔའི་རྩོད་གླེང་》སོགས་དམངས་ཁྲོད་ཀྱི་གཏམ་རྒྱུད་ཁག་ལྔ་《བོད་ཀྱི་དམངས་ཁྲོད་གཏམ་རྒྱུད་》ཅེས་པའི་དཔེ་དེབ་ཏུ་བདམས། 《གཟུ་ཚ་སྡེ་དགུའི་མཛེས་ལྗོངས་》སོགས་ལྷུག་རྩོམ་གསུམ་བོད་

ཀྱི་དེང་རབས་དཔེ་ཚོགས་སུ་བདམས། ཁོང་གི་རྩོམ་ཡིག་བཀླགས་ཙ་ན། འཚོ་བའི་གནས་ཚུལ་རྙོག་འཛིང་ཆེ་བ་ལས་ཚབ་བྱེད་ཀྱི་རང་བཞིན་ལྡན་པའི་དོན་རྐྱེན་དང་། མི། འཚོ་བའི་བརྒྱུད་རིམ་བཅས་གནད་དུ་བཟུང་སྟེ་ཧི་མ་ཧི་བཞིན་དུ་བྲིས་ཡོད་པས། བཀླགས་པ་ཙམ་གྱིས་རྩོམ་ཡིག་ཁྲོད་ཀྱི་སྣང་བརྙན་མཐའ་དག་མིག་ལམ་དུ་འཆར་ཡོང་བ་དང་ཁོའི་རྩོམ་ཡིག་རྣམས་ཐོག་མར་སྒྲུང་གཏམ་དང་ལྷུག་རྩོམ་ཞེས་དབྱེ་བར་མི་བྱ་སྟེ། ཕ་ཡུལ་གྱི་ལེའུ། གཉེན་དོན་གྱི་ལེའུ། ཟིན་བཀོད་ཀྱི་ལེའུ། མི་སྣའི་ལེའུ་བཅས་སུ་ཕྱེ་ན་ཤིན་ཏུ་འོས་པར་མཐོང་། རྩོམ་ཡིག་དེ་དག་གི་ནང་དུ། ཁོང་གིས་འཚོ་བ་དངོས་དེ་རྩོམ་ཉམས་བརྗོད་པའི་གཞི་རྩ་བྱས་ཤིང་། དེ་ནས་ཧྲུན་བྲལ་བདེན་པའི་ལུགས་ཀྱི་འབྲི་སྟངས་དང་། སྟེབ་ལེགས་སྤྲན་པའི་ཚིག་གི་ཕྲེང་བ། ཡིད་ཀྱི་བརྟན་པ་འཕྲོག་པའི་ཉམས་འགྱུར་སོགས་ལེགས་པར་སྤྱད་དེ་སྤྱི་ཚོགས་དང་འཚོ་བའི་ཆ་ལ་སྒྲོ་འདོགས་དང་སྐུར་འདེབས་ཅི་ཡང་མེད་པར་ཡི་གེའི་རི་མོའི་གཟུགས་སུ་བཀོད་ཡོད། ཁོའི་རྩོམ་གྱི་བརྗོད་བྱར་དུས་རབས་ཀྱི་ཁྱད་ཆོས་གཙོ་བོ་བཟུང་ཡོད་པས། ཀློག་པ་པོའི་ཡིད་ཀྱི་བུང་བ་འགུགས་པའི་སྦྲང་རྩི་དང་། ཁོའི་ཕ་ཡུལ་གྱི་ལེའུའི་ནང་དུ་ཕ་ཡུལ་བརྗོད་པའི་སྐབས་སུ། རྩོམ་པ་པོས་《ཕ་ཡུལ་དུ་འཁོར་བའི་བདེ་སྐྱིད་》དང་《སྙིང་ནས་དྲན་པའི་ཕ་ཡུལ་》ཞེས་པར། ཧང་གི་མི་རིགས་སྲིད་ཇུས་བཟང་པོས་མདུན་བསྐུས་ཏེ་སྔར་ཕ་ཡུལ་དང་བྲལ་བའི་ཕྱི་སྡོད་བོད་མི་སྤུན་ཟླ་ཀུན་སླར་ཡང་ཕ་ཡུལ་དུ་ལོག་ནས་ཕ་ཡུལ་དར་རྒྱས་སུ་སོང་བ་མཐོང་ཞིང་། ཕ་ཡུལ་ལ་བཅངས་པའི་རེ་འབྲས་མཐའ་དག་མ་ཚང་བ་མེད་པར་

སྨིན་པ་དང་། ཕ་ཡུལ་དྲན་པའི་སེམས་ལ་ངལ་གསོ་ཐོབ་ཚུལ་སོགས་མངོན་པར་མཚོན་ཡོད། ཟིན་བཀོད་ལེའུའི་ཁྲོད་དུ། རྩོམ་པ་པོས་དོན་རྐྱེན་དང་འཚོ་བའི་བརྒྱུད་རིམ་ཞིག་གཞིར་བཞག་བྱས་ཏེ་ཁོའི་འཚོ་བའི་ཁོར་ཡུག་དང་དེང་རབས་བོད་པའི་སྤྱི་ཚོགས་ཁྲོད་གནས་པའི་སྤྱི་ཚོགས་ཀྱི་གནད་དོན་སྐོར་མཚོན་ཡོད་དེ། དཔེར་ན། 《གསེར་ཆེན་ཐང་གི་རྩོད་གཞི་》ལས། རྩོམ་མཁན་གྱིས་བོད་ཡུལ་དུ་རྟས་རྩོད་གླེང་བྱེད་པའི་དམངས་ཁྲོད་ཀྱི་གནད་དོན་ལ་སེམས་རྩེ་གཅིག་གིས་དམིགས་ཤིང་། གཏམ་བརྗོད་ བློས་གར་གྱི་རྩོམ་ལུས་སྦྱུད་ནས་གསེར་ཆེན་ཐང་གི་ས་རྩོད་ཀྱི་གནས་ཚུལ་མཚོན་ཞིང་བརྩམས་ཆོས་འདི་གློག་པའི་དུས་སུ། མི་རྒྱུད་གཅིག་ནས་མཆེད་པ་ཀུན། །ཕན་ཚུན་འཁོན་ན་འགྱོད་པའི་རྒྱུ། །ཞེས་པའི་གནའ་མིའི་གཏམ་དཔེ་དེ་ངའི་སེམས་ལ་ངང་གིས་ཤར་ཡོང་ཞིང་། དེ་ལ་བརྟེན་ནས་ཅི་ཡིན་འདི་ཡིན་ལ་ངེས་པ་མེད་པའི་སྐྱོ་བའི་སྣང་བ་ཞིག་འགོག་མེད་དུ་སྐྱེས་པ་དང་། ངས་བལྟས་ན་དེ་ནི་རྩོམ་མཁན་གྱིས་གསར་རྩོམ་བྱེད་པའི་དམིགས་ཡུལ་ཉག་གཅིག་ཡིན་པར་སེམས། ཁོས་བརྩེ་བའི་སེམས་ཀྱིས་ཁ་ལོ་སྒྱུར་བའི་པིར་གྱིས་བོད་མི་སྤུན་ཟླ་རྣམས་ལ་རང་བཀུར་རང་གཅེས་དང་བློ་སེམས་གཅིག་མཐུན་ཡོང་དགོས་པའི་རེ་བ་བཏོན་ཡོད་པའོ། །

རྩོམ་པ་པོས་གཉེན་སྒྲིག་གི་སྲོལ་རྒྱུན་ལ་མཐའ་གཅིག་ཏུ་དགག་ཅིང་། སྤྱི་ཚོགས་ཀྱི་གོ་གནས་འདྲ་མཉམ་མིན་པར་ངོ་རྒོལ་དང་། རང་དབང་རང་འཐད་ཀྱིས་གཉེན་སྒྲིག་ལ་བསྟོད་བསྔགས་བྱས་ཡོད་དེ། དཔེར་ན་གཉེན་དོན་གྱི་ལེའུ་རུ། ཁོས་དུས་རབས་གསར་པའི་བུད་མེད་ཀྱི་ཁྱད་ཆོས་དང་། སྲོལ་རྒྱུན་ལ

ངོ་རྒོལ་བྱེད་པ། བསམ་བློ་གསར་པ་ལྡན་པ་བཅས་ཀྱི་བོད་ཀྱི་བུད་མེད་བྲིས་ཡོད་དེ། 《བཙོས་མིན་གྱི་བརྩེ་དུང་》དུ། རྩོམ་མཁན་གྱིས་ཁྱུལ་མི་རིགས་སློབ་གྲྭ་ནས་མཐར་ཕྱིན་པའི་བུ་མོ་སྒྲོལ་མས་རང་དབང་རང་འཐད་ཀྱིས་གཉེན་སྒྲིག་བྱེད་ཆེད། ཕ་མ་གཉིས་དང་བྲལ་ནས་དགའ་རོགས་བཀྲ་ཤིས་ཀྱི་རྗེས་སུ་འབྲངས་ཏེ་སོང་ཚུལ་བྲིས་ཡོད་པ་ལྟ་བུ་དང་། ཁོང་གི་མི་སྣའི་ལེའུའི་ནང་དུ་མིའི་སྤྱོད་ལམ་ག་གེ་མོ་ཞིག་འབྲི་བར་བརྟེན་ནས་མིའི་གཤིས་རྒྱུད་མཚོན་ཡོད་དེ་《སེམས་ཁོང་ནས་བརྗོལ་བའི་མཆི་མ་》ལས། གྲོང་ཁྱེར་དུ་འཚོ་བའི་མི་རྣམས་སེམས་ངན་ཞིང་རྒྱུད་སྡུག་པས། ཁོ་ཚོའི་བྱ་སྤྱོད་ཐོས་པ་ཙམ་གྱིས་སྐྱུག་བྲོ་བ་དང་རྣམ་སེམས་ཀྱིས་དབང་དུ་གྱུར་ནས་རྒོལ་ལན་སྤྲོད་ནུས་མེད་པའི་གཞོན་ནུ་མ་ཞིག་ལ་བཙན་ཐབས་དབང་གིས་གདུག་རྩུབ་སྣ་ཚོགས་སྤྱད་ཚུལ་དང་། ཁ་བ་ཅན་ནི་གྲོང་ཁྱེར་དང་རིང་ནས་བྲལ་ན་ཡང་། དེ་གར་བདེ་སྐྱིད་ཀྱི་འཚོ་བ་དང་ཡ་རབས་ཀྱི་སྒྲོལ་བཟང་ཡོད་པའི་ཁར་དེ་གའི་མང་ཚོགས་བྱམས་བརྩེ་ལྡན་ཞིང་གཞུང་རྒྱུད་དྲང་བ་གཞན་གཅེས་པར་འཛིན་ཞིང་དཔའ་སྙིང་ལྡན་པ། རྒྱུ་འབྲས་བརྩི་ཞིང་བབ་ཆགས་ཡིན་ཚུལ་མངོན་པར་མཚོན་ཡོད། གཞན་ད་དུང་《འཛུམ་མདངས་》《སྙིང་ནས་དྲན་པའི་ཕ་ཡུལ་》དང་《ཚོན་མདངས་རྣམ་པར་བཀྲ་བའི་དབྱངས་ཀྱི་འགྱུར་ཁུགས་》སུ་རྩོམ་མཁན་གྱིས་གསར་རྩོམ་བྱས་པའི་བརྒྱུད་རིམ་རྟོགས་ཐུབ་པ་མ་ཟད། བོད་ཁྱུལ་གྱི་སྤྱི་ཚོགས་དར་རྒྱས་སུ་སོང་བའི་བརྒྱུད་རིམ་ཡང་བདེ་བླག་ཉིད་དུ་རྟོགས་ཐུབ་པའོ། །

ཁོང་གི་ཕྱུལ་དུ་བྱུང་བའི་གསར་རྩོམ་བྱེད་སྟངས་ལ་ཡིད་དབང་འཕྲོག

པའི་ནུས་པ་དང་ཁྱད་པར་ཅན་གྱི་ཡོན་ཏན་ཞིག་ལྡན་པ་ཡིན་ཏེ། བསྐལ་བརྒྱར་གནས་པའི་ཕྱུལ་བྱུང་བརྩམས་ཆོས་ཁག་ཅིག་ནི་ སྣ་མང་རྣོག་འཛིང་གི་འབྲི་སྟངས་ལ་བརྟེན་ནས་སྒྱི་ཚོགས་དང་། འཚོ་བ། མི་གཤིས་དག་མཚོན་བཞིན་ཡོད་པའི་ཕྱིར། 《ཆང་》དང་《རྒྱུགས་མ་སྤྲད་གོང་གི་དྲན་ཆུལ་ཐོར་བུ་》《རླངས་འཁོར་ས་ཚིགས་ཀྱི་མཐོང་ཐོས་》《བློ་འགྱོད་》སོགས་ནི་རྩོམ་པ་པོའི་རྟོག་སྣང་ལ་བརྟེན་ནས་བྲིས་པ་ཞིག་ཡིན་ཞིང་། ཁོས་མི་རིགས་ལས་བྱེད་པའི་སྤྱོད་ལམ་དང་མི་གཤིས་བཅས་ཕྱིར་དྲན་བྱས་ཤིང་། ང་ཞེས་པའི་མིང་ཐོག་ནས་དུས་རབས་འདིའི་མི་རིགས་ཀྱིས་སེམས་ཁུར་བྱེད་ས་དང་འཚོལ་ཞིབ་བྱ་ཡུལ་དག་བྲིས་ཡོད་པས། བརྩམས་ཆོས་ཡང་ཡང་ཀློག་པར་འདོད་པའི་ཡིད་འཕྲོག་གི་ནུས་པ་ཞིག་མངོན་སུམ་དུ་མཆིས་པ་དང་། བརྩོན་པ་བརྒྱ་ཕྲག་ལྷུར་བླངས་པའི་གསར་རྩོམ་གྱི་ཁྱད་ཆོས་ཤིག་ཀྱང་ལྡན་པའོ། །དེ་ནི་དཀོན་མཆོག་སྐྲ་དབྱངས་རྒྱ་མཚོའི་བརྩམས་ཆོས་འབྲི་བའི་རྩོམ་གཤིས་ཀྱི་ཉམས་གསར་པ་ཞིག་དང་གསར་རྩོམ་བྱེད་སྟངས་ཤིག་ཀྱང་ཡིན་པར་སེམས།

ཁོང་ཉིད་ཀྱིས་ལོ་མང་པོར་གསར་རྩོམ་གྱི་ལས་ལ་བརྩོན་པ་ལྷུར་བླངས་པའི་འབྲས་རྟགས་སུ་ལྷུག་རྩོམ་《རྨ་ཆུ་ཁ་ཡི་ངང་ཕྲུག་》ལ་ལྡོངས་ཞིང་ལྷའི་བོད་ཀྱི་རྩོམ་རིག་གསར་རྩོམ་གྱི་བྱ་དགའ་ཨང་གཉིས་པ་ཐོབ་ཅིང་། དེ་མིན་སྤྲུང་གཏམ་《ཞེ་སེམས་སྡུག་པའི་གཉེན་སྟོན་》ལ་ཐེངས་དང་པོའི་《ཟླ་ཟེར་》རྩོམ་སྒྲིག་ཁང་གི་གསར་རྩོམ་གྱི་བྱ་དགའ་ཨང་དང་པོ་ཐོབ་པ་དང་། སྤྲུང་གཏམ་《གསེར་ཆེན་ཐང་གི་རྩོད་གཞི་》ལ་ཀུན་སྲུའུ་ཞིང་ཆེན་གྱི་སྐབས་དང་པོའི་

དུས་དེབ་མཚམས་འབྲེལ་གྱི་ཕུལ་བྱུང་རྩོམ་ཡིག་གི་བྱ་དགའ་ཐོབ། སྒྲུང་གཏམ་《ཚང་》ལ་ཀན་ལྷོ་ཁུལ་གྱི་སྐབས་གཉིས་པའི་སྐལ་བཟང་མེ་ཏོག་གི་བྱ་དགའ་ཐོབ། སྒྲུང་གཏམ་《སྡུག་འབྲས་》ལ་ཀན་སུའུ་ཞིང་ཆེན་མི་རིགས་གྲངས་ཉུང་གི་ཕུལ་བྱུང་བྱ་དགའ་ཐོབ། རྒྱང་བསྒྲགས་འཁྲབ་གཞུང་《གསེར་ཆེན་ཐང་གི་རྩོད་གཞི་》ལ་རྒྱལ་ཡོངས་ཐེངས་བཅུ་བའི་བོད་སྐད་རྒྱང་བསྒྲགས་རྩོམ་རིག་གི་བྱ་དགའ་ཨང་དང་པོ་དང་། 《སྡུག་འབྲས་》ཞེས་པའི་འཁྲབ་གཞུང་ལ་རྒྱང་བསྒྲགས་རྩོམ་རིག་གི་བྱ་དགའ་ཨང་གསུམ་པ་ཐོབ། སྒྲུང་གཏམ་《ཕ་ཡུལ་དུ་བྱུང་བའི་གཏམ་རྒྱུད་》ལ་རྒྱལ་ཡོངས་ཀྱི་གངས་ཅན་རྟགས་མའི་བྱ་དགའ་ཐོབ། འཁྲབ་གཞུང་《གསེར་གཞུང་ཐང་》ཞེས་པར་ཀན་སུའུ་ཞིང་ཆེན་ཏང་ཨུ་དང་སྲིད་གཞུང་གི་རིག་རྩལ་རྟགས་མའི་བྱ་དགའ་ཐོབ། གཞན་ཡང་ས་གནས་རིམ་པའི་བྱ་དགའ་ཁ་ཤས་ཐོབ་ཀྱང་འདིར་རེ་རེ་བཞིན་བརྗོད་ན་མང་བར་དོགས་ཏེ་མཚོན་བྱེད་ཙམ་ཞིག་ཡི་གེའི་རི་མོར་བཀོད་པའོ། །

གཞན་ཡང་བསྒྱུར་རྩོམ་ལེའུ་གསུམ་ཅན་གྱི་མུ་འབྲེལ་བརྙན་འཕྲིན་ཟློས་གར་《ཤམ་བྷ་ལར་བསྐྱོད་པ་》ཞེས་པ་ལན་ཛུ་གློག་བརྙན་པར་སྐྲུན་བཟོ་གྲྭས་ཕབ་སྐྲུན་བྱས། ཁོང་གི་སྒྲུང་གཏམ་ཕྱོགས་བསྒྲིགས་《གངས་ལྗོངས་ལ་ཕུལ་བའི་ལེགས་སྐྱེས་》དང་། ལྷུག་རྩོམ་ཕྱོགས་བསྒྲིགས་《རྩྭ་ཐང་ལ་བཅངས་པའི་བརྩེ་སེམས་》 སྙན་རྩོམ་ཕྱོགས་བསྒྲིགས་《གངས་རི་ལ་བཅོལ་བའི་རྣམ་ཤེས་》ཞེས་པ་དེ་ཀན་སུའུ་མི་རིགས་དཔེ་སྐྲུན་ཁང་གིས་པར་དུ་བསྐྲུན་ནས་འགྲེམ་སྤེལ་བྱས།

ད་ལྟ་ཁོང་ཉིད་ཀྱང་གོའི་མི་རིགས་གྲངས་ཉུང་རྩོམ་པ་པོའི་མཐུན་ཚོགས་དང་ཀྱང་གོའི་སྣན་ཞུའི་རྩོམ་རིག་མཐུན་ཚོགས། ཀན་སུའུ་ཞིང་ཆེན་གྱི་རྩོམ་པ་པོའི་མཐུན་ཚོགས་ལ་སོགས་ཀྱི་མཐུན་ཚོགས་དགུའི་ནང་དུ་ཞུགས་ཡོད་པ་མ་ཟད། ཁོའི་ལོ་རྒྱུས་མདོར་བསྡུས་རེ་སྤྱ་གཞུག་ཏུ《ཀྲུང་གོའི་རྩོམ་རིག་པ་དང་སྒྱུ་རྩལ་པའི་མིང་མཛོད་》《ཤར་ཕྱོགས་རྒྱལ་སྤྱིའི་མི་སྣ་གྲགས་ཅན་གྱི་མིང་མཛོད་》《ཀྲུང་གོའི་རྩོམ་རིག་མཁན་པོའི་དེབ་ཐེར་》ལ་སོགས་ཀྱི་མིང་མཛོད་བཅུའི་ནང་དུ་བདམས་ཡོད།

སྤྱིར་ཁོ་ལ་མཆོན་ན་མཁས་པའི་དབང་པོ་ཆེ་ཧན་ཞབས་དྲུང་མཆོག་གིས་གསུངས་པའི་ཤེས་བྱའི་རི་འགོར་འཛེག་ཐུབ་མིན་དེ་བརྩོན་འགྲུས་ཡོད་མེད་ལ་རག་ལས་ཡོད་ཅེས་པ་ནི་དྲི་མ་མེད་པའི་ལེགས་བཤད་ཅིག་ཡིན་ནོ། །

ཟུར་ལྟའི་དཔེ་དེབ།

པདྨ་འཚོ། 《དུས་རབས་ཀྱི་འཕར་རྩ་》[M]པེ་ཅིན། མི་རིགས་དཔེ་སྐྲུན་ཁང་། ༡༩༩༩.༡༢ ཤོག་གྲངས༢༧པར།

དཀོན་མཆོག་སྒྲ་དབྱངས་རྒྱ་མཚོ། 《གངས་ལྗོངས་ལ་ཕྱུལ་བའི་ལེགས་སྐྱེས་》[M]ལན་ཀྲུ། ཀན་སུའུ་མི་རིགས་དཔེ་སྐྲུན་ཁང་། ༢༠༡༢.༥ ཤོག་གྲངས༡༢པ།

གསར་གཏོད་ཀྱི་རྐང་སྟབས་ལ་ཉམས་འགྱུར་རྫོགས། །
ཤེས་རྟོགས་ཀྱི་བསམ་བློ་ལ་འོད་སྣང་འཚེར། །

——ལྷ་རྒྱལ་ཚེ་རིང་གི་སྨན་དཔག་གི་བསམ་བློ་དང་སྐྱུ་རྩལ་ཁྱད་ཆོས་མདོ་ཙམ་གླེང་བ།

སྨན་གྲགས་ཀྱི་དབྱར་རྔ་ཕྱོགས་སུ་ལྡིར་ཞིང་། བོད་ཀྱི་རིག་གནས་སློབ་གསོ་དང་རྩོམ་རིག་སྒྱུ་རྩལ་ལ་མཛད་རྗེས་ཆེ་བའི་སྨན་དཔག་པ་རྐན་ལྷ་རྒྱལ་ཚེ་རིང་མཆོག་དང་། ཁོང་ཉིད་རྣམ་པར་བརྒྱུད་པའི་རྩོམ་རིག་གསར་རྩོམ་གྱི་བཤུལ་ལམ་དང་། ཁོང་ཉིད་ཀྱིས་ལེགས་པར་བརྩམས་པའི་ཁྱད་མཚར་སྨན་དཔག་རྣམས་མཚམས་སྦྱོར་མདོ་ཙམ་བྱའོ། །

ཁ་བ་རི་བོའི་དེང་རབས་སྨན་དཔག་གིས་བགྲང་བྱ་བཅུ་ཕྲག་ལྔག་ལ་སྨད་བྱུང་ཉིན་བྱེད་ཀྱི་འོད་སྣང་སྣེག་བཞིན། རིག་པའི་ཆུ་གཏེར་ལ་ཐྲ་རླབས་བསླངས་པས། གངས་ལྗོངས་ལ་མཚར་སྡུག་བསྐྲུན་ཅིང་རི་ལུང་གི་སྟོང་འཛུགས་ཀྱང་དཀྲུགས་བྱུང་། རང་རེའི་དེང་རབས་སྨན་དཔག་པ་ལྷ་རྒྱལ་ཚེ་རིང་ལགས་ནི། ད་ལྟ་ཀན་སུའུ་མི་རིགས་དགེ་འོས་སློབ་གྲྭ་ཆེན་མོ་རུ་བོད་ཀྱི་རྩོམ་རིག་ལོ་རྒྱུས་འཆད་ཁྲིད་མཛད་པའི་སློབ་དཔོན་དང་། སློབ་གྲྭ་དེ་གའི་བོད་རྒྱ་སྐད་གཉིས་སློབ་གླིང་གི་འགོ་ཁྲིད་ཀྱི་འགན་བཞེས་ཤིང་། ཀྲུང་གོ་མི་རིགས་

གྲངས་ཉུང་རྩོམ་པ་པོའི་མཐུན་ཚོགས་ཀྱི་ལས་འཛིན། ཀན་སུའུ་ཞིང་ཆེན་རྩོམ་པ་པོའི་མཐུན་ཚོགས་ཀྱི་ཚོགས་མི་བཅས་ཡིན། ལོ་རབས་བརྒྱད་ཅུ་བའི་དུས་དཀྱིལ་ནས་བཟུང་ཁོང་ཉིད་རྩོམ་རིག་གསར་རྩོམ་གྱི་ལས་ལ་གཞོལ་ཏེ། སྙན་ངག་དང་སྙིང་གཏམ། ལྷུག་རྩོམ་དང་དཔྱད་རྩོམ་སོགས་གསར་རྩོམ་གང་མང་ཞིག་བོད་ཁམས་ཀྱི་དུས་དེབ་སྣ་ཚོགས་ཀྱི་སྟེང་དུ་བཀོད་ཅིང་། སྙན་ངག་དང་ལྷུག་རྩོམ་མི་ཉུང་བ་ཞིག་སློབ་འབྲིང་དང་སློབ་གྲྭ་ཆེན་མོའི་བསླབ་དེབ་ཏུ་འདེམས་ཡོད་པ་དང་། ཁོང་ཉིད་ཀྱི་སྙན་ངག་གཅེས་བསྡུས《སྐྱ་རེངས་ལྷ་མོའི་འབོད་བརྡའ》ཞེས་པ་དེ་༡༩༨༨ལོར་ཀྲུང་དབྱང་མི་རིགས་དཔེ་སྐྲུན་ཁང་གིས་པར་བསྐྲུན་འགྲེམ་སྤེལ་མཛད། བགྲང་བྱ་བཅུ་ཕྲག་ལྷག་གི་རིང་ལ། ཁོང་ཉིད་ཀྱིས་མི་ཕྱེད་སྤྲོ་བ་ཆེན་པོ་དང་བརྟུན་པ་ཆེན་པོས་ཐོས་བསམ་དང་འཚོལ་སྙེག་བགྱིས་ལ། རྩོམ་དཔྱོད་དང་ལྷུར་ལེན་མཛད་པས་ན། རྩོམ་རིག་གསར་རྩོམ་ལ་འབྲས་བུ་གཡུར་དུ་ཟ་བ་བླངས་ནས་རྣམ་དཔྱོད་མཆོག་ཏུ་ཡངས་པའི་ཀློག་མཁན་བྱེ་བས་བསྔགས་བརྗོད་ཀྱི་མེ་ཏོག་འཐོར་ཞིང་། ལྗོངས་ཞིང་ལྷའམ་ཞིང་ཆེན་ཕྱི་ནང་གི་རྩོམ་རིག་བྱ་དགའ་ཐེངས་བཅུ་བཞི་ཐོབ་མྱོང་བ་དང་། ཁོང་ཉིད་ནི་གངས་ལྗོངས་དེང་རབས་ཀྱི་ཡུལ་དུ་བྱུང་བའི་སྙན་ངག་པའི་ཁྲོད་ཀྱི་སྙན་ངག་པ་གཅིག་ཡིན།

ལྷ་རྒྱལ་ཚེ་རིང་ལགས་ཀྱིས་བརྩམས་པའི་སྙན་ངག་གི་བརྗོད་དོན་ཕུན་སུམ་ཚོགས་ཤིང་རྣམ་པ་གསར་པར་མངོན་པ་ཞིག་ཡིན་ཏེ། སྲོལ་རྒྱུན་སྙན་ངག་གམ་བཅིངས་པའི་སྙན་ངག་གིས་རྣམ་པར་བརྩམས་པའི་སྙན་ངག་རྣམས་ནི་

སྦེབ་ལེགས་ཤིང་སྦྱོར་མཛེས་ལ། བརྗོད་ལེགས་ཤིང་དོན་ཟབ་པ་དང་། སྦོན་མེད་སྙན་ངག་གི་རང་མདངས་གསར་པ་ཞིག་དང་དབྱངས་འགྲོས་སྙན་མོ་ཞིག་རང་བྱོན་དུ་ཐོན་འདུག་ཕྱིར། བསྒྲུགས་པས་རྣར་འཇེབས་ཤིང་། བསམ་པས་ཡིད་འཕྲོག་པ་ཞིག་ཡིན་ཏེ། དཔེར་ན། 《དྲི་བཞོན་བུ་མོའི་གླུ་དབྱངས་》ལས།

ནམ་མཁའ་དྭངས་པའི་ནངས་མོ་དེ་ལ་ཁྱོད་ཀྱིས་སྐྱ་
རེངས་ཉེར་ཁྲིད་ཅིང་། །
རང་སྣང་སྐྱིད་པའི་གོམ་སྟབས་སྒྱུར་བཞིན་སྤང་
ལྗོངས་སྔོན་མོར་བྱོན་པའི་ཚེ། །
མདང་སུམ་རྨི་ལམ་ངན་པ་རྨིས་ནས་གདོང་ལ་
མཆི་མ་འཇོན་པ་ཡི། །
མེ་ཏོག་བྱེ་བ་དལ་བུར་སྒྲུལ་བཞིན་ཞི་འཛུམ་
ངག་གིས་འབོད་པ་བཞིན། །

ཞེས་པ་ལྟ་བུ་དང་། ཡང་ན། 《འདབ་དྲུག་འཛུམ་པའི་མེ་ཏོག་》ལས།

རབ་དཀར་འདབ་མ་དྲུག་ཏུ་དགོད་པའི་དགུན་
གྱི་མེ་ཏོག་ལྷབ་ལྷུབ་སྐྱོད། །
རྒྱང་དུ་འཐེན་པའི་བཤུལ་ལམ་ཡོད་ཚད་དུང་མདོག་
ཁྲོད་དུ་རྩུད་ནས་ཡལ། །
ལམ་དུ་སྐྱོད་པའི་རྐང་མཐིལ་དག་ལས་ཐྲིག་ཐྲིག་
རྫོགས་སྒྲ་སྙན་པར་གྲག །

ཅེས་དང་། 《མཚོ་བྱུང་ལྷ་མོ་ལས་རིན་ཆེན་རྒྱུད་མངས་གཡར་རྫེས་》 ཞེས་པ་ལས།

གཙང་པོའི་འཁྲམ་དུ་མེ་ཏོག་འཁྲེམ་ཞིང་འཁྲེམ་
ཞིང་དཔྱིད་ཀྱི་རྒྱལ་མོ་སླེབས་བྱུང་བས། །
ཀྱེ་ཀྱེ་མཚོ་བྱུང་ལྷ་མོ་ཉིད་ཀྱི་རྒྱུད་མངས་ལན་གཅིག
བདག་ལ་གཡར་བར་མཛོད། །
དར་ལས་གྲོལ་བའི་དགོད་སྒྲ་ལྷང་མྱུག་ཁྲོད་དུ་སྒྲོག་
པའི་རྒྱུ་བོའི་རང་དབང་འདི། །
ནགས་ཚལ་ཁོང་གསེང་དག་ཏུ་སད་པའི་སྤྱུ་སྤྱུག་
འདབ་ཆགས་བྱེ་བའི་གསོག་འགྱུར་འདི། །
ལྗོ་ནས་འོངས་ཏེ་དགའ་མའི་སྒྲ་ལོ་སྐྱོད་པའི་
ཞི་འཇམ་རླུང་གི་བརྩེ་ཞེན་འདི། །
ཁྲི་ཤོར་རྒྱལ་མོའི་འཇིངས་སུ་སྐན་ངག་བཞིན་དུ་འཁྱོ་
བའི་སྤྲིན་པའི་གར་སྟབས་འདི། །
མཉེན་ལྷུག་སོར་མོས་རྒྱུད་སྐུད་སྐན་པར་སྦྲེང་བཞིན་
བདག་གིས་དྲུག་འགྱུར་གླུ་རུ་ལེན། །

ཞེས་གོང་གི་སྐན་ངག་རྣམས་ཀློག་འདོན་དང་རོལ་མོང་བྱས་ཆེ་བོད་གངས་ཅན་གྱི་དེང་རབས་སྐན་ངག་གི་མཛེས་པའི་ཉམས་སྣང་གསར་པ་ཞིག་རིག་པའི་དཔལ་དུ་སྟོལ་བ་དང་། སྐན་འགྱུར་ཇོགས་པའི་དབྱངས་འགྲོས་

གསར་པ་ཞིག་གིས་ཡིད་ཀྱི་མཚོ་མོར་སྒྲོ་བའི་རླབས་ཕྲེང་འཕྱོ་བར་མཛད།

དེང་རབས་སྙན་ངག་པ་ལྷ་རྒྱལ་ཚེ་རིང་གིས་བརྩམས་པའི་རང་གྲོལ་སྙན་ངག་ལ་ཐུན་མོང་མ་ཡིན་པའི་དགེ་མཚན་གསར་པ་ཞིག་ལྡན་ཕྱིར། ང་ཚོ་ལ་ཁྱད་དུ་མཚར་ཞིང་སྤྲོ་ན་མེད་པའི་ཚོར་སྣང་གསར་པ་ཞིག་དང་ལྷན་སྐྱུག་ཅིང་ཡིད་ལ་འཐད་པའི་མཛེས་སྣང་ཡང་ཡང་བསྐྱེད་ཡོང་།

དེ་ནི་ཁོང་ཉིད་རྩོམ་རིག་སྒྱུ་རྩལ་ལ་སྦྱངས་སྟོབས་ཆེ་བ་དང་། སྙན་ངག་གི་སྟེབ་སྦྱོར་ལ་ཀུན་ནས་བྱང་བར་གྱུར་པས་ན་ད་གཟོད་ཁོང་ཉིད་ཀྱི་སྙན་ངག་དེ་དག་ཆུ་བོ་བཞུར་བཞུར་དུ་ཤར་མར་ཐོན་ཏེ་རང་བཞིན་ལྷུན་གྱིས་མཛེས་པར་གྲུབ་པ་ཡིན། དཔེར་ན། 《གླུ་གཞས་》ཞེས་པ་ལས།

གདོད་མ་ནས་བཞུར་འོང་བའི་གླུ་གཞས།
སྤྲར་བཞིན་ཆུ་རྒྱུན་ཁྲོད་ན་འགྱུར་ཁུག་རྩེན།
སྙན་པར་གྱེར་བའི་གླུ་གཞས་ཀྱི་གདངས་དབྱངས་ཁྲོད།
ཁོད་སྙོམས་ཞིང་ལ་བཏབ་པའི་ནས་ལ་སྐྱེ་མ་འབྱུས།
ཆོ་འཛུམ་གནག་པའི་ཆུ་འཛིན་གྱི་འོག་རོལ་ནས།
གསང་མཐོ་བའི་གླུ་གཞས་ཀྱིས་ཉིན་བྱེད་ལ་རེ་སྨོན་བརྗོད།
ཟོར་བ་ལྟར་རིད་པའི་ཟླ་གམ་གྱི་མཐའ་འཁོར་ན།
གླུ་གཞས་ཀྱིས་གཏོར་བའི་རྟ་ལ་ཆུ་ལམ་ལམ་འཚེར།
སེམས་ཀྱི་དགའ་སྐྱོ་གླུ་གཞས་ཀྱི་ཁྲོད་དུ་འཕྱོ།
ལོ་ཟླའི་ཆུ་རྒྱུན་གླུ་གཞས་ཀྱི་ཁྲོད་ན་བཞུར།

བརྩེ་ཞེན་གྱི་སྙིང་ལ་བཟོས་པའི་རྨ་ཁའི་ན་ཟུག

དགུན་གྱི་གླུ་གཞས་ཁྲོད་ན་ཁྲག་ཏུ་བཞུར།

འདས་ཟིན་པའི་ངོ་མཚར་གཏམ་རྒྱུད།

ཐོབ་ཅིང་ཤོར་བའི་བདེ་སྐྱིད་འཚོ་བ།

ལྷུང་ལ་བཅིབས་པའི་གླུ་གཞས་སུ་བསྒྱོངས་ཏེ།

རྒྱང་དུ་ཕྱིན། ང་ཚོ་དང་རིང་དུ་གྱེས།

དཔའ་རྒོད་རྗེས་སུ་དྲན་པའི་གླུ་གཞས།

དགུན་གྱི་ཁ་བས་ཡང་ཡང་འགེབས།

དབྱིད་ཀྱི་དཔལ་ཡོན་སྤྲོན་པའི་གླུ་གཞས།

འཁྲུགས་རོམ་རྒྱ་ལས་གྲོལ་བའི་གཙང་ཆུར་བསྒྱུར།

སྨིན་ལྷར་དཀར་བའི་ལུག་ཁྱུ་གླུ་གཞས་ཀྱི་ཁྲོད་དུ་འཕྱུར།

གསེར་ལྷར་འཚེར་བའི་ལོ་ཏོག་གླུ་གཞས་ཀྱི་ཁྲོད་དུ་འབར།

ཀྱི། གླུ་གཞས་ཀྱི་ཁྲོད་དུ་དུས་ཚིགས་སྤུར་བཞིན་བཞུར།

ང་ཚོའང་གླུ་གཞས་ཀྱི་རྩུལ་གྱིས་ཉིན་བཞིན་རྒྱང་དུ་ཆས།

ཞེས་པ་ལྟ་བུར་མཚོན་ན། སྙིང་དུ་སྡུག་པའི་ཡིད་ཀྱི་འགྱུར་བག་དང་། དང་བ་འདྲེན་པའི་ལྷུད་མེད་བརྩེ་དུངས། མཛེས་སྡུག་ཇོགས་པའི་ཉམས་སྣང་སྣ་ཚོགས་བཅས་ལ་རྟམ་པར་བརྟེན་ནས་མི་རིགས་ཀྱི་འདས་ཟིན་དང་། ད་ལྟ། འབྱུང་འགྱུར་བཅས་དུས་གསུམ་དང་། མི་རིགས་དར་རྒྱུད་ཀྱི་དུས་ཚོད་དང་བར་སྣང་ཚད་མཐོན་པོས་གཅིག་བསྡུས་བྱས་ནས། མི་རིགས་ཀྱི་དགའ་སྐྱོ

ཆགས་སྣང་དང་། མི་རིགས་ཀྱི་ཕྱུགས་བསམ་རི་འདུན་མངོན་པར་མཚོན་ཡོད་པས། ཡིད་ཀྱི་ཆུ་མཚོ་རུ་བརྩེ་བའི་རྦ་རླབས་འཁྱིལ་པར་བྱེད།

སྙན་ངག་པ་ལྷ་རྒྱལ་ཚེ་རིང་ལགས་ནི་ཉམས་དམས་སུ་གྱུར་པའི་ལོ་རྒྱུས་ཀྱི་གྲུང་ཆག་ཁང་རལ་ཁྲོད་དུ་རྟོགས་པ་སད་དེ། མེས་རྒྱལ་གྱི་མངའ་ཁོངས་ན་འཚོ་ཞིང་གནས་པའི་མི་རིགས་ཀྱི་དར་རྒུད་དང་ཆགས་འཇིག ད་ལྟའི་གནས་བབས་སམ་མ་འོངས་པའི་མདུན་ལམ་བཅས་ལ་དུས་རྟག་ཏུ་མནོ་བསམ་དང་ཐུགས་ཁུར་མཛད་པའི་རྟོགས་ལྡན་ཞིག་ཡིན་ཕྱིར། ཁོང་གི་སྙན་ངག་ཁྲོད་ན་མི་རིགས་ལ་དགའ་ཞེན་ཆེ་བ་དང་། མེས་རྒྱལ་ལ་བརྩེ་ཞེན་ཆེ་བའི་བསམ་བློའི་འོ་མཚོ་རྟག་ཏུ་འཁྱིལ་ཞིང་མཆིས་ལ། ཁོང་གི་སྙན་ངག་ཏུ་མི་རིགས་ཀྱི་སྨད་བྱུང་སྙིང་སྟོབས་མངོན་པར་མཚོན་པ་དང་། མི་རིགས་རིག་གནས་ཀྱི་འོད་ཟེར་ལམ་ལམ་འཕྲོ། དཔེར་ན། 《རི་འབོད་》ཅེས་པ་ལས།

འཚོ་བའི་ཆུ་གཏེར་འཛིངས་སུ་འཕོ་འགྱུར་
རླབས་ཕྲེང་འཁྲོ་ནའང་། །
སྙིང་བར་ཞེན་པའི་རྣམ་ཤེས་ཁྱོད་ཉིད་ཅི་
ལ་མི་སྐྱེལ་ལམ། །
རྟོགས་ལྡན་སྙན་ངག་མཁན་པོས་དྲན་སྐུལ་
ཅོང་ཆེན་བརྡུངས་ནའང་། །
གཉིད་དུ་ཡུར་བའི་གངས་ལྗོངས་ཁྱོད་
ཉིད་ཅི་ལ་མི་སད་དམ། །

ཞེས་པ་དང་། 《སྐྱ་རེངས་ལྷ་མོའི་འབོད་བརྡའ་》ལས།

གསེར་གྱི་རྒྱ་ཕིབས་སྨུག་མུན་ཁམ་དུ་ཟ་བའི་གྲོགས་

སུ་ཉེར་སྦྲན་ཏེ། །

བདག་གིས་བྱེ་འདབ་བརྒྱན་པའི་དངུལ་གྱི་དྲིལ་བུ་

དཀྲོལ་ཞིང་འོངས། །

སྔོ་བསངས་མཁའ་ལམ་བསྒྲིབས་པའི་སྤྲིན་གྱི་སེང་

རས་ཀུན་ནས་བསལ་མཛད་དེ། །

བདག་གིས་གཟེབ་ཏུ་རྩུད་པའི་ཞི་བདེའི་ཕྱུག་རོན་

གཏོང་ཞིང་གཏོང་ཞིང་འོངས། །

ཞེས་བརྗེ་བ་ཆེན་པོས་རེ་འབོད་མཛད་ཅིང་། རེ་བ་ཆེན་པོས་རིག་དར་གྱི་ལམ་དུ་སྐྱེལ་བ་དང་། དེ་ཡང་ནམ་མཁའི་མཐའ་ནས་སྣན་པར་གྲག་འོང་བའི་དཔྱིད་ཀྱི་ལྷང་ལྷང་འབྲུག་སྒྲ་བཞིན་རི་གླུང་གཉིད་ལས་དཀྲོགས་པར་བྱེད་ཅིང་། རྒྱ་མཚོའི་ཀློང་ནས་བརྒྱུད་མར་འཕྱུར་འོང་བའི་རླབས་ཀྱི་ཕྲེང་བ་བཞིན་སེམས་པའི་འགྲམ་དང་ཡིད་ཀྱི་ངོགས་སུ་ཤུགས་ཀྱིས་རྡེབ་ཅིང་རྡེབ་བྱུང་བས། ཡིད་ཀྱི་བྲིངས་རྨུགས་བསང་བར་མཛད་ལ། ཅི་ཞིག་གསར་དུ་རྩོམ་དགོས་པའི་སྐུལ་མ་གཏོང་ངོ་། །སྙན་ངག་པ་ལྷ་རྒྱལ་ཚེ་རིང་ལགས་ནི༡༩༤༥ལོར་ནུབ་བྱང་མི་རིགས་སློབ་གྲྭ་ཆེན་མོ་ནས་སློབ་མཐར་ཕྱིན་པ་ནས་བཟུང་སློབ་གྲྭ་ཆེན་མོའི་སློབ་གསོ་དང་ཞིབ་འཇུག་བདག་དམ་གྱི་ལས་ཀར་རྩེ་གཅིག་ཏུ་གཞོལ་བ་ཡིན་ཞིང་། དུས་དང་རྣམ་པ་ཀུན་ཏུ་ཏང་གི་མི་རིགས་སློབ་གསོའི་ལས་དོན་

ལ་བློ་སེམས་དཀར་ཞིང་བརྩོན་སེམས་ཆེ་བའི་ཕྱུལ་བྱུང་ཆེད་ལས་མི་སྣ་དང་འགོ་ཁྲིད་ལས་བྱེད་པ་ཞིག་ཀྱང་ཡིན།

ཁོང་ཉིད་ཀྱིས་མི་རིགས་དར་རྒྱས་གོང་འཕེལ་དུ་འགྲོ་བའི་རྩ་བའི་རྨང་གཞི་ནི་མི་རིགས་སློབ་གསོ་ཡིན་པ་དང་། རྒྱལ་ཁབ་སྟོབས་འབྱོར་རྒྱས་ཤིང་མངའ་ཐང་དར་བའི་རྩ་བའི་རྨང་གཞིའང་མི་རིགས་སློབ་གསོའི་ལས་དོན་ལ་རག་ལས་པ་ཡིན་པར་བསམ་ནས། མི་རིགས་སློབ་གསོའི་ལས་དོན་དང་རྗེས་རབས་གསོ་སྐྱོང་བྱེད་པའི་ལས་དོན་ལ་བྱས་རྗེས་མི་དམན་པ་བཞག་པ་དང་། དུས་རྟག་ཏུ་སྣན་ངག་གི་ལམ་ནས་ཀྱང་མི་རིགས་ཀྱི་སློབ་གསོའི་བྱ་བཞག་ལ་ཐུགས་ཁུར་དང་རེ་འདུན་བཅངས་པ་ཡིན་ཏེ། 《ཕངས་པའི་མཆི་མ་དབང་མེད་བཞུར་》ཞེས་པ་ལས།

རོང་འབྲོག་ཅིས་པ་སློབ་གྲྭར་མི་སྐྱེལ་ར་རྫི་ལུག
རྫིར་མངགས་སྐབས་སུ། །
གདུལ་བྱས་སྟོང་བའི་སློབ་གྲྭའི་ར་སྒོར་རྩྭ་དང
ལྤུམ་བུས་ཁེངས་སྐབས་སུ། །
སློབ་ཁང་རྩིག་པ་ཆར་གྱིས་འཇིག་ཅིང་དགེ
རྒན་ཆང་ལ་རོལ་སྐབས་སུ། །
ཀྱེ་མ་བདག་གི་འདྲེན་བྱེད་ཟུང་ལས་ཕངས་པའི
མཆི་མ་དབང་མེད་བཞུར། །

ཞེས་པ་དང་། 《སྐྱ་རེངས་ལྷ་མོའི་འབོད་བརྡའ་》ལས།

གྱང་ཆག་ཁང་རལ་དག་ཏུ་བརླགས་པའི་འགྱོད་

གདུང་ངག་ཏུ་འཁྲོལ་བ་རྣམས། །

ད་ནི་བུ་རབས་ཚ་རྒྱུད་སྐྱོང་བའི་སློབ་གླིང་གསར་

དུ་སྐྲུན་པར་གྱིས། །

ཤེས་རིག་དབྱངས་སུ་གྱེར་བའི་སྒྲ་ཡིས་གཏི་མུག

སྨོང་འཇགས་སེལ་བར་མཛོད། །

གསར་དུ་གོམ་པའི་འདེགས་འཛོག་རྩེན་རྣམས

ཉིན་བྱེད་ཟེར་མས་ཁྲིད་དེ་འོྒན། །

ཞེས་ལོ་བཅུའི་རིག་གསར་གྱིས་རྒྱལ་ཁབ་དང་མི་རིགས་ལ་བཟོས་པའི་གོད་ཆག་དང་། མི་རིགས་དང་རྒྱལ་ཁབ་ཀྱི་མ་འོངས་པའི་རེ་འདུན་ནི་སློབ་གསོའི་ལས་དོན་ལ་རྣམ་པར་བཅོལ་བ་ཡིན་ཞིང་། མི་རིགས་ཀྱི་རིག་གནས་རྒྱུན་འཛིན་དང་མི་རིགས་ཀྱི་སློབ་གསོ་དར་སྤེལ་དུ་གཏོང་བའི་རེ་འདུན་ནི་རྒྱ་མཚོའི་རླབས་གཉེར་ཇི་བཞིན་གཅིག་རྗེས་གཉིས་མཐུད་ཀྱིས་འཚར་ལོངས་འབྱུང་བཞིན་པའི་ཕྱི་རབས་པ་རྣམས་ལ་ཀུན་ནས་བཅོལ་བ་སྟེ། 《སྐྱེལ་མ་》ལས།

གཅིག

ད་ནི་ཁྱོད་ཚོ་ལམ་དུ་ཆས་སོང་།

ཡིད་ལ་རྨད་དུ་བྱུང་བའི་རེ་འདུན་བཅངས་ཏེ།

གདོང་ལ་དགའ་སྤྲོད་འཛུམ་མདངས་ཤར་བཞིན།

རིག་དར་འགྲན་རྩོད་ཀྱི་འོད་ཟེར་སྟོང་ལྡན་གྱི།
དུས་རབས་ཉེར་གཅིག་པའི་ལམ་དུ་ཆས་སོང་།
ཁྱོད་ཚོའི་བགྲོད་ལམ་སྟེང་ཉི་འོད་འཚེར་ལ་མེ་ཏོག་བཞད་འདུག
ཁྱོད་ཚོའི་རྐང་སྟབས་ལ་ཡང་ཟྭོར་ལྡན་ཞིང་རྩལ་ཤུགས་རྫོགས་འདུག
ཁྱོད་ཚོའི་མཛེས་སྡུག་བློ་གྲོས་རླུང་གི་སོར་མོས་འཐེན་བཞིན།
ཚམ་ཚོམ་མེད་པར་ལམ་དུ་སྐྱོད་ལ་སླུལ་མ་གཏོང་།

གཉིས།

རྒྱུང་དུ་སྐྱོད་ཅིག་བློ་གསལ་དོན་གཉེར་ཅན།
ཁྱོད་ཚོའི་ལམ་རྒྱུགས་ནི་ཤེས་རིག་ཡིན།
ཁྱོད་ཚོའི་ལམ་མཁན་ནི་བློ་གྲོས་ཡིན།
ཁྱོད་ཚོའི་སྟོངས་གྲོགས་ནི་བརྩོན་སེམས་ཡིན།
ཁྱོད་ཚོའི་རང་གཤིས་ནི་གཞན་ཕན་ཡིན།
ཁྱོད་ཚོའི་ཡང་ཚོའི་རིན་ཐང་ནི།
ཕ་ཡུལ་དང་མི་དམངས་ལ་བཞག་པའི་ལག་རྗེས་དང་།
མི་ཚེའི་བཤུལ་ལམ་སྟེང་བཀོད་པའི་ངེས་དོན་གྱི་རྐང་རྗེས་ཡིན།

གསུམ།

རྒྱུང་དུ་སྐྱོད་ཅིག་དཔའ་གདེང་བློ་སྤོབས་ཅན།

མ་འོངས་པར་བློ་ལྡན་ཁྱོད་ཚོ་ཅིས་ཀྱང་།
བགྲོད་དཀའི་ཀུག་ཀྱོག་དང་འཇིགས་སྣང་འགག་འཕྲང་།
བརྒལ་དཀའ་བའི་རབ་ཁ་དང་རླུང་འཁྲུག་པའི་མཚོ་ཆེན།
མཐའ་མེད་པའི་ཐང་ཆེན་དང་སྐྱི་གཡའ་བའི་འདམ་ལྦོངས།
ཅིས་ཀྱང་རང་སྟོབས་ཀྱིས་བརྒྱུད་དགོས་ནའང་ཐང་མོད།
འོན་ཀྱང་ཁྱོད་ཚོ་ལ་མཆིས་པ་ནི་གཡག་རྒོད་ཀྱི་བརྟན་བརླིང་དང་།
རྟ་རྒོད་ཀྱི་བང་རྩལ་ཡིན་པ་དང་།
ཁྱོད་ཚོ་ལ་མངའ་བ་ནི་གངས་སེང་གི་སྙིང་སྟོབས་དང་།
གངས་ཅན་གྱི་བརྟུལ་ཞུགས་ཡིན་ལ།
ཁྱོད་ཚོ་ལ་ཡོངས་སུ་འཛོམས་པ་ནི།
སྡོན་མེད་གསར་གཏོད་དང་ཉམས་མེད་མཆོང་སྐྱོད་ཡིན།
ངེད་ཅག་ཁྱོད་ཚོ་ལ་ཡིད་ཆེས་བརྟན་པོ་ཡོད་ལ།
ང་ཚོས་ཁྱོད་ཅག་ལ་རེ་འདུན་ཆེན་པོ་བཅངས་ཡོད།
ཁྱོད་ཚོ་ནི་མི་རིགས་ཀྱི་ཚེ་སྲོག་གི་རྒྱུན་དང་།
ང་ཚོའི་ཤེས་རིག་གི་འོད་དུ་འགྲོ་བ་ཡིན་ཕྱིར།
ཕན་བདེའི་བུ་བཞག་ཡོད་ཚད་ཁྱོད་ཅག་ལ་རག་ལས་པ་དང་།
མེས་རྒྱལ་གྱིས་བཅོལ་བའི་ཁུར་འཕགས་འཁྲིན་ལས་ཐམས་ཅད།
ཁྱོད་ཅག་གིས་ཐུག་ཏུ་ བླངས་ནས་དང་དུ་ལེན་དགོས།
ཞེས་མི་རིགས་ཀྱི་ལས་དོན་དང་རྒྱལ་ཁབ་ཀྱི་རེ་འདུན་ནི་བློ་དང་ལྡན་ལ་

ཕྱུགས་འདུན་ཆེ་བའི་ཕྱི་རབས་པ་རྣམས་ལ་ལེགས་པར་བཙོལ་བ་རེད།

སྐད་ངག་པ་ལྷ་རྒྱལ་ཚེ་རིང་གི་སྐད་ངག་གི་བརྗོད་བྱ་རྒྱ་ཆེ་ཞིང་ཕུན་སུམ་ཚོགས་ལ། བསམ་བློ་གཏིང་ཟབ་ཅིང་ཁོད་ཡངས་པ། ཁོའི་སྐད་ངག་ལ་ཐུན་མོང་མ་ཡིན་པའི་ཁྱད་འཕགས་རང་བཞིན་གྱིས་ཁེངས་འདུག ཁོང་ཉིད་ཀྱི་མཐོང་སྣང་དུ་གྱུར་པ་ཡོད་ཚད་ནི་ཁོང་ཉིད་ཀྱི་སྐད་ངག་གི་སྲོག་དབང་དུ་མ་གྱུར་པ་མེད། རི་ཆུ་རླུང་སྤྲིན་གྱི་ཉམས་སྣང་དང་འཕོ་འགྱུར་ཡིན་ཡང་རུང་། མེ་ཏོག་རྩི་ཤིང་གི་བསུང་དྲད་དང་བཀྲག་མདངས་ཡིན་ནའང་འདྲ། སྨུ་སྨུག་འདབ་ཆགས་ཀྱི་གྲི་འགྱུར་དང་གཤོག་རླབས་ཡིན་ཡང་རུང་། ཕྱིག་ཆགས་རྣམས་ཀྱི་མཆོང་རྒྱལ་དང་སྡེར་ཆགས་དག་གི་ཇམ་ཟིལ་ཡིན་ནའང་འདྲ། དེ་དག་ཡོད་ཚད་ནི་ཁོང་ཉིད་ཀྱི་སྐད་ངག་གི་རྣམ་ཤེས་བསྐྱེད་པའི་ཟུངས་ཁྲག་ཏུ་གྱུར་ལ། དེ་དག་ཐམས་ཅད་ནི་ཁོང་ཉིད་ཀྱི་སྐད་ངག་གི་མཐིང་སྔོན་མཚོ་མོ་སྐྱོམ་པར་བྱེད་པའི་བརྩེ་ཞེན་གྱི་དྲི་བཞོན་དུ་གྱུར་ཏོ། །

ཡིན་ནའང་། ཁོང་ཉིད་ད་རུང་སྔར་བཞིན་འཚོལ་སྐྱེག་དང་སློབ་སྦྱོང་། བསམ་གཞིག་དང་གསར་གཏོད་ཀྱི་ལས་ལ་ཀུན་ནས་བྲེལ་བ་དང་། རང་ཉིད་དང་མི་རིགས། མེས་རྒྱལ་བཅས་ཀྱི་འབྱུང་འགྱུར་ལ་རེ་བ་ཆེན་པོས་ཁེངས་འདུག་ལ། རང་ཉིད་ཀྱི་རྣམ་དཔྱོད་ཀྱི་རྩལ་དང་ཤེས་བརྩོན་གྱི་རྒྱུན་གྱིས་རིམ་བཞིན་བསྒྲུན་པའི་མི་ཚེའི་རིན་ཐང་ནི་མི་རིགས་དང་མེས་རྒྱལ་གྱི་སྐྱེས་སུ་འབུལ་བར་འདུན་པ་ཆེན་པོས་ཁེངས་འདུག ཁོང་ཉིད་ལ་མཚོན་ན་མི་རིགས་ཀྱི་བདེ་སྐྱིད་ནི་ཁོང་རང་ཉིད་ཀྱི་སྒྲོ་སྐྱིད་དུ་སྣང་བ་དང་། མི་རིགས་ཀྱི་ཉམས་དམུས་ནི་

ཁོང་ཉིད་ཀྱི་སྨུག་བསྡོལ་དུ་གྱུར་པས་ན། མི་རིགས་དང་མེས་རྒྱལ་ལ་ཞི་བདེ་དང་དགའ་སྐྱིད། ཤེས་རིག་དང་སྟོབས་འབྱོར་ལྡན་པར་འགྱུར་བ་ནི་ཁོང་ཉིད་ཀྱི་མི་འགྱུར་གཏན་གྱི་རེ་སྨོན་ཡིན།

རེད་ལགས། ཁོང་ཉིད་ནི་མི་རིགས་དང་མེས་རྒྱལ་ལ་བརྩེ་ཞེན་ཆེ་བའི་དེང་རབས་སྐྱན་ངག་མཁན་ཞིག་ཡིན་ཕྱིར། ཁོང་ཉིད་དང་ཁོང་ཉིད་ཀྱི་སྙན་ངག་ནི་མི་དམངས་ལ་ཉེ་བར་འབྲེལ་འདུག 《གསེར་གྱི་ཉི་མ་》ལས།

གཅིག

རླབས་ཀྱི་མེ་ཏོག་མཁའ་ལ་འཕྱོ་བའི་སྤོ་བསངས་
　　རྒྱ་མཚོའི་ཕ་རོལ་ནས། །
དུས་ཀྱི་ཆར་རླུང་རིང་དུ་བརྒྱུད་པའི་ས་འཛིན་ཕྲེང་
　　བའི་ཕ་རོལ་ནས། །
རྩེབས་སྟོང་འབར་བའི་གསེར་གྱི་འཁོར་ལོ་ལྷ་ལམ་
　　ཞུགས་ནས་སླེབས་པ་བཞིན། །
ཨེ་མ་དུས་རབས་གསར་པའི་ཉིན་བྱེད་ས་གསུམ་སྐྱོང་
　　བའི་གཉེན་དུ་བྱོན། །

གཉིས།

མདུན་སྐྱོད་བཤུལ་དུ་ངལ་བའི་རྐང་མལ་ཅིག་ཏུ་
གསོ་བཞིན་བལྟས་ཙ་ན། །
དུས་རབས་ཕྱི་མའི་གླིང་ལ་འབྲེལ་བའི་བགྲོད་
ལམ་ཉི་མའི་ཟེར་གྱིས་ཁེངས། །
མདུན་དུ་སྐྱོད་ཅིག་མདུན་དུ་སྐྱོད་ཅེས་ཆུ་ཀླུང་
རྒྱུན་གྱིས་འབོད་སྐུལ་གཏོང་། །
ལམ་དུ་ཆས་ཤིག་ལམ་དུ་ཆས་ཞེས་དྲི་བཞོན་བུ་
མོས་ཐུ་བ་འཕེན། །

གསུམ།

ཀྱེ་ཀྱེ་བཙུ་གཉིས་བདག་པོ་ཁྱོད་ཉིད་གང་དུ་འཆར་
བའི་ཕྱོགས་རྣམས་སུ། །
གྲང་བས་ཉེན་རྣམས་དྲོད་དང་ཚ་བས་གདུང་
རྣམས་བསིལ་བ་ཐོབ་པར་ཤོག །
གཅེར་བུ་རྣམས་ཀྱིས་གོས་དང་བཀྲེན་པ་རྣམས་
ཀྱིས་ལོངས་སྤྱོད་རྙེད་པར་ཤོག །

བཀྲེས་པ་རྣམས་ཀྱིས་ཟས་དང་སྐོམ་པ་རྣམས་
ཀྱིས་ཆུ་རྒྱུན་འཐུང་བར་ཤོག །

བཞི།

ཀྱེ་ཀྱེ་ཧ་བདུན་དབང་པོ་ཁྱོད་ཉིད་གང་དུ་འགྲོས་
པའི་གནས་ཀུན་ཏུ། །
མཁས་པ་རྣམས་ལ་ཉམས་རྒྱུད་མེད་པར་བཀུར་
བསྟིའི་གོ་འཕང་ཐོབ་པར་ཤོག །
བུད་མེད་རྣམས་ལ་འཇིགས་སྐྲག་མེད་པར་མཛེས་
སྡུག་ལྡོད་བག་ལྡན་པར་ཤོག །
བྱིས་པ་རྣམས་ལ་ཉེར་འཚེ་མེད་པར་ཤེས་རིག་ཁོ་
ལག་རྒྱས་པར་ཤོག །

ཅེས་བློ་རྒྱ་ཆེ་ལ་བརྩེ་ཞེན་ལྡན་པའི་སྨོ་ནས་མི་རིགས་དང་མེས་རྒྱལ་གྱི་མདུན་ལམ་དང་། དུས་རབས་གསར་པའི་མི་རིགས་དང་མེས་རྒྱལ་གྱི་འཕེལ་འགྱུར་ལ་རེ་འདུན་ཆེན་པོ་བཅངས་ཡོད་དོ། །

གངས་ལྗོངས་ལ་བཅངས་པའི་བརྩེ་ཞེན།

——ཆས་པ་ཧ་མགྲིན་ཚེ་རིང་གི་གསར་རྩོམ་གྱི་བརྒྱུད་རིམ་དང་འབྲེལ་ཏེ་ཁོའི་རྩོམ་འབྲས་སྐོར་གླེང་བ།

གཅིག

ཆས་པ་ཧ་མགྲིན་ཚེ་རིང་དང་ཁོའི་རྩོམ་རིག་གསར་རྩོམ་གྱི་བརྒྱུད་རིམ་མམ་རྩོམ་འབྲས་གླེང་རྒྱུ་དེ་བདག་ལ་མཚོན་ན། རང་ཉིད་ཀྱིས་ཅིས་ཀྱང་སྒྲུབ་འོས་པའི་མ་སྐྱལ་དང་ལེན་བྱ་རྒྱུའི་ལས་ཀ་ཞིག་ཏུ་བསམ། རྒྱུ་མཚན་ནི་ཆས་པ་ཧ་མགྲིན་ཚེ་རིང་དང་ངེད་གཉིས་ངོ་ཤེས་སྔ་བ་དང་འགྲོགས་ཡུན་རིང་བ། འབྲེལ་འདྲིས་ཟབ་པའི་རྐྱེན་གྱིས་ལོས་ཡིན། ༡༩༨༥ལོར་ང་རང་ཀན་ལྷོ་ཁུལ་མི་རིགས་སློབ་གྲྭར་ཞུགས་ཤིང་དེ་གར་སློབ་གཉེར་བྱེད་བཞིན་པའི་ཁོ་དང་ཐོག་མར་ངོ་ཤེས་སུ་གྱུར་པ་དང་། ཁོ་ནི་ང་ལས་ལོ་རིམ་གཉིས་ཀྱིས་མཐོ་ལ། སྐབས་དེར་ང་ཚོའི་འཛིན་གྲྭ་གཉིས་ཀྱི་སློབ་ཁང་ཁྱིམ་མཚེས་སུ་ཡོད་པས། ནམ་རྒྱུན་གྱི་འགྲོ་འདུག་སྤྱོད་གསུམ་ཐད་ཕན་ཚུན་བར་ཏ་ཅང་གསལ་ཆ་མཆིས། དེ་བས་ངེད་གཉིས་སློབ་གྲྭ་གཅིག་གི་སློབ་གྲོགས་དང་དགེ་རྒན་གཅིག་གི་སློབ་མ་ཡིན་ཞེས་བརྗོད་ཀྱང་འགལ་དུ་མེད་དོ། །རྗེས་སུ་སོ་སོར་ལས་ཀར་

ཞུགས་རྗེས་ཁོས་《ཀུན་སློའི་གསར་འགྱུར་》ཁང་དུ་རྩོམ་སྒྲིག་གི་ལས་ཀ་གཉེར་ཞིང་། བདག་གིས་《ཟླ་ཟེར་》རྩོམ་སྒྲིག་ཁང་དུ་རྩོམ་སྒྲིག་གི་ལས་ཀ་སྒྲུབ་པས་ལས་རིགས་གཉིས་ཀ་ཕལ་ཆེར་འདྲ་ཞིང་། ཚང་མ་མི་རིགས་སྐད་ཡིག་གི་ལས་ཀ་ཡིན་པས། དགའ་ཕྱོགས་དང་ལས་ཀ་མཐུན་པའི་རྐྱེན་གྱིས་སྔར་ལས་འབྲེལ་འདྲིས་མི་ཁྱེད་རང་ཁྱེད་དུ་གྱུར་ཅིང་། ལས་དབང་གིས་ཕན་ཚུན་གཅིག་ཏུ་འབྲེལ་བ་སྟེ་རྗེས་སུ་ཁོ་རང་《ཟླ་ཟེར་》རྩོམ་སྒྲིག་ཁང་དུ་ལས་གནས་སྤར་བས་ལྷག་པར་འབྲེལ་བ་ཇེ་ཟབ་དང་ཆ་རྒྱུས་ཇེ་ཡོད་ཀྱི་གཡུལ་ས་གཅིག་གི་འཐབ་གྲོགས་སུ་གྱུར། ང་རང་ཁོའི་རྩོམ་ཡིག་མི་ཉུང་བ་ཞིག་གི་གློག་མཁན་ཐོག་མའམ་རྩོམ་སྒྲིག་པ་ཡིན་ལ། དེ་བཞིན་ཁོའང་བདག་གི་རྩོམ་ཡིག་མང་པོ་ཞིག་གི་གློག་པ་པོ་དང་པོའམ་རྩོམ་སྒྲིག་འགན་ཁུར་བ་ཡིན། བོད་ཀྱི་དེང་རབས་རྩོམ་རིག་གི་དཔྱད་བརྗོད་སྤྲ་གྲས་ཏེ། ལྷོ་ནུབ་མི་རིགས་སློབ་གྲྭ་ཆེན་མོའི་དགེ་རྒན་ཆེན་མོ་པད་མ་འཚོས་བརྩམས་པའི་《དུས་རབས་ཀྱི་འཕར་རྒྱ》ཞེས་པའི་ནང་དུ། ལོ་རབས་བརྒྱད་ཅུ་བའི་སྐབས་སུ་ཁ་བའི་ལྗོངས་ཀྱི་དུས་རབས་གསར་པའི་སྙན་རྩོམ་ཡར་ངོའི་ཟླ་བཞིན་གོང་ནས་གོང་དུ་འཕེལ་བ་དང་ཉེ་བར་བསྐྱོངས་ཏེ་བློ་རིག་རྩེ་ཞིང་དེང་རབས་བོད་ཀྱི་སྤྱི་ཚོགས་འཚོ་བ་མཚོན་པའི་བློ་གྲོས་ཀྱི་རྒྱལ་དང་ལྡན་པའི་རྩོམ་པ་པོའི་དཔུང་སྡེ་ཆེན་པོ་ཞིག་གྲུབ་ཞིང་། ཀུན་སློའི་ཆས་པ་རྡོ་མགྲིན་ཚེ་རིང་ཡང་དེའི་ནང་ནས་གཅིག་ཡིན་ཞེས་སོ། །ངོ་མ། དུས་རབས་གསར་པའི་བོད་ཀྱི་ན་གཞོན་གང་མང་རྩོམ་རིག་སྒྱུ་རྩལ་གྱི་ཞིང་ས་རུ་མེ་ཏོག་མཉམ་བཞད་དང་མཁས་བརྒྱ་འགྲན་གླེང་གི་ཚུལ་དུ་སྤྲོ་བས་འཇུག་པའི་

དུས་རབས་སྔ་མའི་ལོ་རབས་བརྒྱད་ཅུ་བ་དང་དགུ་བཅུ་བའི་ཚ་རླབས་དེ་བསམ་ན། དེང་འདིར་ཚ་རབས་དེ་ཅུང་འཇགས་སོང་བའི་ཚོར་བ་ཞིག་དབང་མེད་དུ་སྐྱེར་རོ། །

ང་ཚོས་རྩོམ་པ་པོ་ཆེ་གེ་མོའི་རྩོམ་གཞིས་གླེང་བའམ་རྩོམ་འབྲས་ལ་དཔྱད་འཇོག་བྱེད་ཚེ། ངེས་པར་དུ་རྩོམ་པ་པོ་གང་དེར་ཆ་རྒྱུས་མངའ་བ་དང་མི་གཞིས་དང་བསམ་བློ་ག་འདྲ་ཞིག་ཡིན་པར་དཔྱད་འཇོག་བྱ་རྒྱུ་ཧ་ཅང་གལ་ཆེ་སྟེ། ཅིའི་ཕྱིར་ཞེ་ན། མི་གཞིས་ལས་རྩོམ་གཞིས་འབྱུང་བ་དང་རྩོམ་གཞིས་ལས་མི་གཞིས་མངོན་པའི་རྐྱེན་གྱིས་སོ། །

གཉིས།

གལ་ཏེ་ཁྱོད་ནི་བོད་ཀྱི་སྐད་ཡིག་གི་དུས་དེབ་བམ་ཚགས་པར་ཀློག་པ་དང་བརྟན་འཕྲིན་ལ་ལྟ་བར་སྤྲོ་བ་ཞིག་ཡིན་ཚེ། ཆས་པ་ཇ་མགྲིན་ཚེ་རིང་ཞེས་པའི་མིང་འདི་སྔ་མོ་ནས་ཁྱོད་ཀྱི་མིག་ལམ་དུ་འདྲིས་པ་དང་རྣ་ལམ་དུ་གཤགས་ཡོད་ཤེས་ཚེ། ཁོ་ལ་སློབ་གྲྭ་ཆེན་མོའི་སློ་ཐེམ་བརྒྱུད་པའི་སྐལ་བ་མ་བྱུང་མོད། འོན་ཏེ། ཁོས་ཆད་མེད་བརྩོན་པའི་རང་སྟོབས་དང་རང་ཉིད་ཀྱི་སྨྱུག་རྩལ་གྱི་ལག་ལེན་དངོས་ལ་བརྟེན་ནས་མདོ་དབུས་ཁམས་གསུམ་གྱི་ཀློག་པ་པོ་མང་པོའི་ཡིད་ལ་བག་ཆགས་ཀྱི་རི་མོ་མངོན་པར་བྲིས། ཁོའི་ལས་ཀའི་བརྒྱུད་རིམ་དེ་མདོར་ན། དགེ་རྒན་དང་གསར་འགོད་པ། ལོ་ཙཱ་བ། རྩོམ་སྒྲིག་པ་བཅས་སུ་འདུས། ཁོའི་གསར་རྩོམ་གྱི་ཁྱབ་ཁོངས་ཅུང་རྒྱ་ཆེ་བ་སྟེ། རྩོམ་ལུས་ཀྱི་ཐད་ནས

ཁོས་གཙོ་བོ་སྙན་རྩོམ་འབྲི་བ་དང་། དེ་བཞིན་སྒྲུང་གཏམ་དང་ལྷུག་རྩོམ་མི་ཉུང་བ་ཞིག་ཀྱང་བརྩམས་ཡོད་ལ། ད་དུང་རྩོམ་རིག་དཔྱད་བརྗོད་དང་ལོ་རྒྱུའི་ཐད་ནས་ཀྱང་གྲུབ་འབྲས་མི་དམན་པ་ཞིག་བླངས་ཡོད་པས། ཁོ་ནི་རྩོམ་ལུས་སྣ་ཚོགས་ལ་འཇུག་པའི་རྩོམ་པ་པོའི་གྲས་སུ་གཏོགས་སོ། །

ཁོའི་རྩོམ་ཡིག་མི་ཉུང་བ་ཞིག་རང་ཉིད་ཀྱི་མི་ཚེའི་བརྒྱུད་རིམ་མམ་དངོས་ཡོད་འཚོ་བ་ལས་ཐོན་པ་ཧ་ཅང་གསལ། ཁོ་ཉིད་༡༩༥༨ལོའི་དཔྱིད་ཀར་ཀན་ལྷོའི་ནོར་འཛིན་སྙིག་མའི་ལྷོ་རྒྱུད་དུ་ཆགས་པའི་ཙ་ནེའི་ཆས་པའི་གཤིས་བརྒྱ་མཚེད་སྡེ་བ་ཞེས་པའི་འབྲོག་སྡེ་ཆེན་པོ་ཞིག་ཏུ་སྐྱེས། ཁོའི་སྙན་རྩོམ་《བདག་དང་ཀ་ཁ་ག་ང་》ཞེས་པའི་ནང་དུ་འདི་ལྟར་བྲིས་ཡོད་དེ། རྩམ་དྲི་བྲོ་བའི་དཔེ་ཁུག་ཁུར་ཏེ། ཕྲན་ཆུང་ལམ་དུ་ཞུགས་སྐབས། ཀ་ཁ་ག་ངས་བདག་གི་མིག་ཆུ་ཡང་ཡང་བསླངས། དྭངས་ཤིང་གསལ་བའི་ཤེལ་མིག་གྱོན་ཏེ། ཕྲན་ཆུང་ཡུལ་དུ་ལོག་སྐབས། ཀ་ཁ་ག་ངས་བདག་ལ་འདྲི་གཞི་སྣ་ཚོགས་བཏོན། ཞེས་པ་ལྟར། རང་ལོ་བདུན་ནས་བཟུང་རང་སྡེ་བརྒྱ་མཚེད་སློབ་ཆུང་དང་། དེ་ནས་ཉིན་པ་སློབ་འབྲིང་བརྒྱུད་དེ༡༩༨༣ལོར་ཀན་ལྷོ་མི་རིགས་སློབ་གྲྭར་སྦྱངས་འབྲས་གཟེངས་སུ་ཐོན་པའི་ངང་རྒྱུགས་འཕྲོད། ཁོ་ནི་སྐལ་བ་ལྡན་པ་ཞིག་སྟེ། ཡང་སྙན་རྩོམ་དེ་རུ། ཁ་སང་། དགུང་དུ་མཆེད་པའི་མེ་ལྕེ་དམར་པོས། བདག་གི་སེམས་པ་དང་མཉམ་དུ་ཐལ་བར་བསྲེགས། དེ་རིང་། སླར་ཡང་སད་པའི་རེ་འདུན་དྲག་པོས། དཔྱིད་ཀྱི་སོན་བཟང་གསར་དུ་འདེབས་ལ་རེམ། ཞེས་པ་ལྟར་ཁོ་རང་སློབ་གྲྭར་འགྲིམ་པ་ནི་རིག་གནས་གསར་བརྗེ་ཆེན

པོའི་རྨ་ཁ་སློར་གསོ་དང་མི་རིགས་སྲིད་ཇུས་དངོས་འཇགས་བྱེད་སྐབས་ལ་ཁེལ་ཞིང་། བོད་ཀྱི་སྐད་ཡིག་ལ་སློབ་སྦྱོང་བྱེད་པའི་རེ་བ་མངོན་དུ་གྱུར། སློབ་གྲྭ་དེ་གར་ལོ་ངོ་བཞིའི་རིང་སློབ་དཔོན་ཆེན་མོ་བསེ་བློ་བཟང་དཔལ་ལྡན་དང་། དབྱངས་ཡིག་སློན་ལམ། རྒན་དགེ་འདུན་སོགས་ཀྱི་དྲུང་ནས་སུམ་རྟགས་དག་གསུམ་དང་སྙན་ངག་བཅས་བོད་ཀྱི་རིག་གནས་ལ་རྟག་གུས་བརྩོན་པ་དྲག་པོས་སྦྱངས་པ་བྱས། སྐབས་དེ་ནས་དཔལ་དོན་གྲུབ་རྒྱལ་སོགས་ཀྱི་བརྩམས་ཆོས་ཀྱི་བག་ཆགས་སམ་རང་ཉིད་ཀྱི་དགའ་ཕྱོགས་ལས་རྩོམ་རིག་གསར་རྩོམ་གྱི་ལས་ལ་ཕྱི་བས་ཞུགས་པ་དང་། མི་རིགས་ཀྱི་ལས་དབང་ལ་བསམ་གཞིག་བགྱིད་པའི་སྤོབས་པ་དང་ངམ་ཤུགས་ཀྱིས་སྐྱེས། ཁོས་སློབ་སྦྱོང་གི་ཞོར་དུ་《སྤྲང་ཆར་》དང་《ཟླ་ཟེར་》སོགས་དུས་དེབ་ལས་རྩོམ་ཡིག་གང་མང་བསྒྲགས་ཤིང་། ཐོག་མར་གཞན་རྩོམ་ལ་ལད་འབྲི་དང་། དེ་ནས་རང་ཚུགས་ཀྱིས་བསམ་བློ་གཏོང་བའམ་ཚོད་ལྟ་ནས་འགོ་བརྩམས་ཏེ་གསར་འགྱུར་དང་སྙན་རྩོམ་ཁ་ཤས་《ཀུན་སློའི་གསར་འགྱུར་》དུ་སྤེལ། ༡༩༤༧ལོར་སློབ་མཐར་ཕྱིན་ཏེ་གོང་རིམ་ནས་ཀླུ་ཆུ་རྫོང་ཨ་ལ་སློབ་གྲྭར་དགེ་རྒན་དུ་མངགས། དེ་གར་སློབ་ཁྲིད་ཀྱི་ཞོར་དུ་རྒྱ་བོད་མཁས་པའི་གསུང་རྩོམ་གང་མང་བཀླགས་ཤིང་མུ་མཐུད་དུ་གསར་རྩོམ་གྱི་ལས་ལ་འབད། དགེ་རྒན་བགྱིས་པའི་ལོ་ངོ་ལྔའི་རིང་སྦྱོད་ཡོན་གཉིས་ལྡན་གྱི་སློབ་མ་གང་མང་ཞིག་ཀླུ་ཆུ་རྫོང་བོད་རིགས་སློབ་འབྲིང་དུ་བསྐྱལ་ཞིང་། ཁོ་ལ་རྫོང་རིམ་པའི་ཞུལ་བྱུང་དགེ་རྒན་གྱི་གཟེངས་བསྟོད་ཀྱང་ཐོབ། དེ་མ་ཟད་སློབ་ཁྲིད་ཀྱི་ཞོར་དུ་གསར་འགྱུར་རྩོམ་ཡིག་དང་རིག་རྩལ་རྩོམ་ཡིག་གང་མང་བོད་

ཁྲུལ་གྱི་དུས་དེབ་དང་ཚགས་པར་ཁག་ཏུ་སྤེལ་བས། 《ཀུན་སློའི་གསར་འགྱུར་》དང་《མཚོ་སྔོན་ཁྲིམས་ལུགས་ཚགས་པར་》གྱིས་བརྒྱུད་མར་ལོ་གསུམ་ལ་ཕུལ་བྱུང་གསར་འགྱུར་འགོད་མཁན་དུ་བདམས་ནས་གཟེངས་བསྟོད་བགྱིས། ཁོས་བཤད་ན། སྐབས་དེ་དུས་ནི་ཁོ་ཉིད་གསར་རྩོམ་ལ་འཇུག་པར་རྨང་གཞི་འདིང་བ་དང་སྦྱངས་པ་བྱས་པའི་དུས་རིམ་སྟེ། པར་སྐྲུན་གྱི་གྲངས་འབོར་ལ་སྙེགས་པའི་དུས་སྐབས་ཡིན་ཞིང་། གྲངས་ཀ་མང་མོད་སྤུས་ཚད་དེ་འདྲ་མཐོ་རྒྱུ་མེད་ཅེས་སོ། །

གསུམ།

ཁོའི་ཕྱུགས་བསམ་དང་སྤྱོབས་པ་དེ་《ང་ནི་རྨ་ཆེན་གངས་རིའི་འདབས་ནས་འོངས་》ཞེས་པའི་སྙན་རྩོམ་དུ་མངོན་པར་མཚོན་པ་སྟེ། བདག་གི་མ་མས་བྱ་ཆུང་ང་རང་རྨ་རྒྱལ་ལྷུན་པོའི་འདབས་སུ་བཙལ། །ང་ཡི་རྐང་རྗེས་ཕྱུང་ལྷོངས་སུ་དཔར་རྨ་ཆུའི་འགྲམ་དུ་འཚར་ལོངས་བྱུང་། །རྟ་ཕོའི་འཆེར་སྒྲ་འབྲི་མོའི་ངུར་སྐད་གཡང་དཀར་ལུག་གི་འབའ་ལྡིར་གྱིས། །བྱ་ཆུང་ང་ཡི་བཞིན་གྱི་འཛུམ་གྲོལ་ཡིད་ཀྱི་རྗེའུ་སྲབ་ལས་ཤོར། །གཏིང་ཟབ་རྒྱ་མཚོའི་ཀློང་དུ་སྙེག་པའི་རྨ་ཀླུང་སྙིག་མོའི་གོམ་སྒྲ་ཡིས། །སྦྲ་ནག་གྲུ་བཞིའི་མལ་དུ་ལུས་པའི་བྱ་ཆུང་ང་རང་གཉིད་ལས་བསླངས། །བདག་གིས་སྐྱེས་ལྷ་རྨ་རྒྱལ་སྤྲོམ་རར་བསང་མཆོད་རྒྱ་ཆེན་ཕུལ་ནས་ནི། །ཕུ་ནུའི་རེ་བཙོལ་སྙིང་ལ་རབ་བཅངས་གངས་རི་དཀར་པོར་གུས་ཕྱག་འཚལ། །ཞེས་དང་ཡང་ན། ང་ནི་ལྷུན་སྟུག་

གངས་ཀྱི་རྒྱལ་མོ་ཨ་མྱེས་རྨ་ཆེན་འདབས་ནས་འོངས། །གཅེས་འོས་ཁ་བའི་ཡུལ་ལྗོངས་འདི་རུ་རེ་བའི་ཉིན་བྱེད་བསུ་རུ་འགྲོ། །དྲིན་ཆེན་ཨ་མའི་སྤྱན་སྔ་ནས་བཞུར་མཆི་མ་དྭངས་མོས་ང་རང་སྐྱེལ། །ཡན་ལག་བརྒྱད་ལྡན་རྨ་ཀླུང་རིང་མོས་བདག་གི་མདུན་སྐྱོད་ལམ་བུ་བཤགས། །ང་ནི་མི་སྡོད་གནས་ལྡུ་རིག་པའི་ཡིད་འོང་དགའ་ཚལ་མཛལ་དུ་འགྲོ། །ཡོན་ཏན་རྒྱ་མཚོའི་ཕ་རོལ་བགྲོད་པའི་རིག་པའི་དེད་དཔོན་འཚོལ་དུ་འགྲོ། །ལྷེ་ཁྲག་ལྷུང་སའི་ཕ་ཡུལ་ལ་ནི་ཕན་པའི་སྲི་ཞུ་བསྒྲུབ་པ་དང་། །བརྩེ་ཆེན་ཨ་མའི་ནུ་རིན་འཇལ་ཕྱིར་ཡང་ཚོའི་རིན་ཐང་འཚོལ་དུ་འགྲོ། །ཞེས་པ་ལྟ་བུས་མཚོན་ལ། ང་ཚོས་སྣན་ཚིག་འདི་དག་བཀླགས་ཚེ། རྩོམ་པ་པོས་གངས་ལྗོངས་ལ་བཅངས་པའི་བརྩེ་ཞེན་དེ་ལུས་ཀྱི་རྩ་ལམ་དུ་ལྷོག་ལྷོག་ཏུ་ལྡིང་བ་དང་། མི་རིགས་ཀྱི་འབྱུང་འགྱུར་ལ་རེ་བས་ཁེངས་པའི་བསམ་བློ་དེ་ཡི་གེ་དང་ཚིག་ཚོགས་ཀྱི་བར་ནས་རྟོགས་ཤིང་ཚོར་ཐུབ་བོ། །

༡༩༩༢ལོ་ནི་ཁོའི་མི་ཚེ་བགྲོད་ལམ་ལ་འགྱུར་ལྡོག་བྱུང་བའི་ལོ་ཞིག་སྟེ། ཁོའི་རྩོམ་རྩལ་དང་ཁོའི་འཛོན་ཐང་《ཀུན་ལྷོའི་གསར་འགྱུར་》གྱི་སྤྱི་ཁྱབ་རྩོམ་སྒྲིག་པའི་བློར་བབས་ཏེ། ལོ་དེའི་ལོ་མཇུག་ཏུ་སློབ་ཆུང་དགེ་རྒན་ནས《ཀུན་ལྷོའི་གསར་འགྱུར་》གྱི་རིག་རྩལ་རྩོམ་སྒྲིག་པར་ལས་གནས་སྤར། དེ་རུ་ལོ་ངོ་བཅུ་གཉིས་ཀྱི་རིང་ལ། གསར་འགོད་པ་དང་རྩོམ་སྒྲིག་པའི་ལས་དོན་གཉེར་ཞིང་། རྩོམ་པ་པོ་དང་རྩོམ་སྒྲིག་པ་མང་པོར་འབྲེལ་འདྲིས་བྱེད་པའི་གོ་སྐབས་ལྡན་པ་དང་། སྔར་ལས་ཀྱང་གསར་རྩོམ་དང་ཞིབ་འཇུག་གི་ལས་ལ་འཇུག་པའི་ཆ་རྐྱེན་འཛོམས་པར་གྱུར། རང་ཉིད་ཀྱི་ལས་ཀའང་ཞིང་

ཆེན་ཕྱི་ནང་གི་ཚོགས་འདུའི་དབང་གིས་དགེ་རྒན་ཆེན་མོ་དོར་ཞི་དང་། སྙན་ངག་པ་ཡི་དམ་ཚེ་རིང་། རྩོམ་པ་པོ་སྐལ་བཟང་ཚེ་བརྟན། རྩོམ་པ་པོ་ལྷ་རྒྱལ་ཚེ་རིང་དང་རྒན་སྒོམ་པ་བཀྲ་ཤིས་སོགས་ངོ་ཤེས་སུ་གྱུར་ཅིང་ཁོང་རྣམ་པའི་སློབ་སྟོན་ལ་ཉན་པའི་སྐལ་བཟང་མངོན་དུ་གྱུར་པ་དང་། རང་ཉིད་ཀྱི་བསམ་བློ་དང་རྣམ་དཔྱོད་ཀྱིས་རྩོམ་རིག་གསར་རྩོམ་གྱི་ས་རྐོད་སློག་པའི་སྤོབས་པ་བསྐྱེད་ཅིང་བློ་སྟོབས་འཕེལ། ལོ་དེ་དག་གི་ནང་《གྲུང་གོའི་བོད་རིག་པ་》དང་《བོད་ལྗོངས་ཞིབ་འཇུག་》《བོད་ཀྱི་རྩོམ་རིག་སྒྱུ་རྩལ་》《སྦྲང་ཆར་》《ལྷ་ཟེར་》སོགས་བོད་ཡིག་གི་དུས་དེབ་དང་ཚགས་པར་དུ་དཔྱད་རྩོམ་དང་སྒྲུང་གཏམ། སྙན་རྩོམ་བཅས་སུམ་བརྒྱ་ལྷག་སྤེལ། ཁོ་ཉིད་རྩོམ་སྒྲིག་པར་གྱུར་རྗེས། རང་ལ་མཆོན་ན་གསར་རྩོམ་གྱི་གྲངས་འབོར་སྔར་ལས་ཇེ་ཉུང་དུ་སོང་། རྒྱུ་མཚན་ནི་གཙོ་བོ་སྔར་ལྟར་གང་བསམ་འབྲི་མི་ཕོད་པ་དང་། རང་གཞན་ཀུན་ལ་རྩོམ་འགན་ཁུར་བའི་འགན་ཁུར་ཡོད་ཅིང་། གཞན་གྱི་མིག་དཔེར་བལྟ་ཡུལ་དུ་འགྱུར་ངེས་པས། ཅི་ནུས་ཀྱིས་སྤུས་ཚད་ལ་སྐེགས་པ་ཡིན་ཞེས་སོ། །

བཞི།

ཁོང་ཉིད་ཀྱིས་གསར་རྩོམ་གྱི་བརྒྱུད་རིམ་གླེང་ཚེ་རྟག་ཏུ། བདག་གི་གསར་རྩོམ་གྱི་བརྒྱུད་རིམ་དེ་ཐོག་མར་གཞན་རྩོམ་ལ་ལད་མོ་བྱས་པ་ནས་འགོ་བརྩམས་ཤིང་། དེ་ནས་རང་ལམ་དེད་དེ་རང་ཚུགས་ཐུབ་པར་འབད་པ་བྱས་

པ་ཡིན་ཞེས་སོ། །གང་ལྟར་ཁོའི་སྙན་རྩོམ་ལས་ཚིགས་བཅད་ཡིན་ན་འདྲ་རང་མོས་སྙན་རྩོམ་ཡིན་ནའང་འདྲ་བརྗོད་བྱ་གསར་པ་དང་བརྗོད་དོན་གོ་བདེ་བ། རྗོད་བྱེད་བརྡ་སྦྱོར་དང་མཐུན་ཞིང་སྙན་ཆ་ལྡན་པས་བློ་མཆོག་དམན་བར་གསུམ་ཀུན་གྱིས་དང་ལེན་བགྱིད་པར་སྦྲོ། ཁོས་རྩོམ་རིག་གསར་རྩོམ་ལས་གཞན་ད་དུང་དཔེ་ཚོགས་རྩོམ་སྒྲིག་ཐད་དུའང་གྲུབ་འབྲས་མི་དམན་པ་ཞིག་བླངས་ཡོད་དེ། ༡༩༩༣ལོར་《ཀན་ལྷོའི་གསར་འགྱུར་》གསར་དུ་བཏོན་ནས་ལོ་འཁོར་བཞི་བཅུ་ལོན་པའི་ལེགས་སྐྱེས་སུ་《སྤང་རྒྱན་མེ་ཏོག་》ཅེས་པའི་རྩོམ་པ་པོའི་ལེགས་རྩོམ་གཅེས་བསྡུས་ཀྱི་དཔེ་དེབ་ཅིག་གཞན་དང་མཉམ་སྒྲིག་གིས་མི་རིགས་དཔེ་སྐྲུན་ཁང་གིས་པར་སྐྲུན་འགྲེམ་སྤེལ་བྱས། དེ་ནི་རང་ཁུལ་ལ་མཚོན་ན་རྩོམ་རིག་རྐྱང་པའི་དཔེ་དེབ་སྔ་གྲས་སུ་གཏོགས་ཤིང་། དེས་རྒྱ་ཆེའི་ཀློག་པ་པོའི་ཡིད་ལ་བག་ཆགས་ཟབ་མོ་བཞག་ཅིང་ལས་དང་པོ་བའི་དགའ་བསུ་ཐོབ། དེ་མིན་བོད་བརྒྱུད་ནང་བསྟན་དགོན་པར་ཁྲིམས་ལུགས་དྲིལ་བསྒྲགས་སློབ་གསོའི་དགོས་དབང་གིས་གོང་རིམ་གྱི་བཀོད་སྒྲིག་ལྟར། 《མི་རིགས་ཆོས་ལུགས་སྐོར་གྱི་སྲིད་ཇུས་དང་ཁྲིམས་སྲོལ་བསླབ་དེབ་》སོགས་དཔེ་དེབ་ཁག་བརྒྱད་ལོ་ཙཱ་དང་རྩོམ་འབྲི་བྱས་ཏེ་ནང་ཁུལ་གྱི་དཔྱད་གཞིའི་ཚུལ་དུ་པར་སྐྲུན་བྱས། ༡༩༩༩ལོར་ཀྲུང་ཧྭ་མི་དམངས་སྤྱི་མཐུན་རྒྱལ་ཁབ་བཙུགས་ནས་ལོ་འཁོར་ལྔ་བཅུ་ལོན་པར་རྟེན་འབྲེལ་ཞུ་ཆེད། ཀན་སུའུ་ཞིང་ཆེན་མི་རིགས་དོན་གཅོད་ཨུ་ཡོན་ལྷན་ཁང་དང་ཞིང་ཆེན་རྩོམ་རིག་སྒྱུ་རྩལ་མཉམ་འབྲེལ་ལྷན་ཚོགས་ཀྱིས《ཀན་སུའུ་མི་རིགས་གྲངས་ཉུང་གི་རྩོམ་རིག་དཔེ་ཚོགས་》

ཞེས་པ་རྩོམ་སྒྲིག་བྱེད་པར་ཁོ་རང་རྩོམ་སྒྲིག་ཨུ་ཡོན་གྱི་ནང་དུ་བསྡུ་ལེན་བྱས་ཤིང་། ཁོས《གངས་སེང་དཀར་མོའི་བཞད་སྒྲ》དང《གངས་འདབས་ཀྱི་རྒྱ་ཕྲན》ཞེས་པ་སྙེ་སྙན་རྩོམ་དང་ལྷུག་རྩོམ་གྱི་དཔེ་ཆ་གཉིས་ཀྱི་རྩོམ་སྒྲིག་གི་ལས་ཀའི་སུམ་ཆའི་གཅིག་ལྷག་གྲུབ་པར་བྱས་ཤིང་མི་རིགས་དཔེ་སྐྲུན་ཁང་ནས་པར་དུ་བསྐྲུན། ཁོ་རང《ཀུན་ལྷོའི་གསར་འགྱུར》ཁང་དུ་བསྡད་རིང་། སྔ་གཞུག་ཏུ《ཐང་རྒྱན་མེ་ཏོག》དང《སློབ་གླིང་རྩོམ་གྱི་དགའ་ཚལ》《ལོ་རྒྱུས་དང་རིག་རྩལ》《ཁྲིམས་ལུགས་དྲིལ་བསྒྲགས》སོགས་ཆེད་བསྒྲིགས་ལེ་ཚན་གྱི་གཙོ་འགན་ཁུར། ༡༩༩༧ལོར་ཁོ་རང་བོད་ཡིག་རྩོམ་སྒྲིག་ཁང་གི་ཀྲུའུ་རེན་གཞོན་པར་བསྐོས་ཏེ་གསར་འགྱུར་པར་སྐྲུན་གྱི་ལས་ཀ་ཧྲིལ་པོའི་གཙོ་འགན་ཁུར། ལོ་ཟླ་དེ་དག་གི་ནང་དུ་ཁོས་ཚགས་པར་གྱི་བཅོས་སྒྱུར་དང་རྩོམ་པ་པོ་དང་འཕྲིན་གཏོང་མཁན་སྐྱེད་སྲིང་བཅས་ཀྱི་ཐད་ལས་ཀ་མང་དུ་བསྒྲུབས་ཤིང་། ཀླུ་ཆུ་རྫོང་དང་རྨ་ཆུ་རྫོང་བཅས་སུ་འཕྲིན་གཏོང་མཁན་གྱི་གསོ་སྦྱོང་འཛིན་གྲྭ་བསྒྲུབས་པར་ཁོས་དཔེ་ཁྲིད་མང་དུ་བྱས། སྐབས་དེ་དག་ཏུ་ཁོས་གསར་འགྱུར་ཆེད་ལས་སྐོར་གྱི་དཔྱད་རྩོམ་སྐོར་ཞིག་བྲིས་ཏེ་རྒྱལ་ཡོངས་བོད་ཡིག་ཚགས་པར་གྱི་མཐུན་སྒྲིལ་ཚོགས་འདུ་སྐབས་དང་པོ་དང་གཉིས་པ། གསུམ་པ། བཞི་པ་བཅས་སུ་བརྗེ་རེས་སུ་སྤེལ་བས། ཚོགས་ཞུགས་ཆེད་མཁས་པའི་གདེང་འཛོག་བཟང་པོ་ཐོབ། ༢༠༠༥ལོར་ཁོའི་དགའ་ཕྱོགས་དང་ལས་ཀའི་དགོས་མཁོ་ལྟར། ཁོ་རང་ཀུན་ལྷོ་ཁུལ་རིག་རྩལ་ལྷན་ཚོགས《ཟླ་ཟེར》རྩོམ་སྒྲིག་ཁང་དུ་ལས་གནས་སྤར། ད་བར་སྒྲུང་གཏམ་དང་སྙན་རྩོམ། དཔྱད་རྩོམ་བཅས་ཀྱི

རྩོམ་སྒྲིག་པའི་ལས་ཀ་གཉེར་ནས་རང་ཁུལ་གྱི་བོད་ཀྱི་དེང་རབས་རྩོམ་རིག་གོང་སྤེལ་དང་རྩོམ་པ་པོ་སྐྱེད་སྲིང་གི་ཐད་བྱས་རྗེས་བཞག་དང་འཇོག་བཞིན་མཆིས། ༢༠༡༠ལོར་《ཟླ་ཟེར་གྱི་ལོ་འཁོར་ཉི་ཤུའི་རྩོམ་རིག་དཔེ་ཚོགས་》ལས་སྒྲུང་གཏམ་དང་ལྷུག་རྩོམ་དེབ་རྩོམ་སྒྲིག་དང་ཞུ་དག་བྱས་མཐར་ཀན་སུའུ་མི་རིགས་དཔེ་སྐྲུན་ཁང་ནས་པར་དུ་བསྐྲུན།

ལྷ།

ཏག་གསུས་བརྩོན་པ་མ་བཏང་ན། །མི་འགྲུབ་བྱ་བ་ཅི་ཡང་མེད། །ཅེས་པ་ལྟར། ཆས་པ་ཏ་མགྲིན་ཚེ་རིང་གི་དཀའ་སྤྱད་ཀྱི་སྨོ་འདེབས་ལ་གཡུར་དུ་ཟ་བའི་འབྲས་བུ་སྨིན་ཞིང་། ཁོའི་བརྩམས་ཆོས་ལ་རྒྱ་ཆེའི་ཀློག་པ་པོའམ་རྩོམ་སྒྲིག་པ་དག་གི་དགའ་བསུ་ཆེན་པོ་ཐོབ་པ་སྟེ། ཁོའི་སྙན་རྩོམ་《དྲོད་ཡལ་བའི་སོར་གདུབ་》དང་《ཆུ་མིག་ཁ་རུ་》ཞེས་པ་སོགས་སྙན་རྩོམ་ལྔ་《དེང་རབས་བོད་ཀྱི་རྩོམ་རིག་དཔེ་ཚོགས་》སུ་བདམས་པ་དང་། 《དབང་པོ་ལྔའི་མགྲོགས་ཁྲིས་》དང་《བདག་དང་ཀ་ཁ་ག་ང་》སོགས་སྙན་རྩོམ་དྲུག་《སྦྲང་ཆར་གྱི་ལོ་འཁོར་ཉི་ཤུའི་རྩོམ་རིག་དཔེ་ཚོགས་》སུ་བདམས། 《སྒྲ་ཕབ་པའི་བུ་མོ་》དང་《ལྷ་ས་དང་ཨ་མ། ཤམ་ཐྭ་ལ་》སོགས་སྙན་རྩོམ་བརྒྱད་《ཀྲུང་གོའི་བོད་ཀྱི་དེང་རབས་རྩོམ་རིག་གཅེས་བཏུས་》ཞེས་པ་དང་《བོད་ཀྱི་དེང་རབས་སྙན་ངག་》ཅེས་པ་སོགས་སུ་བདམས་བཀོད་བྱས་ཡོད། དེ་མིན་སྒྲུང་གཏམ་《མ་ཎི་ཁང་》དང་《སྨུག་རླངས་ཁྲོད་ཀྱི་རི་གྲོང་》སྙན་རྩོམ་《པོ་ཏྭ་ལར་ཕུལ་བའི་མཛལ་དར་》

ལྷུག་རྩོམ་《གསེར་འོད་འཕྲོ་བའི་ཤུལ་རྗེས་》སོགས་བརྩམས་ཆོས་སྐོར་ཞིག་《ཀན་ལྷོ་ཁུལ་གྱི་ལོ་འཁོར་དྲུག་ཅུའི་རྩོམ་རིག་དཔེ་ཚོགས་དང་《ཟླ་ཟེར་གྱི་ལོ་འཁོར་ཉི་ཤུའི་རྩོམ་རིག་དཔེ་ཚོགས་》སོགས་སུ་བདམས། གཞན་ཡང་ཁོའི་ལོ་རྒྱུས་དང་དཔྱད་བརྗོད་སྐོར་ཞིག་《དུས་རབས་ཀྱི་འཕར་རྩ་》དང་《དུས་རབས་ཀྱི་འགྱུར་ཁུག་》《དེང་རབས་བོད་ཀྱི་རྩོམ་པ་པོའི་ལོ་རྒྱུས་དང་བརྩམས་ཆོས་དཀར་ཆག་》ཅེས་པ་སོགས་སུ་བཀོད་ཡོད།

བྱ་དགའི་ཐད་དུ། ༡༩༩༧ལོར་སྒྲུང་གཏམ་《མ་ཧེ་ཁང་》ལ་《ཟླ་ཟེར་》གྱི་རྩོམ་རིག་བྱ་དགའ་ཐོབ་པ་དང་། ༡༩༩༨ལོར་སྙན་རྩོམ་《བྱམས་བརྩེ་ཟྲུང་གི་གླིང་མོལ་》ཞེས་པར་རྒྱལ་ཡོངས་ལྗོངས་ཞིང་ལྔའི་"ཆེས་བྲིན་ཐུམ་པའི་"སྙན་རྩོམ་འགྲན་བསྡུར་ལས་བྱ་དགའ་རིམ་པ་གཉིས་པ་ཐོབ། ད་དུང་གསར་འགྱུར་རྒྱས་འཕྲིན་《རྫ་ཐང་གི་བུ་རྒོད—དོན་ཧེ་》ཞེས་པར་(མཉམ་རྩོམ་)རྒྱལ་ཡོངས་སྐབས་དང་པོའི་བོད་ཡིག་ཚགས་པར་གྱི་མཐུན་སྒྲོར་གྲོས་ཚོགས་ལས་བྱ་དགའ་རིམ་པ་དང་པོ་ཐོབ། ༡༩༩༩ལོར་འཕྲིན་གསར་《བོད་རིགས་བུ་མོས་ཡུལ་ཐོན་ཤ་མོ་བཅོངས། །གྲོང་མིའི་འཚོ་བར་འཚོ་བཅུད་གསར་པ་བསྣན། །》ཞེས་པར་སྐབས་བཅུ་གཅིག་པའི་རྒྱལ་ཡོངས་མི་རིགས་གྲངས་ཉུང་ས་ཁུལ་དང་ཀྲོའུ་མོན་ས་གནས་ཚགས་པར་གྱི་དཔྱད་བསྡུར་ཚོགས་འདུ་ལས་གསར་འགྱུར་ལེགས་གྲས་ཀྱི་བྱ་དགའ་རིམ་པ་གཉིས་པ་ཐོབ། ལོ་དེར་ད་དུང་འཕྲིན་གསར་《དབུལ་ཕོངས་འཐྲོག་པ་རྒྱད་པོའི་དཀའ་སྤྱད་ལས། །བུ་གསུམ་སློབ་གྲྭ་ཆེན་མོའི་སྒོ་ལས་ཐོན། །》ཞེས་པ་དང་། དཔྱད་རྩོམ་《བོད་ཡིག་ཚགས་པར་གྱི་

གསར་འགྱུར་ལོ་ཙཱའི་སྐོར་གླེང་བ་》ཞེས་པ། སྙན་རྩོམ་《པོ་ཏཱ་ལར་ཕུལ་བའི་མཇལ་དར་》ཞེས་པ་སོ་སོར་རྒྱལ་ཡོངས་སྐབས་གཉིས་པའི་བོད་ཡིག་ཚགས་པར་གྱི་མཐུན་སྦྱོར་ཚོགས་འདུ་ལས་འཕྲིན་གསར་སྐོར་གྱི་བྱ་དགའ་རིམ་པ་དང་པོ་དང་། དཔྱད་རྩོམ་སྐོར་གྱི་བྱ་དགའ་རིམ་པ་དང་པོ། ཀན་སུའུ་ཞིང་ཆེན་རྩོམ་པ་པོའི་མཐུན་ཚོགས་ཀྱིས་བསྒྲུབས་པའི་མི་རིགས་གྲངས་ཉུང་གི་རྩོམ་རིག་གསར་རྩོམ་གྱི་ཟྲངས་ཀྱི་རྟ་མཆོག་ཅེས་པའི་བྱ་དགའ་བཅས་ཐོབ། ༢༠༠༠ལོར་དཔྱད་རྩོམ་《ཇི་ལྟར་བྱས་ནས་གསར་འགྱུར་ཁ་བྱང་ལ་མི་རིགས་ཀྱི་ཁྱད་ཆོས་ཐོན་པར་བྱ་རྒྱུ་》ཞེས་པར་རྒྱལ་ཡོངས་སྐབས་གསུམ་པའི་བོད་ཡིག་ཚགས་པར་གྱི་མཐུན་སྦྱོར་ཚོགས་འདུ་ལས་བྱ་དགའ་རིམ་པ་གཉིས་པ་ཐོབ། ལྷག་པར་དུ་༢༠༠༥ལོར་ལྷུག་རྩོམ་《གསེར་འོད་འཕྲོ་བའི་ཤུལ་རྫས་》ཞེས་པར་གངས་ཅན་བོད་ཀྱི་དེང་རབས་རྩོམ་རིག་གི་ཆེས་མཐོའི་བྱ་དགའ་སྟེ་རྒྱལ་ཡོངས་སྐབས་གཉིས་པའི་གངས་ཅན་བུམ་པའི་རྩོམ་རིག་བྱ་དགའ་ཐོབ། དེ་མིན་༢༠༠༨ལོར་《ལྷ་ཟེར་》གྱི་ཕུལ་བྱུང་རྩོམ་སྒྲིག་པའི་བྱ་དགའ་དང་། ༢༠༠༧ལོར་ཀན་སུའུ་ཞིང་ཆེན་རྩོམ་པ་པོའི་མཐུན་ཚོགས་དང་ཀན་ལྷོ་ཁུལ་རིག་རྩལ་ལྷན་ཚོགས་ཀྱིས་བསྒྲུབས་པའི་རྨ་ཀླུང་ཁུགས་སོ་དང་པོའི་གེ་སར་རིག་གནས་ཀྱི་རྩོམ་རིག་བྱ་དགའ་ཐོབ་ཅིང་། ༢༠༡༢ལོར་《ལྷ་ཟེར་》གསར་འདོན་བྱས་ནས་ལོ་འཁོར་སུམ་ཅུའི་ཕུལ་བྱུང་རྩོམ་སྒྲིག་པའི་བྱ་དགའ་ཐོབ། 《དུས་རབས་ཀྱི་འཕར་རྒྱ》ཞེས་པའི་ནང་ཁོའི་བརྩམས་ཆོས་ལ་འདི་ལྟར་གདེང་འཇོག་ཚད་མཐོ་གནང་ཡོད་པ་སྟེ། ཆས་པ་རྟ་མགྲིན་ཚེ་རིང་གི་སྙན་རྩོམ་གྱིས་བདག་གི་ཡིད་དབང་

རབ་ཏུ་འགྲོག ཁོའི་སྙན་རྩོམ་གོ་བདེ་ཞིང་དོན་ཟབ་ལ། ཚིག་དང་ཡིག་འབྲུ་རེ་རེའི་བར་དུ་གངས་ལྗོངས་ལ་བཙངས་པའི་བརྩེ་ཞེན་དེ་འོད་ལམ་ལམ་དུ་འཚེར་ཞེས་དང་། ཡང་ཁོའི་སྙན་རྩོམ་དེ་རང་ཉིད་ཀྱི་བདེ་སྡུག་བརྗོད་པ་ནས་ཡུན་གྱིས་བོད་མི་རིགས་ཧྲིལ་པོའི་བདེ་སྡུག་ལ་བསམ་གཞིག་གཏོང་བའི་ཕྱོགས་སུ་འགྱུར་བ་བྱུང་ཡོད་ཅེས་སོ། །

ལྷིད་ཏིག་ཏིག་གི་གྲུབ་འབྲས་དང་། འོད་ལམ་ལམ་གྱི་བྱ་དགའི་རྟགས་མ་དེ་དག་གིས་ཆས་པ་རྟ་མགྲིན་ཚེ་རིང་གི་གསར་རྩོམ་གྱི་བྱས་རྗེས་མངོན་པར་མཚོན་ཞིང་། དེས་ཀྱང་ཁོའི་བློ་ཡིད་མི་ཚིམ་པར་ད་དུང་ཆད་མེད་བརྩོན་པས་འཚོལ་སྙེག་དང་གསར་རྩོམ་གྱི་ལས་ལ་བརྩོན། ཉེ་བའི་ལོ་འགར་ཁོས་ལས་ཀའི་ཞོར་དུ་བརྣན་འཕྲིན་བླྙས་གར་རིང་གྲས《གོང་མ་ཁང་ཞི་གསང་བས་དམངས་ཁྲོད་དུ་སྐྱོད་པ་》དང《གསང་ཡིབ་》《གངས་ལྗོངས་ཀྱི་མཁའ་ལམ་》《དཔའ་དམ་》《དམག་དཔོན་ཆེན་མོ་ཁྲིན་གེན་》《རིན་ཁྲང་ཞྭ་》《ཉེས་ཅན་གནམ་གྱིས་མི་ཁེབས་》སོགས་འཁྲབ་གཞུང་མང་པོ་བོད་ཡིག་ཏུ་བསྒྱུར་པ་ལ་ཡིག་འབྲུ་འབུམ་བརྒྱད་ལྷག་མཆིས། དེ་དག་ཀུན་ལྗོ་ཁུལ་གློག་བརྙན་བསྒྱུར་སྒྲུན་ལྟེ་གནས་ཀྱིས་སྒྲར་ཕབ་སྟེ། ཀུན་ལྗོའི་བརྙན་འཕྲིན་ཁང་དང་མཚོ་སྔོན་བརྙན་འཕྲིན་ཁང་གི་ཨ་མདོའི་ཡུལ་གྱི་རྒྱ་ཆེའི་ལྟ་མཁན་རྣམས་ཀྱི་མིག་གི་དགའ་སྟོན་དུ་ཕུལ་དང་འབུལ་བཞིན་མཆིས། དེ་མིན་ཁོའི་སྙན་རྩོམ་ཕྱོགས་བསྒྲིགས《ལྷན་འཛོམས་ཀྱི་གླུ་དབྱངས་》ཞེས་པ་རྩོམ་སྒྲིག་དང་ཞུ་དག་གི་ལས་ཀ་ཡོངས་སུ་གྲུབ་ནས་ད་ལྟ་རྒྱ་ཆེའི་ཀློག་པ་པོའི་མིག་གི་དགའ་སྟོན་དུ་འབུལ་གྲབས་བྱེད་

པའི་སྒང་ལགས་སོ། །

དྲུག

ཆས་པ་རྡ་མགྲིན་ཚེ་རིང་གིས་ངག་ནས། རང་ཉིད་རྩོམ་པ་པོའམ་སྙན་ངག་པ་ཞིག་ཡིན་ཞེས་བཤད་མི་ཐོད་ལ། དེ་ལྟར་ཡིན་པའི་གདེང་ཚོད་ཅི་ཡང་མེད། གང་ལྟར་རང་ཉིད་ལྷག་བསམ་རྣམ་དག་གིས་མི་རིགས་རང་གི་སྐད་དང་ཡི་གེ་ལ་མོས་པ་དང་རྩོམ་རིག་ལ་སྤྲོ་སྣང་ལྡན་མཁན་ཞིག་ཡིན་ཞེས་སྨྲ་སྤྲོབས། གལ་ཏེ་བདག་གི་རྩོམ་ཡིག་ལ་དགེ་མཚན་དང་གྲུབ་འབྲས་ཅུང་ཟད་མཆིས་ཚེ། ཐོག་མར་བཀའ་དྲིན་ཞུ་ཡུལ་ནི་རང་ཉིད་ཀྱི་ལྟེ་ཁྲག་འཐོ་སའི་ཕ་ཡུལ་ཡིན་ཏེ། ཅིའི་ཕྱིར་ཞེ་ན། སྲོལ་རྒྱུན་དང་དད་མོས་ཀྱི་བག་ཆགས་ཟབ་ཅིང་། ཕྱི་ལ་སྒོ་བརྒྱབ་པ་དང་། ནང་ནོར་གཅེས་འཛིན་བྱེད་པའི་གནས་མཆོག་དེས་བདག་ལ་སྐྱིད་ན་འཛད་མཐའ་མེད་པའི་རྩོམ་རིག་སྒྱུ་རྩལ་གྱི་བརྗོད་བྱའི་གཏེར་མཛོད་ཕུན་སུམ་ཚོགས་པ་ཞིག་མགོ་སྤྲོད་བྱས་བྱུང་། དེ་ནས་ཡང་བཀའ་དྲིན་ཞུ་ཡུལ་གཞན་ཞིག་ནི་བདག་གི་རྩོམ་ཡིག་ལ་དགའ་བསུ་བགྱིད་པའི་ཀློག་པ་པོ་རྣམས་དང་རང་ཉིད་སྐྱེད་སྲིང་བྱེད་མཁན་གྱི་རྩོམ་སྒྲིག་པ་རྣམས་ཡིན་ལ། གལ་ཏེ་ཁོ་ཚོ་མེད་ཚེ་བདག་གི་རྩོམ་ཡིག་གམ་བསམ་བློ་དེ་གཤོག་པ་བྲལ་བའི་བྱེའུ་བཞིན་ནམ་ཡང་རྩོམ་རིག་སྒྱུ་རྩལ་གྱི་མཁའ་དབྱིངས་སུ་གནམ་འཕང་གཅོད་མི་ཐུབ་ཟེར། བདེན་ཏེ། ཀློག་པ་པོར་བག་ཆགས་ཟབ་པའི་ཁོའི་བརྩམས་ཆོས་ཏེ། སྒྲུང་གཏམ《སྨུག་རླངས་ཁྲོད་ཀྱི་རི་གྲོང་》དང《མ་ཧེ་ཁང་》

《སྡེ་བ་སྒོར་བ་》ལྷུག་རྩོམ་《རི་གྲོང་གི་ལམ་ཕྲན་》དང་《གསེར་འོད་འཕྲོ་བའི་ཤུལ་རྗེས་》སྙན་རྩོམ་《རྒྱ་མིག་ཁ་རུ་》དང་《རི་གྲོང་ནས་འོངས་པའི་ཨ་ཁུ་དང་ཨ་ཅེ་དེ་ཚོ་》《ལྷ་ས་དང་ཨ་མ། ཤམ་ལྷ་ལ་》སོགས་བརྩམས་ཆོས་མང་ཆེ་བའི་བརྗོད་བྱའི་ཁུངས་སྣེ་དེ་ཁོའི་ཕ་ཡུལ་གྱིས་ཐད་ཀར་ཁོ་ལ་མཁོ་སྤྲོད་བྱས་པ་ཡིན་པ་གདོན་མི་ཟའོ། །

ཁོ་ནི་རོང་འབྲོག་གཉིས་ཀྱི་འཚོ་བའི་བྲོ་བ་ཟབ་ཅིང་ཆོས་ལུགས་ཀྱི་བག་ཆགས་མཐུག་པའི་རུ་སྡེ་ཆེན་པོ་ཞིག་ཏུ་སྐྱེས་ཤིང་དེ་གར་འཚར་ལོངས་བྱུང་བ་དང་། རྗེས་སུ་རི་གྲོང་ནས་གྲོང་ཁྱེར་དུ་བསླེབས་ཤིང་། དཀའ་སྡུག་དང་སྤྲོ་སྐྱིད་ཀྱི་འཚོ་བའི་ཉམས་མྱོང་གསོག་ཉར་བྱས་པའི་རྒྱུ་ཆ་རེ་རེས་ཁོའི་གསར་རྩོམ་གྱི་བློ་སྒོ་ཕྱེ་ནས་ད་གཟོད་ཕྱུལ་བྱུང་གི་བརྩམས་ཆོས་རེ་རེ་བྱུང་བ་ཡིན་ཏེ། དཔེར་ན། ཁོམ་པར་གྲུར་ཆེ་གཞན་ལ་མཚང་འབྲུ་ཞིང་དཔྱད་བརྗོད་བྱེད་པར་གོམས་པའི་《མ་ཧེ་ཁང་》གི་ཨ་མ་ལྷ་ཧྲེ་དང་ཨ་མ་སྒྲོལ་ལོ། ཨ་མ་བཀྲ་འཚོ་སོགས་ཀློག་པ་པོའི་མིག་ལམ་དུ་གསོན་ཉམས་དོད་པོས་འཆར་སླ་བའི་མི་སྣ་དེ་དག་དང་། ད་དུང་རྙིང་ཞེན་དང་ཨུ་ཚུགས་ཆེ་ཞིང་རྨོངས་མུན་དང་སྤྲོལ་ངན་གྱིས་བཅིངས་པའི་《སྨུག་རླངས་ཁྲོད་ཀྱི་རི་གྲོང་》ནང་གི་མི་སྣ་གཙོ་བོ་སྡེ་དཔོན་སྐོབས་རྒྱལ་དང་《སྡེ་བ་སྒོར་བའི་》ནང་གི་ཨ་ཁུ་འགྱུར་མེད། དེ་མིན་《ལ་གཟར་སྡེ་བའི་ཁ་སང་དང་དེ་རིང་》ཞེས་པའི་ནང་གི་ཨ་ཁུ་ཐར་འབུམ་གཙོ་བྱས་པའི་རྒན་པོ་སེམས་ཤེས་དེ་ཚོའི་གཟུགས་བརྙན་དང་བྱ་སྤྱོད་དེ་རང་རེ་བོད་ཁུལ་གྱི་རོང་འབྲོག་ཀུན་ལ་ཡོངས་ཁྱབ་ཏུ་གནས་པའི་སྣང་ཚུལ་ཞིག་

ཡིན་ལ། ཁོའི་བློ་གྲོས་དང་སྨྱུག་རྩལ་ལས་ད་གཟོད་གསོན་ཉམས་ལྡན་པའི་ངང་ནས་མི་སྣ་དེ་དག་ཀློག་པ་པོའི་མིག་ལམ་དུ་ཆ་ཡོད་ལྟ་བུར་གཟུགས་སྣང་དུ་གྲུབ། ཁོའི་སྒྲུང་གཏམ་མང་ཆེ་བ་ཙུང་ཐུང་ཞིང་བསྡུས་པ་ཞིག་ཡིན་མོད། འོན་ཏེ་དེ་ལ་རྒྱ་མཚོ་ལས་ཟབ་པའི་ནང་དོན་དང་ལྡན་ཞིང་། དངོས་ཤུགས་ལས་བསྟན་པའི་བརྗོད་དོན་ཁྱབ་རྒྱ་ཆེ་བ་ཞིག་ཡིན་པ་དང་། ཁོས་སྲོལ་རྒྱུན་དང་མངོན་སུམ་གྱི་འགལ་ཟླ་ཉེ་བར་སྦྱད་ནས་སྤྱི་ཚོགས་ཀྱི་གནད་དོན་དང་དངོས་ཡོད་ཀྱི་གནད་དོན་ལ་འགྲེལ་བཤད་དོན་ལ་གནས་པ་ཞིག་བརྒྱབ་ཡོད་པའི་ཁར། སྒྲུང་གཏམ་ནང་དུ་སྟོང་ཆའམ་ཀློག་པ་པོར་བསམ་བློ་གཏོང་ཡུལ་མང་དུ་བཞག་ཡོད་པ་འགའ་ནི་དོན་ལ་གནས་ཤིང་། བརྗོད་དོན་ཤུགས་ལས་བསྟན་པའི་རིགས་དེ་ལ་དགེ་མཚན་ཟླ་ལྷག་དང་སྒྱུ་རྩལ་གྱི་ཉམས་རྩོལ་མེད་དུ་ཐོན་པར་སྙམ།

གཤམ་དུ་ཁོའི་སྒྲུང་གཏམ་གསར་པ་《ལ་གཟར་སྟེ་བའི་ཁ་སང་དང་དེ་རིང་》ཞེས་པ་དེ་བདག་གིས་བསམ་ན་ཙུང་ལེགས་གྲུབ་བྱུང་བའི་སྒྲུང་གཏམ་ཞིག་ཡིན། དེ་ལ་རྩོམ་པ་པོ་གྲགས་ཅན་ནམ་རྩོམ་རིག་དཔྱད་བརྗོད་པ་ལྷ་རྒྱལ་ཚེ་རིང་ལགས་ཀྱིས《སྒྲུང་ཆར་》དུ་དཔྱད་བརྗོད་སྤེལ་བ་དོན་ལ་གནས་ཤིང་གནད་ལ་ཁེལ་བས། དེ་ལས་དོན་ཚན་འགའ་རེ་འདྲེན་པར་བྱ་སྟེ།

ཆས་པ་རྟ་མགྲིན་ཚེ་རིང་གིས་བརྩམས་པའི《ལ་གཟར་སྟེ་བའི་ཁ་སང་དང་དེ་རིང་》ཞེས་པའི་སྒྲུང་གཏམ་ནི། སྲིད་གཞུང་གི་དབུལ་སྐྱོར་སྲིད་ཇུས་དངོས་འབེབས་ལག་བསྟར་བྱས་པ་དང་འབྲེལ་ཏེ་བྱུང་བའི་གྲོང་སྡེ་གནས་སྟོང་

བྱེད་པའི་རྣམ་པ་བསྟན་ཡོད། རྣམ་པ་དེ་ལས་ལ་གཟར་སྡེ་བའི་ཁ་སང་གི་ལོ་རྒྱུས་དང་དེ་རིང་གི་གནས་ཚུལ་སྒྲོས་བརྗོད་བྱས་འདུག་ལ། སྒྲོས་བརྗོད་ཀྱི་ཡལ་འདབ་ཕྱོགས་སུ་རྒྱུས་པ་དང་བརྗོད་བྱའི་དོན་གནད་ཀྱི་འབྲས་བུ་ནི། སྟག་རི་ཡུལ་ཚོ་རུ་ཚོགས་པའི་བཀྲ་ཤིས་སྡེ་སར་གྲུབ་པའི་དགའ་སྟོན་དང་། ལ་གཟར་གནའ་སྡེའི་ཡུལ་སྐོར་ས་ཁུལ་འཛུགས་སྐྲུན་གྱི་སྒོ་བྱང་འགེལ་བའི་མཛད་སྒོའི་སྟེང་དུ་སྨིན་པར་བྱས་པ་སྟེ། སྲིད་གཞུང་གིས་འཆར་བཀོད་དང་བཅས་ཐག་བཅད་ནས་གཏམ་རྒྱུད་མཇུག་རྫོགས་པར་བྱས་ཡོད། ཅེས་སོ། །

ཡང་ཁོང་གིས། དེའི་ཕྱིར། ཀློག་མཁན་གྱིས་ལ་གཟར་སྡེ་བའི་ཁ་སང་སྟེ། སྔར་བྱུང་གི་ལོ་རྒྱུས་རྗེས་སུ་དྲན་པའི་མུ་ལ་ནི། ལ་གཟར་སྡེ་བའི་དེ་རིང་སྟེ་ད་ལྟའི་གནས་བབས་དང་། ཁྱད་པར་དུ་སང་ཉིན་གྱི་འཚོ་གཞིས་ལ་ཚོད་དཔག་དང་རྟོག་བཟོ། ཡང་ན་རེ་དོགས་དང་སེམས་ཁྲལ་བྱེད་དགོས་པ་བྱུང་། འདི་ནི་རྩོམ་པ་པོས་ང་ཚོར་བཞག་པའི་བསམ་གཞིག་གི་བར་སྟོང་ཆེན་པོ་ཞིག་ཏུ་གཞི་གྲུབ་ཅིང་། སྒྲུང་གཏམ་འདི་ཉིད་ཀྱི་དཀྱིལ་དང་ཤོང་དུ་འང་གྱུར་ཏོ། །ཞེས་གདེང་འཛོག་གནང་ཡོད།

དེང་འདིར་ང་ཚོའི་བོད་ཁུལ་འདི་དུས་རབས་ཀྱི་རྗེས་སུ་སླེབས་ཏེ་དར་རྒྱས་གོང་འཕེལ་དུ་འགྲོ་བ་དང་རི་གྲོང་དང་འབྲོག་སྡེ་ཁག་གྲོང་ཁྱེར་ཅན་དུ་སྒྱུར་བའི་བརྒྱུད་རིམ་ཁྲོད་དུ། སྔོན་ཆད་ཕ་མེས་ནས་བརྒྱུད་པའི་སྲོལ་རྒྱུན་དང་གོམས་གཤིས། སྔོན་བོན་གྱི་རིག་གནས་གང་མང་ཉམས་དམུས་དང་རྩ་མེད་དུ་སོང་དང་འགྲོ་བ་དང་། འཛུགས་སྐྲུན་གྱི་ཞོར་དུ་རང་བྱུང་ཁམས་ཆེན་པོར་

གཏོར་བརླག་ཚབས་ཆེན་བཟོ་བར་རྩོམ་པ་པོས་མི་འདོད་པའི་ངར་སྐད་སྒྲོག་ཅིང་སྤྱི་ཚོགས་ལ་འབོད་སྐུལ་བགྱིས་ཡོད། བསམ་བློ་འདི་ཆས་པ་རྡ་མགྲིན་ཚེ་རིང་གི་བརྩམས་ཆོས་མང་པོ་ཞིག་གི་སྲོག་ཏུ་གྲུབ་ཅིང་། ཁྱད་པར་དུ་སྲུང་གཏམ་འདི་ལས་གཞན་ཁོའི་སྔན་ངག་《ཀ་ཤུལ་དུ་སྐྱོད་པའི་མགྱོགས་ཐྲིས་》ཞེས་པ་སོགས་སུའང་བསམ་བློ་དེ་མངོན་པར་གསལ་ལོ། །

ལྷ་རྒྱལ་ཚེ་རིང་གིས་རྩོམ་པ་པོ་རྟོགས་ལྡན་ཞིག་ཡིན་ན་གདུང་སེམས་འདུ་ཤེས་ཡོད་དགོས་ཏེ། བློ་ཁ་ནི་ཅིས་ཀྱང་མི་རིགས་དང་། རང་བྱུང་ཁམས། མིའི་རིགས་བཅས་ལ་ཕྱོགས་དགོས་ཕྱིར། སྲུང་གཏམ་འདིའི་རྩོམ་པ་པོས་ལ་གཟར་སྟེ་བའི་ད་ལྟའི་ལས་དབང་དང་འབྱུང་འགྱུར་མདུན་ལམ་ལ་གདུང་སེམས་བཅངས་པ་དང་ཐུགས་ཁྲལ་མཛད་པ་ཅི་ལ་མིན། ཞེས་དང་། ཡང་ཁོས། 《ལ་གཟར་སྟེ་བའི་ཁ་སང་དང་དེ་རིང་》ཞེས་པ་ཡིས། དེང་སྐབས་ཀྱི་སྤྱི་ཚོགས་དོན་རྐྱེན་དང་སྤྱི་ཚོགས་འཕོ་འགྱུར་དཔེ་མཚོན་དུ་བསྟན་འདུག་ཕྱིར། སྤྱི་ཚོགས་ཀྱི་འཕོ་འགྱུར་རང་བཞིན་དང་། འཚོ་གཞིས་ཀྱི་འགྱུར་ལྡོག་རང་བཞིན། ལོ་རྒྱུས་ཀྱི་བདེན་དངོས་རང་བཞིན་ལ་མཚོ་བསམ་གཏོང་དགོས་པ་བྱུང་ངོ་། །ཞེས་གནད་དུ་ཁེལ་ཞིང་དོན་ལ་གནས་པའི་དཔྱད་པ་བཏང་ཡོད་དོ། །

བདུན།

བདག་གིས་ཆས་པ་རྡ་མགྲིན་ཚེ་རིང་གི་རྩོམ་རིག་གསར་རྩོམ་གྱི་བརྗོད་སྙིང་ངམ་བསམ་བློ་ལ་འཕོ་འགྱུར་ཆེན་པོ་གསུམ་བྱུང་བར་བསམ་སྟེ། ཁོས་

དང་ཐོག་བྲིས་པའི་སྙན་ངག་《མཚོ་དཀྱིལ་གྱི་ཟླ་གཟུགས་》དང་《རྗོད་ཡལ་བའི་སོར་གདུབ་》སོགས་བརྩམས་ཆོས་མང་ཆེ་བའི་བརྗོད་སྙིང་དེ་ཕོ་མོའི་བརྩེ་དུང་བརྗོད་བྱ་གཙོ་བོར་བགྱིས་པའི་དུངས་སེམས་མཚོན་པའི་སྙན་ངག་ཡིན་ལ། ཁོས་འཚོ་བ་དངོས་ཀྱི་དགའ་སྐྱོ་ཆགས་སྡང་དང་བརྟན་འགྱུར་འདུ་བྲལ་གྱི་གནས་ཚུལ་ལམ་རང་ཉིད་ཀྱི་མྱོང་ཚོར་དངོས་ལ་དམིགས་པ་དང་། ཁོའི་བརྩེ་དུང་གི་ལྷུགས་ཀྱུས་ཟིན་པའི་དགའ་སྣང་དང་སྐྱོ་གདུང་གི་རྒྱུད་མངས་ལན་བརྒྱར་དཀྲོལ་བས། ཀློག་མཁན་དག་གི་ཡིད་དབང་ཅིག་ཅར་དུ་འཕྲོག

གལ་སྲིད་ཁོས་སྔར་བྲིས་པའི་སྙན་ངག་གཙོས་པའི་བརྩམས་ཆོས་དག་གི་བརྗོད་སྙིང་དེ་གཙོ་བོ་དུངས་སེམས་དང་ཚོར་བ་བརྗོད་པ་ཡིན་ཞེ་ན། ཁོའི་དུས་ཕྱིས་ཀྱི་སྙན་ངག་གཙོས་པའི་བརྩམས་ཆོས་ཀྱི་བརྗོད་དོན་ནམ་བསམ་བློ་དེ་ཉིད་ལས་རིང་དུ་འདས་ཤིང་སྔར་ལས་གཏིང་ཟབ་ཅིང་ཚད་མཐོ་བར་འཕོ་འགྱུར་བྱུང་ཡོད། ཁོས་རང་གི་མེས་རྒྱལ་དང་རང་གི་མི་རིགས། རང་གི་ཕ་ཡུལ་བཅས་ཀྱི་འདས་པའི་ལོ་རྒྱུས་དང་ད་ལྟའི་གནས་བབས། མ་འོངས་པའི་རེ་འདུན་བཅས་ལ་བསམ་གཞིག་བགྱིས་ཤིང་འགན་འཁྲི་ཤུགས་དྲག་པོས་མི་དམངས་ཀྱི་སྐྱིད་སྡུག་ལ་སེམས་ཁུར་བགྱིས། ཕྱུལ་བྱུང་གི་བརྩམས་ཆོས་རེ་རེས་མི་རྣམས་ལ་སྐུལ་འདེད་ཀྱི་འབོད་སྒྲ་བསྒྲགས་ཤིང་། བརྩེ་སེམས་ཀྱི་བསམ་བློར་འོད་སྟོང་འཕྲོ་བ་སྟེ། སྙན་ངག་《སྲིན་པར་བླངས་པའི་གླུ་དབྱངས་》དང་《བདག་དང་ཀ་ཁ་གང་》《ལྷན་འཛོམས་ཀྱི་གླུ་དབྱངས་》སོགས་ཀྱིས་ལེགས་པར་མཚོན་ནོ། །

ཁོས་དུས་རྣམ་ཀུན་ཏུ་རྩོམ་རིག་གིས་མི་དམངས་ལ་ཞབས་འདེགས་ཞུ་

བ་དང་། གསར་རྩོམ་གྱིས་མི་དམངས་གཙོ་བོར་འཛིན་པའི་ཁ་ཕྱོགས་རྒྱུན་འཁྱོངས་བྱས་ཏེ། ལོ་འདི་དག་གི་རིང་ལ། ཆད་མེད་བརྩོན་པས་འཚོ་བར་ཟབ་ཞུགས་དང་རྒྱུས་ལོན་བྱས་ཏེ། གསར་རྩོམ་ལ་མི་རིགས་ཀྱི་ཁྱད་ཆོས་ལྡན་ཞིང་གསར་གཏོད་དང་རང་ཚུགས་ཐུབ་པའི་སྒྱུ་རྩལ་གྱི་ཞིང་ཁམས་ཡིད་དུ་འོངས་པ་ཞིག་འཚོལ་སྙེགས་བྱས། ཉེ་ཆར་བྲིས་པའི་བརྩམས་ཆོས་དག་ལ་མཚོན་ནས་བཤད་ན། ཁོའི་གསར་རྩོམ་གྱི་ཆུ་ཚད་དེ་སྔར་ལས་ཐོད་བརྒལ་བྱུང་བ་ང་ཚོས་ཁོའི་བརྩམས་ཆོས་དག་ལས་མྱོང་ཐུབ་པ་སྟེ། དཔེར་ན། སྙན་རྩོམ་《ཆུ་འཐག་ཁང་》ཞེས་པ་རུ། དེ་སྔ་འཐག་རྡོའི་གནོན་ཤུགས་དང་ནི་དྲག་འབབ་ཆུ་བོའི་ཤེད་ཤུགས་ཀྱིས། །ཉིན་མཚན་འཁོར་མོར་བྲེལ་བས་མི་ཁོམ་སྤྲང་དཀར་རྩམ་པའི་འབྱུང་གནས་ཆེ། །ད་ནི་བགྲང་བྱའི་ཁུར་པོས་དུད་ཅིང་བདག་པོས་དོར་བའི་སྤྲང་པོ་བཞིན། །གྲུ་ཟུར་གང་དེར་སྲུན་སྣང་དང་བཅས་ཁེར་རྐྱང་ལུས་པའི་ཚུལ་འདིར་ལྟོས། །ཞེས་དང་། 《གུ་གེ་རྒྱལ་རབས་ཀྱི་གསང་བ་》ལོ་རྒྱུས་ཟིན་བྲིས་ཀྱི་གློག་བརྙན་ཞིག་ལ་བལྟས་རྗེས་ཞེས་པར། ལོ་རྒྱུས་ཆུ་ཀླུང་མདུན་དུ་སྐྱོད་པའི་གསལ་ལ་མི་གསལ་ལྷབས་རིས་ཁྲོད། །ལོ་ངོ་སུམ་བརྒྱ་ལྔ་བཅུ་ཞེས་ན་རིང་ཡང་རིང་ལ་ཐུང་ཡང་ཐུང་། །འོན་ཏེ་སྔོན་ཆད་དར་ཞིང་རྒྱུད་པའི་རྒྱལ་རབས་ཤིག་གི་བྱུང་བ་སྟེ། །མཚན་མོ་གཅིག་ལ་ཡོད་ཚད་འཇིག་པའི་གསང་བའི་མཐིལ་དེ་སུ་ཡིས་རྟོགས། །ཞེས་འདས་ཟིན་པའི་ལོ་རྒྱུས་དེ་ང་ཚོ་དང་རིང་དུ་ཕྱིན་ཅིང་། འོད་སྟོང་འཕྲོ་བའི་རིག་གནས་ཀྱི་ཤུལ་བཞག་གང་མང་འཇིག་པར་གྱུར་པ་དང་། དུས་ཀྱི་འཕོ་འགྱུར་ཁྲོད་དུ་ཡ་མེས་ཀྱི་སྲོལ་རྒྱུན་

གང་མང་མིང་གི་ལྷུག་མར་གྱུར་པར་གདུང་སེམས་བསྐྱེད། ཡང་《འཆར་ཀ་》ཞེས་པ་རུ། སླག་མུན་ཡོལ་བ་སྲེག་ལ་དཔའ་བའི་དམར་སེར་འོད་ཀྱི་རྩེད་དགའ་ཅན། །དབང་ཕྱོགས་སྤྲིན་གྱི་རྒྱ་མཚོའི་གློང་ལས་སྲིད་པའི་སྒྲོན་མེ་སྤར་ཏེ་ཕྱིན། །ཧམས་སྟུག་མཚན་མོ་བདག་གིར་བགྱིས་པའི་འབྱུང་པོའི་ཚོགས་རྣམས་ཡོང་བྱེད་ཅིང་། །གསར་པ་གསར་རྒྱུད་དེ་རིང་ཞེས་པའི་ཉིན་མོ་འདི་ཡི་དབུ་དེ་བརྙེས། །ཞེས་དང་། 《རྒྱ་མཚོའི་སྟོན་བཟ་》ཞེས་པར། ན་བུན་འཐིབས་པའི་ཆུ་གཏེར་ཆེན་པོའི་རླབས་ཕྲེང་རླུང་གིས་གཡོ་ཞིང་འགྱོ། །རླབས་ཀྱི་རྩེ་མོར་གཞོག་འགྱུར་རྩེན་པའི་ཁྱུག་རྡས་ཅི་ཞིག་སྟོན་བཟ་གཏོང་། །གནམ་དང་རྒྱ་མཚོ་འབྲེས་པའི་མཚམས་སུ་བྲུ་གཡོར་རླུང་གིས་བརྡེབས་ཏེ་འོངས། །རྒྱ་མཚོའི་ཕ་རོལ་གནས་ཚུལ་སྐྱེལ་བའི་ཕོ་ཉ་འདི་གར་གཏོང་མིན་ནམ། །ཞེས་པ་སོགས་སྙན་ཚིག་དེ་དག་གིས་རི་བས་ཁེངས་པའི་སང་ཉིན་ཏེ་འབྱུང་འགྱུར་ལ་ཡིད་སྨོན་དང་རེ་སྒུག་བགྱིད་པའི་བསམ་བློ་དེ་ཤུགས་དྲག་གིས་མཚོན། དེ་མིན་མེས་པོའི་བློ་གྲོས་ལ་བསྔགས་བརྗོད་དང་། སྲོལ་རྒྱུན་རྒྱུན་འཛིན་དང་དར་སྤེལ་གཏོང་བ། སྟོན་ཐོན་རིག་གནས་ལ་ཡར་སྐྱེལ་བགྱིད་པའི་བསམ་བློས་ཕྱུག་པ་དཔེར་ན། 《མེ་ཏོག་མཆོད་པ་》ཞེས་པར། བརྩེ་ཆེན་ཨ་མའི་ངལ་རྩོལ་ལས་བྱུང་འབྲི་མོའི་འོ་མ་དཀྲུགས་པའི་བཙུད། །འདམ་གྱིས་མ་བསླད་ལྷད་ཀྱིས་མ་གོས་དད་ལྡན་བཟོ་བོའི་འདུ་བྱེད་ཀྱིས། །རི་རབ་གླིང་བཞི་ཉི་ཟླས་བརྒྱན་པའི་ལྷ་མིའི་མཆོད་སྡོང་བསྐྲུན་བགྱིས་ཏེ། །སངས་རྒྱས་ཞིང་དུ་དམིགས་ཏེ་ཕུལ་པའི་བོད་པའི་ལྷུག་བསམ་འདི་ཀོ་རྨད། །ཅེས་པ་དང་། ཡང་《སྤྲ་》ཞེས་པའི་སྙན་

རྩོམ་དུ། མ་དང་སྲུ་མོས་གནག་ཕྱུགས་རྫིད་པ་བསེད་ཅིང་བཀལ་བའི་སྐྲུད་པའི་གྲུ། །རྒྱུད་སྤུན་གཉིས་ཀ་གྲོགས་སུ་བསྒྲིགས་ཤིང་ཐགས་སུ་བཏགས་པའི་རི་ལྀ་ནག །རྒྱ་ཛོང་ནགས་ཀྱི་ཀ་ར་གདུང་མས་འདེགས་ཤིང་བཀར་བའི་མཐིང་སྨུག་སྦྲ། །དུས་བཞི་ལ་ནི་རྩྭ་ཆུའི་རྗེས་སློག་མཆོར་ས་སྒྱོར་བའི་འབྲོག་པའི་ཁྱིམ། །ཞེས་པ་སོགས་ཀྱི་ཚིག་དང་ཡི་གེའི་བར་དུ་གངས་ལྗོངས་ལ་དགའ་ཞེན་དང་ཕ་མེས་ནས་བརྒྱུད་པའི་རིག་གནས་ལ་དགའ་ཞེན་གྱི་བརྩེ་སེམས་དེ་འགྱུར་བ་མེད་པར་རྟག་ཏུ་འོད་མདངས་ལམ་ལམ་དུ་འཕྲོའོ། །

ད་སྐབས་ཁོས་《ཟླ་ཟེར་》རྩོམ་སྒྲིག་ཁང་གི་གྲུའུ་རེན་གཞོན་པའམ་གཙོ་སྒྲིག་པ་གཞོན་པ་དང་། ཀན་ལྷོ་ཁུལ་རྩོམ་པ་པོའི་མཐུན་ཚོགས་ཀྱི་གྲུའུ་ཞི་གཞོན་པ། ཀན་སུའུ་ཞིང་ཆེན་རྩོམ་པ་པོའི་མཐུན་ཚོགས་ཀྱི་ཚོགས་མི། ཀན་སུའུ་ཞིང་ཆེན་བོད་སྐད་ཡིག་རྩོམ་རིག་དཔྱད་བརྗོད་མཐུན་ཚོགས་ཀྱི་དྲུང་ཡིག་ཆེན་མོ་བཅས་ཀྱི་འགན་འཁུར་བཞིན་ཡོད་ལ། རྩོམ་སྒྲིག་གི་ཞོར་དུ་རང་ཉིད་ཀྱི་གསར་རྩོམ་གྱི་ཆུ་ཚད་སྐས་རིམ་གསར་པ་ཞིག་ཏུ་བསླེབ་པར་བརྩོན་པ་བགྱིད་པའི་སྣང་ལུགས་སོ། །

ཁ་གྱུའི་སངས་བཀྲའི་ལེགས་རྩོམ་གཅེས་བསྡུས《སེམས་པར་ཉར་བའི་འཛིག་རྟེན་》བསྐུགས་པའི་འཆར་སྣང་།

རང་རེ་བོད་ཀྱི་ཆེས་མཐོ་བའི་རྩོམ་རིག་གི་བྱ་དགའ་སྐབས་གསུམ་པའི་གངས་རྒྱན་གསེར་ཐུམ་ཐོབ་པའི་ཁ་གྱུའི་སངས་བཀྲའི་ལེགས་རྩོམ་གཅེས་བསྡུས་ཁྲོད《ལྷ་མོ་ལགས། ངས་ཁྱེད་ལ་ཞུ་》དང་《ལྷ་མོ་ལགས། ཁྱེད་ཀྱིས་གསན་རོགས་ཞུ་》སོགས་ལྷུག་རྩོམ་ཁག་ནི་རྩོམ་པ་པོས་འཚོལ་ཞིང་སྙེག་ལ་རེ་ཞིང་སྨོན་པའི་ལྷ་མོ་དེ། གསལ་བྱེད་སུམ་ཅུ་ཕྲེང་བར་བརྒྱུས་ཏེ་འཛིག་རྟེན་གྱི་བདེ་སྡུག་གླུ་རུ་ལེན་ཞིང་མིའི་རིགས་ཀྱི་དགའ་སྐྱོ་ཆགས་སྡང་དེ་ཇི་ལྟ་ཇི་ལྟར་ཀློག་པ་པོའི་འདྲེན་བྱེད་ཀྱི་དཔལ་དུ་མངོན་པར་བྱེད་པའི་རྩོམ་རིག་འབྲི་སྐྱོང་གི་ལས་ཀྱི་མཆོན་བྱེད་དུ་བཞུགས་པར་བྱས་ཏེ། དེ་ལ་དགའ་དད་མོས་གསུམ་གྱི་དང་བ་སྐྱེད་མཁན་དང་སྤྲོ་བས་འཇུག་པ་མང་པོའི་སེམས་ཁོང་གི་དགའ་ཚོར་དེ་ལྷུག་ལྷུག་ཏུ་སྤྲོས་ཤིང་། དེ་ཡི་ཕྱིར་འབད་བརྩོན་འཚོལ་གསུམ་གྱི་དཀའ་བ་དང་དུ་ལེན་ཞིང་ཚེ་གང་གི་སྙིད་ཀྱི་གཞི་མའང་ལྷ་མོ་དེ་འཐོབ་པར་འདོད་པ་ཡིན་པ་མ་ཟད། ངག་རིག་ལྷ་མོ་དང་མཇལ་བ་ནི་མི་ཚེ་འདིའི་ཆེས་ཧླབས་ཆེན་

གྱི་ཐོབ་འབྲས་དང་གཞི་བརྗོད་དུ་འདོད་པས། རྩོམ་རིག་འབྲི་སྦྱོང་གི་ལས་ལ་ཁ་ཞེ་གཉིས་མེད་ཀྱིས་བློ་ཁ་ཕྱོགས་པའི་ལས་དང་པོ་བ་དག་གི་མ་བཅོས་སེམས་ཀྱི་རང་མདངས་དང་ཐོག་མའི་སེམས་འགྱུ་དྲོན་མོ་དེ་ལྷ་མོ་ལགས་འཚོལ་བ་དང་མཇལ་བ། འགྲོགས་པ་སོགས་ཀྱི་ལམ་ནས་མངོན་པར་མཚོན་ཏེ། ངག་རིག་ལྷ་མོ་དང་གསོན་བྲལ་མི་ཐེད་པར་གཏན་གྱི་མཛའ་གྲོགས་སུ་སྤྲིན་ནས་འཇིག་རྟེན་གྱི་ངོ་བོ་དང་སྤྱི་ཚོགས་ཀྱི་སྣང་ཚུལ། མི་སེམས་ཀྱི་མཛེས་པ། འགྱུར་མེད་ཀྱི་བརྩེ་འདང་སོགས་རྗོད་བྱེད་ཚིག་གི་ཡིག་འབྲུ་རེ་རེར་ཐིམ་པར་བྱས་ཏེ་ཀུན་གྱི་མིག་དབང་འཕྲོག་པའི་གཟུགས་ཅན་དུ་བསྒྱུར་ཞིང་། སེམས་ཀྱི་ཟབ་སར་དོན་གྱི་བདུད་རྩི་ཙ་ཞུལ་བས། ལྷུག་རྩོམ་རྩིལ་པོར་ལྷ་མོར་དགའ་བའི་བརྩེ་དུང་མངོན་པར་མཚོན་པ་སྟེ། སེམས་ཁོང་གི་འབོད་པ་དང་རེ་སྙེག་གི་དམིགས་འབེན་དུ་བསྟད་དེ་རྩོམ་རིག་འབྲི་སྦྱོང་གི་ལས་ལ་འཐམས་འདོད་ཀྱི་མི་ཚེ་ཡི་དམ་བཅའ་དང་ཕུགས་བསམ་དེ་ལྷ་མོ་ལ་ཞུ་བ་ཕུལ་ཞིང་འཇིག་རྟེན་ལ་གསལ་བསྒྲགས་བྱས་ཡོད། རྩོམ་སྟངས་ཀྱི་ཆ་ནས་བསྡུས་བརྗོད་དང་དཔེ་རྒྱན། གཟུགས་རྒྱན་སོགས་མང་དུ་སྤྱད་དེ་རྗོད་བྱེད་ཚིག་གི་མཚོན་སྟོབས་ཆེ་རུ་བཏང་ཞིང་། བརྗོད་བྱའི་བསྟན་དོན་དེ་གཟུགས་སྣང་ཅན་ནམ་མཛེས་སྡུག་དང་ཡིད་སྨོན་འཚོར་སའི་རྣམ་པ་ཞིག་ཏུ་གསར་བཞེངས་ཀྱིས་ལྷུག་རྩོམ་གྱི་བསམ་བློའི་བརྗོད་དོན་དང་དངོས་ཡོད་སྣང་ཚུལ་གཉིས་གཞི་གཅིག་ཏུ་སྤྲེལ་བར་བྱས་ཏེ། མཛེས་སྡུག་གི་མཚོན་ཐབས་ཀྱིས་སྒྱུ་རྩལ་གྱི་རིན་ཐང་དང་། མཛེས་དཔྱོད་ཀྱི་ལྟ་བ། རིག་གནས་པའི་འགན་འཁྲི། སྐད་དང་ཡི་གེ

རྒྱུན་འཛིན། རྩོམ་པ་པོའི་ཚོར་འདུའི་བར་སྟོང་སོགས་ཟུར་བསྟན་ཞེབ་མཐོང་གི་ཚུལ་དུ་མཚོན་ཡོད་དོ། །

《དུས་ཀྱི་གླུ་སྒྲ་》དང་《མཐོ་སྒང་གི་གོམ་སྒྲ་》ལས་དུས་རབས་ཀྱི་འཕོ་འགྱུར་ཉིན་མཚན་བར་ནའང་ཧེ་བག་ཆེ་བའི་དེང་གི་དུས་འདིར། སྔོན་ཁྱོན་ཕ་མེས་ཀྱི་སྲོལ་བཟང་ཉམས་པ་སོར་ཆུད་དང་མ་ཉམས་གོང་སྤེལ་གྱིས་གངས་རིའི་ལྗོངས་ཀྱི་སྲིད་འགྱུར་རིག་གསུམ་འཛིན་སྐྱོང་སྤེལ་གསུམ་བགྱིད་པ་རང་འཁྲིའི་འོས་འགན་དུ་ལེན་དགོས་པའི་སྐྱུལ་ལྕུག་དེ་སེམས་ཁོང་གི་འབོད་པ་ལ་དྭངས་ཧེ་སྣན་འགྱུར་ཚིག་གི་ལམ་ནས་གླུ་རྩ་བླངས་ཡོད་ལ། དེ་ལྟའི་རྨད་བྱུང་མཛེས་སྡུག་གི་ལང་ཚོ་མངོན་པར་བདོ་བའི་མདོ་དབུས་མཐོ་སྒང་གི་ཐུན་མོང་མ་ཡིན་པའི་ཁྱད་ཆོས་སྐྱེ་རྒྱུའི་འདྲེན་བྱེད་དཔལ་དུ་ངོམ་འདོད་ཀྱི་《བདག་གིས་འཛིན་མའི་མཛེས་པ་སྐྱེད་པར་རངས་》དང་《ལྡང་མདོག་གི་ཕ་ས་》སོགས་ལས་རྩོམ་པ་པོས་ཕ་ས་གོར་མོ་རྩ་མི་ཆེའི་འདུན་པ་མངོན་པའམ། འབྱུང་འགྱུར་མཛེས་སྡུག་གི་རྨི་ལམ་མངོན་འགྱུར་བྱེད་ས་སྟེ་ཕ་ཡུལ་གསེར་གྱི་འཛིན་མ་ནི་སྐྱེ་དགུའི་ཚེ་སྲོག་གི་རྟེན་གཞི་དང་འཆི་བའི་དུང་རུས་འཐོར་ས་ཉིད་དུ་བཙངས་པའི་དུངས་ཞེན་ལྷོད་མེད་པ་མཚོན་ལ། 《འཆར་སྣོའི་སྙོར་གྱི་རགས་འབྲི་》དང་《ཕ་ཡུལ་གྱི་མཐོང་སྣང་》སོགས་ལས་སྤྱི་ཚོགས་གསར་པའི་འཕེལ་རིམ་དང་འཚོ་བ་ཡར་རྒྱས་ཀྱི་ངོ་མཚར་ཡོ་ལང་རྒྱས་པའི་སྣང་ཚུལ་རྣམས་ཟུར་དང་ངོས་ནས་སྨྱུག་རྩེའི་རི་མོ་ལས་གསོན་ཉམས་ལྡན་པར་མཚོན་ཞིང་། སྐྱེས་ཆེན་དམ་པའི་མཛད་རྗེས་ལ་ཡི་རང་གོང་བཀུར་གྱིས་ཕྱི་རབས་པར་སྐྱུལ་ལྕུག་མདུན་སྐྱོད་

ཀྱི་དུང་བརྡ་སྒྲོག་པའི་《ལྷག་བསམ་གྱི་རྐང་རྗེས་》སོགས་ནི་རྩོམ་པ་པོའི་སེམས་ཁོང་དུ་ནམ་ཡང་སྤྱི་ཚོགས་སྟོན་པོན་ལ་ཡར་སྐྱེལ་རང་བཞིན་ལྡན་ཞིང་སེམས་ཤུགས་མི་ལྡོག་པའི་དམ་བཅའ་མངའ་བའང་བསྟན་ཡོད། དེ་དག་རྩོམ་པ་པོས་རྩོམ་ལུས་འདྲ་མིན་དང་སྒྱུ་རྩལ་གྱི་མཚོན་ཐབས་སྣ་མང་སྤྱད་དེ་ཀློག་པ་པོའི་ཡིད་ཀྱི་དང་བ་འདྲེན་པའི་བློས་བསླང་། བསམ་གཞིག་གི་བར་སྟོང་ཕྱེས་པའི་ཡིད་བརྟན། གོ་བསྒྲོན་བློ་འགུག་གི་ནུས་པ་ཆེ་རུ་ཐོན་པའི་བརྗོད་བྱའི་དོན་གྱི་ཁྱབ་ཁོངས་ཆེས་ཆེར་བསྐྱེད་དེ། སྒྱུ་རྩལ་རྩོམ་རིག་གིས་མིའི་རིགས་ཀྱི་ཡིད་དབང་གསོ་ཞིང་མཐོང་ཐོས་མྱོང་རྟོག་གི་བློ་སྐྱེད་མཚར་སྣང་ཅན་གཏིང་ཟབ་མོར་སྟེར་ཐུབ་པས། རྩོམ་རིག་རོལ་མྱོང་དང་མཛེས་དཔྱོད་དང་སྒྱུ་རྩལ་གྱི་ཆ་ལ་ཁྱད་མཚར་གྱི་མྱོང་སྣང་བཅས་རྟོག་བཏགས་ཀྱི་ཁམས་ནི་ནམ་ཡང་བརྗོད་ཡུལ་ལས་འདས་སོ། །

བླ་མའམ་དགེ་རྒན་མེད་ན་འགྲོ་བ་མིའི་རིགས་ཀྱི་ཤེས་རབ་ཀྱི་འབྱུང་ཁུངས་མེད་པས་ཤེས་རིག་གི་བདུད་རྩི་གནང་བའི་དགེ་རྒན་ལ་བསྔགས་པ་དང་བཀའ་དྲིན་རྗེས་སུ་དྲན་པ་ནི་ཡ་རབས་སྐྱེ་བོའི་དྲིན་གཟོ་ཡིན་པས། རྩོམ་པ་པོས་ཀྱང་དེར་དམིགས་ནས་དགེ་རྒན་བཀའ་དྲིན་ཅན་གྱི་ཡ་རབས་མཛད་སྤྱོད་དང་གཞན་ཕན་ལྷག་བསམ་དེ་བོད་རང་གི་ལྷད་མ་འདྲེས་པའི་རྩོད་པ་རྩལ་མས་ཚིག་དོན་གྱི་དངོས་ཤུགས་གང་རུང་ནས་མཚོན་སྟངས་སྣ་མང་སྤྱད་པ་《མཛད་བཟང་གསེར་གྱི་ལྷུན་པོ་》དང་《སྙིང་གླུ་མཆི་མའི་མཆོད་པ་》སོགས་ཀྱིས་མཚོན་ཡོད།

མདོར་ན་མགོ་མཇུག་བར་གསུམ་དུ་རྩོམ་པ་པོས་སྤྱི་ཚོགས་ཀྱི་གྲུབ་ངོས་ནས་མི་ཡུལ་གྱི་མཛེས་པ་དང་གངས་ལྗོངས་སྣོད་བཅུད་ཀྱི་ཆེ་བ་དེ་མི་འགྱུར་རྟག་བརྟན་གྱི་རྣམ་པར་འཆེ་བའི་《ནམ་མཁའི་དབྱིངས་ཀྱི་ཞིང་ས་》དང་《སེམས་པར་ཉར་བའི་འཇིག་རྟེན་》སོགས་སྙན་རྩོམ་གྱིས་སེམས་ཀྱི་སྙིང་ངལ་སངས་ཤིང་མཛེས་པའི་རེ་སྨོན་གཏོར་ས། ལས་འབྲས་ཀྱི་ས་བོན་འདེབས་ས་དང་ལེགས་ཉེས་ཀྱི་བདེན་པ་བརྗར་བའི་ཡུལ་ཁམས་ཤིག་ཞིབ་འབྲི་བགྱིས་པ་ཚུལ་འཚོས་དང་གཡོ་ཟོལ་བྲལ་ཞིང་། མུན་སྤྲུལ་གྱི་དྲི་མས་མ་གོས་པའི་སེམས་ངོ་ན་གསོན་པོར་ཤར་ལ་སེམས་གཏིང་ན་གཏེར་དུ་སྦས་པས། བདེ་བ་བླ་མེད་དང་མཆོག་གི་ཞིང་ཁམས་དེ་ཡུལ་དུས་གནས་བབས་གང་ནས་ཀྱང་སེམས་ཀྱི་ཚོར་བ་གསར་པ་དང་རིག་པའི་གོ་རྟོགས་ཁྱད་པར་བ་ཤེས་རབ་ཀྱི་རྒྱལ་ལས་འབྱུང་ཞིང་། ཚེ་སྲོག་གི་དྭངས་མ་རུ་ཐིམ་ཡོད།

སྙན་ངག་དེ་དག་ཀློག་པ་ན་རྩོམ་པ་པོའི་སེམས་ཁམས་ཀྱི་འཇིག་རྟེན་ནམ་ནང་སེམས་ཀྱི་གྲུ་གྲུར་རེ་རེར་ཉུལ་ཞིབ་བགྱིད་པ་དང་འདྲ་ཞིང་། དེ་རུ་དགའ་སྐྱོ་ཆགས་སྡང་གི་འགྱུར་བ་མངོན་པར་གསལ་ཞིང་ལེགས་བསྐྱོད་ཉེས་སྐྱད་ཀྱི་སྤྲོབས་པ་གཟེངས་སུ་མཐོ་བས། བརྗོད་འདོད་པའི་སེམས་སྨྲ་དེ་བབ་ཆགས་པའི་སྐད་ཆ་ལ་བརྟེན་ནས་སྙན་འཇེབས་གོ་བདེ་དང་དབྱངས་འགྲོས་གསལ་བ། གནད་ལ་ཁེལ་བའི་སྒོ་ནས་ཚིག་དོན་གྱི་རོ་ཉམས་ཕུན་སུམ་ཚོགས་པར་བཀྲང་ཡོད་ལ། འཇིག་རྟེན་གྱི་བྱ་དངོས་སམ་སྤྱི་ཚོགས་ཀྱི་སྣང་ཚུལ། མི་གཞིས་ཀྱི་གཏད་སོ་སོགས་ཀྱི་ཕད་མཐོང་སྐྱེ་གང་རུང་ལ་བརྟེན་ནས་མཛེས་པ་དང་མི་

སྡུག་པ་བཅས་ལེགས་ཉེས་ཐམས་ཅད་ཅིག་ཀྲང་རེ་རེའི་བར་ན་ལྷོག་ལྷོག་ཏུ་འཕྱུར་ཞིང་དེས་འཇིག་རྟེན་ནམ་སྤྱི་ཚོགས་ཀྱི་ཡ་རབས་སྤྱོད་བཟང་དང་གོམས་སྲོལ་ལེགས་པོ་རྒྱུན་འཛིན། སྟོན་ཐོན་ཡར་སྐྱེལ་རང་བཞིན་གྱི་བརྗོད་བྱ་འབུར་དུ་ཐོན་ཡོད་པ་མ་ཟད། སྤྱི་ཚོགས་འཆམ་མཐུན་དང་འཇིག་རྟེན་ཞི་བདེ་ཡོང་བའི་སྙོན་འདུན་སོགས་ཀྱང་མཚོན་ཡོད་པའོ། །

རྩེང་བ་དཀོན་བླའི་སྙན་དེབ་《བྱང་ཆུབ། བྱང་ཆུབ་》ཅེས་པའི་རྩོམ་སྟངས་ཁྱད་ཆོས་གླེང་བ།

སྙན་ངག་ཅེས་པ་ནི་སྙན་ངག་མཁན་གྱི་སེམས་པ་དཀྲོལ་བའི་དབྱངས་རྟ་རེད། དེ་ལ་རྩོམ་པ་པོའི་བསམ་བློའི་ལངས་ཕྱོགས་དང་འཛིག་རྟེན་ལྟ་ཚུལ། མི་ཚེའི་ལྟ་ཚུལ། རིན་ཐང་ལྟ་ཚུལ་སོགས་ཆ་དང་འོ་མ་བཞིན་འདྲེས་ཡོད་པས། སྙན་ངག་ནི་སྙན་ངག་མཁན་ལ་ལྟ་བའི་མེ་ལོང་ལྟ་བུ་ཡིན་པར་ངོས་འཛིན་བྱེད་ཚོག

ང་ཚོས་སྙན་ངག་ཅིག་ཀློག་པའི་ཚེ། སྙན་ངག་མཁན་གྱི་ནང་སེམས་ཀྱི་དག་གཙང་དང་མཛེས་སྡུག་མཐོང་ཐུབ་ན་ད་གཟོད་ཆེས་ལེགས་པའི་སྙན་ངག་ཅིག་ཡིན་གྱི། འདོད་གདུང་དང་ཡིད་ཆད་འབའ་ཞིག་ལས་ཅི་ཡང་མྱོང་དུ་མེད་པ་དེ་ནི་སྙན་ངག་ལེགས་ཤོས་སུ་མི་བརྩི། རྒྱུ་མཚན་དེའི་དབང་གིས་མི་མང་པོ་ཞིག་གིས་སྙན་ངག་ནི་མི་རིགས་ཤིག་གི་ནང་སེམས་ཀྱི་ངོ་གདོང་གསལ་བའི་མེ་ལོང་དང་། དུས་རབས་ཀྱི་ཅོང་བརྡ་སོགས་ཆེ་བསྟོད་མང་པོ་བྱེད་བཞིན་ཡོད་པ་རེད།

རང་རེ་བོད་ཀྱི་ཆེས་མཐོ་བའི་རྩོམ་རིག་བྱ་དགའ་སྐྱེ་སྐབས་གསུམ་པའི་གངས་རྒྱན་གསེར་བུམ་ཐོབ་པའི་སྙན་ངག་པ་རྩེང་བ་དཀོན་བླ་ནི། སེམས་

ཀྱི་རྒྱུད་སྐྱུད་ལྷོད་ཀྱིས་དཀྱིལ་བའི་རོལ་དབྱངས་མཁན་ཞིག་ཡིན་ལ། ཁོང་གི་དབྱངས་རྟ་དེ་ནི་གནའ་བོའི་དགོན་གྲོང་ནས་མཆེད་པའི་ཆོས་རྫ་ཆེན་པོའི་དབྱངས་ཀྱི་འོ་མས་གསོས་བཏབ་པའི་དེང་རབས་ཀྱི་རོལ་དབྱངས་ཤིག་སྟེ། བོད་ཀྱི་ཁྱད་ཆོས་ལྡན་པའི་དེང་རབས་དབྱངས་རྟ་ཁྱད་པར་བ་ཞིག་ཡིན། དེ་བས་ཤེས་ནས་སླ་བ་མང་པོ་ཞིག་གིས་ཁོང་ལ་ནང་བསྟན་སྙན་ངག་པ་ཞེས་འབོད་ལ། མིང་དེ་ནི་དོན་དང་མཐུན་པ་ཞིག་ཀྱང་རེད།

ཕྱིར་བཏང་འཛིག་རྟེན་དུ་སྙན་ངག་གི་བརྗོད་བྱ་ནི་འདི་ལྟ་བུ་ཞིག་ཡིན་གྱི། འདི་ལས་འདའ་མི་རུང་ངོ་ཞེས་པའི་ཚད་གཞི་ཞིག་ད་ལྟ་སུ་ཞིག་གིས་ཀྱང་བཟོས་མེད་ལ། དེ་ནི་བཟོ་ཡང་མི་ཐུབ་པ་ཞིག་སྟེ། སྙན་ངག་ནི་སྙན་ངག་མཁན་གྱི་སེམས་ཀྱི་གདངས་སུ་འཕོས་པའི་དབྱངས་རྟ་ཡིན་ལ། རྩོམ་པ་པོའི་སེམས་ཁམས་ནི་ངེས་པར་དུ་འདི་ལྟ་བུ་ཞིག་ཡིན་འོས་ཞེས་སུ་ཞིག་གིས་ཐག་གཅོད་བྱེད་དམ། དེ་བས་སྙན་ངག་པ་རྩེང་བ་དཀོན་ལྷེ་ནི་བོད་མི་སྤྱི་དང་འདྲ་བར་ཆུང་དུས་ནས་དད་པ་བརྟན་ཅིང་གཡོ་ཟོལ་བྲལ་བའི་མཐོ་སྒང་གི་བོད་ཁྱིམ་ཞིག་ནས་འཚར་ལོངས་བྱུང་བ་ཡིན་པས། ཁོང་གི་མི་ཚེའི་ཁྲོད་ཤུགས་རྐྱེན་ཆེས་ཟབ་ཤོས་ནི་ཕ་མའི་བྱམས་བརྩེ་ལས་གཞན་ནང་བསྟན་ཆོས་ལུགས་རེད། དེ་བས་ཁོང་གི་སྙན་ངག་ཁྲོད་ནང་བསྟན་ཆོས་ལུགས་ཀྱི་བསམ་བློ་མང་པོ་ཞིག་འདུས་ཡོད་པ་ནི་ཆོས་ཉིད་ཅིག་ཡིན་མོད། འོན་ཀྱང་ཁོང་གི་བརྩམས་ཆོས་ཁྲོད་ཀྱི་ནང་བསྟན་བསམ་བློ་སོགས་ནི་ནང་པའི་གཞུང་ལུགས་ལ་མ་སྦྱངས་པའི་ཕལ་བ་དག་གི་བརྩམས་ཆོས་ཁྲོད་མཐོང་དཀོན་པ་ཞིག་སྟེ། ཁོང་གི་སྙན་ངག

ལས་ང་ཚོས་བྱམས་དང་སྙིང་རྗེ་མཐོང་ཡོང་བར་མ་ཟད། སྙན་ངག་མང་ཤོས་ཤིག་ཟབ་མོའི་ལྟ་བ་དང་འབྲེལ་ཡོད་པས། ནང་བསྟན་སྙན་ངག་གི་ཆེས་ཚད་མཐོ་བའི་ཁམས་ཤིག་ཏུ་སླེབས་ཡོད་པ་མཐོང་ཐུབ།

ནང་བསྟན་ཆོས་ལུགས་ནི་གཏིང་ཟབ་ཅིང་རྒྱ་ཆེ་བ་ཞིག་ཡིན་པ་བཞིན་ནང་བསྟན་རྩོམ་རིག་ཀྱང་རྒྱ་ཆེ་ལ་གཏིང་ཟབ་པ་ཞིག་ཡིན། དེ་ཡང་གནའ་བོའི་རྒྱ་གར་གྱི་ནང་བསྟན་སྙན་ངག་པ་གྲགས་ཅན་སློབ་དཔོན་དཔའ་བོ་དང་ཆོས་རྒྱལ་དགེ་དབང་ནས་བཟུང་བོད་ཀྱི་ནང་བསྟན་སྙན་ངག་པ་གྲགས་ཅན་རྗེ་ཙོང་ཁ་པ་བློ་བཟང་གྲགས་པ་སོགས་མཁས་གྲུབ་གོང་མ་ཐམས་ཅད་ཀྱིས་སྙན་ངག་གི་ལམ་ནས་ནང་བསྟན་གྱི་ལོ་རྒྱུས་དང་དད་མོས། ལྟ་བ་དང་བསམ་བློ་སོགས་རྒྱས་པར་བསྟན་ཡོད་ལ། དེ་དག་ཚང་མ་ཚུར་བསྡུས་ན་དྲང་དོན་སྟོན་པའི་སྙན་ངག་དང་ངེས་དོན་སྟོན་པའི་སྙན་ངག་གཉིས་སུ་བསྡུ་ཆོག དེ་ཡང་ངེས་དོན་སྟོང་བ་ཉིད་ཀྱི་དོན་བརྗོད་བྱར་བྱེད་པ་རྣམས་ངེས་དོན་སྟོན་པའི་སྙན་ངག་དང་། དེ་ལས་གཞན་སེམས་བསྐྱེད་དང་དཀའ་སྤྱད། སྐྱེས་རབས་འཁྲུངས་རབས་སོགས་བརྗོད་བྱར་བྱས་པ་རྣམས་དྲང་དོན་སྟོན་པའི་སྙན་ངག་སྟེ། རྒྱ་ཆེན་སྤྱོད་པ་བརྗོད་བྱར་བྱས་པ་དང་ཟབ་མོའི་ལྟ་བ་བརྗོད་བྱར་བྱས་པ་གཉིས་སུ་འདུ། དེ་དག་ལས་སྙན་ངག་མཁན་རྗེ་བ་དཀོན་ཆེའི་སྙན་ངག་མང་ཤོས་ཟབ་མོའི་ལྟ་བ་འབའ་ཞིག་བརྗོད་བྱར་བྱས་པས་གཏིང་ཟབ་ལ་ཡིད་འགུག་དང་བློ་བསྐྱེད་ཀྱི་ནུས་པ་ལྷག་ཏུ་ཆེ།

ཕྱིར་བཏང་སྙན་ངག་ཅེས་པ་ནི་བརྗོད་བྱ་དང་རྗོད་བྱེད་གཉིས་འདུས་ཀྱི་

ཚོགས་སྤྱི་ཞིག་ལ་གོ་དགོས་པ་བཞིན་རྒྱང་བ་དཀོན་རྫེའི་སྨན་ངག་ཀྱང་ཕྱོགས་དེ་གཉིས་ཀ་ནས་བལྟས་ན་དུ་གཟོད་ཡིད་འཕྲོག་པའི་ལྡད་མོ་མང་པོ་མཐོང་ཐུབ། ཁོང་གི་སྨན་ངག་དེ་རྩོམ་སྟངས་ཀྱི་ཆ་ནས་རང་མོས་སམ་དེང་རབས་ཀྱི་རྩོམ་ལུས་དེ་བེད་སྤྱོད་བྱས་ཡོད་ལ། རྩོམ་ལུས་འདི་ང་ཚོའི་མེ་ལོང་མའི་གཞུང་དུ་དངོས་སུ་བསྟན་ཡོད་མེད་སོགས་བཤད་བྱ་མང་ཡང་འདིར་གལ་མི་ཆེ་བས་བཞག

ཁོའི་བརྩམས་ཆོས་ལ་སྤྱིའི་ཆ་ནས་བལྟས་ན་ཚིག་སྦྱོར་བབ་ཆགས་ཤིང་ལྷོད་ཆ་ཆེ་ལ། སྙན་པའི་ཉམས་གཙོ་བོར་ལྟར་བླངས་ཡོད་པས་ང་ཚོའི་གནའ་བོའི་གོམས་སྲོལ་ལྟར་བཤད་ན་རྒྱ་གར་ལྷོ་བའི་ལུགས་ཀྱི་རྩོམ་གཤིས་དང་ལྡན་པར་བཤད་ཆོག

གཞན་ད་དུང་ཁོའི་ཚིག་གི་སྦྱོར་བའི་གསེང་དང་བར་དག་ནས་ནང་གི་དྭང་བའི་འོད་འཚེར་བ་མཐོང་ཐུབ་ཅིང་། ཚིག་གི་སྦྱོར་བའི་རྒྱལ་དང་དོན་སྤྱིའི་བཀོད་པ་ལེགས་པས་ཀློག་པའི་ཚེ་ཞིང་ཁམས་གཞན་ཞིག་ཏུ་ཁྲིད་འགྲོ་བས། སྐབས་ལན་རེར་རང་ཉིད་ཀྱིས་སྨན་ངག་ཅིག་ཀློག་བཞིན་པའང་བརྗེད་འགྲོ་བའི་སྣང་བ་སྐྱེར། དེ་ནི་ད་གཟོད་སྨན་ངག་གི་སྒྲུ་རྒྱལ་གྱི་བསླུ་ཁྲིད་ཡིན་པས། གནས་ལུགས་ཟབ་མོ་དང་སྒྲུ་རྒྱལ་གྱི་ཚོན་མདོག་གཉིས་གཞི་གཅིག་ཏུ་འདྲེས་པ་འདི་ལྟ་བུའི་སྨན་ངག་ཅིག་ཕལ་ཆེར་ཧ་ཅང་མཐོང་དཀོན་པའི་ཚོད་དུ་ཡོད་པར་བཤད་ཀྱང་འགལ་བ་མེད་པར་སྙམ།

མདོར་ན་སྨན་ངག་འདིའི་ཆེས་བླ་ན་མེད་པའི་ཁྱད་ཆོས་སམ་དགེ་མཚན་གཙོ་བོ་ནི། ཟབ་ཅིང་བསྒྲིང་བའི་བརྗོད་དོན་དང་སྙན་ཞིང་འཇེབས་པའི་ཚིག

སྒྱུར་གཉིས་འགལ་མེད་དུ་བསྡེབས་པ་འདི་རེད། ཕྱིར་བཏང་ཟབ་དོན་ལྟར་བླངས་ནས་བྲིས་ན་སྙན་པའི་ཡོན་ཏན་ཤོར་འགྲོ་ལ། སྙན་པའི་ཉམས་འགྱུར་གཙོ་བོར་བྲིས་ན་ཟབ་ཅིང་བརྐྱང་བའི་ནང་དོན་དང་གྲེས་འགྲོ་བས། རྩོམ་པ་པོ་འདིས་འདི་ལྟ་བུའི་གཞི་གཅིག་ཏུ་འདུ་དཀའ་བའི་ཆོས་གཉིས་ཆུ་དང་འོ་མ་བཞིན་བསྲེས་ཏེ་བྲིས་པ་ནི་ང་ཚོས་ནམ་ཡང་བསླབ་དགོས་པའི་གནས་ཁྱད་པར་བ་ཞིག་ཏུ་འཁུམས་སོ། །

གཞན་ཡང་《བླ་བྲང་དགོན་པ་》དང་《བྱང་ཆུབ། བྱང་ཆུབ་》《མར་མེ་》《ཨ་མ་དང་ཉི་མ་ལྷ་ས་》《རང་སེམས་སྨྲུངས་ཐུབ་ན་》《གཙོས་གྲོང་ཁྱེར་》《རང་ཉིད་རང་གི་གཡོག་པོ་ཡིན་》《སྟོན་པ་དྲན་པ་》《བརྟན་གཡོའི་ངུ་འབོད་》《བདེ་སྐྱིད་གང་ན་ཡོད་》སོགས་རེ་རེ་བཞིན་བཀླགས་པས། སྙན་ངག་རེ་རེའི་བསམ་བློའི་དགོངས་གཞི་མི་འདྲ་ཞིང་སྒྱུ་རྩལ་ཁྱད་ཆོས་ཀྱང་མི་མཚུངས་པས། མི་གཅིག་གི་སྨྱུག་འོག་ནས་འདི་ལྟ་བུའི་སྙན་རྩོམ་ཁྱད་པར་བ་མང་པོ་ཞིག་འབྱུང་ཐུབ་པ་ནི་ཧ་ཅང་ངོ་མཚར་བའི་གནས་སོ། །

དཔེར་ན། 《བདེ་སྐྱིད་གང་ན་ཡོད་》ཅེས་པ་དང་། 《སྟོན་པ་དྲན་པ་》ཞེས་པའི་སྙན་རྩོམ་འདི་དག་ལས་ང་ཚོས་རྩོམ་པ་པོའི་ནང་སེམས་ཀྱི་རྟོགས་པའི་མངར་ཁ་མྱོང་ཐུབ་ལ། 《ཨ་མ་དང་ཉི་མ་ལྷ་ས་》ཞེས་པ་ལས་མི་རིགས་ཤིག་གི་དད་འདུན་གྱི་སེམས་ཁམས་དང་། འགྱུར་མེད་ཀྱི་སྤོབས་པ་མཐོང་ཐུབ་པར་མ་ཟད། བླ་ན་མེད་པའི་ནང་སེམས་ཀྱི་བློ་སྨོན་དང་། འགྱུར་མེད་ཀྱི་གོམས་གཤིས་ཤིག་ཀྱང་ངང་གིས་རྟོགས་ཡོང་། གནས་ལུགས་ཟབ་མོ་དེ་དག་གི་

ཟུར་དང་ཤུགས་ནས་ད་དུང་ལྷད་མེད་དག་གཙང་གི་བརྩེ་ཞེན་དང་འཇམ་ཞིང་མཉེན་པའི་གཤིས་རྒྱུད་སོགས་ཀྱང་མཐོང་ཐུབ་པས། སྙན་ངག་ནི་མི་རིགས་ཞིག་གི་དར་རྒྱུད་དང་འཚོ་བ་མཚོན་པའི་མེ་ལོང་ལྟ་བུ་ཡིན་པར་བཤད་པའང་དོན་ལ་གནས་པར་སྙམ། དེ་བཞིན་དུ་《བརྟན་གཡོའི་ཏུ་འབོད་》དང་《གཙོས་གྲོང་ཁྱེར་》《འགྲོད་བཤགས་》《དུག་གིས་གཙེ་བའི་ང་ཚོ་》སོགས་ལས་ཁོར་ཡུག་གི་ཉམས་རྒྱུད་དང་། འགྲོ་བ་མིའི་རིགས་ཀྱི་ཕམ་ཉེས་མང་པོ་ཚོར་ཡོང་ལ། འདི་ལས་རྩོམ་པ་པོའི་ཡ་ཁོག་གི་ཞེང་ཚད་མཐོང་ཐུབ་སྟེ། ཁོང་གི་སྨྱུ་གུ་ནི་ནམ་ཡང་ཕྱིའི་སྣོད་དང་ནང་བཅུད་ཀྱི་ཆེད་དུ་འགྲུལ་བཞིན་འདུག སྣོད་བཅུད་རྟེན་འབྱུང་གི་ལྟ་བ་འདི་ནི་རྩོམ་པ་པོའི་སྙན་ངག་གི་སྲོག་ཏུ་གྱུར་ཡོད་དེ། ཁོས་ནང་གི་རྟེན་འབྲེལ་དང་ཕྱི་ཡི་རྟེན་འབྲེལ་ཏེ་ཕྱི་ནང་གི་ཆོས་ཀུན་གྱི་རང་གཤིས་དངོས་དེ་སྙན་ངག་གི་ལམ་དུ་ལན་མང་པོ་དྲངས་ཡོད་པ་ལས། ང་ཚོས་རྩོམ་པ་པོའི་འཇིག་རྟེན་ལྟ་ཚུལ་གྱི་ཟབ་ཚད་མཐོང་ཐུབ། རྟེན་འབྱུང་ཡིན་པས་ད་གཟོད་མ་རྟེན་པར་མི་འབྱུང་བའི་གནས་ལུགས་རྟོགས་ཡོང་ལ། མ་རྟེན་པར་མི་འབྱུང་བས་རྟེན་ལ་གནོད་པ་ནི་བརྟེན་པར་སྣོངས་པའི་སྔོན་འགྲོའི་སྒྲུང་བ་རེད། གནས་ལུགས་འདི་ནི་རྩིང་བ་དཀོན་ལྷེའི་སྙན་ངག་གིས་ང་ལ་བརྗོད་པའི་སྙིང་གཏམ་ཡིན་ལ། ངས་རྩོམ་པ་པོའི་སེམས་ཀྱི་ཟབ་ས་ལ་ལག་སླེབ་ཐུབ་པའི་འབྲས་བུའང་ཡིན།

རྩིང་བ་དཀོན་ལྷེ་ནི་ནང་བསྟན་སྙན་ངག་པ་ཞིག་ཡིན་པར་མ་ཟད། ཁོའི་རྩོམ་རྩལ་གྱིས་ནང་བསྟན་སྙན་ངག་གི་ལམ་ཁ་གསར་པ་ཞིག་ཕྱེས་ཡོད་

པས། ཁོ་ནི་སྨན་ངག་མཁན་མང་པོའི་ནང་ནས་རང་ཉིད་ཀྱི་བགྲོད་ལམ་གསར་གཏོད་བྱེད་མཁན་དང་གྲུབ་འབྲས་ཕུན་སུམ་ཚོགས་པ་ལྡན་པའི་སྨན་ངག་པ་ཞིག་ཏུ་བརྩི་ཚོག་སྟེ། རང་རེ་གནའ་བོའི་མཁས་གྲུབ་གོང་མ་རྣམས་ཀྱིས་སྨན་ངག་གི་རྩོམ་ལུས་ལ་མི་ལོང་མའི་ལུགས་དེ་ཁོ་ན་ལྟར་ལེན་ཅིང་མགུར་གླུ་ལྷ་བྲ་རེ་གཉིས་མ་གཏོགས་ཐམས་ཅད་རྩོམ་ལུས་གཅིག་ཏུ་གཏོགས། འོན་ཀྱང་རྩེང་བ་དཀོན་ཆྰེ་ལ་མཚོན་ན་རྩོམ་ལུས་ནི་རང་མོས་ཀྱི་རྣམ་པར་ཡོད་པས། འདི་ནི་ཁོའི་རྣམ་དཔྱོད་ཀྱི་འབྲས་བུ་གསར་པ་ཞིག་ཏུ་ངོས་འཛིན་བྱེད་ཚོག ད་ལྟ་ང་ཚོའི་བསམ་བློའི་གོམས་གཤིས་ཤིག་ལ་རང་མོས་སྨན་ངག་ནི་བརྩེ་དུང་འབྲི་བྱེད་ཙམ་དུ་ངོས་འཛིན་བྱེད་ཅིང་། མང་པོ་ཞིག་གིས་དེ་ལ་མ་གཏོགས་བཀོལ་ཡང་ཐུབ་ཀྱི་མེད་མོད། འོན་ཀྱང་རྩེང་བ་དཀོན་ཆྰེས་བོད་ཡུལ་ནས་རང་མོས་སྨན་ངག་གི་རྩོམ་ལུས་ལ་ནང་བསྟན་བསམ་བློ་ཡི་བླ་སྒྲོག་སྤྲད་པ་འདིས། དོན་ལ་རང་མོས་ཞེས་པའི་རྩོམ་ལུས་དམིགས་བསལ་བ་འདི་ཉིད་བོད་ཡུལ་ནས་རྩ་བ་ཚུགས་ཤིང་རྩེ་མོ་རྒྱས་ཐུབ་པའི་རྨང་གཞི་བཀྲུན་པ་རེད།

རྩེང་བ་དཀོན་ཆྰེའི་སྨན་ངག་རྣམས་ཀློག་སྐབས་ཁྱོད་རང་རྫ་ཆུ་བསིལ་མ་ལྷུང་ལྷུང་དུ་འབབ་པའི་གཡུ་གཞུང་དང་། དཀར་དམར་མེ་ཏོག་གིས་མཛེས་པར་བརྒྱན་པའི་སྤང་ལྗོངས། ད་དུང་གཡའ་དག་པའི་ནམ་མཁའ་དང་སྤྲིན་དཀར། ལུག་ཁྱུ་དང་ཇི་གླུ་ཡིས་ཁྱབ་པའི་དག་གཙང་གི་ཞིང་ཁམས་ཤིག་ཏུ་ཁྲིད་འགྲོ་ལ། དེ་ནི་ཁོའི་སྨན་ངག་གི་དོན་སྤྱི་བྲིས་པ་ལེགས་འགྲུབ་བྱུང་བའི་ཁྱད་ཆོས་རེད། ཁྱོད་ཀྱིས་སྐད་ཅིག་ལ་རང་ཉིད་གང་དུ་ཡོད་པའམ་བརྗེད་འགྲོ་

ལ། སྣང་བ་གློ་བུར་བ་དེ་དང་མཉམ་དུ་གཏིང་ཟབ་ལ་དཔག་དཀའ་བའི་དངོས་པོའི་ཆོས་ཉིད་དང་ཟབ་མོའི་གནས་ལུགས། བྱམས་དང་བརྩེ་བ་སོགས་ཀྱང་ག་ལེར་རྟོགས་ཡོང་། དེ་ནི་སྙན་ངག་མཁན་གྱིས་དོན་སྤྱི་བརྒྱུད་ནས་བརྩེ་དུང་སྟོན་པ་སྟེ། རྒྱ་སྐད་དུ་(借景抒情)ཞེས་པའི་རྩོམ་རྒྱལ་ཆེས་མཐོ་ཤོས་དེ་ལ་རང་དབང་འགྱུར་བའི་རྟགས་མཚན་ཞིག་ཀྱང་རེད།

ཁྱད་པར་དུ་《བྱང་ཆུབ་ལོ་མ་》ཞེས་པའི་སྙན་རྩོམ་ཐུང་ཐུང་འདི་ཀློག་ན་ཁྱོད་ཀྱིས་ཐོག་མར་ངེས་པར་དུ་རང་ལ་ལྷིང་འཇགས་ཀྱི་ཁོར་ཡུག་ཅིག་འཚོལ་རོགས། ལྷིང་འཇགས་ཀྱི་ཁོར་ཡུག་དེ་ནས་ད་གཟོད་སྙན་ངག་འདི་བཀླག་ཆོག་ལ། བཀླགས་རྗེས་ཁྲ་སིམ་མེར་བསམ་བློ་གཏོང་ཆོག འདི་ལས་ད་གཟོད་ང་ཚོས་རྩོམ་པ་པོའི་སྙན་ངག་གི་ཟབ་ཚད་དང་སྙན་ཚད་ལ་ཚད་ཐིག་ཅིག་འདེབས་ཆོག་གམ་སྙམ། འོན་ཀྱང་སྙན་ངག་ཀློག་མཁན་རང་རང་གི་མྱོང་སྟོབས་དང་སྦྱར་ནས་རོལ་བ་དང་། ཀློག་མཁན་རང་རང་གི་ཀུན་རྟོག་གི་རྒོད་པོ་དེ་རྩེང་བ་དཀོན་ལྡེའི་སྙན་ངག་གི་མཁའ་དབྱིངས་སུ་ཐོངས་ཤིག་དང་། དེ་གར་ཁྱོད་ལ་འཇོད་མཐའ་མེད་པའི་སྒྱུ་རྩལ་གྱི་ལྡད་མོ་དང་སེམས་ཀྱི་ལོངས་སྤྱོད་རྙེད་ཡོང་།

ང་ཚོས་སྙན་ངག་ཀློག་པ་ནི་སེམས་ཁམས་ཀྱི་ངལ་གསོ་ཞིག་གི་ཆེད་དུ་ཡིན་པས་དག་གཙང་ལྷ་ཡུལ་ལྷ་བུའི་སྙན་ངག་གི་དོན་སྤྱི་འདི་ནི་ཀློག་མཁན་ཞིག་ལ་མཚོན་ན་སྙོམ་པ་ཆུ་འདོད་ལྷ་བུའི་རེ་བ་འཛོམ་ས་ཞིག་ཡིན་ལ། དེ་བས་ཀྱང་གཏིང་ཟབ་པའི་གནས་ལུགས་དང་ཡིད་འཕྲུལ་བའི་བྱམས་བརྩེ་སོགས་ཀྱིས་ཡག་ཐོག་རྒྱན་བཞག་གི་དཔེ་ལྟར་ཀློག་མཁན་ལ་སྤྲོ་བ་འཇོད་མེད་སྟེར་

བར་བྱེད། ང་ཚོས་རྩིང་བ་དཀོན་རྫེའི་སྙན་ངག་རྣམས་རེ་རེ་བཞིན་བཀླགས་ཚར་རྗེས་སེམས་སུ་ཆེས་དྭངས་གཙང་གི་ཇ་ཆུ་ཧུབ་གང་འཐུང་བ་དང་འདྲ་བའི་བདེ་ཚོར་ཆེན་པོ་ཞིག་སྐྱེས་ཡོང་ལ། དེ་ནི་སྙན་ངག་འདི་ཉིད་ཀྱི་སྒྱུ་རྩལ་གྱི་ངོ་བཅུད་རེད། དེ་ཡང་འཛམ་གླིང་དུ་སྒྱུ་རྩལ་ཞེས་པ་འདི་ལ་གོ་བ་ལེན་སྟངས་མང་པོ་ཞིག་ཡོད་ནའང་མཐར་གཏུགས་ན་བྱ་དངོས་གང་ཡིན་ཡང་དེའི་སྙིང་གི་ཡིད་འགུགས་ཀྱི་ནུས་པ་ཇི་ཆེར་གཏོང་བྱེད་དམ། ཚོར་བ་ཇི་དྲག་ཏུ་གཏོང་བའི་ནུས་པ་ཞིག་ལ་དཔག་བཟོད་སྒྱུ་རྩལ་ཟེར་དགོས་པ་ནི་ཡོངས་གྲགས་རེད། དེས་ན་རྩིང་བ་དཀོན་རྫེའི་སྙན་ངག་ལ་མཚོན་ན་ཆེས་ཕྱིར་བཏང་གི་བབ་ཆགས་པའི་ཚིག་སྦྱོར་དེ་དག་གིས་ང་ཚོའི་སེམས་སུ་གཏིང་ཟབ་པའི་གནས་ལུགས་ཤིག་བསྟན་པ་དང་མཉམ་དུ་ཡིད་སེམས་རྩིལ་པོ་རེ་ཞིག་སྙན་ངག་གི་ཡིད་བརྙན་ནམ་སྒྱུ་རྩལ་བས་རྟོག་བཞེངས་བྱས་པའི་དོན་གྱི་ཞིག་ལས་ཕྱིར་འབུད་དཀའ་ཞིང་། སྲང་ཐང་དང་སྤྲིན་དཀར་གྱི་པང་དུ་ཡང་ཡང་ལོག་པའི་སྣང་བ་ཞིག་སྐྱེར་བ་འདི་ནི་ཁོའི་སྙན་ངག་གི་སྒྱུ་རྩལ་གྱི་ཁྱད་ཆོས་སམ་དགེ་མཚན་རེད།

དེ་བཞིན་དུ་སྙན་ངག་གི་རྟོག་ལྦྱོངས་ནི་ཤིན་ཏུ་གལ་ཆེ་བ་ཞིག་སྟེ། རྟོག་ལྦྱོངས་དང་བྲལ་ཚེ་སྙན་ངག་ནི་ལྷུགས་པའི་ཁ་བརྡ་བཞིན་རྟོགས་དཀའ་ཞིང་། ལྷུག་པར་དུ་ཟབ་མོའི་གནས་ལུགས་བརྗོད་པའི་སྙན་ངག་ཅིག་ལ་མཚོན་ན་གལ་ཏེ་ཀློག་མཁན་གྱི་ཡིད་སེམས་རང་དབང་མེད་པར་འཕྲུལ་བར་བྱེད་པའི་རྟོག་ལྦྱོངས་དང་བྲལ་ཚེ་དེ་ནི་ཐད་ཀར་མཚན་ཉིད་རིག་པའི་གཞུང་ལུགས་ཤིག་དང་ཁྱད་པར་ཅི་ཡང་མེད་འགྲོ། ང་ཚོས་རྩིང་བ་དཀོན་རྫེའི་སྙན་ངག་དག་ཀློག

སྐབས་ཁྱོད་ལ་ཆེས་ཡིད་ཚིམ་པར་བྱེད་པ་ནི་རྩོམ་པ་པོས་སྒྱུ་རྩལ་གྱི་རྟོག་ལྡོངས་ཀློས་བཞེངས་བྱས་པ་ཧ་ཅང་ཕུན་སུམ་ཚོགས་པ་དེ་རེད།

ཕྱིར་བཏང་སྒྱུ་རྩལ་གྱི་མཛེས་སྡུག་ཅེས་པ་ནི་ནང་གི་བརྗོད་བྱ་རྒྱུང་བའི་སྙིང་ན་མེད་ལ་ཕྱིའི་རྫོད་བྱེད་རྒྱུང་བའི་སྙིང་ནའང་མེད་པར་དེ་གཉིས་སྒྲུ་འཐབ་པ་ལས་འབྱུང་བ་ཞིག་སྟེ། དེའི་ཀར་གྱིས་ཀྱང་མཛེས་སྡུག་ལ་ནང་གི་རྒྱུ་དང་ཕྱིའི་རྒྱུ་གཉིས་ཡོད་ཅེས་པ་བཞིན་སྙན་ངག་བཟང་པོ་ཞིག་ལ་མཚོན་ནའང་དེའི་སྙན་པའི་རྒྱུ་ལ་གཉིས་ཏེ། ནང་གི་བརྗོད་བྱ་དང་ཕྱི་ཡི་རྫོད་བྱེད་གཉིས་རེད། བོད་ཀྱི་སྙན་ངག་ལ་མཚོན་ན་ཕྱི་ཡི་མཛེས་སྡུག་གི་ཆ་འདི་ལ་བཅད་ལྷུག་སྤེལ་གསུམ་དང་སྒྲ་དོན་གབ་གསུམ་དུ་ཕྱེས་ནས་འཆད་པར་བྱེད་ཅིང་། རྩིང་བ་དཀོན་ལྷེའི་སྙན་ངག་ནི་རྩོམ་ལུས་ཀྱི་ཆ་ནས་རྣམ་པ་གསར་པར་ཕྱོགས་ཤིང་། མཚོན་བྱེད་དམ་ཉམས་ཀྱི་ཆ་ནས་གནའ་བོའི་སྙན་ངག་གི་འབྲི་སྟངས་ལྟར་དཔེ་འགོད་དང་གཟུགས་འགོད། ད་དུང་སྐབས་ལན་རེར་རབ་རྟོག་དང་ཁྱད་པར་དུ་བསྟུས་བརྗོད་ཀྱི་འབྲི་ཐབས་སོགས་གང་ལ་གང་འཚམ་སྤྱད་ཡོད་པས། ཕྱི་མཛེས་ནང་མཛེས་ཀྱི་དགེ་མཚན་ལྡན་ནོ། །

མདོར་ན་རྩིང་བ་དཀོན་ལྷེའི་སྙན་ངག་ནི་ཆེས་བབ་ཆགས་ཤིང་གོ་བདེ་བའི་བོད་སྐད་ཀྱི་མཛེས་སྡུག་མཐའ་དག་གཅིག་ཏུ་བསྡུས་ཏེ་བྲིས་ཡོད་ཅིང་། སྟོང་ཉིད་དང་སྙིང་རྗེ་གཉིས་བརྗོད་བྱའི་སྲོག་ཏུ་བྱས་ཏེ་མི་ཡུལ་གྱི་མངར་ལ་སྐྱུར་བའི་འཚོ་བ་མཐའ་དག་གདངས་སུ་གྱེར་ཡོད་པས། ཅི་ཙམ་བཀླགས་པ་དེ་ཙམ་གྱིས་ཀློག་འདོད་ཀྱི་ཡི་ག་ཇེ་ཆེ་ནས་ཇེ་ཆེ་ཡིན་པའི་སྣང་བ

ཞིག་སྟེར་བས། དུས་རབས་ཉེར་གཅིག་པའི་ཆོས་ལྡན་བོད་མི་ཞིག་གི་སྣན་ངག་ལ་སེམས་པ་གླུན་འདོད་ན་སྣན་ངག་པ་འདིའི་སྣན་ངག་ལ་གཟིགས་རོགས་ཞེས་མཚམས་སྦྱོར་ཙམ་ཞུས་པ་ལགས་སོ། །

འབོ་ར་ཀླུ་འབུམ་བཀྲ་ཤིས་ཀྱི་སྣན་དེབ་《ཕྱིར་མི་ལྡོག་པའི་ལམ་》གྱི་སྒྱུ་རྩལ་ཁྱད་ཆོས་བརྗོད་པ།

གླེང་གཞི།

ང་ནི་སྒྱུ་རྩལ་རྩོམ་རིག་གི་རྩོམ་སྒྲིག་འགན་འཁུར་བ་དང་ཀློག་པ་པོ་ཞིག་ཡིན་པའི་ཆ་ནས། སྒྱུ་རྩལ་རྩོམ་རིག་དང་ཁྱད་པར་དུ་སྣན་ངག་ལ་དོ་སྣང་ཆེན་པོ་བྱེད་བཞིན་ཡོད་པས། སྣན་ངག་པ་རྣན་དར་གཞོན་གསུམ་གྱིས་བྲིས་པའི་སྣན་ངག་ཅི་རིགས་ལ་ཀློག་འགྲེལ་བྱ་རྒྱུར་ཅུང་གོམས་པར་གྱུར་ཡོད། ལྷག་པར་དུ་《ཟླ་ཟེར་》དུས་དེབ་ཀྱི་སྣན་ངག་གི་པར་ངོས་རྩོམ་སྒྲིག་པ་ཞིག་ཡིན་པའི་ཆ་ནས་སྣན་ངག་འབྲི་མཁན་ཡོངས་ལ་དོ་སྣང་བྱས་པ་ཡིན། དེ་ལས་ད་དུང་གཞོན་སྐྱེས་སྣན་ངག་པའི་ནང་ནས་ཀྱང་ཅུང་ཉམས་དཔྱོད་ཅན་གྱི་གཞོན་སྐྱེས་རེ་བ་ཅན་དང་བསམ་བློ་ཅན། རྩོམ་གཤིས་ཉལ་མ་ཅན་གྱི་རིགས་ལ་ལྷག་ཏུ་དོ་སྣང་བྱས་པ་ཡིན། འདིར་གླེང་བའི་འབོ་ར་ཀླུ་འབུམ་བཀྲ་ཤིས་ནི་དེའི་གྲས་ཀྱི་ངའི་ཆེས་དོ་སྣང་བྱ་ཡུལ་དུ་གྱུར་སོང་། ཅིའི་ཕྱིར་ཟེར་ན། ཁོའི་སྣན་ངག་ནི་ལྷོད་མེད་དྭངས་གཙང་ཞིག་ཡིན་པས་ཡིན། ཁོའི་སྣན་ངག་ནི་བག་ཡོད་རྩུལ་མཐུན་ཞིག་ཡིན་པས་ཡིན། ཁོའི་སྣན་ངག་ནི་ཁ་ཏ་བསླབ་བྱས་གདམས་པས་

ཡིན། ཁོའི་སྙན་ངག་ནི་དེང་རབས་ཀྱི་སྙིང་སྟོབས་དང་མཐུན་ཞིང་འཚོལ་སྙེག་དང་གསར་སྐྲུན་གྱི་ཕྱིར་མི་ལྡོག་པའི་ལམ་དུ་ཞུགས་པའི་སྒྱུ་རྩལ་གྱི་ཐབས་ཤེས་ཐུན་མོང་མ་ཡིན་པ་ཞིག་གྲུབ་ཡོད་པས་ཡིན། དེ་འདྲའི་ཕྱོགས་མང་པོ་ཞིག་གིས་ཁོང་རང་མི་གླེང་སུ་ཞིག་གླེང་ངམ། གཤམ་ནས་ཀློག་པ་པོ་ང་དང་མཉམ་དུ་ཁོའི་སྙན་ངག་གི་ཞིང་ཁམས་སུ་ལྡིངས་རྒྱུ་ཐེངས་ཤིག་བྱའོ། །

དང་པོ། སྙན་ངག་གི་སྒྱུ་རྩལ་བཞེངས་སྐྲུན།

སྤྱིར་ན་སྙན་ངག་གི་སྒྱུ་རྩལ་བཞེངས་སྐྲུན་ལ་རིགས་མང་ནའང་། འདིར་སྙན་ངག་གི་འགྱུར་བའི་སྣང་བརྙན་དང་མཚོན་ཐབས་བཞེངས་སྐྲུན་གྱི་སྒྱུ་རྩལ་ལ་དང་དོད་ཆེན་པོ་བྱུང་འདུག་སྙམ།

སྙན་ངག་པ་ཁོས་དུས་ཀྱི་འགྲོས་དང་བསྟུན་ཏེ་གནའ་དེང་ཕྱི་ནང་གི་རྩོམ་རིག་སྐོར་ལ་སློ་སྦྱོང་གང་འཚམ་བྱས་པའི་དབང་གིས། ཁོའི་སྙན་ངག་གསར་རྩོམ་གྱི་འཇིག་རྟེན་ལ་རིམ་གྱིས་འགྱུར་བ་བྱུང་བ་དང་བསྟུན་ནས། སྙན་ངག་གི་ལྟ་ཚུལ་ལའང་རྦད་དེ་འགྱུར་བ་བྱུང་ཡོད་པ་ཁོའི་སྙན་ངག་ཀློག་པས་ཤེས་ཐུབ། ཁོའི་སྙན་ངག་གིས་བསམ་བློ་དོག་པའི་ལྟ་སྟངས་འཛིན་མཁན་ཚིག་རྒྱན་ཙམ་ཤེས་པ་དང་ཚིགས་བཅད་ཙམ་འབྲི་བ་ནི་སྙན་ངག་གི་མཐར་ཐུག་ཏུ་འཁྲུལ་བའི་བབ་ཚུལ་ལས་ཡོངས་སུ་བརྒལ་བའི་ཤུགས་ཆེ།

སྐབས་འདིར་འགའ་ཞིག་གིས་ཚིག་རྒྱན་ཙམ་དང་ཚིགས་བཅད་ཙམ་ཞེས་པ་ཇི་འདྲ་ཞིག་ཡིན་མིན་དང་ཚིག་རྒྱན་ཙམ་དང་ཚིགས་བཅད་ཙམ་ཞེས

པ་སྣན་ངག་ཡིན་ནམ་མིན་སོགས་ཀྱི་དོགས་འདྲི་སྣ་ཚོགས་པ་བྱ་སྲིད་མོད། འདི་སྙན་ངག་ཡིན་དང་དེ་སྙན་ངག་མིན་ཞེས་པའི་ཁྱད་པར་ནི་ཚད་ཤིང་རགས་པ་ཞིག་གི་སྟེང་ནས་ས་དང་རྡོ་བ་བཞིན་དུ་དགར་ཨེ་འགྲོ་སྙམ་སྟེ། བརྒྱམས་ཆོས་གང་ཞིག་སྙན་ངག་གི་རོ་དང་ལྡན་པའི་ཁྱད་ཆོས་གཙོ་བོ་ནི། བརྒྱམས་ཆོས་དེ་ལ་སྙན་ངག་གི་སྐད་ཆའི་ཐད་ཀྱི་ཁྱད་ཆོས་ཅི་ཙམ་འཛོམས་མིན་དང་། སྙན་ངག་དེ་ལས་སྣང་བརྙན་དང་མཚོན་ཐབས་བཅས་ཀྱི་བཞེངས་སྐྲུན་ལེགས་འགྲུབ་བྱུང་ཡོད་མེད་བཅས་ལ་རག་ལས་པ་སླས་མེད་རེད། དེ་བས་སྙན་ངག་པ་ཁོ་ལ་དེ་གཉིས་ཀྱི་ཁྱད་ཆོས་འཛོམས་པར་སེམས། སྙན་ངག་ལ་ཚོར་ཤེས་ཡིད་བརྙན་དུ་བསླངས་ཤིང་རྟོགས་པ་བརྗོད་བྱར་ཟིན་དུས་ཀློག་མཁན་ཡང་རྩོམ་མཁན་དང་བསྟོངས་ནས་ཚིག་འགྲོས་བར་ནས་རང་རང་གི་མངོན་སྐྱོག་གང་རུང་ཞིག་གི་བསམ་འདུན་ཅི་རིགས་བསྐྲུན་ཐུབ་ལ་བརྩེ་གདུང་གི་ཚོར་བའང་བཞེངས་ཐུབ། དཔེར་ན། ཁོའི་སྙན་ངག《ཆར་པ་ཟིམ་ཟིམ། དྲན་པ་བསིལ་བསིལ་》དང་། ཡང་ན《སྙན་རྩོམ་དབྱངས་གསལ་འཕར་མ་》ཞེས་པའི་སྙན་ཚོམ་དག་ལས་ང་ཚོའི་ཀློག་མཁན་དག་ཀྱང་རྩོམ་མཁན་དང་མཉམ་དུ་ཁོའི་སྙན་ངག་གི་ཕོ་བྲང་ལ་ལྡོངས་རྒྱུར་ཐེངས་ཤིག་ཁྲིད་འགྲོ་ལ། དེ་ཡི་མཛེས་སྡུག་གི་བསླུ་བྲིད་ཀྱིས་མི་སེམས་བཏུལ་ཏེ་ཞུགས་འདུན་གྱི་གཡོག་པ་ཕྱི་རུ་བརྒྱུད་ཐུབ་པ་ལྟ་བུའི་སྣང་བརྙན་བཞེངས་འདུག འདི་འདྲའི་ཆ་རྐྱེན་ཐུན་མོང་མ་ཡིན་པ་འགའ་ཞིག་གི་ངོས་ནས་བརྒྱམས་ཆོས་དེའི་རིགས་ལ་སྙན་ངག་གི་གདན་ཐོབ་སྲིད་ན། དེ་ནི་སྙན་ངག་ལ་བཟུང་བའི་རྣམ་འགྱུར་ལེགས་པོ་ཞིག་ཅིས་ཀྱང་

ཡིན་ངེས་སྙམ། དེ་བས། ངས་འབོ་ར་གླུ་འབུམ་བཀྲ་ཤིས་ཀྱི་སྙན་དེབ་ལས་ཐུན་མིན་གྱི་ཚོར་བ་སྐྱེན་པོ་ཞིག་ཡོང་བ་ནི་ཁོའི་སྙན་ངག་ལ་སྐད་ཆའི་བཞེངས་སྐྲུན་དང་སྣང་བརྙན། མཚོན་ཐབས་ཀྱི་བཞེངས་སྐྲུན་དེ་དག་སྐབས་བབ་དང་བསྟུན་ནས་བརྩམས་ཚོས་རེ་རེའི་ནང་དུ་མངོན་པས་དེ་ནི་སྙན་ངག་ལ་གོམས་པའི་རྐྱེན་ཞིག་ཏུ་ཁོ་བོས་མཐོང་ལ། གཞན་ཡུལ་ལྗོངས་ཤིག་ལ་ལྷ་སྐོར་དུ་ཕྱིན་པ་བཞིན་སེམས་སུ་ཚོར་བ་སྣ་ཚོགས་དང་མིག་ལམ་དུ་མེ་ཏོག་སྣ་བརྒྱའི་མཛེས་སྡུག་མངོན་པར་འཆར་ཡོང་ངོ་། །

གཅིག་ནི། ཁོའི་སྙན་ངག་གིས་སྙིར་ངོས་ཀྱི་སྐད་ཆའི་བཞེངས་སྐྲུན་ལ་ཁྱད་ཆོས་ཤིག་དང་ལམ་བུ་ཞིག་ལ་བསྙེག་ནས་རང་རྩུགས་ཀྱི་གཤིས་ཤིག་འཛོམས་འདུག་པའི་སྣང་བ་བསྐྱེད་བྱུང་།

སྙན་ངག་གི་རིག་པ་འདི་ཉིད་རྩོམ་རིག་ཐམས་ཅད་ཀྱི་སྙིད་ཡུམ་དང་སྐད་ཆའི་སྒྱུ་རྩལ་གྱི་དྭངས་མ་དང་ཉིང་བཅུད་ཡིན། རིག་གནས་མཐའ་དག་ལས་མཆོག་ཏུ་བརྩེ་བར་སྔོན་གྱི་སྙན་གཞུང་རྣམས་ལས་གསུངས་པ་ལྟར། སྙན་ངག་ནི་ཚིག་གི་སྒྱུ་རྩལ་ཡིན་ལ། སྒྱུ་རྩལ་གྱི་བློ་སྤྲོང་ནི་སྙན་ངག་པའི་ནང་སེམས་ཀྱི་འགྱུར་བ་སྣ་ཚོགས་པ་དེ་ཡིན་པ་འཁྲུལ་བ་མེད་དོ། །འདིར་འབོ་ར་གླུ་འབུམ་བཀྲ་ཤིས་ཀྱི་སྙན་ངག་རེ་རེའི་གསེང་དང་མདུན་རྒྱབ་གང་དུའང་ལྷད་མེད་ཀྱི་སྐད་ཆའི་རང་གཤིས་ཤིག་གྲུབ་འདུག་པ་མ་ཟད། སྙན་ངག་གི་རང་རྟོགས་ཤིག་དང་ཁྱད་གཤིས་ཤིག་འཛོམས་འདུག་སྙམ། ཕྱིར་ནའང་སྙན་ངག་ཅེས་པ་འདི་ཡིས་ཅི་ཞིག་འབྲི་རྒྱུ་ལས་ཀྱང་ཇི་ལྟར་འབྲི་རྒྱུ་གཙོ་ཆེ་བར་བསམ་དགོས་

པས། ཁོའི་སྙན་ངག་ལས་སྙན་ངག་ཇི་ལྟར་འབྲི་བའི་ཕྱོགས་སུ་བསམ་གཞིག་དང་དབྱེ་ཞིབ། ཚིག་གི་ཕུན་བརྡར། ཐ་སྙད་རེ་རེའི་བཙོ་སྦྱངས་དང་སྦེབ་ཁའི་ཐད་ལ་བསམ་གཞིག་མང་དུ་བྱས་ནས་སྐད་ཆའི་སྣང་བརྙན་གྲུབ་ལུགས་ལ་དང་དོད་བྱས་པ་ཤུགས་ཆེ་བར་འདུག་པ་ལས་གློ་བུར་བའི་ཚོར་སྐྱེན་ལ་བརྟེན་ནས་ལག་ལ་སྨྱུ་གུ་གང་ཐོགས་དང་ཡིད་ལ་གང་ཤར་ལྟར་བྲིས་པ་མིན་པའང་ཚིག་འབྲུ་རེ་རེའི་ཤུགས་དང་གསེང་ནས་རྟོགས་ཐུབ། ཁོའི་སྙན་ངག་གི་བརྗོད་བྱ་དང་བརྗོད་བྱེད་གཉིས་ཀྱི་ཐད་ནས་གླེང་ནའང་ཀློག་པ་པོར་བསམ་གཞིག་གི་བར་སྟོང་ཞིག་དང་ཚོར་རྟོག་ཁྱད་པར་བ་སྦྱིན་ཐུབ་པ་ཞིག་རེད་སྙམ། ལྟག་པར་དུ་བརྗོད་བྱེད་སྐད་ཆའི་ཐད་ནས་དེ་བས་ཀྱང་གྲུབ་སྟངས་ཁྱད་པར་བ་ཞིག་སྟེ། དཔེར་ན། ཁོའི་སྙན་ངག《རྒྱང་རིང་ཟེར་བ་དེ་》དང་། ཡང་ན། 《སྐད་ཅིག་མའི་ཚེ་སྲོག་》ཅེས་པ་ལས་ཚོར་རྟོག་གསར་པ་ཞིག་སྟེར་ཐུབ་པོ། །དེ་ལྟ་མོད། ངས་དུས་རྒྱུན་སྙན་ངག་པ་ཞིག་ལ་མཚོན་ན་རང་ཉིད་ལ་ཅིས་ཀྱང་ཚོར་རྟོག་ཁྱད་པར་བ་ཞིག་སྟེ། འཚོ་བའི་ཁྲོད་ཀྱི་བྱ་དངོས་དག་གམ། བྱ་དངོས་དེ་དག་གི་འགྱུར་བ་དང་དོན་རྐྱེན་སོགས་ལ་ཅི་ནས་ཀྱང་ལྟ་སྟངས་དམིགས་བསལ་བ་ཞིག་དང་ཚོར་ཤེས་ཁྱད་པར་བ་ཞིག་ཡོད་ངེས་ཤིང་ཡོད་དགོས་ལ། ཡོད་འོས་པར་འདོད་ཡོད། དེ་ལྟར་ཡོད་ངེས་པའི་རྨང་གཞིའི་སྟེང་སྙན་ངག་གི་རྗོད་པ་བཞེངས་སྐྲུན་བྱས་པ་ཡིན་ན་སྙན་ངག་དེའི་རིགས་ལ་འགན་འཁྲིའི་ནུས་པ་དང་གོ་ཐོབ་བླ་ལྷག་ཡོད་པ་མ་ཟད་སྐད་ཆའི་བརྗོད་ལུགས་ཀྱང་ཐུན་མིན་གྱི་རང་ཆོས་ཤིག་གྲུབ་པར་བདག་གིས་འདོད་ཡོད།

གཉིས་ནི། ཁོའི་སྐྱན་ངག་གི་སྣང་བརྙན་དང་དཔེ་མཚོན་བཞེངས་སྐྲུན་ལའང་ཁྱད་ཆོས་ཡོད་དེ། ཁོས་བྲིས་པའི་《ཆེ་བས་ཆེ་བ་གླེང་ན་》ཞེས་པའི་སྙན་ངག་དེ་དང་ཡང་ན། 《སེམས་ཀྱི་ཟླ་བྲང་དགོན་》དང་《སེམས་ཀྱི་ཟླ་རྟུང་སྒར་》ཞེས་པའི་སྙན་ངག་དག་ལས་ང་ཚོ་ལ་ལུས་ངག་ཡིད་གསུམ་གྱི་དད་དུངས་ཤིག་རྒྱུད་ལ་སྐྱེས་པར་མ་ཟད་ཐུན་མིན་དུ་གོ་སླ་བའི་རྐྱེན་དེ་ཏ་ཅང་སྟབས་བདེ་བའི་ཚིག་དང་རྗོད་པ་ལ་བརྟེན་ནས་ནང་སེམས་མཚོན་པར་བྱས་ཤིང་མཚོན་ཐབས་དེའང་དཔེ་བཀོད་པ་དང་གཟུགས་སུ་བཀོད་དེ་རང་ཉིད་ཀྱིས་བརྗོད་འདོད་ཀྱི་བསམ་འདུན་མཚོན་པར་བྱས་ཡོད། ཁྱད་པར་དུ། 《སེམས་ཀྱི་ཟླ་རྟུང་སྒར་》ལྷ་བུའི་སྙན་ངག་ལ་མཚོན་ན། གནས་ཡུལ་གྱི་སྣང་བརྙན་དག་རྩོམ་པ་པོས་ཞིབ་བརྗོད་བྱས་པ་བརྒྱུད་དེ། སྐད་ཆའི་རྗོད་པ་རེ་རེར་བརྟེན་ནས་ཡིད་སེམས་དྭངས་ཤིང་། སེམས་སུ་བརྗེད་མེད་དུ་ནམ་ཡང་རྗེ་རིང་ལྷར་བསླངས་འདྲའི་དྲན་པོ་ཞིག་མི་རྣམས་ལ་བཞག་པ་མངོན་པར་མཚོན་ཡོད། དཔེར་ན། དེ་རིང་། ང་རང་ཕྱིར་ཕ་ཡུལ་ལ་ལོག་འགྲོ། ཡིན་ནའང་། ང་རང་ཕ་ཡུལ་དུ་ལོག་མི་ཐུབ། ང་ཡི་སེམས་པ། ང་ཡི་བརྩེ་བ། མདོར་ན་ང་ཡི་ལུས་ངག་ཡིད་གསུམ། གསེར་ཐང་གི་ཟླ་རྟུང་སྒར་ན་ལུས་ཡོད། ལྡོན་པ་ལྷ་བུའི་ཟླ་རྟུང་གི་འདབ་སྟེང་ན་ལུས་ཡོད། ཡལ་ག་ལྷ་བུའི་ཁྱིད་ཀྱི་པང་ཁུགས་ན་ལུས་ཡོད། ཡང་ན། ལྡོན་ཤིང་གི་ཡལ་འདབ་རེ་རེ་ན་ལུས་ཡོད་ཨང་། མཇུག་སྐྱོང་བའི་སྙན་ངག་ཚན་པ་རྗེས་མ་དེས་རྩོམ་པ་པོའི་སེམས་སུ་ཟླ་རྟུང་སྒར་གྱི་ནང་གི་ཉམས་ལེན་དང་ཕྱིའི་བྱ་དངོས་རེ་རེས་ཁོང་ལ་དད་གུས་ཟླ་ལྷག་ཅིག་ཐེབས་པ་ཤེས

ཤིང་། ཐ་ན་རྩོམ་པ་པོ་ཕྱིར་ཕ་ཡུལ་དུ་བསླེབས་ནའང་ཁོའི་ལུས་ངག་ཡིད་གསུམ་བཅས་པ་ད་རུང་བླ་རུང་སྔར་གྱི་ཚོས་དབྱངས་དང་འགྲོགས་ནས་ཕྱིར་ལྡོག་ཐབས་མེད་པའི་སེམས་ཁམས་དེས་གློག་པ་པོར་བསམ་གཞིག་གི་སྣེ་མོ་ཞིག་དང་ཡིད་སེམས་སུ་སྐྱོ་བའི་ཉམས་ཤིག་དང་ངམ་ཤུགས་ཀྱིས་སྦྱིན་པར་བྱས། སྐྱོ་ཉམས་དེ་ནི་སྡུག་བསྔལ་གྱི་སྐྱོ་བ་མིན་པར་བརྩེ་བའི་སྐྱོ་སྣང་ཞིག་ཡིན་པས་སྒྱུ་རྩལ་གྱི་རོལ་མྱོང་རྒྱ་ཆེར་མཆིས་པར་སྙམ་མོ། །

དེ་ལྟ་བུའི་སྐད་ངག་གློག་པའི་ཚེ་ན་ངག་ཏུ་བརྗོད་བདེ་ཞིང་ཉན་པའི་ཚེ་ན་རྣ་བར་སྙན་ཞིང་འཇེབས་པས་གློག་པ་པོ་དག་ལ་ཟད་དུ་མེད་པའི་སྐད་ཆ་ཞིག་དང་བསམ་གཞིག་གི་བར་སྟོང་ཞིག་བཅོས་མིན་དུ་སྟེར་བ་མྱོང་བས་གྲུབ།

རང་ཉིད་ལྟ་བུར་མཚོན་ནའང་བྲིས་དང་བྲི་འགྱུར་གྱི་སྐད་ངག་གམ་ཡི་གེ་འདི་དག་གིས་འགྲོ་བ་མིའི་རིགས་སམ། ཡང་ན་བྱ་དངོས་དག་ལ་བཟུང་བའི་རང་ཉིད་ཀྱི་ཚོར་རྟོག་མི་འདྲ་བ་ཞིག་མངོན་པར་བྱས་དང་བྱ་འགྱུར་ནི་གཡོལ་དུ་མེད་པའི་འགན་འཁྲི་རེད་བསམ་ཡོད།

འོན་ཀྱང་ཁོའི་སྐད་ངག་གིས་དེ་འདྲ་ཞིག་མཚོན་ཞིང་སྟོན་གྱིན་ཡོད་པའི་དབང་དུ་བཏང་རུང་། དེ་ཡི་བདེན་དཔང་ནི་རང་ཉིད་ཀྱི་སྐད་ངག་དང་གློག་པ་པོ་ཁོ་ན་ཡིན་པས། ངས་འདི་ནས་འགྲེལ་བཤད་མང་པོ་ཞིག་བརྒྱབ་རུང་དེ་ནི་སྐད་ཆ་ལྷག་མ་ཞིག་ཏུ་འགྱུར་ཡང་སྲིད། གང་ལྟར་བདག་གི་བསམ་པར། སྐད་ངག་ཅེས་པ་ནི་ཅི་ནས་ཀྱང་འཚོ་བའི་བདེན་པའམ། བྱ་དངོས་དག་གི་ཚོས་ཉིད་ལ་ཉེ་བར་བཅར་ཐུབ་པ་ཞིག་ཡིན་དགོས་ཤིང་། སྐད་ངག་པས་ནི་

དེ་དག་གི་སྣང་ཚུལ་ཕྲ་རགས་ཀུན་པོ་ཁྱད་པར་བ་ཞིག་ཆོར་བའམ། མི་འདྲ་བ་ཞིག་མྱོང་ཐུབ་དགོས་པར་འདོད། དེ་བས་འབོ་ར་གླུ་འབུམ་བཀྲ་ཤིས་ནི་སྣན་ངག་གསར་རྩོམ་གྱི་འགྲུལ་བཞུད་ཁྲོད་ནས་འདི་འདྲའི་ཆེས་རང་གཟ་བ་ཡིན་ལ་ཆེས་ཁྱད་པར་བ་ཡང་ཡིན་པའི་ལམ་ཞིག་ལ་སྣེག་གིན་ཡོད་ཅེས་བརྗོད་པར་འདོད་དོ། །

བདག་གིས་ཆེས་ཐོག་མར་ཁོའི་སྣན་ངག་ཀློག་པར། སྣན་ངག་བཀླགས་པས་ཅི་ཞིག་ཐོབ་དགོས་པའམ། ཡང་ན་ཅིའི་ཕྱིར་སྣན་ངག་ཀློག་གིན་ཡོད་མེད་ཀྱི་དོན་དག་དེ་ལ་བསམ་གཞིག་བཏང་བ་ཡིན། གནད་འདི་ལ་བསམ་བློ་བཏང་མྱོང་ཡོད་པའི་སྣན་ངག་ཀློག་པ་པོ་ཞིག་ཡིན་ན། ཁྱེད་ཀྱིས་ཁོའི་སྣན་ངག་ཅིག་བཀླགས་རྗེས་དེ་ལ་ཕངས་སེམས་གཏན་ནས་སྐྱེ་མི་སྲིད་སྙམ། རྒྱུ་མཚན་ནི་དང་པོ་ནས་ཁྱོད་ཀྱིས་རང་ཉིད་ཀྱི་དགོས་མཁོ་ཅི་ཞིག་གི་ཆེད་དུའམ་ཅིའི་ཕྱིར་སྣན་ངག་ཀློག་གིན་ཡོད་མེད་གསལ་པོར་ཧ་གོ་བས་རེད། དེ་ནི་ལོ་རྒྱུས་ལས་འདས་དོན་རྟོགས་ཚུལ་དང་ཆོས་གཞུང་ལས་བསླབ་བྱ་ལེན་པ་ལྟ་བུ་ཞིག་གཞན་ཡང་མིན་ལུགས་ངེས་ཡོད་པས་རེད། དེ་བས་ཀློག་པ་པོ་ཁྱེད་ལ་འགྲེལ་བཤད་ཁྲོད་ཀྱི་བརྡ་དོན་སྣམ་པོ་ཞིག་ལས་རོལ་མྱོང་གི་བུ་རམ་མངར་མོ་དེ་མགོ་བའི་སྐབས་སུ་ད་གཟོད་སྣན་ངག་བཀླག་དགོས་པ་རེད་ལ། དེ་དུས་ཁྱེད་ཀྱིས་འགྲེལ་བཤད་ངོས་ཀྱི་གོ་བ་མ་ཡིན་པའི་ཁོའི་སྣན་ངག་གི་ཚིག་འབྲུ་རེ་རེའི་གསེང་ནས་སེམས་པའི་ཟླས་ཀྱི་བུ་རམ་དངོས་དེ་ཡོངས་སུ་མྱོང་ཐུབ་པ་རེད་འདོད།

གཉིས་པ། མཚོན་ཐབས་སྣ་མང་སྤྱད་པའི་ཁྱད་ཆོས།

ཁོས་སྙན་ངག་བྲིས་ནས་ད་བར་དུ་ལོ་ངོ་བཅུ་ཕྲག་ལྷག་ཕྱིན་འདུག སྙན་ངག་ཅི་ཙམ་བྲིས་པའི་གྲངས་ཀ་མི་ཤེས་ཀྱང་། ཁོས་སྔོན་མར་བྲིས་པའི་སྙན་ངག་དག་ལས་གསར་དུ་བྲིས་པའི་སྙན་ངག་དག་གིས་དེ་བས་ཀྱང་ཡིད་སེམས་དྲངས་འགྲོ། དེ་བས་ཁོའི་སྙན་ངག་གིས་ས་ལམ་ཞིག་ལ་སྨོན་ནས་རང་ཉིད་གྲོལ་གྱིན་ཡོད་ལ། ཕུགས་འདུན་ཞིག་ལ་སྙེག་ནས་རང་ཉིད་མངོན་པར་བྱེད་ཀྱིན་འདུག སྲོལ་རྒྱུན་གྱི་རྩམ་དྲི་མ་ཡལ་ཞིང་དེང་རབས་ཚུར་ལེན་གྱི་གོམ་པ་མ་དལ་བ་ནི་ཁོའི་སྙན་ངག་དག་ལས་མངོན་ཐུབ།

མདུན་ནས་མདུན་དུ་འགྲོ་བཞིན་པའི་སྙན་ངག་ནི་འཕེལ་རྒྱས་ལ་སྨོན་པའི་འགྲོ་བ་མིའི་རིགས་ཀྱི་ལོངས་སུ་སྤྱད་བྱ་ཡིན་ལ། སྙན་ངག་ལ་དད་མོས་དང་རྩམ་དག་གི་བློ་ཅན་དག་གི་འཚོལ་སྙེག་ཀྱང་དེ་ལས་གཞན་དུ་མ་མཆིས་སོ། །དེ་བས་ང་རང་ཁོས་བྲིས་པའི་སྙན་ངག་དག་ལ་འདད་ཡོད། ལྷག་པར་དུ་ཉེ་བའི་ལོ་འདི་འགར་བྲིས་པའི་སྙན་ངག་དག་ལ་མཚོན་སྟངས་སྣ་མང་ལ་རྗོད་པ་སྣ་ཚོགས་སྤྱད་པའི་རྩོམ་རྩལ་གྱིས་བློ་རྒྱ་བསྐྱེད་ཡོད། ཁོས་བྲིས་པའི་《ཡིག་འབྲུ་གཉིས་》དང་《ཞིན་ཆགས་ཀྱིས་བཞུར་བའི་ཡར་ཀླུང་གཙང་པོ་》ཞེས་པ་ལས་མཚོན་ཐབས་མི་འདྲ་བའི་སྟེང་ནས་སྙན་ངག་འདི་གཉིས་ལ་མངོན་སུམ་དང་གབ་སྦས་གཉིས་ཀྱི་ཆ་དང་ལྡན་པའི་སྒྱུ་རྩལ་གྱི་ཤུགས་དྲག་ཅིང་། ང་ཚོས་གབ་སྦས་དང་བསྟུས་བརྗོད་ཀྱིས་རང་གི་བརྗོད་འདོད་ཀྱི་སེམས་འདུན་འཁྱོག

པར་གླེང་བ་ནི་སྐད་དག་གི་སྒྲུ་རྩལ་ཞིག་སྟེ། ཨེན་རྫི་ལིས་ཅའེ་ཏེས། “སྒྲུ་རྩལ་ནི་བཀག་སྡོམ་ལས་བྱུང་བ་ཞིག་ཡིན་ལ། ཚད་ལས་བརྒལ་བའི་རང་དབང་ལས་ཉམས་དམས་སུ་འགྲོ་བཞིན་ཡོད།” ཅེས་སྐད་དག་གི་སྒྲ་བརྗོད་དོག་པའི་གནས་ནས་སྒྲུ་རྩལ་གྱི་སྐད་དག་འཁྲུངས་སྲིད་པ་རེད། ཁོའི་སྐད་དག《ཡིག་འབྲུ་གཉིས》ཅེས་པ་འདིར་ཉི་མ་དང་། ཟླ་བ། སྐར་མ་བཅས་གསུམ་གྱིས་བོད་ཅེས་པའི་མི་རིགས་འདི་གྲུབ་པར་བྱས་ལ་མི་རིགས་འདིས་འཛིག་རྟེན་ན་དཀོན་པའི་རིན་ཐང་གྱི་རིག་གནས་ཤིག་འཛིན་སྐྱོང་སྤེལ་གསུམ་བྱས་པའི་འདས་མ་ད་གསུམ་གྱི་སྣང་ཚུལ་མཚོན་པར་བྱས་ཤིང་། མི་རིགས་འདིའི་ལོ་རྒྱུས་ཀྱི་བཞུར་རྒྱུན་རིང་མོར་མོས་པ་དང་སེམས་ནས་འཛགས་པ་མེད་པའི་བརྩེ་གདུང་གིས་ཁེངས་པར་བྱས་ནས། བོད་ཅེས་པ་ནི་ཇི་བཞིན་མ་བརྗོད་པར་ཁ་བྱང་ལ་ཡིག་འབྲུ་གཉིས་ཀྱིས་མཚོན་པར་བྱས་ལ། དོན་གྱི་བརྗོད་པ་ལ་དཔེ་ཅན་ཤུགས་བསྟན་གྱི་ཚུལ་དུ་བསྡུས་ནས་ཉི་ཟླ་སྐར་གསུམ་གྱིས་མཚོན་ནུས་པ་དེ་བརྗོད་འདོད་ཀྱི་དོན་གབ་ནས་བསྡུས་བརྗོད་ཀྱིས་མཚོན་པར་བྱས་པ་ཤུགས་དྲག་ལ། ལྷག་པར་སྐད་དག་འདི་ལས་ཡིད་སེམས་དབང་མེད་དུ་འགུགས་འགྲོ་བ་ནི། ཁོང་གིས། ནམ་མཁའི་ཉི་ཟླ་དེ་ཁྱོད་ཀྱིས་བཀུགས་ནས་ཡོད། ཉི་ཟླ་སྐར་གསུམ་དེ་ཁྱོད་ཀྱིས་བཟུང་ནས་ཡོད། དེ་བས་ཆེས་ཤེས་ན་འདོད་པ་ཁྱོད་རང་སྟེ། ཆེས་ཞེ་ལ་ཐོགས་པའང་ཁྱོད་རང་ཡིན་པ། ལྷག་པར་ཁྱོད་སྟོབས་ཅན་ཞིག་དང་ཉམ་ཆུང་ཞིག་ཡིན་པ་ཤེས་ཡོད། སྟོབས་ཅན་ནི་ལོ་རྒྱུས་ཡིན་ལ། ཉམ་ཆུང་ནི་གདུང་བ་ཞིག་ཡིན། འོན་ཀྱང་སྐད་དག་པས་མི་རབས་འདི་སྟོབས་ཅན

ཞིག་གི་བུ་ཡིན་པ་དང་། ཉམ་ཆུང་ཞིག་གི་བུ་ཡིན་པའི་གདུང་བ་ཆེ། དེ་བས་ཀྱང་དབང་མེད་དུ་མ་འོངས་པ་ལ་བསམ་བྱུང་སྟེ། བོད་ནི་འདས་པ་ཞིག་དང་ད་ལྟ་བ་ཞིག ལྟག་པར་མ་འོངས་པ་ཞིག་ཡིན་པའི་འགྱུར་བ་དེ་བས་ཤུགས་དྲག་པར་འདུག གཞན《ཕྲེང་རྡོག་བརྒྱ་དང་བརྒྱད་པོའི་བརྒྱ་དཔོན་གཅིག་ཡིན་》ལས་བརྒྱ་དང་བརྒྱད་ཀྱིས་གྲུབ་པའི་ཕྲེང་བ་འདི། བསྟན་བཅོས་བརྒྱ་དང་བརྒྱད་ཡིན། གཟུངས་སྔགས་བརྒྱ་དང་བརྒྱད་ཡིན། ཚོ་ཤོག་བརྒྱ་དང་བརྒྱད་ཡིན། རིགས་རུས་བརྒྱ་དང་བརྒྱད་ལ་གྲེས་ནའང་། ཕྲེང་རྡོག་བརྒྱ་དང་བརྒྱད་པོའི་བརྒྱ་དཔོན་གཅིག་ཡིན། ཕྲེང་རྡོག་རེ་རེ་ནི་ཕྲེང་ཐག་ལ་བརྟེན་པ་དང་། ཕྲེང་རྡོག་དང་ཕྲེང་ཐག་གིས་བརྒྱ་དཔོན་ལ་བརྟེན་ནས་གཅིག་སེམས་གཅིག་ལ་བློ་དཀར་བ་དང་སྟོབས་ཤུགས་གཅིག་གིས་གཅིག་སེམས་གཅིག་ལ་བརྟེན་ནས་སྤྱི་ཚོགས་དང་འཛིག་རྟེན་ཁམས་ཆེན་པོ་འདི་རྟེན་དང་རྟེན་འབྱུང་གི་རང་བཞིན་དུ་གྲུབ་ནས་ཡོད་པའི་ཆོས་ཉིད་བརྗོད་པའོ། །གཞན་འགྲེལ་དུ་རུང་བ་ནི་བོད་མི་ཚོའི་འདུ་ཤེས་འཛིན་སྟངས་རིགས་ཤིག་དང་། འཚོ་བ་དང་འདུ་ཤེས་བསྐྱེད་སྟངས་ལ་ཕྱིར་རྡོག་དང་དེ་ལས་བསླངས་པའི་བསམ་པའི་གཞུག་གཤིས་ཀྱི་ཚོར་བ་ཟབ་ས་ནས་ལུས་སེམས་གཉིས་སུ་མངོན་དུ་འགྱུར་བ་མ་ཟད། དེ་དང་འབྲེལ་བའི་རང་ཉིད་ཀྱི་ཚོར་རྟོག་གཤའ་མ་ཞིག་དང་རང་མི་རིགས་ལ་བརྩེ་བ་དང་དུངས་པ་ཟབ་པའི་སེམས་ཚོར་ཞིག་ལུས་ངག་ཡིད་གསུམ་ནས་ཕྱི་རུ་མངོན་ཆེད་ཕྲེང་བ་དང་ཕྲེང་ཐག དེ་དག་ལས་བྱུང་བའི་རིགས་མཐུན་གྱི་ཉམ་ང་བའི་ལས་དབང་ལ་འཁོད་པ་དང་སྙིང་སེམས་སོགས་དཔེ་དང་

གཟུགས་འགོད། བསྡུས་བརྗོད་ཀྱིས་མཚོན་སྟངས་ཁྱད་པར་བས་ཀློག་པ་པོར་སྟོན་ཅི་ཐུབ་བྱས་འདུག དེ་བས། སྙན་ངག་ནི་དབང་དང་གྲགས་པའི་རྗེས་སུ་མི་གཡོ་བར་ནམ་ཡང་ཁོག་ན་སྙིང་དང་སྙིང་ལ་རུས་པ་ཡོད་པ་དག་གི་རྗེས་སུ་འབྲངས་ནས་ནམ་དུ་ཡང་བཤད་ཡོད་པ་དང་སྒྲུབ་ཡོད་པ་དག་གི་བརྟུལ་ཞུགས་བཟུང་སྟེ་དྲང་མོའི་ལམ་ཁར་སྙེག་མཁན་ཞིག་ཡིན་པས། ཁོང་ནི་དུས་རབས་ཀྱི་འགན་འཁྲིའི་འདུ་ཤེས་ཧ་ཅང་ཤུགས་དྲག་ལྡན་པའི་སྙན་ངག་པ་ཞིག་རེད་བསམ་སོང་། དེ་ནས་རིམ་གྱིས་ཁོའི་སྙན་ངག《དུས་ཚོད་དང་ངང་སྒྲུག》ཅེས་པའི་སྙན་ངག་འདི་བཀླགས་མ་ཐག་ཏུ་ཀློག་པ་པོར་ངང་སྒྲུག་དང་བར་ཐག་དེ་ནི་མཛེས་སྡུག་ཅིག་ཡིན་པའི་སྣང་བ་སྐྱེར་ཐུབ་ལ། འཇིག་རྟེན་འདིར་ཆེས་དཀོན་པ་ནི་མཛའ་བརྩེའི《འབྲེལ་ལམ》དང་ཕྱི་ཐག་གི་བརྩེ་བས་སྒྲུག་པ་ཡིན་པའི་ངེས་ཤེས་སེམས་རྒྱུད་ལ་འཇོངས་ཐུབ་པ་དེ་མངོན་སུམ་དུ་རྟོགས་དཀའ་ཞིང་ཤུགས་ནས་མཚོན་ཐབས་མི་འདྲ་བའི་ཟུར་ཞིག་ཆགས་འདུག

གཞན་ཁོའི་སྙན་ངག《མི་ལོང་ལ་བལྟ་བ》དང《གཟུགས་འགྱུར་ཚུལ》དེ་ལས་ཀྱང་མཚོན་ཐབས་མི་འདྲ་བ་ཞིག་སྟེ་མི་ནི་མ་གཞི་ནས་འདུ་ཤེས་རིགས་ཤིག་གིས་ཁ་ལོ་སྒྱུར་བཞིན་པ་དང་། འདུ་ཤེས་དེའང་མི་རང་ཉིད་ཀྱི་བསམ་གཞིག་དང་གཞན་གྱི་ཤུགས་རྐྱེན་གཉིས་ཀྱིས་ལུས་སེམས་ཚོར་མེད་གོ་མེད་དུ་སྒྲིད་ཅིང་དེའི་རྗེས་སུ་འགྲོ་ལྡོག་རྒྱུག་གིན་ཡོད་པ་ང་ཚོ་ལ་བསྟན་པ་དང་། ཁོས་མི་ནི་འགྱུར་བའི་རང་བཞིན་ཅན་དེ་ལས་མི་གཤིས་འགྱུར་བ་ནི་ཆེས་སྒྲུག་བྲོ་བ་ཡིན་པ་དང་། མི་མང་ཆེ་བར་མཚོན་ན་རང་ཉིད་ཀྱི་འདུ་ཤེས་སྒྲུན་བྱེད་ཀྱི་

ཤུགས་རྐྱེན་དེ་དག་ནི་རྒྱུ་མཚན་ལྟར་སྣང་དང་སྒྱི་འགྲོས་ཕལ་བ་ཞིག་གི་ངོས་ནས་སླེབས་ཀྱིན་ཡོད་པ་རྐྱེན་བྱུས་ནས་མི་ཊ་སྐྱེས་པའི་རིན་ཐང་གི་སྟེང་ནས་རང་ཉིད་ལ་གཞིགས་བཙོས་ཤིག་བྱས་ནས་ལུས་ངག་ཡིད་ཀྱི་མ་དག་པའི་ཕྱི་རོལ་ཇུས་འགྱུར་གྱིས་ལད་པའི་རིགས་ཅན་ལ་བཟོ་བཅོས་བྱ་དགོས་པའི་འབོད་སྐུལ་ཤུགས་སུ་གོ་བར་བྱེད་པའི་མཆོན་ཐབས་སྤྱད་འདུག་པའོ། །

དེ་བཞིན《བསླུ་བྲིད་ཀྱི་རོལ་རྩེད་》དང《མཛེས་སྡུག་གི་བསླུ་བྲིད་》ལས་མིའི་རིགས་ལ་ཕྱིའི་དངོས་པོས་བསླུ་བྲིད་ཐེབས་ནས་གཅིག་མགོ་གཅིག་གིས་གཡོགས་པའི་སྣང་ཚུལ་བརྗོད་དེ་བོད་མི་མང་པོ་ཞིག་གིས་ཀྱང་རང་ཉིད་ཀྱི་འདུ་ཤེས་ཀྱི་གྲུབ་རྐྱེན་དང་ངོ་བོ་ལ་རྟོག་ཞིབ་བྱེད་ཐུབ་ཀྱིན་མེད་པར་མ་ཟད། མཛེས་སྡུག་གི་བསླུ་བྲིད་འོག་ཏུ་རང་དབང་མེད་པར་ཕྱོགས་ཤིང་ཡིད་སེམས་སྒྲིད་དེ་ཤུགས་རྐྱེན་ངན་པར་གོམས་འགྲོ་བའི་རང་སོ་སོའི་འདུ་ཤེས་ལ་ཁ་ལོ་སྒྱུར་བཞིན་ཡོད་པ་བསྟན། དེ་འདྲའི་རྒྱུན་ལྡན་མིན་པའི་འདུ་ཤེས་དང་གྲུབ་ལུགས་ཡ་མ་བཀླ་དེས་དངོས་ཡོད་འཚོ་བའི་ཁྲོད་ནས་ཡ་མཚན་པའི་སྣང་ཚུལ་གང་མང་ཞིག་བསྐྲུན་དང་སྐྲུན་བཞིན་ཡོད་ལ། གནས་ལུགས་འདི་འདྲ་བ་དག་རང་ཉིད་ཀྱི་ཚོར་རྟོག་མི་འདྲ་བ་ཞིག་གི་ངོས་ནས་སམ། ཡང་ན་སྣང་ཚུལ་ཁྱད་པར་བ་ཞིག་གི་ཚུལ་གྱིས་སྐན་ངག་ལས་ཚུར་སྣང་བྱ་རྒྱུ་ནི་ཧ་ཅང་གི་དང་བ་འདྲེན་པ་ཞིག་རེད། དེ་བས་ཁོས་སྣང་ཚུལ་དེ་འདྲ་ཞིག་མཆོན་ཐབས་མི་འདྲ་བའི་སྒོ་ནས་སྐན་ངག་ཏུ་བྲིས་ཏེ་ཀུན་གྱིས་སྣང་མེད་དུ་བསྒྱུར་ཡོད་པ་འདྲ་བའི་འདུ་ཤེས་བདག་མེད་དེ་དག་རྒྱུན་ལྡན་ཡིན་མིན་གྱི་བརྡ་རྟ་བཏང་ཞིང་། བསམ་

པའི་ཚོར་བ་དེ་ཀློག་པ་པོ་ལ་བརྟག་པ་མཐའ་བཟུང་གི་ཚིག་སློས་ནས་དཔེ་དཔེ་ཅན་གྱི་མཚོན་ཐབས་སྣ་མང་ལ་བརྟེན་ནས་ཀློག་པ་པོར་གོ་བར་བྱ་བའོ། །

གསུམ་པ། བརྗེ་གདུང་ཤུགས་དྲག་གི་ཁྱད་ཆོས།

འདིར་འགྱུར་བ་ནི་རིགས་མང་ནའང་། སྐབས་འདིར་སྙན་ངག་གི་དེང་རབས་རང་བཞིན་གྱི་འགྱུར་བའི་གོ་གནས་གང་འདྲ་བསླེབས་པར་གཙོ་བོར་དམིགས་ཡོད། ཨུ་རུ་སུའི་རྩོམ་རིག་དཔྱད་བརྗོད་པ་པེ་ལིན་ཟྷི་ཅིས“སྙན་ངག་པ་ཇོ་མ་ཞིག་འགྲུབ་པའི་དགོས་ངེས་ཀྱི་ཆ་རྐྱེན་མང་པོའི་ཁྲོད་ནས་དེང་རབས་རང་བཞིན་ནི་གོ་གནས་ཨང་དང་པོར་བརྩི་དགོས”ཞེས་པ་བཞིན། བོད་ཀྱི་སྙན་ངག་དེའང་སྤྲོལ་རྒྱུན་ནས་དེང་རབས་སུ་འགྱུར་བཞིན་པ་ལྟར་ཁོའི་སྙན་ངག་ལའང་དེ་ལྟ་བུའི་འགྱུར་བ་ཤུགས་དྲག རང་རེ་བོད་ལ་སྔོན་ཆད་ཀྱི་ཡིག་ངག་གཉིས་ཐོག་ན་མ་ཉམས་པར་ཡོད་པའི་མགུར་དང་དམངས་གླུ། སྒྲུང་གླུ། ལ་གཞས། ངལ་རྩོལ་གྱི་གཞས་སོགས་ཧ་ཅང་མང་། བར་དུ་རྒྱ་གར་གྱི་སྙན་ངག་མེ་ལོང་མ་དར་བ་ནས་བོད་ཀྱི་རྩོམ་རིག་དེ་ལ་རྩོམ་གཤིས་ཀྱི་ཤུགས་རྐྱེན་ཐེབས་ནས་འགྱུར་ལྡོག་བྱུང་བ་དང་། རྗེས་ནས་བོད་ལ་སྙན་ངག་འབྲི་ལུགས་དེང་རབས་རང་བཞིན་གསར་པ་ཞིག་དར་བཞིན་པ་དེ་ནི་སྙན་ངག་གི་འགྱུར་བའི་རང་བཞིན་ཞིག་ཏུ་ལྟ་བར་འདོད་དོ། །

དེང་རབས་སྙན་ངག་གསར་པ་ཞིག་དར་བ་དེ་སྔོན་མའི་རིག་གནས་དེ་ཉིད་རྩ་མེད་གཏོང་བྱེད་ཅིག་ཏུ་བསམ་ན་གཏན་ནས་མི་འགྲིག་པར་འདོད། དེ་

ལ་རྒྱ་གྲོལ་ལགས་ཀྱིས་བརྩམས་པའི་《ང་ཚོའི་སྨན་ངག་གི་ཚུར་ལེན་རིང་ལུགས་》ལས། “ང་ཚོར་དགོས་པའི་ཚུར་ལེན་ནི་རབ་ཐོབ་ཀྱིས་ནང་འདྲེན་དེ་མ་ཡིན་པར། གཞན་གྱི་ལེགས་ཆར་གཞིགས་ནས་རང་གི་ཁྱད་ཆོས་དང་ལྡན་པའི་གསར་གཏོད་ཀྱི་ཚུར་ལེན་ཞིག་ཡིན་དགོས། རང་བཀུར་ཡོད་པའི་ཚུར་ལེན་ནི་ཚུར་ལེན་གྱི་ལེགས་ཆ་དར་སྤེལ་གཏོང་བའི་ཐབས་ཤེས་ལེགས་པོ་ཞིག་ཡིན།” ཞེས་དེང་རབས་རང་བཞིན་གྱི་འགྱུར་བ་ལ་གཞི་འཛིན་ཞིག་ཡོད་དགོས་པ་བསྟན་ལ། དེང་གི་རྩོམ་རིག་དཔྱད་བརྗོད་པ་ཚོས་ཀྱང་། “དེང་རབས་རང་བཞིན་ནི་དུས་རབས་ཀྱི་སྔོན་ཐོན་མི་སྣའི་འཚོ་སྡོད་ཀྱི་སྙིང་བརྒྱུད་དང་མཛེས་རིག་གི་སྙིང་སྟོབས་ཤིག་ཏུ་གྲུབ་ཡོད་ཅིང་། དེའི་མཚོན་ཚུལ་གཙོ་བོ་ནི་ཆེ་ཕྱོགས་ནས་བཤད་ན་གོ་ལ་ཧྲིལ་པོ་དང་ཆུང་ཕྱོགས་ནས་མི་རིགས་རང་གི་སྐབས་བབས་ཀྱི་སྤྱི་ཚོགས་འཕེལ་རྒྱས་ཀྱི་རྣམ་པར་བཅངས་པའི་བརྩེ་ཚོར་གྱི་རྣམ་འགྱུར་དང་རིན་ཐང་གི་ལྟ་ཕྱོགས་ཀྱི་སྟེང་དུ་མངོན་ཡོད་ལ། བསམ་བློ་དེའི་རྨང་གཞི་ནི་དེང་རབས་ཀྱི་འདུ་ཤེས་སྟེང་གི་བློ་འབྱེད་བསམ་བློ་ནས་འཕྲོས་པ་ཞིག་ཡིན་པ་རྟོགས་ནུས།” དེ་བས་ང་ཚོས་སྨན་ངག་ལ་ལྟ་དུས་ཀྱང་ཕྱོགས་མང་པོ་ཞིག་ནས་བལྟ་དགོས་རྒྱུ་རེད་འདོད། སོ་སོའི་སྨན་ངག་ལས་བསྟན་པའི་རིག་པ་དང་སྒྱུ་རྩལ། མཚོན་ཐབས་དེ་དག་ལ་ཐུན་མིན་གྱི་ཆ་ཞིག་ཡོད་ཚེ་དེ་ཉིད་ཅིས་ཀྱང་སྲུང་སྐྱོབ་བྱ་ཤེས་པ་དང་གཞན་གྱི་སྟེང་གི་ལག་ཆ་ལེན་ཐུབ་པ་ལྟར་ཆ་གཉིས་འཛོམས་དང་ལྡན་པ་ཞིག་ཡོང་རྒྱུ་དེ་ནི་སྨན་ངག་གི་འགྱུར་བའི་འཕེལ་རྒྱས་ཤིག་ལ་ཕོ་བོས་འདོད། དེ་ན་འབོར་གླུ་འབུམ་བཀྲ་ཤིས་ཀྱི་སྨན་ངག་ལས

སྣན་ངག་དེང་རབས་སུ་སྐྱོད་ཀྱིན་པ་དེ་ནི་བོད་ཀྱི་སྙན་ངག་སྙན་ངག་གི་ཕྱོགས་སུ་སྐྱོད་ཀྱིན་ཡོད་པར་ངོས་འཛིན་བྱས་པ་ཡིན། དཔེར་ན། བོད་ཀྱི་སྙན་ངག《མཚོ་སྔོན་པོ། ངའི་འཆར་ཡན་གྱི་གཞོག་པ་》དང་《གསོལ་འདེབས་》《རྒྱང་སྔོན་》བཅས་ལས་མཚོན་ཐུབ་པར་སྣམ།

ཕྱིའི་ཆ་ནས། བོད་ཀྱི་སྙན་ངག་མང་ཆེ་བའི་བརྗོད་བྱ་ནི་སྣ་ཚང་ཅན་ལས་བརྒལ་ཏེ། ཕྱི་ཚོགས་ཀྱི་ཟུར་ངོས་རེ་རེར་དམིགས་སུ་བཟུང་ནས་ཡོད་ཀྱི་འགྱུར་བའི་རྣམ་པ་མཚོན་ཞིང་ཕྱི་ཚོགས་དང་ལོ་རྒྱུས་ཀྱི་སྣང་ཚུལ་ལ་འགལ་ཟླ་སློང་བ་དང་། འགྲོ་བ་མིའི་རིགས་ཀྱི་ཕྱུགས་འདུན་མངོན་པར་མཚོན་པར་བྱས་པ་ལྟོས་བཅས་ཀྱིས་མང་དུ་གྲུབ་འདུག དཔེར་ན། 《ཐང་ཐང་》དང་《སྔོན་ཆད་》《ཕ་ཡུལ་ལ་ལྟ་བ་》《ཁ་བ་མེད་པའི་དགུན་ཁ་》《གླེང་མོལ་》《བརྟན་མིག་》《གར་སྟེགས་སུ་》《མི་རྟག་པ་》《སྐྱེ་འཆི་》《འཚོ་སྟངས་》《དགེ་སྡིག་གི་གོམ་སྟབས་》《མི་ཚེའི་ལོ་ཟླ་》《བདེ་སྐྱིད་》《སྐད་ཅིག་མའི་ཚེ་སྲོག་》《སློབ་གསོ་གླེང་བ་》སོགས་ལས་དྲང་བདེན་དང་གཞན་ཕན། ཞི་བདེ་བཅས་ལ་རེ་སྨོན་དང་བཙན་གཉོམ་དང་དབུལ་ཕྱུག ཡང་ན་དམག་འཁྲུག་དང་ནད་ཡམས། རང་བྱུང་གི་འཇིགས་སྐྲངས་སྣ་ཚོགས་ལ་སྙིང་སེམས་བརྗོད་པ། ལྷག་པར་དུ་སྡུག་བསྔལ་ལས་སྒྲོལ་བ་དང་། སྤྲོ་སྐྱིད་དང་སྐྱེ་ཁམས་ཞི་མཐུན། སྟོང་བཅུད་མཐའ་དག་བདེ་ལྡན་གྱི་ཞིང་ཁམས་ཤིག་ཏུ་སྨོན་ལམ་འདེབས་པ་ནི་བོད་ཀྱི་སྙན་ངག་གི་གླེང་བར་བྱ་བའི་གཏམ་དུ་སྣམ་མོ། །

ཕྱིར་ན་རང་རེ་སྙན་ངག་དེང་རབས་སུ་འགྱུར་གྱིན་ཡོད་མེད་གླེང་དགོས་

ཆོ། རང་རེ་སྙན་ངག་གཞན་གྱི་སྙན་ངག་དང་གཤིབ་བསྡུར་གྱིས་སྙན་ངག་གི་སྐད་ཆའི་མཐར་ཐུག་དང་སྙན་ངག་གི་སྐད་ཆའི་གཏིང་ལ་སོགས་པར་ཅིས་ཀྱང་དཔྱད་ཞིབ་བགྱིད་འོས་པར་སྙམ། དེ་མ་གཏོགས། ཚིག་གང་བྱུང་གོ་རྒྱུ་མེད་པ་རེ་བཀོལ་ནས། ཀློག་པ་པོའི་ཡིད་ལ་ཤར་ཚད་ཁོའི་སྙན་ངག་གི་གོ་བ་ཡིན་པ་དང་ངའི་སྙན་ངག་མི་རབས་རྗེས་མས་གོ་ཐུབ་ལྟ་བུའི་བསྒྲགས་གཏམ་འུད་བརྗོད་ཀྱིས་བོད་པའི་སྤྱི་ཚོགས་སུ་སྤྱུར་བ་དང་། འགའ་ཞིག་གིས་བརྩམས་ཆོས་འདི་འདྲ་གཞན་གྱིས་གཏན་ནས་འབྲི་མི་ཐུབ་དང་མི་འདི་ལ་མ་གཏོགས་སྙན་ངག་ལ་ཁ་ལོ་བསྒྱུར་ཐུབ་ཀྱི་སེམས་ཁམས་གཙང་མ་ཅན་ཞིག་མེད་ལྟ་བུ་འདང་རྒྱུག་ཅི་ཡང་མེད་པར་སྤྱུར་གྱིན་ཡོད་མོད། དེ་ནི་སྙན་ངག་གི་སྙིར་གཅོད་ཅིག་ཏུ་བལྟ་བར་འདོད་དོ། །དེ་བས་འབོར་ཀླུ་འབུམ་བཀྲ་ཤིས་ཀྱི་སྙན་ངག་ནི་འུད་བརྗོད་དང་ཁྲེལ་དང་ངོ་ཚ། ཐ་སྙད་སྙམ་པོ་དག་བསྡེབས་ཏེ་འུར་གྱིས་སྤྱུར་བ་ཞིག་མིན་པར། སྙན་ངག་སྙན་ངག་གི་ཕྱོགས་སུ་སྐྱོད་པ་ལྟར་བབ་བསྟུན་དང་ཚུགས་ཐུབ་ཀྱི་རང་བཞིན་ལྡན་པོག སྙན་ངག་གི་བརྗོད་བྱ་གཙང་ལ་རྗོད་བྱེད་ཡག་པ། དོན་གྱི་སྒྱུར་བ་འཕྱོད་པ་བཅས་ཁྱད་ཆོས་མང་པོ་འདུག ལྷག་པར་དུ་ཨ་ཁུ་རྒྱ་གྲོལ་གྱིས་གསུངས་པ་བཞིན་ཁོའི་སྙན་ངག་ནི་གངས་རིའི་འདབས་ཀྱི་བསིལ་ལྗང་དྭངས་མོ་དང་སྤང་གཞོང་ཁུགས་ན་བཞུར་བའི་རྫ་ཆབ་བསིལ་བའི་དྭངས་མོ་དེ་ཡིན་ཟེར་བ་ཅིས་མ་བདེན། དེ་བས་ང་རང་ཁོའི་སྙན་ངག་བཀླག་པར་སྤྲོའོ། །

བཞི་བ། ཚིག་སྦྱོར་དོན་གསུམ་སྡེབ་ལེགས་པའི་ཁྱད་ཆོས།

སྐུ་ཞབས་རེ་ཀར་གྱིས། “སྙུ་རྒྱལ་གྱི་ནང་དོན་ནི་ཚད་མཐོ་བའི་རྟོགས་པ་དང་། དེའི་ཕྱི་ཚུལ་ནི་དབང་ཡུལ་དུ་སྣང་བའི་རྣམ་པ་ཡིན།” ཞེས་གསུངས་པ་བཞིན། སྙན་རྩོམ་《གཡུ་ཡངས་གནང་རོགས་》《དྲི་རྟགས་》《དྲི་བ་》སོགས་བརྒྱམས་ཆོས་འདི་དག་གི་རྒྱ་བའི་ཁྱད་ཆོས་ཤིག་ནི་སྦྲིག་སྦྱོར་ལྷུ་ལག་འཕྲོད་ཅིང་དབྱངས་རྟའི་འགྱུར་ཉམས་མཚར་ཆེ་བས། ཡིད་འགྱུར་དང་དབྱངས་འགྱུར་གཉིས་ཆུ་ལ་ཆུ་བཞག་པ་ལྟ་བུའི་གཉིས་མེད་རོ་གཅིག་ཏུ་ཐིམ་པ་དང་། བརྗོད་སྟངས་ཀྱང་རྩོམ་པ་པོ་རང་གིས་རང་ལ་བགྲོ་བ་དང་དྲི་རྟགས་ཀྱི་ཚུལ་དུ་ཀུན་ལ་བརྡ་སྤྲོད་པ་དང་གསལ་འདེབས་ལྟ་བུའི་ཉམས་ཐོན་ཕྱིར། བསྟན་བྱའི་དོན་དེ་རང་དགར་བརྗོད་པ་ཙམ་དུ་མ་སོང་བར་རྗོད་བྱེད་ཀྱི་ཚིག་གི་གསེང་དང་དབྱངས་འགྲོས་ལས་དོན་གྱི་གོ་བ་ལེགས་པོར་མཚོན་པར་བྱས་པའི་སྙུ་རྒྱལ་གྱི་ཁྱད་ཆོས་གཞན་ཞིག་ཀྱང་མཐོང་ཐུབ།

གཞན་ང་ལ་སེམས་ཚོར་ཁྱད་པར་བ་ཞིག་སྤྲིན་སོང་བ་ནི་ཁོའི་སྙན་ངག《ང་》དང་《སེམས་ཁྲལ་》《ཆེ་ཆུང་》《དཔེ་ཀློག་》ཅེས་པའི་སྙན་ངག་ཐུང་ངུ་འདི་དག་བཀླགས་རྗེས་དགའ་ཚོར་ཆེན་པོ་བྱུང་། ཕྱལ་དུ་བྱུང་བའི་སྙན་ངག་ཅིག་ཡིན་ན། ཕྱལ་དུ་བྱུང་བའི་བསམ་བློ་ཞིག་དགོས་ཤིང་། དེའི་ཞོར་ལ་དངོས་མཐོང་བདེན་རྟོགས་དང་ཡང་དག་གནད་འཕིགས་ཀྱི་ལྟ་ཚུལ། བློ་ལས་འགོངས་པའི་བསམ་བློའི་འདུ་ཤེས་བཅས་དགོས་པ་ཡིན། ལྷག་པར་དུ་སྙན་

ངག་ཐུང་ངུ་《ང་》ཞེས་པ་རྟ། ང་ནི་ང་རྟ་གྱུར་ཅིང་། ང་ནི་བཤད་དཀའ་བའི་བྱ་བ་ཞིག་ཏུ་གྱུར། ང་ནི་ཁོ་བོར་གྱུར་ཅིང་། དེ་ཡང་རྟོགས་དཀའ་བའི་གསང་བ་ཞིག་ཏུ་གྱུར། ཅེས་པ་དེ་ལས་མི་རྟ་གྱུར་པའི་རྒྱ་དོན་ནི་བདག་གཞན་མཉམ་བརྗེ་དང་ཕན་ཚུན་མཉམ་གནས་ཀྱི་ངོ་བོ་གཅིག་ཏུ་ལྟ་བའི་བསམ་བློའི་འདུ་ཤེས་འཛིན་དགོས་པ་བསྟན་པ་དང་། གཞན་ཡང་། ཁོ་ཚོའི་ཆ་ཤས་ཤིག ང་ཡི་ཆ་ཤས་སུ་གྲུབ། ཉེ་མིའི་ཆ་ཤས་ཤིག་ང་རྟ་གྱུར་ཅིང་། ངའང་ཉེ་མིའི་ཆ་ཤས་ཀྱི་ཆ་ཤས་ཤིག་ཏུ་གྱུར་ཚར། ཞེས་པའི་ཚིག་སྦྱོར་སྦྲེལ་བ་འདིས་མི་ཕན་ཚུན་ནང་མི་མཐུན་མཆེད་ལྟར་ལྟ་དགོས་པའི་འབོད་པ་དང་བསྒྲོ་བར་བྱས་ཡོད་པ་རྗོད་བྱེད་ཚིག་གི་ལམ་གྱི་དབྱངས་འགྲོས་ལས་དོན་གྱི་བརྗོད་ཉམས་དེ་རྟོགས་དགོས་པར་བྱས། དེ་དག་ལས་ཁོའི་བསམ་བློ་མཚོན་ལ་སྔོན་ཐོན་གྱི་བསམ་བློ་དེས་རང་ཉིད་གྲོལ་ལ་ཕ་རོལ་བའི་སེམས་ཁམས་ཀྱང་གྲོལ་བར་བྱེད་པ་དེ་ཚིག་གི་སྡེབ་ལེགས་པའི་ཁྱད་ཆོས་ཀྱིས་གོ་བར་བྱས་འདུག ད་ལྟའི་སྙན་ངག་པ་ཁ་ཤས་ལ་མཚོན་ན། སྙན་ངག་ནི་བརྩེ་དུངས་དང་ཁེར་རྐྱང་གི་སྐྱོ་སྡུགས་འདོན་སྤྱོད་རྐྱང་རྐྱང་དུ་གྱུར་ཡོད་པའི་སྣང་ཚུལ་དང་བསྡུར་ན་འབོ་ར་གླུ་འབུམ་བཀྲ་ཤིས་ཀྱི་སྙན་ངག་ཕལ་མོ་ཆེ་ལ་ཐུན་མོང་མ་ཡིན་པའི་ཁྱད་ཆོས་འགའ་ཡོད་པ་ནི་ཁ་ཏ་བསླབ་བྱས་ཟིན་ལ་དངོས་པོའི་ཆོས་ཉིད་དང་སྦྱར་ཏེ་མི་དང་རང་བྱུང་གི་ཞི་མཐུན་ལ་སེམས་ཁྲེར་བ་ཞིག་ཏུ་མཐོང་སོང་།

ཡང་སྙན་ངག་ཐུང་ངུ་ལས་བརྗོད་བྱ་ཆེན་པོ་ཞིག་སྟོན་ཐུབ་པ་འདིའང་ཁོའི་ཐུན་མོང་མ་ཡིན་པའི་རྩོམ་རྒྱལ་གྱི་ཁྱད་ཆོས་སུ་བགྲངས་ཆོག་པ་

རེད། དཔེར་ན། ཁོའི་སྙན་ངག་ལས་《ལྷ་ཚུལ་》དང་《མི་》《བདེ་སྐྱིད་》《གར་མཁན་མས་བཤད་རྒྱུར་》《ནང་འཛིང་》《འཚོ་བ་》《འཕུར་སྟངས་》《རྒྱུན་》《ཆེ་ཆུང་》《འབྲེལ་ལམ་》《གསོལ་འདེབས་》ཞེས་པའི་སྙན་ངག་འདི་དག་ལས་ཁོའི་རྩོམ་གཤིས་ཤིག་ཀྱང་ཟུར་ནས་མངོན་ཐུབ། འདི་འདྲའི་རྩོམ་འབྲིའི་སྒྱུ་རྩལ་ཡོད་པས་ང་ཚོས་དོན་མེད་དུ་ཚིག་ཚོགས་གཏོང་དགོས་དོན་མི་འདུག་ལ། བསྒྱུར་བ་དང་སྦྱོར་པའི་ངལ་བ་ཡང་བསྐྱེན་མི་དགོས་པའི་སྒྱུ་རྩལ་གྱིས་ཕྱུག་པ་གསལ་ལོ། །

དེ་ཡང་སྐྱ་ཞབས་ལུའུ་ཞུན་གྱིས། "སྒྱུ་རྩལ་རྩོམ་རིག་ལེགས་པོ་ཞིག་ཡིན་ཕྱིན། གཞན་གྱི་བཀའ་བབ་དང་ཕན་གནོད་ལ་མ་ལྟོས་པར་སེམས་པའི་གཏིང་ནས་རང་ཤུགས་ཀྱིས་བཞུར་འོངས་པ་ཡིན་གྱི"ཞེས་དང་། དབྱིན་ཇིའི་རྩོམ་མཁན་ཆེན་ཐེ་ལོ་ནོ་ཧྲུས། "སྙན་ངག་བཟང་པོ་ཞིག་ཡིན་ཕྱིན། དེའི་སྙན་ངག་གི་ཁྲོད་དུ་མི་དམངས་ཀྱི་རེ་འདུན་དང་། དགོས་མཁོ་སྣོན་ཡོད་པ་ཡིན།" ཞེས་པས་སྒྱུ་རྩལ་རྩོམ་རིག་གི་ལས་ལ་འབད་མཁན་ཞིག་ཡིན་ཕྱིན་རང་ཉིད་ཀྱི་སེམས་ཚོར་རྣལ་མས་རང་གཞན་གཉིས་ལ་བདག་པོ་རྒྱག་བཞིན་སེམས་པའི་ལོངས་སྤྱོད་དུ་འགྱུར་བའི་བདེན་དགེ་མཛེས་པའི་ཕྱོགས་སུ་གྲོལ་བར་སྐྱུལ་བརྡ་གཏོང་དགོས་པར་སྙམ་མོ། །

དེ་ཡང་། དོར་ཞི་གདོང་དྲུག་སྙེམས་བློས། "རྨོངས་པའི་གཉིད་ལས་སད་བྱེད་འབྲུག་གི་སྒྲ། །གཤིས་ངན་དུག་སྦྲུལ་ཚང་གཏོར་གནམ་ལྕགས་ཐོག །ཡ་རབས་སྣང་བའི་ལམ་སྟོན་ནམ་མཁའི་ནོར། །དགོངས་གཞིར་བྱས་པ་སྙན་

རྩོམ་མཆོག་ཏུ་བསྔགས། །"ཞེས་གསུངས་པ་དང་། རྒྱའི་སྙན་ངག་པ་ཨེ་ཆིན་(艾青)ལགས་ཀྱིས། "ཐབས་རྒྱལ་བཀོལ་སྤྱོད་བྱེད་པའི་སྐད་དུ་སྙན་ངག་འབྲི་བ་མ་ཡིན་མོད། འོན་ཀྱང་སྙན་ངག་འབྲི་བ་ལ་ཐབས་རྒྱལ་བཀོལ་སྤྱོད་བྱེད་དགོས།" ཞེས་བརྗོད་པ་ལྟར། ཁོའི་སྙན་དེབ་འདིར་མིའི་རིགས་དང་སྐྱེ་ཚོགས། རང་བྱུང་ཁམས་སོགས་ཕྱི་སྣོད་དང་ནང་བཅུད་ཀྱི་མཐུན་སྦྱོར་ལ་སེམས་ཤུགས་བརྗོད་དེ་སྒྱུ་རྩལ་གྱི་རྩོམ་རིག་དེ་མིའི་རིགས་དང་ཉེ་བར་བཅར་ཏེ་གསལ་འདེབས་དང་བཟང་བོའི་ལམ་སྟོན་རང་བཞིན་མཛད་པ་དང་མི་སོགས་སེམས་ཅན་གྱི་མ་དག་པའི་ཉེས་དམིགས་ལ་གསེད་བཀྲོལ་བྱས་པར་ཚིགས་མེད་དུ་སྟོན་ཐུབ་པའི་ཁྱད་ཆོས་མང་པོ་ཞིག་འཛོམས་ཡོད་པར་སྙམ་པས་བསྔགས་བརྗོད་ཀྱི་མཐེ་བོ་ཀེར་བའི་གནས་ཡིན་ནོ། །

མཇུག་གི་གཏམ།

མདོར་ན། སྙན་ངག་ནི་མཚན་ཉིད་འདི་དང་དེའོ་ཞེས་ཅི་ལྟར་བརྗོད་ཀྱང་། འབོ་ར་ཀླུ་འབུམ་བཀྲ་ཤིས་ཀྱིས་བརྩམས་པའི་《ཕྱིར་མི་ལྡོག་པའི་ལམ་》གྱི་སྙན་དེབ་དེར་འཚོ་བའི་ཟང་ཟིང་བྲིས་ཀྱང་ཉམས་དང་འགྱུར་བས་གཏམས་ལ། ཚིག་གི་སྦྱོར་བར་སྡེབ་ཀྱང་ངག་གི་ཉིང་བཅུད་ཀྱིས་ཕྱུག་པ། ཆོས་ཉིད་གནས་ལུགས་སྟོན་ཡང་མཚན་ཉིད་ཁང་བཟང་གིས་བརྒྱན་པ་ཞིག་ཡིན་པས། དེ་ནི་ཕུན་སུམ་ཚོགས་པའི་ཀུན་རྟོག་དང་ཡིད་འགྱུར་ཤུགས་དྲག་པོས་ཁྱབ་ཅིང་། སྙན་འཇེབས་རོལ་མོའི་དབྱངས་ཀྱི་འགྱུར་ཁུགས་ལྡན་པའི་ཚིག་གི་

སྦྱོར་བས། བརྗོད་ཡུལ་ལས་འདས་པའི་དོན་ཞིག་སྟོན་པའི་ཁྱད་ཆོས་ཕུན་སུམ་ཚོགས་པ་ཞིག་ཏུ་གྲུབ་ཡོད་ཟེར་ནའང་ཆོག་གོ །

སྤྱིར་ནའང་། ང་ཚོས་སྙན་ངག་ཅེས་པའི་རིག་གཞུང་གི་མཛེས་མ་དེར་ཟུར་མི་འདྲ་བའི་སྒོ་ནས་མིག་གིས་བལྟས་ནས་སེམས་ཀྱིས་ཞིབ་པར་བརྗོད་དེ་དབྱེ་བ་ཕྱེ་ནའང་ཉོར་འཁྲུལ་ཞིག་ཏུ་མི་ལྟ་བར་སྤྱིར་བཏང་གི་ནང་གི་བསམ་པའི་འཁོར་ཕྱོགས་དོན་གྱི་ཆ་ནས་དབྱེ་ན། སྙན་ངག་གི་མཛེས་མ་དེ་ལ་ཕ་རོལ་བའི་ཡིད་ཀྱི་འགྱུར་བ་སྟོན་པའི་སྙན་ངག་གི་མཛེས་པ་དང་། དོན་གྱི་བྱུང་བ་བརྗོད་པའི་སྙན་ངག་གི་བརྩེ་གདུང་། བླང་དོར་གྱི་གནས་ལ་འདོམས་པའི་སྙན་ངག་གི་ལེགས་བཤད་བཅས་ཀྱི་དབྱེ་ཚུལ་མང་བ་ལས། སྙན་ངག་པ་འབོར་ཀླུ་འབུམ་བཀྲ་ཤིས་ཀྱི་སྙན་ངག་ཕལ་མོ་ཆེ་ནི་བླང་དོར་གྱི་གནས་ལ་འདོམས་པའི་སྙན་ངག་དང་སྨིན་ཡོན་ལེགས་ཉེས་ལ་སྣུན་འབྱིན་པའི་བསམ་བློའི་ནང་དོན་ཅུང་མང་ལ། རྩོམ་གཤིས་ལའང་ཁ་གསལ་བ་དང་ཁ་དམ་པ་ལས་ཁ་གསལ་བའི་གཤིས་སུ་ཕྱོགས་པ་ཤུགས་ཆེའོ། །

ཡིན་ནའང་། སྙན་ངག་ལ་དོན་གྱི་སྦྱོར་ལུགས་འདི་ཡིན་དང་དེ་མིན་པའི་བརྒྱ་ཁ་གཅིག་གིས་གཅོད་པའི་དཔྱད་འགྲེལ་ལ་ཡིད་འཐད་མིན་པས། སྙན་ངག་གི་གོ་དོན་དང་སྒྱུ་རྩལ་ཁྱད་ཆོས་ནི་འདི་ཙམ་ལས་སྤོག་འདོན་ཡོད་མེད་ཀྱི་ཁ་ཚོན་བཅད་པ་ནི་ཅིས་ནས་མིན་པར། འཇིག་རྟེན་ལྟ་ལུགས་གཅིག་ལ་མཐོང་ལུགས་གཉིས་ཟེར་བ་ལྟར་སྙན་ངག་གི་གོ་དོན་རྒྱ་ཆེ་བས་ན། ཀློག་པ་པོ་སོ་སོས་འབོར་ཀླུ་འབུམ་བཀྲ་ཤིས་ཀྱི་སྙན་ངག་ལ་རོལ་མྱོང་བྱས་ནས་དེ་ལས་སྙེད་པའི་

དགེ་མཚན་གཞན་དང་གཞན་དག་ཀྱང་བསྡོགས་ཤིང་དཔྱད་པ་གཏོང་ཚོག་པའམ་རང་གི་གོ་བས་འགྲེལ་མཆན་ཅི་རིགས་ཀྱིས་དང་ཁྱེད་ལའང་སྟོན་མེད་ཀྱི་སྙན་ངག་གི་བུ་རམ་ཁྱད་པར་བའི་བྲོ་བ་གཞན་ཞིག་སྟེར་སྲིད་དོ། །

དཔྱད་གཞིའི་ཡིག་ཆ།

༡ 《སྙན་ངག་ལ་འཇུག་ཚུལ་ཚིག་རྒྱན་རིག་པའི་སྒོ་འབྱེད་》དུང་དཀར་བློ་བཟང་འཕྲིན་ལས་ཀྱིས་བརྩམས། མི་རིགས་དཔེ་སྐྲུན་ཁང་གིས2015ལོའི་ཟླ4པར་པེ་ཅིན་དུ་པར་ཐེངས་བཞི་བ་བརྒྱབ།

༢ 《བོད་ཀྱི་རྩོམ་རིག་ལོ་རྒྱུས་》(སྟོད་ཆ་) (སྨད་ཆ་)ལྷག་པ་ཚེས་འཕེལ་གྱིས་བརྩམས། མི་རིགས་དཔེ་སྐྲུན་ཁང་གིས2010ལོའི་ཟླ7པར་པེ་ཅིན་དུ་པར་ཐེངས་གཉིས་པ་བརྒྱབ།

༣ 《བོད་ཀྱི་རྩོམ་རིག་ལོ་རྒྱུས་སྐལ་བཟང་མིག་སྒྲོན་》(སྟོད་སྨད་ཆ་)རྒྱ་ཡེ་བཀྲ་རྡོར་གྱིས་བརྩམས། མཚོ་སྔོན་མི་རིགས་དཔེ་སྐྲུན་ཁང་གིས2012ལོའི་ཟླ9པར་དཔར་ཐེངས་བཞི་པ་དཔར།

༤ 《བོད་ཀྱི་དེང་རབས་སྙན་ངག་རིག་པ་》ལྷུགས་རྫོར་རྒྱལ་གྱིས་བརྩམས། མཚོ་སྔོན་མི་རིགས་དཔེ་སྐྲུན་ཁང་གིས་དཔར། 2015ལོའི་དཔར་ཐེངས་གཉིས་པ།

༥ 《ཟིང་ལོང་རྗེའུ་འགྲེམས་》《སྤྲང་ཆར་》(2000 2010) གཞིར་བཞག་སྟེ་དུས་རབས་གསར་པའི་བོད་ཀྱི་རྩོམ་རིག་གདམ་དུ་གླེང་བ། ཚེས་སྐྱོང་གིས་བརྩམས། 2018ལོའི་ཟླ10པར་མཚོ་སྔོན་མི་རིགས་དཔེ་སྐྲུན་ཁང་གིས་དཔར།

༦ 《བོད་ཀྱི་དེང་རབས་སྙན་ངག་གི་ཕྲན་དཔྱད།》 (སྟོད་ཆ་) (སྨད་ཆ་)ཀླུ་འབུམ་རྒྱལ་གྱིས་རྩོམ་སྒྲིག་བྱས། 2018ལོའི་ཟླ12པར་མཚོ་སྔོན་མི་རིགས་དཔེ་སྐྲུན་ཁང་གིས་དཔར།

༧ 《གངས་སེང་འཚོལ་བ་》ཞེས་རབ་བསྟན་དར་གྱིས་བརྩམས། 2012ལོའི་ཟླ11པར། ཀན་སུའུ་མི་རིགས་དཔེ་སྐྲུན་ཁང་གིས་དཔར།

༨ དོན་གྲུབ་རྒྱལ་གྱི་རྩོམ་རིག་བརྩམས་ཆོས་ཀྱི་དེང་རབས་བསམ་བློའི་སྐོར་གླེང་བ། འབྲོང་བུ་རྡོ་རྗེ་རིན་ཆེན་གྱིས་བརྩམས།

༩ སྤྲེལ་ནག་པ་རིག་འཛིན་གྲགས་ལྡན་གྱིས་བསྒྲིགས་པའི་《དཔལ་དོན་གྲུབ་རྒྱལ་ལ་ཞིབ་འཇུག་བྱས་པའི་དཔྱད་རྩོམ་ཕྱོགས་བསྒྲིགས་》ཀྱི་ཤོག་གྲངས92པ། 2009ལོར་ཀན་སུའུ་མི་རིགས་དཔེ་སྐྲུན་ཁང་ནས་དཔར།

༡༠ 冒键：《一个50后的鲁迅观》，黄河出版传媒集团、宁夏人民出版社2011年版，第48页。

ཀླུ་ཤོད་སྙིང་དཀར་གྱི་སྙན་དེབ《ཟིལ་བ་ཐྲོམ་ཐྲོམ་》ཞེས་པའི་ཁྱད་ཆོས་འགའ་བརྗོད་པ།

ཕྱིར་བཏང་གི་མིས་བཤད་མི་ཐུབ་པ་དེ་སྙན་ངག་པས་སྨྲ་ཐུབ་ལ། ཕྱིར་བཏང་གི་མིས་དྲན་མི་ཐོད་པ་དེའང་སྙན་ངག་པའི་ཡིད་ལ་ཤར་ཞིང་སྙན་ངག་པས་ལག་ཏུ་ལེན་སྲིད་པས། སྙན་ངག་པ་ནི་དུས་རབས་ཀྱི་མགྲིན་པ་དང་ཕྱི་ཚོགས་ཀྱི་སྨྲ་བརྗོད་ཡིན་ཅེས་པའང་གནས་ལུགས་དང་མཐུན་པའི་དོན་དངོས་ཤིག་རེད། གང་ལྟར་སྙན་ངག་པ་ནི་ཁེར་རྐྱང་དང་བཟོད་བསྲན་ཆེ་བ། བླང་དོར་གྱི་མིག་དབང་རྣོ་བ། ནང་སེམས་ཀྱི་ཚོར་བ་སྐྱེན་པོ་ཞིག་ཡིན། དེ་འདྲ་ཞིག་ཡིན་པའི་རྐྱེན་གྱིས་སྙན་ངག་གིས་ང་ཚོའི་སེམས་ལ་བདེ་སྡུང་དང་སྐྱོ་སྣང་། སྤོབས་པ་དང་ཡིད་ཆེས། མིག་ཆུ་དང་ཧ་ངས་འཁྲོད་སོགས་སྣང་ལ་མ་ငེས་པའི་ཚོར་བ་ཅི་རིགས་སྐྱེར་ལ། དེ་ཡང་མཐར་གཏུག་ན་སྙན་ངག་པའི་བློ་སྤྲོང་དང་སྐད་ཆའི་སྒྱུ་རྩལ་ལ་ཐུག་ཡོད།

ཀླུ་ཤོད་སྙིང་དཀར་གྱི་སྙན་ངག་མང་པོ་ཞིག་མངོན་བརྗོད་དང་བརྡ་རྙིང་གིས་མ་སྤྱད་པའི་ཚིགས་བཅད་ཡིན་ཞིང་། ཁོས་ཆེས་ཕྱིར་བཏང་གི་ཐ་སྙད་མང་པོ་སྤེལ་སྦྱོར་གྱི་ལྷུ་འགྲིག་པའི་འོག་ནས་སྙན་པའི་ཉམས་གསོ་བོར་འདོན་

བཞིན་ཡོད་ལ། དཔེ་ཞིག་བཞག་ན་ཟ་ཆུ་དྭངས་མོ་ཞིག་གཉོམ་ལྷུང་ལྷུང་གིས་བཞུར་བ་དང་གཉིས་སུ་མ་མཆིས། ཁོའི་སྙན་ངག་གི་ཚིག་འབྲུ་རེ་རེར་རྡོ་ཆག་བཙན་བསྒྲིགས་ལྟ་བུའི་དཔེ་དོན་སོ་སོར་ཐྲལ་མེད་པར་ལྡོད་བག་ལྡན་ལ་འཕར་ཀ་འཕྲོད་པས། འདིའི་སྟེང་ནས་ཀྱང་ཁོས་སྙན་ངག་ཨུ་ཚུགས་དང་དཀའ་ངལ་གྱིས་འབྲི་བཞིན་མེད་པར་ཚོར་བ་རེ་རེ་ཡི་གེའི་ལམ་ནས་ཤར་མར་འཁྱུག་པ་སྨྱུང་རོལ་གྱི་གོ་རིམ་ཁྲིད་ནས་རྟོགས་ཐུབ།

སྙན་ངག་གི་ཡང་ལྷུ་ནི་བརྗོད་བྱ་དོན་དང་རྗོད་བྱེད་ཚིག་གཉིས་ཀའི་སྟེང་ན་ཡོད་པ་ལས་སྙན་ངག་གི་རིང་ཐུང་ལ་འབྲེལ་བ་ཆེན་པོ་མེད་ཀྱང་། ཚིག་དུམ་ལྷབ་ལྷིབ་རེ་བྲིས་པ་སྙན་ངག་ཏུ་རློམ་ནས་ཁ་ཤོམ་དགུང་ལ་འཐེན་པའི་རིགས་དང་། སྙིད་ལུག་དང་ལེ་ལོ་ཆེ་བ། སྙན་ངག་རིང་པོ་འབྲི་བའི་འདོན་ཐང་མེད་པ་སོགས་དང་བསྡུར་ཚེ་ཀླུ་ཤོད་སྐྱིང་དཀར་གྱི་མི་ལ་རས་པ་ཞེས་པའི་སྙན་ངག (ཤོ་ལོ་ཀ་དྲུག་ཅུ་རེ་དྲུག་གིས་གྲུབ་པ་)དང་ཡང་ན་སྙེང་སྐྱོ་སྨྲུམས་པའི་མིག་ཆུ་སོགས་(ཤོ་ལོ་ཀ་བརྒྱ་དང་ལྔས་གྲུབ་)ཅུང་རིང་ཤོས་སུ་གྱུར་པའི་སྙན་ངག་དག་གིས་ཁོ་ནི་གློག་བརྒྱབ་པ་ལྟ་བུའི་ཚོར་བ་གཅིག་ཕྱུར་འཁེན་ནས་སྙན་ངག་རྩོམ་མཁན་ཞིག་མིན་པར་ཐ་སྙད་ཀྱི་སྒོམ་ཁང་ནང་ནས་དམིགས་པ་རྩེ་གཅིག་གིས་འབྲི་མཁན་ཞིག་ཡིན་པ་བདེན་དཔང་བྱས་འདུག དེར་མ་ཟད་གོང་དུ་བཤད་པ་བཞིན་ཚིག་གི་ཐད་ནས་ཁྱུ་བྲུག་ཡུལ་ལ་ལོག་པ་བཞིན་སྒྲ་དབྱངས་སྙན་མོས་བར་སྣང་བཟུང་ཞིང་། དོན་གྱི་ཆ་ནས་ནོར་བུ་མཛོད་ལ་སྦྱངས་པ་ལྟར་ཀློག་པ་པོའི་ནང་སེམས་ཀྱི་མེད་མུག་སེལ་བའི་ཡིད་ཀྱི་རྒྱུགས་

ཕྱེར་གྲུར་ཧོ་སྐམ།

དང་པོ། ཚིག་སྦྱོར་ལ་ལྷོད་ཤ་ཆགས་པའི་ཁྱད་ཆོས་ལྡན་པ།

དེ་ཡང་སྙན་ངག་གི་གཞུང་ལུགས་མཁན་པོ་དབྱུག་པ་ཅན་གྱིས་སྙན་གཞུང་མེ་ལོང་མ་རུ་"ལུས་ནི་རེ་ཞིག་འདོད་པ་ཡི། །དོན་གྱི་རྣམ་དཔྱད་ཚིག་གི་ཕྲེང་། །དེ་ཡང་ཚིགས་བཅད་ལྷུག་པ་དང་། །སྤེལ་མ་རྣམ་གསུམ་ཉིད་དུ་གནས། །"ཞེས་པ་ལས་དེབ་འདིར་བསྡུས་པའི་སྙན་ངག་ནི་ལུས་ཀྱི་ཆ་ནས་ཚིགས་སུ་བཅད་པའམ་ཚིགས་བཅད་སྙན་ངག་རྐྱང་རྐྱང་ཡིན་ལ། ཚིག་བར་བདུན་མ་ནས་བཅོ་ལྔའི་ཁོངས་སུ་གཏོགས། སྙན་ངག་མང་ཤོས་ཐུང་ཡོངས་ཁྱབ་ཏུ་ཕྱིན་པའི་ཚིག་བར་དགུ་མས་བཟུང་ཡོད་པས་སྙན་ངག་མང་ཆེ་བ་ཆོར་བའི་གདངས་དང་ལྡན་པའི་མགུར་གྱི་ཤན་ཞུགས་ཡོད། དཔྱིད་མགོའི་སྙན་ངག་ཅེས་པའི་སྙན་ངག་ལས། གསེར་གྱི་ཉ་མོ་རྗེ་བའི་གསེབ་ལ་འཇུལ། །མཐེའུ་ཆུང་མེ་ཏོག་ས་ཡི་འོག་ཏུ་སྐྱུང་། །བྱུར་དམར་ཁྱུར་དུ་ཐོགས་པའི་བུ་མོ་ཚོའི། །ཡ་ཆུང་ནགས་ལ་མེ་ཏོག་བཞད་ཡོད་དམ། །ཞེས་པ་ལྷ་བུའི་ཤོ་ལོ་ཀ་འདི་དང་འདི་ལ་སོགས་ཚིག་རྐང་སྔ་ཕྱི་འབྲེལ་ཆེ་ཞིང་ཚགས་དམ་པ་མ་ཟད་ཚིག་བར་ཆ་ཡ་སྦྱོར་སྟངས་སྙིལ་ལ་སོ་སྐྱེས་པ་ལྟར་བཅོས་མའི་རྣམ་པ་མེད་པར་རང་བྱུང་ལྷུན་གྱིས་གྲུབ་ཅིང་། ངལ་གསོའི་གནས་དང་འདེགས་འཛོག་སོགས་སྒྲ་རྒྱལ་རྩོམ་རིག་གི་བཅུད་ཀྱིས་བཟུང་བའི་སྐད་བརྡས་རྣམ་པར་གྲོལ་བས་བརྗོད་དོན་སྣང་བརྙན་ཅན་དུ་བཏང་ཞིང་། འདི་ལས་ང་ཚོས་སྙན་ངག

པའི་སློང་བརྗོལ་བའི་ཚོར་ཤེས་དང་བློ་རིག་གཅིག་ཏུ་སྒྲིམ་པའི་སེམས་དབུས་ཀྱི་བྲག་སྲུབས་ལས་ཡིད་འགྱུར་གྱི་ཟེགས་མ་རེ་རེ་མུ་ཏིག་གི་རྩལ་དུ་འགོག་མེད་ཐོལ་གྱིས་འཕྱུར་བ་ཤེས་ཐུབ། དེ་ཡང་ལོས་ཡིན་ཏེ། སྙན་ངག་པས་སྙན་ངག་གསར་རྩོམ་བྱེད་པའི་སྐབས་སུ་གློ་བུར་བའི་རང་བཞིན་དང་གསར་གཏོད་ཀྱི་རང་བཞིན། སྤྲོ་སྣང་དང་ངར་ཤ་ལངས་པའི་སེམས་ཁམས་ཟབ་པ་ཡིན་ན་ཚོར་བ་སློང་བརྗོལ་བའི་སྐབས་གླུགས་ཀྱང་མང་ལ་སྣང་བརྙན་བློས་བསླངས་ཀྱི་ སྲུས་ག་བཟང་བའང་ཆོས་ཉིད་དུ་འཁྲུམས་སོ་སྙམ།

གཉིས་པ། ཚིག་རྒྱན་སྤྱོར་སྟངས་ལ་ཐུན་མོང་མ་ཡིན་པའི་ཁྱད་ཆོས་ལྡན་པ།

སྙན་གཞུང་མེ་ལོང་མ་རུ“སྙན་ངག་མཛེས་པར་བྱེད་པ་ཡི། །ཆོས་རྣམས་རྒྱན་ཞེས་རབ་ཏུ་བརྗོད། །”ཅེས་བརྗོད་བྱ་སྤྱི་བཞིས་བསྡུས་པའི་དོན་ནམ་སྲོག་དང་། རྗོད་བྱེད་བཅད་ལྷུག་སྤེལ་མ་གསུམ་ལུས་དང་། དོན་རྒྱན་སྒྲ་རྒྱན་གབ་ཚིག་རྣམས་རྒྱན་དུ་བསྟན་པ་ཡོད་པར་མ་ཟད། སྙན་ངག་གི་རྒྱལ་ཐབས་ལ་མངའ་བརྙེས་དགོས་ན་གཞུང་འདི་ཉིད་ལ་དཔྱིས་ཕྱིན་པ་ཞིག་སྦྱོང་དགོས་པ་གངས་རིའི་སྙན་ངག་པ་དག་བརྒྱུད་དགོས་པའི་ལམ་ཆེན་ཞིག་ཏུ་བཏིངས་ཡོད། དེར་མ་ཟད་འཇམ་མགོན་ས་སྐྱ་པས“སྙན་ངག་ལ་ནི་ལུས་དང་རྒྱན། །རྣམ་པ་གཉིས་སུ་བསྡུས་ཏེ་བཤད། །”ཅེས་པ་ལྟ་བུ་དང་དེའི་རང་འགྲེལ་དུ་སྙན་ངག་ལ་བསྡུན་ལུས་དང་རྒྱན་གཉིས། ལུས་ནི་འདོད་པའི་དོན་སྒྲུབ་པར་

བྱེད་པ་ཡིན་ལ་རྒྱན་ནི་མཛེས་པར་བྱེད་པའི་ཚིག་དང་དཔེ་ལ་སོགས་པའི་སྦྱོར་བ་ཁྱད་པར་ཅན་ནོ་ཞེས་པ་བཞིན། སྙན་ངག་ནི་ཆེས་ཚད་མཐོ་བའི་སྐད་ཆའི་བཅུད་ལྷ་བུའི་ཁྱད་པར་ཅན་ཞིག་ཡིན་དགོས་ལ། སྐད་ཆ་ཁྱད་པར་ཅན་དེ་ཡང་བརྗོད་བྱ་དང་རྗོད་བྱེད་ལ་ཤིན་ཏུ་རན་པའི་རྒྱན་གྱི་སྦྱོར་བ་ཞིག་གིས་གཞན་ཡིད་དབང་མེད་དུ་འགུག་དགོས་པ་ཞིག་ཡིན་པ་ལས་སྒྲིག་གི་དབང་པོས་མ་བཟུང་བའི། །མི་རོ་མཛེས་ཀྱང་སུ་ཡིས་ལེན། །ཞེས་པ་ལྟར་བརྗོད་བྱ་དོན་དང་མ་འབྲེལ་བའི་ཚིག་རྒྱན་ཁོ་ནས་བཅིངས་པ་ནི་སྙན་ངག་གི་བློ་སྦྱོང་མེད་པའི་སླུག་ཁ་ལས་ཐོན་པའི་བརྩམས་ཆོས་ཀྱི་སྐྱོན་དུ་ཟད། དེར་མ་ཟད་མཁས་པའི་དབང་པོ་དུང་དཀར་ཚང་གིས་སྙན་ངག་འབྲི་མཁན་ལས་དང་པོ་བ་རྣམས་ལ་ཤིན་ཏུ་གོ་བདེ་ཞིང་འགྲེལ་གསལ་བའི་སྙན་གཞུང་གི་མཚན་བྱང་ལ་ཡང་སྙན་ངག་ཅེས་མ་བཏགས་པར་ཚིག་རྒྱན་རིག་པའི་སྒོ་འབྱེད་དུ་གསོལ་ཞིང་། འདི་ལ་དཔག་ན་འང་སྙན་ངག་སྦྱོང་མཁན་ཚོའི་རྩོམ་རྩལ་གོང་དུ་འདེགས་པ་ལ་ཚིག་རྒྱན་སྔོན་དུ་སོང་བའི་རྨང་གཞི་ལས་སྙན་ངག་རྩོམ་དགོས་པ་མ་ཡིན་ནམ་སྙམ་པའི་བློ་རེ་སྐྱེས། མདོར་དེད་ན་ཚིག་རྒྱན་སྦྱོང་བ་ནི་སྙན་ངག་རྩོམ་པ་ལ་ཉེ་བར་མཁོ་བའི་སྐད་ཆ་སྦྱོང་བརྡར་བྱ་དགོས་པ་མ་ཡིན་སྙམ་པའི་རྨོངས་བློ་ཞིག་ཤར་བ་ཞར་བྱུང་ཙམ་མོ། །དེ་ན་ཁོ་བོས་སྐབས་སུ་བབས་པའི་གླེང་གཞི་སྟེ་ཀླུ་ཤོད་སྟིང་དཀར་གྱི་སྙན་ངག་བཀླུགས་ཆེ་རྟོགས་ངོར་ཕྲ་ཞིང་ལྡེམ་པའི་གཟུགས་གཞི་མཉེན་མོ་ཞིག་ལ་སྲབ་ལ་མི་མཐུག་པའི་ཚར་དཀར་གྱི་ལྷུ་པ་བཀླུབས་ཤིང་། དཀར་ཞིང་དམར་མདངས་ཆགས་པའི་བཞིན་རས་ཁ་གང་

བ་ཞིག་ལ་འོ་སྤྲིའི་བཟོས་པ་ལྷ་བུའི་ངོ་སྐྱུམ་སྲབ་མོ་ཞིག་བྱུགས་པ། དར་ལུང་རྣ་བའི་སྙེ་མོར་མནར་གཅོད་གཏོང་བྱེད་དུ་མ་གྱུར་པའི་རྣ་རྟོག་ཆེ་ཆུང་རན་ལ་ཡང་ལྡིད་འཚམ་པ་ཞིག་བཏགས་པ། གནག་སྐྱུམ་སྨྲ་ཡི་ལན་བུར་ཉི་འོད་འཕྲུད་ཆེ་ཕྱི་གླིང་བུ་མོའི་སྣེག་ཉམས་ཙུང་ཟད་འཆོར་བའི་གསེར་འོད་འཕྲུག་པ། སྨྲ་བྱེད་པད་མའི་འདབ་མར་དམར་རྩི་མ་བྱུགས་པར་འབྲི་མར་ཏོག་ཙམ་བསྐུས་འདྲའི་སྐྱུམ་གྱིས་བཟུང་བ། གཙང་ཞིང་ཡིད་དུ་འོང་བའི་ལུས་ལ་སྤྱར་བྱུང་གི་སྤོས་ཆུ་བྱུགས་པའི་དྲི་ངད་ཁྱབ་པ་སོགས་དེང་རབས་ཀྱི་ཆས་སུ་ཞུགས་པའི་བོད་ཀྱི་གཞོན་ནུ་མ་ཞིག་གི་དོན་སྤྱི་ལྷང་ངེར་འཆར་ཐུབ། གོང་དུ་བརྗོད་པ་བཞིན་ཁོའི་སྙན་ངག་ཏུ་མངོན་བརྗོད་དང་བརྡ་རྙིང་། བརྗིད་ཉམས་ལྡན་པའི་ཚིག་སོགས་ཨུ་ཚུགས་ཆེན་པོས་བཙན་གྱིས་སྤེབ་པ་ལས་ཡོངས་སུ་འདས་ཏེ། ཆེས་རྒྱུགས་ཆེ་ཞིང་སྐྱེ་བོ་མཁས་བླུན་བར་མ་ཡོངས་ཀྱི་ངག་ན་གྲགས་བཞིན་པའི་སྐད་ཆ་སྤྱིར་བཏང་བ་བཀོལ་བས་ཁོའི་སྙན་ངག་ནི་ཡི་གེ་སྦྱོར་གློག་ཤེས་པ་ཙམ་གྱིས་གོ་ཐུབ་པར་མ་ཟད་ཡིད་དབང་འཕྲོག་ཐུབ་པའི་ཁྱད་ཆོས་ལྡན་པ་རེད། དཔེར་ན་སྐད་འཕྲིན་ཐུལ་བ་ཞེས་པའི་སྙན་ངག་ཏུ“རྒྱ་གར་ཡུལ་གྱི་གཡུ་བྱུར་མ་ཐེག་པར། །སྙན་ངག་བག་མས་འོག་རྐྱང་ཤོར་སོང་ཟེར། །མར་རྩམ་ཟས་པའི་དྲི་མ་ཁ་སོང་ཞེས། །རིག་གསར་ཞི་ལུས་ཁྲིམ་ནས་སྤྲད་དགོས་ཟེར། །ཐག་རིང་ས་ཡི་ངོ་སྐྱུམ་མ་འཕྱོད་པར། །སྙན་ངག་སྲས་མོའི་ཁ་ངོ་ཐེད་སོང་ཟེར། །མགོ་ལ་བྱུགས་པའི་སྨྲ་རྩི་སེར་སོང་ཞེས། །ཨ་མྱེས་རྒན་པོས་ཚ་བོར་འཐོར་དགོས་ཟེར། །”ལྷ་བུར་མཚོན་ན་སྙན་ངག་པས་དྲ་ངོས་ཀྱི་རྩོམ་ཡིག

བཀླགས་པའི་ཚོར་བ་ཞིག་གླེང་ཞོར་བོད་ཀྱི་རྩོམ་རིག་གསར་པའི་ཉམས་རྒྱུད་ལ་བློས་མི་བཟོད་པའི་སེམས་ཁུར་ཞིག་དང་ལྟ་བ་གསར་རྙིང་ཞེས་བརྗོད་ཀྱང་དགོས་པ་བྲལ་བའི་གླེང་རྙོག་དེ་དག་ལ་ཡིད་སུན་པའི་རྣམ་འགྱུར་ཞིག་སྟོན་བཞིན་ཡོད། རྣམ་འགྱུར་སྟོན་སྟངས་དེ་ཡང་ཁོང་ཁྲོས་འབར་བའི་ཞེ་སྡང་གི་ཚིག་རྩུབ་དང་གྱོད་སྐར་གཏུག་པའི་ཕྲ་མ་སོགས་ཅི་ཡང་མེད་པར་ཆེས་འཇམ་པའི་སྐད་ཆའི་སྒྱུར་བ་དག་དབྱངས་ཀྱི་འདེགས་འཇོག་ལ་བསྟེན་ཡོད། དེ་ཡང་མེ་ལོང་མ་ལས་བྱ་བ་རང་བཞིན་བརྗོད་པའི་རྒྱན་ལྟར་སྤེལ་ནས་མངོན་བརྗོད་དང་བརྡ་རྙིང་སོགས་ཀྱི་གཡུ་བྱུར་གྱི་རྒྱན་ཆ་མང་དུ་སྤུངས་པ་མ་ཐེག་པར་འོག་ལྕིང་ཤོར་བ་དང་། གནས་ཡུལ་དུ་ཐོན་ནས་ཅང་འགོར་མེད་པའི་མནའ་མའི་ངོ་ལ་ངོ་སྨུམ་མ་འཕྲོད་པར་ཁ་ངོ་ཐེད་སོང་ཞེས་འཁྱོག་བརྗོད་དང་ཟུར་ཟ་བའི་ཉམས་དེ་སྙན་ངག་མཛེས་པའི་ཆོས་སུ་སོང་འདུག དགེ་ཆོས་ཀྱིས"ཁ་གྱུ་རྐྱན་གྱིའི་བར་ནི་རིང་བ་སྟེ། ལེགས་སྦྱར་དངོས་རྐྱང་གསུམ་ནི་དེ་བས་རིང་། །ཞེས་པ་ལྟ་བུའི་སྙན་ངག་ལ་དཔྱད་ཚེ་ཚིག་བརྗིད་པོ་འདི་དང་མངོན་བརྗོད་ཁྱད་པར་ཅན་འདི་བཀོལ་འདུག་ཅེས་པའི་ཁྱད་ཆོས་སྙན་ངག་གི་ཁམས་སུ་སྟོན་རྒྱུ་མེད་ཀྱང་། ཚིག་དོན་གཉིས་ཀ་ཚགས་དམ་ཞིང་སྡེབ་ལེགས་པ། གཏན་ཚིགས་ལྡན་པའི་རྐྱེན་གྱིས་དཔེ་མི་སྲིད་པའི་སྙན་ཆ་འདི་ཐོན་པ་རེད། འདི་ལྟ་བུའི་རྩོམ་སྟངས་ནི་བྱུང་མ་མྱོང་བའི་གསར་གཏོད་ཅིག་མིན་ཡང་སྙན་ངག་སྨྲ་རྩལ་ལ་བློ་སྦྱོང་ངེས་ཅན་དང་མྱོང་གོམས་ཟབ་མོ་ཞིག་མེད་པའི་མི་དག་གི་ལག་ནས་ཤིན་ཏུ་འཁྱོངས་དཀའ་ཡང་ཀླུ་ཤོད་སྙིང་དཀར་གྱི་ལག་ཏུ་བྱིས་པའི་རྩེད་ཇོར་གྱུར་པ་

ནི་ཁོའི་སྙན་ངག་གི་བློ་སྦྱོང་ལ་འབྲེལ་བ་ཆེན་པོ་ལྡན།

གསུམ་པ། དཔེ་སྦྱོར་ལ་དམིགས་བསལ་གྱི་ཁྱད་ཆོས་ལྡན་པ།

༡ དཔེ་དོན་དབྱེར་མེད་དུ་འདྲེས་པ།

སྙན་གཞུང་མེ་ལོང་མ་རུ་“ཇི་ལྟ་ཇི་ཞིག་ལྟར་མཚུངས་པར། །གསལ་བར་གང་དུ་རྟོགས་བྱེད་པ། །དེ་ནི་དཔེ་ཞེས་བྱ་སྟེ་དེའི། །བྲིས་པ་འདི་ནི་རབ་བཤད་བྱ། །”ཞེས་མཚོན་བྱེད་དཔེའི་སྟེང་ན་ཁྱད་ཆོས་ཇི་ལྟ་བུ་ཞིག་ཡོད་པ་དེ་མཚོན་བྱ་དོན་གྱི་དངོས་པོ་ལའང་མཚུངས་པར་ཡོད་པ་ངག་གི་སྦྱོར་བས་རྟོགས་པར་བྱེད་པ་དེ་ལ་དཔེ་རྒྱན་ཞེས་བྱ་ཞིང་། སྙན་ངག་གི་རྩ་ལམ་ན་ཚོར་ཤེས་ཀྱི་ཟུངས་ཁྲག་མི་ལྡན་མཁན་ཞིག་ཡིན་ཚེ་དཔེ་འགོད་སྟངས་ཀྱིས་ཇི་སྲིད་བར་ཡལ་མི་ཐུབ་པའི་ངོ་ཚའི་གཏམ་རྒྱུད་མི་ཡུལ་དུ་འཛོག་པའང་ཤིན་ཏུ་མང་བ་དཔེར་ན། “མཛེས་མ་ཁྱོད་ཀྱི་ལུས་པོངས་ནི། །གླང་ཆེན་བཞིན་དུ་ཤིན་ཏུ་དར། །”ཞེས་པ་ལྟ་བུས་མཚུངས་པའི་ཆོས་ཐ་དད་དུ་ཕྱིན་ནས་གསལ་བྱའི་དོན་དེ་སྒྲིབ་པ་མ་ཟད་གཞའི་ཡུལ་དུ་གྱུར་པ་ལྟ་བུ་དང་། གཞན་ཡང་སྙན་ངག་འབྲི་བའི་ལས་དང་པོ་བ་རེ་འགས་བསམ་བློ་དང་རྟོགས་འགྱུའི་འཁོར་ལོ་བསྐོར་མ་ཐུབ་པར་“ཕྱུག་རོན་རྩེད་འདོད་དགའ་མ་ལ། །ཡོངས་སུ་བསྐོར་ནས་མཆུ་དག་སྦྱར། །”ཞེས་པའི་རྩ་བའི་དཔེ་བརྗོད་ལ་ཨུ་ཚུགས་མཐར་སྐྱེལ་གྱིས་“གཡག་རྒན་རྩེད་འདོད་འབྲི་མོ་ལ། །ཡོངས་སུ་བསྐོར་བཞིན་ལ་ཁར་ལྡང་”ཞེས་པ་ལྟ་བུ་ནི་དཔེ་སྦྱོར་ལ་སྨོངས་པའི་སྐྱོན་དུ་གྱུར་པས་གཞན་གྱིས་འདོར་བར་བྱེད་པ་མི་

ལོང་མ་རུ་འདི་ལྟར་བསྟན་ཡོད་དེ"མཁས་པས་ཡང་དག་རབ་སྦྱར་བའི། །ངག་ནི་དག་གི་འདོད་འཛོ་བཤད། །དེ་ཉིད་ཉེས་པར་སྦྱར་ན་སླར། །སྦྱོར་བོ་བ་ལང་ཉིད་རྗོད་བྱེད། །"ཅེས་པའི་རྗེས་སུ་འགྲོ། དེ་བཞིན་ན་གཞོན་སྐན་ངག་པ་ཀླུ་ཤོད་སྙིང་དཀར་གྱི་སྐན་ངག་སྤྱི་ལ་འདིའི་རིགས་ཀྱི་སྐྱོན་ཆེན་པོའི་དྲི་མ་ཙམ་ཡང་གོས་མེད་པ་མ་ཟད་ཁོ་ནི་སྐྱོན་ཆུང་ཧྲུ་དག་ལ་འཛེམ་བག་ཤིན་ཏུ་ཆེ་བའི་ཐ་སྙད་བཞུ་སྦྱངས་བྱེད་མཁན་གྱི་ལག་རྩལ་བ་དེའི་ཁོངས་སུ་གཏོགས་ཏེ། དེ་ཡང་མི་ལོང་མར"དེ་ཕྱིར་སྐན་ངག་དག་ལ་སྐྱོན། །ཆུང་བར་གྱུར་ཀྱང་ཅི་ཞིག་ལྟར། །བཏང་སྙོམས་མི་བྱ་ལུས་མཛེས་ཀྱང་། །སྐྱོན་ངན་གཅིག་གིས་སྐལ་ངན་འགྱུར་། །"ཞེས་སྐན་ངག་རྩོམ་པའི་ཚེ་ན་བློ་གྲོས་ཞིབ་མོས་རྣམ་པར་བརྟགས་ནས་སྐྱོན་གདགས་སུ་མེད་པར་བཟོ་དགོས། ཞེས་པ་བཞིན། ཁོའི་སྐན་ངག་ཏུ་རྣམ་དབྱེ་ཕྲད་སྦྱོར་ཡིག་ནོར་སོགས་ཀྱང་ཤིན་ཏུ་མཐོང་ཁག་པོ་འདུག

དེང་དུས་སྐན་ངག་ལ་སྤྲོ་བ་རབ་ཏུ་འཕེལ་བའི་གཞོན་ནུ་ཁ་ཤས་ཀྱིས་བད་མ་དང་ཟླ་བ། ཉི་མ། སྤྲིན་པ། རྨ་བྱ་སོགས་མཁས་པ་སྔ་མ་དག་གིས་ཡོངས་སུ་སྦྱར་ཚར་བས། ད་ནི་ཁོ་བོར་འཛོག་རྒྱུའི་དཔེ་ཞིག་ལྷག་མི་འདུག་ཅེས་མཆོན་བྱ་དོན་ལ་མཆོན་བྱེད་དཔེ་ཡིས་མ་འདང་བའི་སྨྲེ་སྔགས་འདོན་བཞིན་པའི་སྒྲ་ཞིག་རྣ་བའི་ཟུར་དུ་ཐོན་རྒྱུ་མང་ཞིང་དེ་དང་མཚུངས་པའི་ཁོང་དགོད་ཅིག་ཀྱང་འཚོར་འོང་། ཐང་གི་སྐན་ངག་གཅིག་པོའི་ཁྲོད་དུ་ཟླ་བ་སྟོང་ཕྲག་བྱུང་ཚོག་ན་ང་ཚོས་གངས་རིའི་མཁའ་དབྱིངས་སུ་འཚེར་བའི་ཟླ་བ་བརྒྱ་ཅི་ལ་འབྲི་མི་ཚོག དེ་ནི་མཆོན་སྟངས་ཀྱི་རྩལ་གྱིས་མ་འདང་བ་ལས་སྒྱོར་མ་རྡུང་བ་ཞིག

མ་ཡིན་པ་ཀླུ་ཤོད་སྙིང་དཀར་གྱི་སྙན་ངག་རེ་གཉིས་ལས་ཤེས་ཡོང་། ཁོའི་ལམ་ཐུག་བུ་མོ་ཞེས་པའི་སྙན་ངག་ཏུ་“དཀར་དམར་འཛུམ་པའི་ཞལ་རས་མ་མཐོང་ཡང་། །འབྲོག་སྐད་རྣལ་མས་ཧུར་བའི་དྲིལ་བུ་དེ། །ངོ་ཚའི་ལྡེ་ཡིས་དལ་གྱིས་དཀྲོལ་བ་ན། །སྙིང་ལ་འཇོ་བའི་རོལ་མོའི་བདུད་རྩི་འཛོ། །ཞེས་པ་ལྷ་བུར་མཚོན་ན་གཟུགས་རྒྱན་ལས་མ་བསྐྱུས་པའི་གཟུགས་ཅན་དུ་སྣང་ཞིང་འབྲོག་སྐད་དང་དྲིལ་བུ། ཧུར་བྱེད་དང་ལྡེ་སོགས་དཔེ་དོན་ཤིན་ཏུ་འཕྲོད་པར་མ་ཟད་ཤོ་ལོ་ཀ་གཅིག་གི་ནང་ཟློས་སྐྱོན་གྱི་ཚིག་ཟུར་ཙམ་ཡང་མེད་པར་ཚིག་གི་སྦེབ་ཤིན་ཏུ་ལེགས་པས་ཀློག་ཚེ་སེམས་པའི་རྒྱུད་སྐུད་དཀྲོལ་བ་བཞིན་ཚོར་བའི་གསེང་ནས་རོལ་དབྱངས་ཤིག་སྙིན་ལ། བརྗོད་བྱའི་དོན་ཡང་འཆར་ཡོལ་ངོས་སུ་གཟུགས་རིས་ཤར་བ་བཞིན་སྣང་བརྙན་ལྡན། ད་དུང་མིག་ཆུས་ཕྱི་ནང་ལྷིར་བའི་དུས་ཆེན་ཞེས་པར“མི་དབང་སྲོང་བཙན་མཁའ་ཡི་ཉི་མའི་དུས། །གངས་ལྗོངས་ལུང་བ་ལྷ་ཡི་ཁྲིམ་མཆེས་ཡིན། །འཛིག་རྟེན་འདི་རུ་ལྡོན་པོས་རྒྱལ་པོ་ལ། །གུས་ཕྱག་འཚལ་བའི་ལོ་རྒྱུས་བོད་ནས་བྱུང་། །ཞེས་པ་ལྷ་བུ་དང་ཡང་ན་”སྲིད་ཀྱི་རྒྱུན་བུས་སྲ་མོར་མ་བསྡམས་པའི། །ལུགས་ཀྱི་ཕྲེང་རྫོག་འཐོར་བའི་དི་རེར་སྒྲ། །ཞེས་པ་ལྷ་བུ་སོགས་ལ་མཚོན་ན་མཚུངས་གསལ་གྱི་སྒྲ་དངོས་སུ་མ་བཀོད་པར་དཔེ་ཅན་སྲོང་བཙན་ལ་དཔེ་ཉི་མ། དཔེ་ཅན་གངས་ལྗོངས་ལ་དཔེ་ལྷ་ཡི་ཁྲིམ་མཆེས་སྒྲུར་བ་ནི་བར་སྣང་དུ་དཔྱངས་པའི་གློག་སྒྲོན་བཞིན་ཉེ་འཁོར་གྱི་དངོས་པོ་ཐམས་ཅད་གསར་ལེར་མཐོང་དུ་འཇུག་ཐུབ་པའི་རྐྱེན་དུ་སོང་ཡོད་ལ། འདི་ཡང་མཐར་གཏུག་ན་མིའི་རྒྱུད་ཀྱི་ཚོར་བ་ཛ་དྲག་ཏུ་གཏོང་

བའི་རྩལ་ཁྱད་པར་བ་སྟེ་ཡོངས་གྲགས་སུ་སྒྱུ་རྩལ་དུ་འབོད་པའི་ནུས་པ་ཐོན་པས་ཡིན་སྙམ།

༢ དཔེ་སྦྱོར་གསར་ཉམས་ལྡན་པ།

སྙན་གཞུང་ཡིན་ལ་སྙན་ངག་མ་ཡིན་པ་མི་ལོང་མ་དང་སྙན་ངག་ཡིན་ལ་སྙན་གཞུང་མ་ཡིན་པ་དཔག་བསམ་འཁྲི་ཤིང་ལྟ་བུ་ཞེས་ཡོངས་སུ་གྲགས་པ་ལྟར། སྙན་ངག་སྦྱོང་མཁན་ལས་དང་པོ་བ་ཞིག་ཡིན་ཚེ་འགྲོ་གོམ་པ་ནས་མགོ་བཟུང་སྟེ་རྟོགས་བརྟགས་ཀྱི་མཁའ་ལམ་སྟེག་རག་བར་སྙན་གཞུང་ཞེས་པའི་ར་སྐོར་འདིའི་ནང་ནས་རྩོམ་རྩལ་ཡང་ཡང་སྦྱོང་བ་དང་ཚོད་ལྟ་རབ་དང་རིམ་པ་བྱས་ཏེ་འཕུར་ལམ་བསྐྱོད་ཚེ་གཤོག་སྒོ་བྲག་ལ་ཐོགས་པའི་ཉེན་ཁ་མེད་པར་མ་ཟད། ངག་རིག་གི་བར་སྣང་བདག་གིར་བཞེས་པའི་ཁྱུང་ཆེན་དུ་འགྱུར་བའི་སྟོན་འགྲོའི་ཆ་རྐྱེན་དུ་འགྱུར་སྲིད། ཁྱུང་ཆེན་དུ་གྱུར་པ་ནས་བཟུང་ཁྱེད་རང་ར་སྐོར་འདི་རུ་མི་འབབ་པར་སྟོང་བའི་དབྱིངས་རིམ་གཤོག་པས་འཛལ་ཚོག ཡིན་ནའང་ཆུང་ཕྱོགས་རྗེས་རབས་པ་རེ་གཉིས་ཀྱིས་མི་ལོང་མ་ཡིས་སྙན་ངག་གི་རྒྱུ་རྐྱེན་ལ་འགོག་རྐྱེན་གྱི་རགས་ཁ་བརྩེགས་རབས་ཀྱི་ཙུ་ཐུག་གི་སྐད་འབོད་རེ་འབྱུང་ཡང་དེ་ནི་མ་བརྟག་པའི་སྐྱོན་ལས་སྙན་གཞུང་གི་ཉེས་པ་མིན་པ་ཀླུ་ཤོད་སྟེང་དཀར་གྱི་སྙན་ངག་གིས་ཀྱང་ར་སྤྲོད་བྱ་བཞིན་འདུག་སྟེ། དཔེར་ན་མཉམ་དུ་འགྲོ་ཞེས་པའི་སྙན་ངག་ཏུ། “སྟེབ་སྦྱོར་སྐྱུད་པས་འཁེལ་བའི་བག་ལྭ་འདི། །ཚངས་དབྱངས་ལྷ་མོའི་སོར་རྩེའི་སྒྱུ་འཕྲུལ་གྱི། །བཟོ་གྲྭ་སྙན་ངག་གླིང་ནས་ཐོན་པ་ལས། །ཚོང་འདུས་མགོ་རྫིང་བསྒྲིགས་ཀྱང་བཙོང་རྒྱུ་

མེད། །”ཅེས་པ་དང་“ཟླ་ཟེར་ངོ་སྐུམ་བཞིན་དུ་ཕུར་བ་ཡི། །ཞལ་རས་འདི་ཉིད་ལག་པའི་ཟླ་རྡུ་ལ་དངས”ཞེས་དཔེ་བག་ལྭ་དང་བཟོ་གྲུ། ཟླ་ཞུན་གྱི་ངོ་སྐུམ་སོགས་དེང་རབས་གསར་དུ་བྱུང་བའི་དཔེ་མང་པོ་ཞིག་ཆུ་ལ་ཆུ་སྦྱར་བ་བཞིན་དོན་ལ་འདྲེས་པར་བྱས་པས་ལ་ལའི་རང་ལུགས་ལྷུར་འུར་བརྒྱབ་ཚེ་གསར་གཏོད་ཅེས་པའི་མིང་འདི་གདགས་སྲིད་མོད། ཁོ་བོས་དེ་ལྟར་བསྟོད་པ་དང་གཅམ་གསག་གི་ཚིག་དེ་འདྲ་བཀོལ་བའི་ངལ་བ་ཕྱིར་སྐྲུངས་དགོས་བྱུང་།

བཞི་པ། གཏམ་དཔེ་བསྡུས་འབྲི་ལ་བྱང་ཆ་ལྡན་པ།

སྐད་ངག་གི་སྒྱུ་རྩལ་གླེང་ཚེ་ཚིག་དོན་གཉིས་ཀའི་སྟེང་ནས་གླེང་དགོས་པ་ལས་ཁ་ཁར་བཀར་ཏེ་བརྗོད་ཐབས་ཤིག་རྩ་བ་ནས་མ་མཆིས། དེའི་རྐྱེན་གྱིས་བརྩམས་ཆོས་དེ་ལ་སྒྱུ་རྩལ་གྱི་རིན་ཐང་འདི་འདྲ་ཞིག་དང་གན་འདྲ་ཞིག་ལྡན་ཞེས་ཁ་ཚོན་གཅོད་དཀའ་ནའང་། ཐུན་མོང་མ་ཡིན་པའི་ཁྱད་ཆོས་ཤིག་ལྡན་ཚེ་དེ་ནི་སྐད་ངག་ལེགས་འགྲུབ་འབྱུང་བྱེད་ཀྱི་ཐབས་ལམ་ཞིག་ཅེས་ཀྱང་ཡིན། དེ་བཞིན་ང་ཚོས་གླུ་ཤོད་སྙིང་དཀར་གྱི་སྐད་ངག་བཀླུགས་ཚེ་ཁོའི་སྐད་ངག་ཏུ་ཁ་བ་ཅན་ལ་ཡོངས་སུ་ཁྱབ་པའི་གཏམ་དཔེ་བཀོལ་བ་ཤིན་ཏུ་མང་བར་མཐོང་། ལན་རེར་གཏམ་དཔེ་དེ་དག་བཀོལ་ཚུལ་ལ་བྱང་ཆ་ཤིན་ཏུ་ལྡན་པས་གཏམ་དཔེ་དེའི་མ་ཕྱི་ལས་ཀྱང་མཛེས་པའི་ཉམས་ཤིག་བསྐྲུན་ཡོད། དེ་ཡང་རྗོ་ཆག་བཙན་བསྒྲིགས་མ་ཡིན་པར་བརྗོད་བྱའི་གནད་དེ་འདོན་པར་དངུལ་གྱི་མཛུབ་དཀྱིས་ལ་གཡུ་ཡི་ཕྲ་རྒྱན་དུ་སོང་བ་ནི་ཁོའི་སྐད་ངག་གི་ཁྱད་

ཆོས་ཐུན་མོང་མ་ཡིན་པ་ཞིག་རེད། མི་ལ་རས་པ་ཞེས་པའི་སྙན་ངག་ཏུ་“དུས་དེར་རྟ་མཆོག་བསམ་པའི་དོན་གྲུབ་ཉིད། །ཨ་ཁུའི་ཡ་ཆུང་སྤང་ལ་བང་གིས་རྒྱུགས། །སྐབས་དེར་ཆར་བ་སྦྲང་རྩེའི་ཉིང་ཁུ་ཡང་། །ཨ་ནེའི་འདོད་པའི་ཞིང་ལ་ངང་གིས་བབས”ཞེས་པ་ལྟ་བུ་ནི་བསམ་ཐོག་ལ་རྟ་རྒྱུགས། འདོད་ཐོག་ལ་ཆར་བབས་ཞེས་པའི་གཏམ་དཔེ་དེ་ལ་བཟོ་བཅོས་བྱས་པ་ཙམ་ཡིན་ལ། དེར་བཟོ་བཅོས་བྱས་ཀྱང་གསར་རྩོམ་གྱི་སྒྱུས་ཀ་ལ་གནོད་སྐྱོན་ཕྲ་མོ་ཙམ་ཡང་མི་བཟོ་བར་མ་ཟད་བརྗོད་བྱའི་སྲོག་ལ་སྦྱར་བས་གསོན་ཉམས་སྐྱེར་བ་ལ་ཉི་མ་མེ་གྲོགས་དང་ཆར་བ་ཆུ་གྲོགས་སུ་སོང་ཡོད། ད་དུང་“ཚོད་མེད་བཙན་གྱིས་རྡོ་ལ་ཕྱུར་བ་དང་། །མི་ཟླུག་རྐུན་མའི་སྤྱན་གྱི་ཁྲི་རྣན་བཞིན། །”ཞེས་པ་ལྟ་བུའམ་གནས་ལུགས་ཉི་ཟེར་འཁྱིལ་ས་མི་འགྲོ་བའི། །གདོང་བ་བྱུང་ལ་འཁོར་བའི་བྲག་ཁུང་ན། །“ཞེས་པ་ལྟ་བུ་གཏམ་དཔེ་བསྡུས་འབྲི་བྱས་པ་ཤིན་ཏུ་བདེ་ཞིང་དོན་ལ་འབབ། འདི་ཡང་སྔར་བྱུང་མ་མྱོང་བ་ཞིག་མ་ཡིན་པར་གླིང་སྒྲུང་དུ་འང་“ལུག་ཚེ་ཟད་སྤྱང་ཀིའི་སྒོ་ལམ་ན་”ཞེས་པ་ལྟ་བུའི་གཏམ་དཔེ་ཟ་དང་ཟུར་ནས་ཐོན་བཞིན་པ་དང་ཆ་འདྲ་པོ་འདུག་པས། ཁོའི་སྙན་ངག་མང་པོ་ཞིག་མགུར་གླུ་དང་ལ་གཞས། རོགས་འཕེན། གེ་སྒྲུང་སོགས་ཀྱི་ཤན་ཞུགས་པ་འདི་ཡང་ཁོའི་སློབ་སྦྱོང་གི་གོ་རིམ་ཞིག་དང་འཚོ་གནས་ཁོར་ཡུག་གིས་གནང་བའི་སྙན་ངག་གི་མཐུན་རྐྱེན་ཞིག་ཡིན་པས། འདི་ཡང་གཞན་དང་མི་འདྲ་བའི་ཁོའི་སྙན་ངག་ལ་ལྡན་པའི་ཁྱད་ཆོས་ཤིག་ཏུ་བགྲང་ཆོག་སྙམ།

ལྔ་པ། སྙུ་རྒྱལ་མཚོན་སྟངས་ཕུན་སུམ་ཚོགས་པ།

རྒྱལ་དབང་ལྔ་པའི་སྙན་འགྲེལ་གྱི་མཚོད་བརྗོད་ཀྱི་འགྲེལ་བ་ལས"སྙན་ངག་མཁན་ཆེན་རྣམས་ཀྱི་ངག་རྣམས་ལས། །སླར་ཡང་དངོས་པོ་གཞན་ཉིད་རྟོགས་པ་ཡོད།" ཅེས་པ་བཞིན་རྩོམ་མཁན་མཁས་པ་རྣམས་ཀྱིས་མཚོན་དོན་གྱི་བརྗོད་བྱ་ཕྲན་བུའི་སྟེང་ནས་ཀྱང་སྤྱི་ཚོགས་ཀྱི་རང་བཞིན་དང་དངོས་པོའི་གཤིས་ལུགས་ཕྱོགས་ཀྱི་གནད་ཟབ་མོ་མང་པོ་ཞིག་གཞན་གྱི་བློ་སྒོ་འབྱེད་ཕྱིར་བསྟན་ཡོད། དེ་ལས་ཉམས་མྱོང་དང་སློབ་གསོ་ཐོབ་ཅིང་ཤེས་རབ་འཕེལ་བ་ཡིན། དེ་ནི་རྩོམ་གྱི་དགོངས་པ་དང་སྙིང་པོ་ཡིན་ལ། དེ་སྟོན་པར་སྙུ་རྒྱལ་མཚོན་སྟངས་ཀྱིས་ནུས་པ་གལ་ཆེན་འདོན་བཞིན་ཡོད། སྙུ་རྒྱལ་ཟེར་བ་ཡང་མདོར་ན་ཚོར་འདུ་ཕྱིར་མཚོན་པའམ་མངོན་དུ་འཇུག་པའི་སྐད་བརྡ་ལ་གོ །དཔེར་ན་ལ་གཞས་ཤིག་ཏུ། "བྱ་ཁྲུ་ལོ་སྙིང་ལ་ཟྱེ་བོ། །ཁྱོད་རི་གསུམ་རྩེ་ནས་གྲགས་ན། །ང་ལུང་གསུམ་མདོ་ནས་སྙིང་གི །ང་སྙིང་བའི་སྙིང་ཚུལ་བཤད་ན། །ཤིང་ནེམ་ལོར་མདུད་པ་རྒྱག་གི །"ཞེས་པ་ལྟ་བུའི་བརྩེ་དུང་དྲག་པོ་དང་ཚོར་བ་གྱུ་གྱུ་རྣམས་སྐད་དང་ཡི་གེས་བླ་ལྷག་ཏུ་མཚོན་པ་ལས་རྐོ་བཟོ་དང་རི་མོ་སོགས་ཀྱི་སྙུ་རྒྱལ་གྱིས་མཚོན་པར་མི་ནུས་སོ། དེ་བཞིན་དུ་ང་ཚོས་གླུ་ཤོད་སྙིང་དཀར་གྱི་སྙན་ངག་ལ་བལྟས་ཆེ། ཁོའི་སྙན་ངག་མང་པོ་ཞིག་བྲག་སྟེང་ནས་འབབ་པའི་རྦབ་ཆུ་བཞིན་ཚོར་འདུའི་རབ་ཏུ་ཕྱུག་ཅིང་གྱུ་གྱུར་འཕེན་པའི་དུ་བ་བཞིན་འཁྱོག་བརྗོད་ཀྱི་གཟུགས་རིས་ཀྱང་གང་ལ་གང་འཚམ་

དུ་འཐེན་ཡོད། དཔེར་ན་ཁོའི་སྙན་ངག་ཅིག་ཏུ“ཉ་མོ་འཛིན་ལ་ལྟུགས་ཀྱི་འགུག་པ་ལས། །ཆུ་ལ་སྒྲ་རེ་གཡུགས་པ་གད་མོའི་གནས། །”ཞེས་པ་ལྟ་བུ་དང་“ཡིག་ནོར་གྲོག་ཚང་གི་རྒྱ་སྒྲོ་མི་ཆོད་པས། །དག་ཡིག་གསར་བསྒྲིགས་ཤིག་མི་བླུ་ཀ་མེད་བྱུང་། །”ཞེས་པ་ལྟ་བུ། ཡང་ན“བཟོད་བྱེ་དགའ་མ་ལ་རྒྱན་ཆ་མ་བཏགས་སྟོན། །རྗོད་བྱེད་ལུས་པོ་ལ་ཁྲུས་ཤིག་མ་བྱས་ན། །ཤིག་དང་སྲོ་མའི་ཚོགས་འདུར་རྒྱུགས་རྒོད་པ་ཡིས། །ཟ་འཕྲུག་མང་ལ་སྐྲོ་ནས་ལངས་ན་ཅི་ཞིག་བྱ། །”ཞེས་པ་ལྟ་བུ་འཕྲུག་བརྗོད་ཀྱི་རྣམ་པས་བརྗོད་བྱའི་གནད་གསལ་པོར་སྟོན་པའི་སྐད་ཆའི་རོལ་རྩེད་ཅིག་ཏུ་སྣང་། སྐུ་ཞབས་ལུའུ་ཤུན་གྱིས། སྒྱུ་རྩལ་མཚོན་སྟངས་ལ་མི་རིགས་ཀྱི་རང་བཞིན་ཇི་ལྟར་གསལ་ན་དེ་ལྟར་འཛམ་གླིང་རང་བཞིན་ཅན་དུ་འགྱུར་ཐུབ་པ་ཡིན་གསུང་བ་དང་། དེང་རབས་སྙན་ངག་སྨྲ་བ་རྒྱ་གྲོལ་གྱིས་གངས་རིའི་རིང་ལུགས་ཀྱི་སྙན་ངག་ཐོན་པའི་འབོད་སྐུལ་གནང་བ་གཉིས་ཚིག་རིས་མི་མཚུངས་པའི་ལྟ་བ་ངོ་འཕྲོད་པ་གཉིས་རེད་ཨང་། དེ་བཞིན་གླུ་ཤོད་སྙིང་དཀར་གྱི་སྙན་ངག་ཕལ་མོ་ཆེ་ཉུ་སྒྱུ་རྩལ་གྱི་བཀྲག་མདངས་ལྡན་པར་མ་ཟད། རྩམ་དྲི་ཡི་ཤོངས་ཚད་ཆེ་བས་མི་རིགས་རིང་ལུགས་ཀྱི་སྙན་ངག་ལ་འདི་ལྟ་བུ་འཛོག་དགོས་སྙམ།

མདོར་ན་གླུ་ཤོད་སྙིང་དཀར་གྱི་སྙན་ངག་བཀླུགས་ཚེ་ཁྱོད་རང་གངས་རིའི་ཕྲེང་བ་ཚར་དུ་དངར་བའི་ཡུལ་ལྗོངས་ལྟ་ན་སྡུག་པ་ཞིག་ལ་ལྗོངས་རྒྱུར་ཐེངས་ཤིག་ཁྲིད་པ་དང་མཚུངས་ལ། ཁོའི་སྙན་ངག་གི་ཚིག་འབྲུ་རེ་རེ་ལས་ཡུལ་དེར་གནས་པའི་ལྷད་མེད་དྭངས་གཙང་གི་མི་གཤིས་དང་དད་གུས་འགྱུར་མེད་

ཀྱི་འཚོ་བ་སོགས་མཐོང་ཐུབ། མཐར་གཏུག་ན་ཀླུ་ཞོད་སྙིང་དཀར་གྱི་སྙན་ངག་ཚང་མ་ཕྱོགས་གཅིག་ཏུ་སྡོམ་དགོས་ཆེ་བ་ཡུལ་ཞེས་པའི་ཐ་སྙད་འདི་ནི་ཁོའི་སྙན་ངག་གི་ལུགས་རི་ཡིན་ཞེས་བརྗོད་ཆོག་གོ་སྙམ།

དཔྱད་གཞིའི་ཡིག་ཆ།

༡ 《རྩོམ་རིག་གཞུང་ལུགས་》བྲ་བཞི་བསམ་པའི་དོན་གྲུབ་ཀྱིས་བརྩམས། ཀན་སུའུ་མི་རིགས་དཔེ་སྐྲུན་ཁང་།

༢ 《སྙན་ངག་རྒྱ་འགྲེལ་》རྒྱ་བ་སློབ་དཔོན་དབྱུག་པ་ཅན་གྱིས་བརྩམས།

འགྲེལ་བ་དང་དཔེར་བརྗོད་བོད་མཁས་པས་བརྩམས། མཚོ་སྔོན་མི་རིགས་དཔེ་སྐྲུན་ཁང་།

ཀན་ལྷོའི་བོད་ཀྱི་རྩོམ་རིག་གསར་རྩོམ་གྱི་གྲུབ་འབྲས་དང་གནས་བབས། གནད་དོན་གྱི་སྐོར་གླེང་བ།

ཀན་སུའུ་རིག་རྩལ་བགྲོ་གླེང་དང་ཀན་སུའུ་ཞིང་ཆེན་གྱི་མི་རིགས་གྲངས་ཉུང་གི་ཕ་སྐད་རྩོམ་རིག་གསར་རྩོམ་གྱི་བགྲོ་གླེང་སྐབས་གསུམ་པ”ལ་ཞུགས་ཐུབ་པར་དགའ་བ་རྣམ་གསུམ་སྐྱེས་ཡོད་ལ། ཐེངས་འདིའི་ཞིང་ཆེན་ཡོངས་ཀྱི་མི་རིགས་མང་པོའི་རྩོམ་པ་པོའི་འཐུས་མི་གསེར་ལྡན་གྲོང་ཁྱེར་ལན་ཀྲུ་རུ་འཛོམས་ཏེ། སོ་སོའི་ཕ་སྐད་ཀྱི་ལམ་ནས་རྩོམ་རིག་བགྲོ་གླེང་བྱེད་པའི་གོ་སྐབས་འདི་འདྲ་ནི་སྔོན་མེད་པའི་བྱ་བཞག་རླབས་པོ་ཞིག་རེད་སྙམ། དེ་ནས་མི་རིགས་སྣ་མང་དང་ཁྲུང་ཚོས་སྣ་འཛོམས། སྐྱི་སྐྱོབས་ཀྱི་དཔལ་དང་ལྡན་པའི་ཕ་སྐད་རྩོམ་རིག་གསར་རྩོམ་གྱི་བགྲོ་གླེང་བསྡུས་པ་འདིས་ང་ཚོའི་ད་ལྟའི་དུས་རབས་ཀྱི་སྨོན་ཐོན་དང་འཕེལ་རྒྱས་མཚོན་ལ། འགྲོ་བ་མིའི་རིགས་ཀྱི་ནམ་ཡང་ཉམས་པ་མེད་པའི་འཚོ་གཞིས་དང་མདུན་སྐྱོད་ཀྱི་སྙིང་སྟོབས། ཡིད་ཆེས་བརྟན་པོ་དེའང་མཚོན་ཐུབ། གོ་སྐབས་བཟང་པོ་འདི་དང་བསྟུན་ནས་བདག་གིས་ཀན་ལྷོ་བོད་རིགས་རང་སྐྱོང་ཁུལ་དང་ནུབ་བྱང་མི་རིགས་སློབ་གྲྭ་ཆེན་མོའི་བོད་ཀྱི་ཕ་སྐད་རྩོམ་རིག་གསར་རྩོམ་པ་དང་དཔྱད་བརྗོད་པ་དག་གི་ཚབ་

བགྲིས་ཏེ་ཞིང་ཆེན་རིག་རྩལ་ལྷན་ཚོགས་ཀྱི་ཧང་གི་རྩ་འཛུགས་དང་ཞིང་ཆེན་རིག་རྩལ་དཔྱད་བརྗོད་པ་མཐུན་ཚོགས་ཀྱིས་ཐུགས་ཁུར་དང་རྒྱབ་སྐྱོར་གནང་བར་སླིང་ཐག་པ་ནས་བཀའ་དྲིན་ཆེ་ཞུས་པ་ཡིན།

གཞམ་ནས་ངས་དུས་སྐབས་གསར་པའི་ཀན་ལྷོའི་བོད་ཀྱི་ཕ་སྐད་རྩོམ་རིག་གསར་རྩོམ་གྱི་གྲུབ་འབྲས་དང་གནས་བབས། གནད་དོན་སོགས་ཀྱི་ཐད་ལ་ཕྱོགས་བཞི་རུ་དབྱེ་ནས་ཚོགས་འདུར་སྙན་ཞུ་འབུལ་བ་དང་ལྷན་དུ་འདིར་ཞུགས་ཀྱི་ལྷན་རྒྱས་ལ་བགྲོ་གླེང་ཕྲན་ཙམ་བྱེད་རྒྱུ་ཡིན་པས། མ་དག་པའི་ཆ་ཡོད་ཆེ་མཛུབ་སྟོན་གནང་རོགས་ཞུ།

དང་པོ། ཡང་དག་པའི་གསར་རྩོམ་གྱི་ཁ་ཕྱོགས་རྒྱུན་འཁྱོངས་དང་མི་རིགས་ཀྱི་ཁྱད་ཆོས་མངོན་པར་བཧྟོད་དེ་མི་རིགས་རིག་གནས་རྒྱུད་འཛིན་གྱི་འགན་འཁྲི་དང་དུ་ལེན་པ།

ཧང་ཀྲུང་དབྱང་གི་རིག་རྩལ་ལས་ཀའི་བཞུགས་མོལ་ཚོགས་འདུའི་གླང་བྱ་ལྟར། མི་དམངས་ཕྱོགས་ཤིང་དུ་འཛིན་པའི་གསར་རྩོམ་གྱི་ཁ་ཕྱོགས་རྒྱུན་འཁྱོངས་དང་། ཡང་དག་པའི་ལོ་རྒྱུས་ཀྱི་ལྟ་བ་དང་མི་རིགས་ཀྱི་ལྟ་བ། རྒྱལ་ཁབ་ཀྱི་ལྟ་བ། རིག་གནས་ཀྱི་ལྟ་བའི་བཅས་དར་ཆ་མཐོན་པོར་བསྒྲེངས་ཏེ། མི་རིགས་ཀྱི་སྙིང་སྟོབས་དང་དུས་རབས་ཀྱི་སྙིང་སྟོབས་ཤུགས་ཆེར་བཏང་ནས་རྒྱལ་གཅེས་རིང་ལུགས་ཀྱི་དབྱངས་རྟ་སྐད་པར་སྒྲོག་བཞིན། མི་རིགས་མཐུན་སྒྲིལ་ལ་ཤུགས་བསྐྱེད་རྒྱུ་ནི་ང་ཚོ་ཕ་སྐད་རྩོམ་རིག་གསར་རྩོམ་པའི་བླ་ན་མཐོ་

བའི་འགན་འཁྲི་འབབ་ཞིག་ཏུ་འཁྱུམས་སོ། །

ཉེ་བའི་ལོ་ཤས་སུ་རང་རེའི་ཞིང་ཆེན་གྱི་བོད་ཀྱི་ཕ་སྐད་རྩོམ་རིག་གི་བྱ་བཞག་ལ་གཞུང་ལུགས་ཞིབ་འཇུག་དང་ལག་ལེན་གྱི་ཁྲོད་ནས་གྲུབ་འབྲས་གཡུར་དུ་ཟ་བ་ཐོབ་ཅིང་། ཕ་སྐད་རྩོམ་རིག་གསར་རྩོམ་དང་ཞིབ་འཇུག་གམ་ཡང་ན་ཕ་སྐད་རིག་གནས་རྨང་གཞིར་གྱུར་པའི་རྩོམ་རིག་གི་འབྲེལ་ལམ་དང་དྲིལ་བསྒྲགས་ཀྱི་ཐབས་ལམ་སོགས་ཀྱང་འཕེལ་རྒྱས་ཆེན་པོ་བྱུང་ཡོད། རྩོམ་རིག་ལས་མི་རིགས་ཀྱི་ཁྱད་ཆོས་འབུར་དུ་ཐོན་པ་ནི་མི་རིགས་ཀྱི་རྩོམ་རིག་གསར་རྩོམ་པ་དང་ཞིབ་འཇུག་པ། དཔྱད་བརྗོད་པ་སོ་སོའི་བསམ་པའི་གཏིང་རིམ་ན་གནས་པའི་མངོན་མེད་ཀྱི་འདུ་ཤེས་ཤིག་ཡིན། མི་རིགས་སོ་སོའི་རིག་གནས་རྒྱུད་འཛིན་དང་ཆོས་ལུགས་དད་མོས། འཚོ་གནས་ཁོར་ཡུག་སོགས་མི་འདྲ་བ་ལས་བྱུང་བའི་རིག་གནས་ཀྱི་ཉམས་འགྱུར་དང་མཛེས་དཔྱོད་ཀྱི་ལྟ་བ། བསམ་གཞིག་བྱེད་སྟངས་དང་འཚོ་བའི་རྣམ་པ་སོགས་ཀྱང་མི་འདྲ་བར་སྣང་། མི་རིགས་སོ་སོའི་བསམ་པ་དང་འཚོ་བ་ཕན་ཚུན་མཉམ་འདྲེས་ཀྱི་གོ་རིམ་ཁྲོད་ནས་ཁྱད་ཆོས་མི་འདྲ་བའང་མངོན། མི་རིགས་གྲངས་ཉུང་གི་རྩོམ་རིག་གསར་རྩོམ་པ་ཞིག་ལ་མཚོན་ན་མི་རིགས་ཀྱི་ཁྱད་ཆོས་འདི་དག་རྩོམ་རིག་བརྩམས་ཆོས་ཀྱི་ཁྱད་ཆོས་སུ་བསྒྱུར་དགོས་ཤིང་། ད་དུང་གལ་འགངས་ཆེ་ཤོས་ནི་གསར་རྩོམ་གྱི་བརྒྱུད་རིམ་ཁྲོད་ནས་མི་རིགས་སྙིང་སྟོབས་ཀྱི་རྩ་བའི་ངོ་བོ་དམ་འཛིན་དང་། མི་རིགས་ཀྱི་གང་ཟག་སྒེར་གྱི་ཚེ་སྲོག་ལ་རང་མདངས་འཚེར་ན་ད་གཟོད་ཀྱང་ཏུ་མི་རིགས་ཀྱི་རྩོམ་རིག་གི་རླབས་རྒྱུན་དྲག་པོའི་སྐྱོང་

ནས་སྟོབས་ཤུགས་རྣམ་པར་སྨིན་ནུས་ལ། དེ་དང་ཆབས་ཅིག་མི་རིགས་གྲངས་ཉུང་གི་ཕ་སྐད་རྩོམ་རིག་གསར་རྩོམ་པ་ཚོ་ལ་ཡང་མི་རིགས་ཀྱི་རིག་གནས་རྒྱུན་འཛིན་དང་དར་སྤེལ་གྱི་ལས་འགན་མངའ་ཕྱིར། རྩོམ་རིག་ནི་མི་རིགས་རིག་གནས་ཀྱི་གྲུབ་ཆ་གལ་ཆེན་ཞིག་ཡིན་པ་མ་ཟད། མི་རིགས་ཤིག་གི་རིག་གནས་རྒྱུན་འཛིན་གྱི་ཐབས་ལམ་གལ་ཆེན་ཞིག་ཀྱང་ཡིན། ལྷག་པར་དུ་གོ་ལ་གཞི་གཅིག་ཏུ་སྤྲེལ་བའི་སྣང་ཚུལ་ཁྲོད་ལས་འགན་འདི་ནི་དེ་བས་གལ་ཆེའོ། །

མི་རིགས་གྲངས་ཉུང་གི་ཕ་སྐད་ཀྱིས་རྩོམ་རིག་གསར་རྩོམ་བགྱིད་ཚེ། རང་མི་རིགས་ཀྱི་རིག་གནས་རྒྱུན་འཛིན་དང་སྲོག་རྩ་བརྟན་པོའི་རྐང་འཛུགས་དགོས་པར་མ་ཟད། མི་རིགས་གཞན་ལ་ཡང་ངེས་པར་སློབ་སྦྱོང་བྱེད་དགོས་ཏེ། རྩོམ་རིག་བརྩམས་ཆོས་ཀྱི་མི་རིགས་ཅན་ལ་དགོས་མེད་ཀྱི་གསལ་བཤད་འགོད་མི་རུང་བར། ཚད་མཐོ་བའི་མཐོང་སྣེ་ལ་བརྟེན་ནས་མི་ཚོས་ཀྱི་སྣང་ཚུལ་དྲིལ་བསྡུགས་བྱེད་པ་དང་། མི་རིགས་གྲངས་ཉུང་གི་རྩོམ་པ་པོ་དག་གིས་ཚད་མཐོ་ས་ཞིག་ནས་རྒྱལ་སྤྱིའི་རྩོམ་རིག་གི་གནས་བབས་ལ་ཞིབ་ལྟ་བྱེད་ཞོར། སྣ་ཚོགས་ཅན་གྱི་རང་མི་རིགས་ཀྱི་རྩོམ་རིག་ལས་མི་རིགས་མང་པོའི་སྣ་མང་ཅན་གྱི་མཐོང་རྒྱ་བསྐྱེད་ཅིང་། གཟབ་ནན་སྒོས་ཕ་སྐད་རྩོམ་རིག་གི་གསར་རྩོམ་དང་ཕ་སྐད་ཀྱི་བརྗོད་སྟངས། ཕ་སྐད་ཀྱི་རིགས་ལམ། ཕ་སྐད་ཀྱི་བློ་གྲོས་ལ་དབྱེ་ཞིབ་བྱས་ཏེ་གོ་ལ་གཞི་གཅིག་ཏུ་སྤྲེལ་བའི་སྣང་ཚུལ་ཁྲོད་ལོ་རྒྱུས་དང་དངོས་ཡོད་ལ་བསམ་གཞིག་ནན་མོ་གཏོང་དགོས་ཤིང་། མི་རིགས་གྲངས་ཉུང་གི་ཕ་སྐད་རྩོམ་རིག་དེ་ཉིད་ཀྲུང་གོའི་རྩོམ་རིག་གི་སྣ་མང་ཕུན་སུམ་ཚོགས་པའི་གྲུབ་ཆར་

གྱུར་ནས་སྐུན་འཛེབས་ཀྱི་སྒྲ་དབྱངས་འཛམ་གླིང་དུ་བསྒྲག་པར་བྱ་དགོས།

གཉིས་པ། ཀན་ལྷོའི་ཕ་སྐད་རྩོམ་རིག་གི་གཡུར་ཟའི་གྲུབ་འབྲས་དང་ད་ལྟའི་གནས་བབས།

ཉེ་བའི་ལོ་འགའི་རིང་ལ། ཀན་ལྷོ་ཁུལ་རིག་རྩལ་ལྡན་ཚོགས་ཀྱིས་རྩོམ་པ་པོ་གསོ་སྐྱོང་དང་གསར་རྩོམ་དར་སྤེལ་གྱི་ཁུར་ཆེན་ལྷུར་ལེན་བྱས་ནས། བློ་བཀོད་ཞིབ་མོ་དང་རྩ་འཛུགས་གཟབ་ནན་བྱས་པ་བརྒྱུད་ནང་དོན་ཕུན་སུམ་ཚོགས་ཤིང་རྣམ་པ་སྣ་མང་ཅན་གྱི་རྩོམ་རིག་བྱེད་སྒོ་རབ་དང་རིམ་པ་སྤེལ། དཔེར་ན། མཁས་པའི་དབང་པོ་བསེ་བློ་བཟང་དཔལ་ལྡན་མཆོག་གི་རིག་གཞུང་གྲུབ་འབྲས་སྐོར་གྱི་བགྲོ་གླེང་ཚོགས་འདུ་དང་། གྲུང་གོའི་རྩོམ་པ་པོ་མཐུན་ཚོགས་དང་མཉམ་དུ་བསྒྲུབས་པའི་《མི་རིགས་ཀྱི་རྩོམ་རིག་》བོད་ཡིག་དེབ་ཀྱི་རྩོམ་པ་པོ་དང་ལོ་ཙཱ་བའི་བརྩམས་ཆོས་ཞུ་དག་འཛིན་གྲྭའམ་ཀན་ལྷོའི་རྩོམ་རིག་གསར་རྩོམ་གྱི་གསབ་སྦྱོང་འཛིན་གྲྭ། 《ལྷ་ཟེར་》གྱི་གཞི་རིམ་རྩོམ་པ་པོ་གསབ་སྦྱོང་ཚོགས་འདུ་སོགས་རྩོམ་རིག་གསར་རྩོམ་དང་སློབ་སྦྱོང་བཅས་བསམ་བློ་བརྗེ་རེས་ཀྱི་བྱེད་སྒོ་སྣ་མང་སྤེལ། 《ལྷ་ཟེར་》རྩོམ་སྒྲིག་ཁང་གིས་སྔ་རྗེས་སུ《ལྷ་ཟེར་》རྩོམ་རིག་བྱ་དགའ་ཐེངས་ལྔ་ལ་སྤེལ་བ་དང་། ཕྱོགས་སོ་སོའི་ནུས་ཤུགས་ལ་སྐུལ་སློང་གིས་རིམ་པ་མང་པོ་དང་ཟུར་མང་པོ་ནས་རྩོམ་རིག་གསར་རྩོམ་གྱི་བགྲོ་གླེང་ཚོགས་འདུ་རབ་དང་རིམ་པ་སྤེལ་ཏེ་རྩོམ་རིག་གསར་རྩོམ་པའི་སྤྲོ་སེམས་སྟེར་ལས་མཐོ་རུ་འདེགས་པར་བྱས།

ཀན་སུའུ་ཞིང་ཆེན་རྩོམ་པ་པོ་མཐུན་ཚོགས་དང་ཀན་ལྷོ་ཁུལ་རིག་རྩལ་ལྷན་ཚོགས་གཉིས་ཀྱིས་ཐུན་མོང་གིས་བསྒྲུབས་པའི་རྒྱལ་ཁབ་ཕྱི་ནང་ཀུན་ཏུ་འགྲེམ་སྤེལ་བྱེད་པའི་ཞིང་ཆེན་རིམ་པའི་བོད་རྩོམ་དུས་དེབ་《ཟླ་ཟེར་》ནི་དེང་རབས་བོད་ཀྱི་རྩོམ་རིག་གསར་རྩོམ་གྱི་གལ་ཆེའི་སྡིངས་ཆ་དང་དགའ་ཚལ་ཞིག་ཏུ་གྱུར་ཅིང་། དུས་དེབ་བསྒྲུབས་ནས་བགྲང་བྱ་བཞི་བཅུར་ཉེ་བ་དང་། དེབ་གྲངས་ཐེངས༡༩༣ལ་བསླེབས་ཤིང་། 《ཟླ་ཟེར་》དུས་དེབ་ཁང་གིས་དུས་དེབ་པར་སྐྲུན་གྱི་སྤུས་ཚད་མཐོར་འདེགས་དང་རྩོམ་རིག་གི་ཞིང་ས་ཇེ་བཟང་དུ་གཏོང་ཆེད། སྔ་རྗེས་སུ་ཀན་ལྷོ་བོད་རིགས་རང་སྐྱོང་ཁུལ་བཙུགས་ནས་ལོ་འཁོར་༣༠ལོན་པར་རྟེན་འབྲེལ་ཞུ་བའི་རྩོམ་རིག་དཔེ་ཚོགས་དང་། ཁུལ་བཙུགས་ནས་ལོ་འཁོར་༦༠ལོན་པའི་ཀན་ལྷོའི་ལོ་རྒྱུས་རིག་གནས་སྐོར་གྱི་དཔེ་ཚོགས་ཏེ་སྙན་ངག་དང་ལྷུག་རྩོམ་གྱི་དེབ་གཉིས་རྩོམ་སྒྲིག་བྱས་ཤིང་། 《ཟླ་ཟེར་》ལོ་འཁོར་༢༠ཡི་དཔེ་ཚོགས་དེབ་༡༠དང་། ད་དུང་《ཀན་ལྷོའི་དམངས་ཁྲོད་རྩོམ་རིག་ཕྱོགས་བསྒྲིགས་》དེབ་༡༠སོགས་རྩོམ་རིག་བརྩམས་ཆོས་མང་པོ་རྩོམ་སྒྲིག་དང་པར་སྐྲུན་བྱས།

ཀན་ལྷོའི་དེང་རབས་རྩོམ་རིག་གསར་རྩོམ་ནི་བགྲང་བྱ་སུམ་ཅུ་ལྷག་གི་འཕེལ་རྒྱས་བརྒྱུད་དེ་ཡར་རྒྱས་མི་དམན་པ་ཞིག་བྱུང་ཡོད། ཀན་ལྷོའི་རྩོམ་རིག་ལ་དོ་སྣང་དང་ཞིབ་འཇུག ཤེས་རྟོགས། གོང་སྤེལ་བཅས་ཀྱིས་ཀན་སུའུ་རྩོམ་རིག་འཕེལ་རྒྱས་དང་དེ་མིན་ཀྲུང་གོའི་མི་རིགས་གྲངས་ཉུང་གི་རྩོམ་རིག་དར་སྤེལ་དང་སྐྱལ་འདེད་གཏོང་བར་མེད་དུ་མི་རུང་བའི་དོན་སྙིང་གལ་ཆེ་ལྡན་ཞིང་

ཀུན་སློའི་རྩོམ་རིག་ལ་རྒྱ་ཆེ་བའི་ཀློག་མཁན་དག་གི་དགའ་བསུ་ཆེན་པོ་ཐོབ་པ་མ་ཟད། རྒྱལ་ཁབ་ཕྱི་ནང་གི་རྩོམ་རིག་དཔྱད་བརྗོད་ཀྱི་ཁྱབ་ཁོངས་ནས་ཀྱང་དོ་སྣང་བྱེད་བཞིན་པའི་སྐབས་ཡིན།

ཀུན་སློའི་རྩོམ་པ་པོ་དང་སྣན་ངག་པའི་བརྩམས་ཆོས་མང་པོ་《བོད་ཀྱི་རྩོམ་རིག་སྒྱུ་རྩལ་》དང་། 《མི་རིགས་ཀྱི་རྩོམ་རིག་》《སྤྲང་ཆར་》《ཟླ་ཟེར་》《གངས་རྒྱན་མེ་ཏོག་》《གངས་ལྗོངས་ཉི་གཞོན་》《གངས་དཀར་རི་བོ་》《མི་དམངས་ཉིན་རེའི་ཚགས་པར་》《བོད་ལྗོངས་ཉིན་རེའི་ཚགས་པར་》《མཚོ་སྔོན་བོད་ཡིག་ཚགས་པར་》《མཚོ་སྔོན་ཁྲིམས་ལུགས་ཚགས་པར་》《ཀུན་སློ་ཚགས་པར་》སོགས་དུས་དེབ་དང་ཚགས་པར་ཁག་ཏུ་བཀོད་པ་དང་། ཕྱོགས་བསྡུས་རང་བཞིན་གྱི་དཔེ་དེབ། ལོ་རེའི་སྙིང་གཏམ་དང་ལྷུག་རྩོམ། སྙན་ངག་ཕྱོགས་བསྒྲིགས་སོགས་དཔེ་ཚོགས་མང་པོར་བདམས་པ་དང་། རྩོམ་པ་པོ་ཁ་ཤས་ཀྱི་བརྩམས་ཆོས་རྒྱ་ཡིག་དང་དབྱིན་ཡིག་ཏུ་བསྒྱུར་ནས་པར་དུ་བསྐྲུན་པས། རྒྱལ་ཁབ་ཕྱི་ནང་ཀུན་ཏུ་སྙན་པའི་གྲགས་པ་རྒྱས། ཀུན་སློའི་རྩོམ་པ་པོ་དང་སྙན་ངག་པས་པར་དུ་བསྐྲུན་པའི་རྩོམ་རིག་དཔེ་དེབ་༡༠༠ལྷག་ཡོད་ལ། དཔེར་ན། བསེ་བློ་བཟང་དཔལ་ལྡན་མཆོག་གི་པར་དུ་སྐྲུན་པའི་བརྩམས་ཆོས《ཚངས་སྲས་བཞད་པའི་སྒྲ་དབྱངས་》དང་། 《བསེ་བློ་བཟང་དཔལ་ལྡན་གྱི་གསུང་རྩོམ་ཕྱོགས་བསྒྲིགས་》སོགས་པོད་༡༠ལྷག་དང་། ལྷ་རྒྱལ་ཚེ་རིང་གི་པར་དུ་སྐྲུན་པའི་སྙན་ངག་ཕྱོགས་བསྒྲིགས《སྐྱ་རེངས་ལྷ་མོའི་འབོད་བརྡའ་》སོགས་པོད་བརྒྱད་དང་། དཀོན་ལོའི་པར་དུ་བསྐྲུན་པའི《དཀོན་ལོའི་བརྩམས

ཆོས་ཕྱོགས་བསྒྲིགས་》པོད་གསུམ་དང་ཤེས་རབ་ཀྱི་པར་དུ་བསྐྲུན་པའི་བརྩམས་ཆོས་ཕྱོགས་བསྒྲིགས་པོད་བཞི་ཡོད། ཕྱག་རྡོར་ཚེ་རིང་གི་པར་དུ་བསྐྲུན་པའི་སྨན་ངག་ཕྱོགས་བསྒྲིགས་《འོད་སྟོང་འཕྲོ་བའི་བསམ་གཞིག་》དང་། སྐྱབས་ཉེ་ཡི་པར་དུ་བསྐྲུན་པའི་《སྐྱབས་ཉེའི་སྐྲུང་ཐུང་ཕྱོགས་བསྒྲིགས་》དང་། དྲོས་དམར་ཚེ་རིང་རྡོ་རྗེ་ཡི་པར་དུ་སྐྲུན་པའི་《དག་སྣང་གི་འཇིག་རྟེན་》སོགས་གཞན་ད་དུང་ཆས་པ་རྟ་མགྲིན་ཚེ་རིང་། རྩེང་བ་དཀོན་ལྷེ། ཁ་གྱུའི་སངས་བཀྲ། གྱི་ལིང་འཇིགས་མེད། འཇུམ་ཟེར། ཨ་རྡོར། རྨ་ཆུའི་བསམ་གཏན། རྨ་འོད། སྐྱབས་ཆེན་བདེ་གྲོལ། ཨ་པཊ། འབོར་ཀླུ་འབུམ་བཀྲ་ཤིས། གངས་གཡུ་མཚོ། ཨ་དོན། ཀ་མགོན། བཀྲ་ཤིས་ཚེ་རིང་། ཀྱེ་ཕུར་མཆོག་གསུམ། ཙོང་རིགས་འཇམ་དཔལ་སྐྱབས། ཐང་གཞུང་རྟ་མགྲིན་རྡོ་རྗེ། རྨོག་རུ་ཤེས་རབ་རྡོ་རྗེ། དགའ་བཀྲ་ཤིས་རྡོ་རྗེ། འབྲོག་བུ་དཀོམ་བཀྲ། ཀླུ་ཤོད་སྙིང་དཀར། ཙ་སུར་སྤྲིན་པ། མཚེ་ཀོ་བསོད་དོན། ཀླུ་སྲས། རྫས་ལུང་ཚེ་དར། དགའ་ཕ་ལམ། དགའ་དཔའ་དམ། ཁ་གྱུའི་ཁྲུང་སྟོན། རྨི་རུ་མགོན་པོ་སྐྱིད། གངས་རིའི་སྲས་མོ། སྣང་ལམ་པ། གཙོད་པ་འཚོ། རྣམ་རྒྱལ་འཚོ་སོགས་ཀྱི་པར་དུ་བསྐྲུན་པའི་མི་སྣེར་གྱི་བརྩམས་ཆོས་ཕྱོགས་བསྒྲིགས་ནི་ཀན་ལྷོའི་རྩོམ་རིག་གི་གྲུབ་འབྲས་གལ་ཆེན་དུ་བགྲང་ཆོག

ཀན་ལྷོའི་རྩོམ་པ་པོ་དང་སྣན་ངག་པས་ཕུལ་བྱུང་གི་བརྩམས་ཆོས་ལ་བརྟེན་ནས་རྩོམ་རིག་གི་བྱ་དགའ་རིགས་བརྒྱ་ཕྲག་ལྷག་ཐོབ་མྱངས། འདིས་ཀན་ལྷོའི་རྩོམ་རིག་གི་ཤུགས་རྐྱེན་དང་རྩོམ་པ་པོ་དང་སྣན་ངག་པའི་འཇོན་

ཐང་མཛོན་ཞིང་། དཔེར་ན། བསེ་བློ་བཟང་དཔལ་ལྡན་དང་དཀོན་ལོ། རྨ་ཆུའི་འཛམ་དབྱངས། ལྷ་རྒྱལ་ཚེ་རིང་། སྒྲོམ་པ་བཀྲ་ཤིས། རིན་ཆེན་ཚེ་དགའ། ཤེས་རབ། དབང་རྒྱལ་སོགས་ལ་རྒྱལ་ཡོངས་དང་ཞིང་ཆེན་རིམ་པའི་བོད་ཀྱི་ཐུལ་བྱུང་རྩོམ་རིག་གི་བྱ་དགའ་ཐོབ་ཅིང་། ༡༩༩༥ལོ་ནས༢༠༡༥ལོའི་བར་དུ་དཀོན་ལོ་དང་ལྷ་རྒྱལ་ཚེ་རིང་། ཕྱག་རྡོར་ཚེ་རིང་། ཚས་པ་རྡ་མགྲིན་ཚེ་རིང་། དཔལ་མོ། དཀོན་སྐྱེ། སངས་རྒྱས་བཀྲ་ཤིས་བཅས་རྩོམ་པ་པོ་བདུན་ལ་སྤོ་རྗེས་སུ་རྒྱལ་ཡོངས་བོད་ཀྱི་རྩོམ་རིག་གི་ཆེས་མཐོའི་བྱ་དགའ"གངས་ཅན་རྟགས་མ"ཐོབ།

ཀན་ལྷོའི་རྩོམ་པ་པོ་དང་སྔན་ངག་པས་བརྩམས་ཆོས་ཀྱི་བརྗོད་བྱ་དང་བསམ་བློ། སྐད་ཆ། སྒྲིག་གཞི། རྣམ་པ་སོགས་ཀྱི་ཐད་ནས་འཚོལ་རྟོག་ཆེན་པོ་བྱས་ཏེ་བརྩམས་ཆོས་ཀྱི་བསམ་བློ་དང་བརྩེ་དུང་མཚོན་པ་སྔར་ལས་ཞིབ་ཅིང་། བརྩམས་ཆོས་འགྲེམ་སྤེལ་གྱི་རྣམ་པ་ནི་སྔར་ལས་ཕྱུན་སུམ་ཚོགས་པ་རུ་འགྲོ་བ་དང་གྲུབ་འབྲས་ཀྱང་གཡུར་དུ་ཟ་བ་ཐོབ་པའི་སྣང་ཚུལ་ཡིད་དུ་འོང་པ་ཞིག་ཆགས་ཡོད། ཀན་ལྷོའི་རྩོམ་རིག་གསར་རྩོམ་གྱི་དཔུང་སྡེ་སྨུ་མཐུད་དུ་ཆེ་རུ་སྐྱེད་བཞིན་ཡོད་ལ། ད་ལྟ་རྩོམ་རིག་གསར་རྩོམ་པ་མི༡༣༠ལ་ཉེ་བ་ཙམ་འདུག དེའི་ཁྲོད་དུ་སྒྲུང་གཏམ་འབྲི་མཁན༡༥དང་སྙན་ངག་མི༨༠ལྷག ལྷུག་རྩོམ་མི༢༠ལྷག དམངས་ཁྲོད་རྩོམ་རིག་སོགས་རྩོམ་ལུས་གཞན་པའི་གསར་རྩོམ་ལ་མི༡༡ཡོད། ད་ལྟའི་དུས་ནི་ཀན་ལྷོའི་རྩོམ་རིག་གསར་རྩོམ་གྱི་རྫོགས་ལྡན་དུས་རབས་ཡིན་ལ། གསར་རྩོམ་གྱི་བརྩམས་ཆོས་མང་ལ་སྤུས་ཀ་དག

པ། རྩོམ་སྒྲིག་པའི་གྲངས་ཀ་མང་བ་དང་ཁྱབ་ཁྱབ་རྒྱ་ཆེ་བ། ཕུལ་དུ་བྱུང་བའི་རྩོམ་པ་པོ་དང་སྙན་ངག་པའི་གྲངས་མང་བ་བཅས་ཀུན་ལྡོའི་རྩོམ་རིག་ལ་ཕྱི་ཕྱོགས་སུ་འབྲེལ་འདྲིས་དང་བསམ་བློ་བརྗེ་རེས་བྱེད་པའི་ཆུ་ཚད་དང་འཛོན་ནུས་ལྡན་ཕྱིར། ཀུན་ལྡོའི་རྩོམ་རིག་ལ་ཁྱད་དུ་འཕགས་པའི་ཁྱད་ཆོས་ལྡན་པའོ། །

གསུམ་པ། ཀུན་ལྡོའི་རྩོམ་རིག་གསར་རྩོམ་སྐོར་གྱི་བསམ་གཞིག

༡ ཡང་དག་པའི་སྔོ་ནས་སྲོལ་རྒྱུན་རྩོམ་རིག་དང་དྲ་རྒྱའི་རྩོམ་རིག་གི་འབྲེལ་བ་ཐག་གཅོད་པ།

ཉེ་བའི་ལོ་དུ་མར་མཉམ་འབྲེལ་དྲ་རྒྱའི་ཚ་རླབས་འཕྱུར་བ་དང་བསྟུན། ཀུན་ལྡོའི་རྩོམ་རིག་གསར་རྩོམ་ལའང་རྒྱལ་ཡོངས་ཀྱི་ས་གནས་གཞན་པ་དང་འདྲ་བར་དྲ་རྒྱའི་རྩོམ་རིག་གི་ཤུགས་རྐྱེན་ཐེབས་ཡོད། དྲ་རྒྱའི་རྩོམ་རིག་གིས་ཤོག་བུའི་ཐོག་གི་སྲོལ་རྒྱུན་སྨྱན་སྦྱོར་བརྗོད་ཐབས་ཀྱི་ཁེ་དབང་ལ་འགྲན་སློང་བའི་སྐབས་འདིར། དྲ་རྒྱའི་རྩོམ་རིག་གིས་ལོ་ངོ་བཅུ་ལྷག་གི་གོང་འཕེལ་བརྒྱུད་ནས་གྲུབ་འབྲས་ཀྱང་མི་དམན་པ་ཞིག་བླངས་ཤིང་། དྲ་རྒྱའི་རྩོམ་རིག་བརྩམས་ཆོས་ཁ་ཤས་ཤིག་དངོས་ནས་ཡག་པོ་འདུག་སྙམ། འོན་ཀྱང་ཡིག་ཐོག་ཏུ་ཕབ་པ་ཐམས་ཅད་རྩོམ་རིག་ཏུ་འདོད་མི་རུང་ལ། བོད་ཁུག་སྐྱེང་གི་གསར་རྩོམ་ཡོད་ཚད་ནི་རྩོམ་རིག་ཡིན་པར་འདོད་ག་ལ་རུང་། རྩོམ་རིག་གི་བརྩམས་ཆོས་མང་པོར་བསམ་བློའི་རང་བཞིན་དང་སྒྱུ་རྩལ་རང་བཞིན་ལྡན་

པའི་རྩོམ་རིག་བརྩམས་ཆོས་རྣལ་མ་ཞིག་ཏུ་གྲུབ་མི་འདུག་ལ། ཆུ་ཚད་ངེས་ཅན་ཞིག་ཏུ་ཡང་སླེབས་མི་འདུག དེ་བས། དྲ་རྒྱའི་རྩོམ་རིག་གི་རྩོམ་པ་པོ་དང་དཔྱད་བརྗོད་པས་ཐུན་མོང་གིས་དྲ་རྒྱའི་རྩོམ་རིག་གི་འཕེལ་རྒྱས་དེ་ཉིད་གྲངས་ཚད་ནས་སྤུས་ཚད་ཀྱི་ཕྱོགས་ལ་སྐུལ་འདེད་གཏོང་བའི་འགན་འཁྲི་འང་ཡོད་དོ། །དེ་ཡང་ཕ་སྐད་ཀྱི་དྲ་རྒྱའི་རྩོམ་རིག་གྲངས་ཚད་མང་བའི་རྨང་གཞིའི་སྟེང་ནས་སྤུས་ཚད་མཐོ་བའི་བརྩམས་ཆོས་ཐོན་དགོས་པ་དེ་གཙོ་བོ་དྲ་རྒྱའི་རྩོམ་པ་པོས་བློ་གཟུ་བོའི་ངང་བྱེད་ནུས་ལྡན་པའི་ཐབས་ལམ་གྱིས་རྒྱལ་ཁབ་ཕྱི་ནང་གི་རྩོམ་རིག་ལོ་རྒྱུས་སྟེང་གི་ཕུལ་བྱུང་བརྩམས་ཆོས་ཀྱི་མང་པོར་སློབ་སྦྱོང་བྱས་ནས། རྩོམ་རིག་གི་བློ་སྦྱོང་བརྟན་པོ་ཞིག་དང་དུས་རབས་ཀྱི་སྙིང་སྟོབས་ལྡན་པའི་རྩོམ་ཐབས་ལ་གཞི་བཅོལ་ཏེ། རྒྱུན་འཛིན་གྱི་རྨང་གཞིའི་སྟེང་ནས་གསར་གཏོད་བགྱིད་པ་དེ་བས་གལ་ཆེ།

༢ མི་རིགས་ཀྱི་གཅུག་གཤིས་དང་རིག་གནས་ཀྱི་ཁྱད་ཆོས་གཙོ་བོར་འཛིན་པ།

མི་རིགས་ཀྱི་གཅུག་གཤིས་དང་རིག་གནས་ཀྱི་ཁྱད་ཆོས་གཙོ་བོར་བཟུང་སྟེ། སྔོན་བོན་གྱི་རྩོམ་རིག་གཞུང་ལུགས་དང་ཞིབ་འཇུག་ཐབས་ལམ་ལ་བརྟེན་ནས་བོད་རང་གི་འཚོ་བ་དང་མཐུན་པའི་གསར་རྩོམ་ལ་སྐུལ་འདེད་དང་། གནས་ཚུལ་ངེས་ཅན་ཞིག་གི་སྟེང་ནས《ཟླ་ཟེར་》དང《ཀན་ལྷོ་གསར་འགྱུར་》ནི་ཀན་ལྷོའི་རྩོམ་རིག་གི་གསར་རྩོམ་གྱི་སྐྱེགས་བུ་དང་ཀན་ལྷོའི་རྩོམ་རིག་འཕེལ་རྒྱས་ཀྱི་ཞིང་ས་གལ་ཆེན་ཞིག་ཡིན་ལ། རྩོམ་རིག་གསར་རྩོམ་པའི་

གསར་རྩོམ་གྱི་སྙིང་སྟོབས་ལ་རྒྱབ་སྐྱོར་དང་སྐུལ་ཤུགས་སྦྱོལ་བའི་དགའ་ཚལ་ཡང་ཡིན།

ཕ་སྐད་རྩོམ་རིག་གི་གསར་རྩོམ་པར་མཚོན་ན། ཕ་སྐད་རྩོམ་ཡིག་ལ་གློག་མཁན་མང་པོ་མེད་པའི་གནས་སུ་གྱུར་ཡོད་ལ། བོད་ཀྱི་ཕ་སྐད་རྩོམ་རིག་གསར་རྩོམ་པ་དག་ནི་རྩོམ་རིག་ལ་དགའ་ཞིང་རྩོམ་རིག་རང་ཉིད་ཀྱི་ཕྱུགས་བསམ་དུ་བཅངས་པའི་མི་སྣེར་ཞིག་ཡིན། ཕ་སྐད་རྩོམ་རིག་དེ་གསར་རྩོམ་པར་མཚོན་ན་རྩོམ་རིག་ནི་རྣམ་དག་གི་བརྩེ་དུང་མཚོན་ཚུལ་དང་། རང་གི་ཚེ་སྲོག་ལ་བླ་མེད་ཀྱི་ཁྲག་རྒྱུན་ཞུགས་པ་དེ་ཡིན། བོད་ཀྱི་རྩོམ་རིག་གསར་རྩོམ་དེ་ཐོག་མ་ནས་ཁེ་ཕན་གྱི་རང་བཞིན་ལས་རིང་དུ་གྱེས་ཤིང་། གཙུག་མར་གནས་པའི་རྣམ་དག་དང་བབ་ཆགས་ཀྱི་སྣང་ཚུལ་ཞིག་ཏུ་གྱུར།

བཞི་བ། ཀུན་ལྷོའི་ཕ་སྐད་རྩོམ་རིག་གསར་རྩོམ་པར་འཕྲད་པའི་དཀའ་གནད།

ཀུན་ལྷོའི་ཕ་སྐད་རྩོམ་རིག་གསར་རྩོམ་གྱི་རྣམ་པ་ནི་མཐོ་རིམ་ཆེད་གཉེར་སློབ་གླིང་དང་དགོན་སྡེ། ལས་ཞེན་རྩོམ་པ་པོ། དམངས་ཁྲོད་རྩོམ་པ་པོ་བཅས་“སྣ་བཞི་མཉམ་འདུས”ཀྱི་ཁྱད་ཆོས་ལྡན་ཞིང་། འདི་དག་རིགས་བཞིའི་ཐུན་མོང་གི་འབད་རྩོལ་ལ་བརྟེན་ནས་ཀུན་ལྷོའི་དེང་རབས་རྩོམ་རིག་ལ་དར་རྒྱས་ཀྱི་རྣམ་པ་གསར་པ་ཞིག་ཤར་བ་དང་། ཕྱུལ་དུ་བྱུང་བའི་བརྩམས་ཆོས་སྣེར་ཞིག་དང་རྩོམ་རྒྱལ་ལེགས་པའི་རྩོམ་པ་པོ་དང་སྔོན་ངག་པ་སྣེར་ཞིག་བྱུང་

ཡང་། བོད་ཁུལ་གྱི་ས་གནས་གཞན་དག་དང་བསྡུར་ན། ཀན་ལྷོའི་རྩོམ་རིག་དེ་ཉིད་རྣམ་པ་གསར་པ་དང་འཕེལ་རྒྱས་གསར་པའི་རིམ་པ་གསར་པ་ཞིག་ཏུ་སླེབ་དགོས་ན་ད་དུང་གནད་དོན་མི་ཉུང་བ་ཞིག་འདུག་པས། འདིའི་སྐོར་ལ་ང་ཚོས་ငེས་པར་དུ་མཐོང་ཆེན་བྱ་དགོས།

དང་པོ། ཀན་ལྷོའི་ཕ་སྐད་རྩོམ་པ་པོ་དང་སྙན་ངག་པ་རྣམས་རྩོམ་རིག་གི་བས་མཐའི་གནས་སུ་ལྷུང་ཡོད་པ་དང་། ས་ཁོངས་ཀྱི་ཚད་བཀག་གིས་ཀན་ལྷོའི་རྩོམ་རིག་ལ་ལྡོག་ཕྱོགས་ཀྱི་ཤུགས་རྐྱེན་ཐེབས་ཤིང་། ཀན་ལྷོའི་ཕ་སྐད་རྩོམ་རིག་གི་གསར་རྩོམ་རྣམ་པ་གཅིག་རྐྱང་ཅན་དང་། གསར་རྩོམ་གྱི་བརྗོད་བྱ་སྣ་གཅིག་ཏུ་གྱུར་ཡོད་པས། བརྗོད་བྱ་བཟང་ཞིང་གཏིང་ཟབ་པ། གསར་གཏོད་ཅན་གྱི་སྒྲུང་གཏམ་དང་གློག་བརྙན་བཅས་བློས་གར་འཁྲབ་གཞུང་སོགས་ཀྱི་བརྩམས་ཆོས་ཤིན་ཏུ་ཉུང་།

གཉིས་པ། རྩོམ་རིག་དཔྱད་བརྗོད་སྐོར་གྱི་བརྩམས་ཆོས་ཉུང་བ། བོད་ཀྱི་རྩོམ་རིག་སྤྱི་ལ་མཚོན་ན། རྩོམ་རིག་དཔྱད་བརྗོད་ནི་ཐ་མོ་ནས་ཤིན་ཏུ་ཞན་ལ། དཔྱད་བརྗོད་སྤེལ་བའི་གྲངས་ཀ་དང་སྤུས་ཚད་ཀྱང་དམའ་རིམ་དུ་གནས་ཡོད། དེ་བས། ཕྱལ་བྱུང་བརྩམས་ཆོས་ཀྱི་གློག་འགྲེལ་དང་དཔྱད་བརྗོད་རྗེས་སུ་ལུས་པ་ཤིན་ཏུ་ཚབས་ཆེན་རེད། རྩོམ་པ་པོའི་དཔུང་སྡེར་དགེ་སྐྱོན་འབྱེད་པའི་གཞུང་ལུགས་སྐོར་གྱི་མཛུབ་སྟོན་ཉུང་ཞིང་། གློག་མཁན་ཚོར་སྣེ་ཁྲིད་ཡག་པོ་ཞིག་དང་གློག་མཁན་གྱི་མྱོང་རོལ་གྱི་ཚུ་ཚད་མཐོར་འདེགས་གཏོང་མི་ཐུབ་པས། གློག་པ་པོ་དང་རྩོམ་པ་པོའི་བར་གྱི་ཕན་ཚུན་འབྲེལ་འདྲིས་ཀྱི་ཟམ

ཆེན་དེ་ཧ་ཅང་ཉམ་ཐག་པར་སྣང་། འདི་ལྟ་བུའི་རྣམ་པ་བསྒྱུར་དགོས་ན་ཐོག་མར་རྨང་གཞི་ནས་འགོ་བརྩམ་སྟེ་གནའ་བཟང་དེང་སྤྱོད་དང་ཕྱི་ནང་མཉམ་འབྲེལ། སྙིང་དོར་གསར་ལེན་གྱི་རྒྱ་བའི་བྱེད་ཐབས་སྤྱད་དེ་འཕྲུས་ཚང་ཅན་དང་མ་ལག་ཅན་གྱི་རྩོམ་རིག་དཔྱད་བརྗོད་ཀྱི་སྒྲིག་གཞི་ཞིག་བཏོད་དེ་རྩོམ་རིག་དཔྱད་བརྗོད་ཀྱི་འཕེལ་རྒྱས་ལ་གཞུང་ལུགས་ཀྱི་རྨང་གཞི་འདིང་དགོས།

གསུམ་པ། བོད་ཀྱི་རྩོམ་རིག་ལོ་རྒྱུའི་རྗེས་ལུས་ཀྱི་རྣམ་པས་མིག་སྔའི་འཕེལ་རྒྱས་ཀྱི་དགོས་མཁོ་སྐོང་མི་ནུས་པ་དང་། བརྩམས་ཆོས་ལོ་རྒྱ་ལ་བརྟེན་ནས་མི་རིགས་གཞན་དང་རྩོམ་རིག་གི་བསམ་བློ་བརྗེ་རེས་ཀྱི་ཕྱོགས་ལ་བལྟས་ན་ད་དུང་སྒྲིག་གཞི་དང་ཤུགས་རྐྱེན་ཐེབས་མི་འདུག འདི་ནི་བོད་ཀྱི་རྩོམ་རིག་ཉིན་རེ་བཞིན་འཕེལ་རྒྱས་ཆེ་ཆེར་ཕྱིན་པའི་དངོས་ཡོད་དང་མི་མཐུན་པས། འདིའི་ཕྱོགས་ནས་ལོ་རྒྱུའི་གསོ་སྐྱོང་དང་ལོ་རྒྱུའི་དགོས་མཁོ་སྐོང་བ། ལོ་རྒྱུའི་བྱེད་སྒོ་སྤེལ་བར་རྒྱ་འཛུགས་དང་སྟེ་ཁྲིད་བྱ་དགོས།

བཞི་བ། ཕ་སྐད་རྩོམ་རིག་གསར་རྩོམ་པ་ངོ་སྤྲོད་དང་གསོ་སྐྱོང་ལ་ཤུགས་བསྐྱེད་དགོས་པ་དང་། བོད་ཀྱི་རྩོམ་རིག་ཞིབ་འཇུག་ཐད་ད་དུང་གནད་དོན་མང་པོ་ཡོད་དེ། རྩོམ་པ་པོའམ་དཔྱད་བརྗོད་པ་ཁ་ཤས་ཀྱིས་དེང་རབས་ནུབ་ཕྱོགས་ཀྱི་གཞུང་ལུགས་སྤྱད་དེ་ཕ་སྐད་རྩོམ་རིག་ལ་བཙན་ཤེད་ཀྱིས་གློག་འགྲེལ་བྱས་ཏེ། བོད་ཀྱི་རྩོམ་རིག་གི་མི་རིགས་རང་བཞིན་ཇེ་ཞན་ནས་ཇེ་ཞན་དུ་འགྲོ་བཞིན་པ་དང་། རང་མི་རིགས་ཀྱི་བར་དང་ཡང་ན་བོད་རིགས་དང་རྒྱ་རིགས། དེ་མིན་བོད་རིགས་དང་ཕྱི་གླིང་གི་རྩོམ་པ་པོ་དང་ཞིབ་འཇུག་པ་ཕན་

ཚུན་འབྲེལ་འདྲིས་ཉུང་བ་དེས་ཀྱང་བོད་ཀྱི་རྩོམ་རིག་འཕེལ་རྒྱས་ལ་བཀག་རྒྱ་ཐེབས་ཡོད། རིམ་པ་སོ་སོའི་རིག་རྩལ་ལྷན་ཚོགས་དང་ཆེད་ལས་སོ་སོའི་མཐུན་ཚོགས་ཀྱིས་ཕྱི་ཕྱོགས་སུ་རྒྱ་ཆེ་ཞིང་གཏིང་ཟབ་པའི་འབྲེལ་འདྲིས་བྱས་ཏེ། ང་ཚོའི་མི་རིགས་གྲངས་ཉུང་གི་ཕྱུལ་བྱུང་བརྩམས་ཆོས་དང་ཕྱུལ་བྱུང་སྒྱུ་རྩལ་བ་མང་པོ་མཚམས་སྦྱོར་བགྱིད་པ་དང་། བློ་གཅིག་སེམས་གཅིག་གིས་གསར་རྩོམ་ལ་གཞོལ་བའི་རྩོམ་པ་པོ་དག་ལ་རྒྱབ་སྐྱོར་དང་གཟེངས་བསྟོད་བྱས་ཏེ། ཕྱུལ་བྱུང་བརྩམས་ཆོས་ཀྱིས་མི་རིགས་གྲངས་ཉུང་གི་རྩོམ་རིག་ལ་སྔར་ལས་ལྷག་པའི་གསོན་ཤུགས་བསྐྲུན་དགོས།

མཇུག་བྱང་།

༡༩༨༩ལོར་ཁོ་བོས་གཙོས་མི་རིགས་དགེ་འོས་ཆེད་གཉེར་སློབ་གླིང་དུ་སློབ་གཉེར་བྱེད་སྐབས། སློབ་མའི་སྦྱངས་རྩོམ་ཕྱོགས་བསྒྲིགས་སྒྲུམ་པར་མ《འདབ་ལྤྱན་》ཞེས་པ་དང་། ༡༩༩༡ལོར་དགེ་སློབ་མཉམ་འབྲེལ་གྱིས《འདབ་དྲུག་འཛུམ་པའི་མེ་ཏོག་》ཅེས་སྔན་དེབ་ཅིག་རྩོམ་སྒྲིག་བྱས་པ་ནས་རྩོམ་སྒྲིག་གི་ལས་ཀར་བག་ཆགས་ཙམ་བཞག ༡༩༩༢ལོ་ནས《ཟླ་ཟེར་》རྩོམ་སྒྲིག་ཁང་དུ་རྩོམ་སྒྲིག་གི་ལས་ཀ་གཉེར་ཞིང་ལོ་ངོ་སུམ་ཅུའི་རིང་ལ་རྩོམ་སྒྲིག་གམ་པར་ལུ། མདུན་ཤོག་དང་པར་གཞི་ཇུས་འགོད། དུས་དེབ་འགྲེམ་སྤེལ་གྱི་ཐད་ལ་རང་གི་ནུས་པས་སྲི་ཞུ་ཅུང་ཟད་བསྒྲུབས་པའི་ཉམས་མྱོང་སྤྱི་བསྡོམས་ཀྱི་ཚུལ་དུ་རྩོམ་སྒྲིག་པའི་བསམ་བློའི་ཤེས་ཡོན་དང་རྩོམ་སྒྲིག་པའི་ཆེད་ལས་ཤེས་ཡོན། རྩོམ་སྒྲིག་ཐབས་ཤེས། རྩོམ་རིག་རྩོམ་སྒྲིག་པའི་རྩོམ་རིག་བྱང་ཚད་དང་མཛེས་དཔྱོད་འདུ་ཤེས། ལེགས་རྩོམ་འདུ་ཤེས། རྩོམ་སྒྲིག་གི་ལས་ཀའི་གནས་བབས་དང་གནད་དོན་བརྗོད་པ་གཞི་བྱས་ཏེ། རྩོམ་སྒྲིག་རིག་པའི་རྣམ་བཤད་ཅེས་ལོ་ཊོ་དུ་མར་བྲིས་པའི་རྩོམ་སྒྲིག་སྐོར་གྱི་དཔྱད་རྩོམ་རྣམས་ལྷན་དུ་བསྒྲིགས་ཤིང་། དེ་ལ་ཟུར་རྒྱན་གྱི་ཚུལ་དུ་རྩོམ་པ་པོ་ཀྲན་རབས་རྣམས་ལ་སློབ་སྦྱོང་དང་རྗེས་སུ

ཡི་རང་གི་ཆེད་དང་། ན་གཞོན་རྩོམ་པ་པོ་རྣམས་ལ་གཟེངས་བསྟོད་དང་སྐུལ་འདེད་བགྱིད་ཕྱིར་རྩོམ་རིག་དཔྱད་བརྗོད་སྐོར་ཞིག་བདམས་པའི་དཔེ་དེབ་འདིས། རང་རེ་རྩོམ་སྒྲིག་པའི་སྡེ་ལ་རྩོམ་སྒྲིག་རིག་པའི་ཆེད་རྩོམ་ཉུང་བར་ཆད་པ་ཁ་གསབ་དང་། དུས་རབས་གསར་པའི་འཕེལ་འགྲོས་དང་མཐུན་པའི་རྩོམ་སྒྲིག་བྱེད་ཐབས་ལ་གྲོས་གཞི་ཞིག་གམ། རྩོམ་སྒྲིག་གི་ལས་དང་པོ་རྣམས་ལ་ཟུར་ལྟའི་དཔྱད་གཞི་ཙམ་ཤེ་འཁྱོང་བསམ་པ་ཡིན་པས། ཇི་སྐད་དུ། ལྟ་བའི་ཁུངས་ནི་དཔྱད་ཡིག་སྟེ། །དཔྱད་ཡིག་གིས་ནི་ལྟ་བ་བརྒྱན། །ཞེས་པ་ལྟར། འདིར་བདམས་པའི་དཔྱད་རྩོམ་ཕལ་ཆེ་བ་བོད་རྒྱའི་རྩོམ་སྒྲིག་རིག་པའི་གཞུང་ལུགས་བསྟན་བཅོས་རྣམས་ལ་ཁུངས་གཏུགས་ཅི་ཐུབ་དང་། དེ་དང་སྦྲགས་པའི་རང་གི་ལག་ལེན་དང་ཉམས་མྱོང་ཡང་ཁ་གསལ་པོ་བདེ་ཞིག་ཤེ་འབྱུང་བལྟས་པར། རིག་གཞུང་དང་སྒྲིག་ཐབས་སོགས་མི་འདྲ་བའི་ཆ་ལ་རྣམ་དཔྱོད་མཁའ་ལྟར་ཡངས་པའི་མཁས་དབང་རྣམས་ཀྱིས་བཀའ་སློབ་དང་མཛུབ་སྟོན་གནང་བར་སྨིན་ཐག་པ་ནས་ཐུགས་རྗེ་ཆེ་ཞུའོ། །

རྩོམ་པ་པོས།

༢༠༡༧ལོའི་ཟླ་༡༡པའི་ཚེས་༡༢ཉིན་གཙོས་གྲོང་དུ།

རྩོམ་སྒྲིག་འགན་འཁུར་བ།　　བློ་བཟང་ལྷ་མོ།
责 任 编 辑:　　洛 绒 拉 姆

༄༅།།རྩོམ་སྒྲིག་རིག་པའི་རྣམ་བཤད།

རྩོམ་པ་པོ།	ཁྲུག་རྗོར་ཚེ་རིང་།
དཔེ་སྐྲུན་མཁན།	མི་རིགས་དཔེ་སྐྲུན་ཁང་།
འགྲེམས་སྤེལ་མཁན།	མི་རིགས་དཔེ་སྐྲུན་ཁང་གི་བོད་ཡིག་རྩོམ་སྒྲིག་ཁང་།
གནས་ཡུལ།	པེ་ཅིན་གྲོང་ཁྱེར་ཧོ་ཕིང་ལི་བྱང་ལམ་ཨང14པ།
སྦྲག་ཨང་།	100013
དྲ་གནས།	http://www.mzpub.com
ཁ་པར།	010-64227665
བརྒྱུད་འཚོང་མཁན།	རྒྱལ་ཡོངས་ས་གནས་སོ་སོའི་ཞིན་ཧྭ་དཔེ་ཚོང་ཁང་།
པར་གཞིའི་སྒྲིག་ཐེངས།	2020ལོའི་ཟླ་12པར་པར་གཞི་དང་པོ་བསྒྲིགས།
པར་ཐེངས།	2020ལོའི་ཟླ་12པར་པེ་ཅིན་དུ་པར་ཐེངས་དང་པོ་བརྒྱབ།
དེབ་ཚད།	850mm×1168mm 1/32
པར་ཤོག	7.375
པར་གྲངས།	0001-2000
རིན་གོང་།	སྒོར 18.00
དཔེ་རྟགས།	ISBN 978-7-105-16246-8/G•2172（བོད150）

图书在版编目（CIP）数据

编辑学概论：藏文/希多才让著. —北京:民族出版社，2020.12

ISBN 978-7-105-16246-8

Ⅰ.①编… Ⅱ.①希… Ⅲ.①编辑学－文集－藏语 Ⅳ.①G232-53

中国版本图书馆CIP数据核字(2020)第242959号

编辑学概论

作　者	希多才让
出版发行	民族出版社
地　址	北京市和平里北街14号
邮　编	100013
网　址	http://www.mzpub.com
印　刷	三河市华东印刷有限公司
经　销	各地新华书店
版　次	2020年12月第1版　2020年12月北京第1次印刷
开　本	850mm×1168mm　1/32
印　张	7.375
印　数	0001-2000
定　价	18.00元
书　号	ISBN 978-7-105-16246-8/G・2172(藏150)

该书若有印装质量问题，请与本社发行部联系退换
编辑室电话：010-58130509　发行部电话：010-64227665